동아시아
국제정치와 북한

동아시아 국제정치와 북한

International Politics in East Asia and North Korea

국제질서 대변혁의 동아시아
미국·중국·일본·북한의 정치적 역학 관계를 논하다

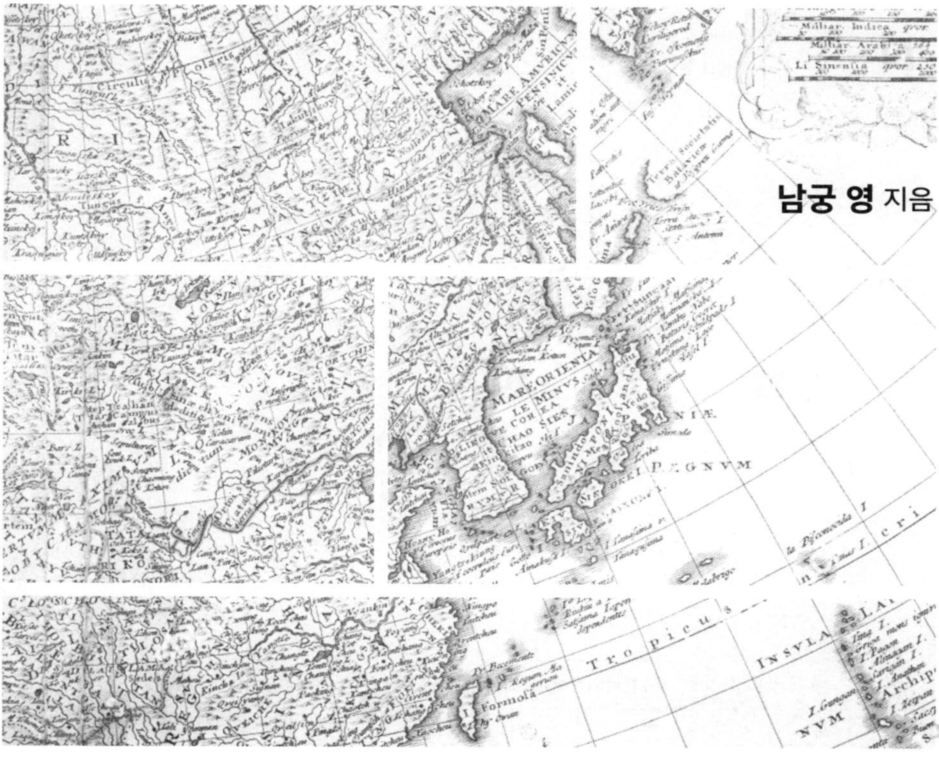

남궁 영 지음

HU:iNE

이 책은 2021~2022년도 한국외국어대학교 교내학술연구비 지원에 의하여 저술되었음

서문

우리나라의 생존과 번영, 그리고 남북한 통일에 이르기까지 어느 것 하나 국제관계의 퍼즐로 접근하지 않을 수 없는 것이 현실이다. 한국은 분단국가이다. 핵무기를 갖고 있는 북한은 지속적인 안보의 위협이다. 에너지 해외의존도는 90% 이상이고, 식량의 해외의존도는 80%에 가깝다. 무역의존도도 70% 정도나 된다. 한국은 세계와 관계하지 않으면 살아나가기 어려운 국가이다. 우리가 '왜 국제관계를 정확히 알아야 하는가?'의 이유이다.

현실주의 이론가들은 국제관계의 본질적 속성이 '힘의 정치(power politics)'에 있으며, 국가 간의 협력과 갈등은 국가이익의 존재 여부에 따라 변화한다고 본다. 이러한 가정은 남중국해 영유권 분쟁을 둘러싼 미국과 중국의 갈등관계 속에서 실현되고 있다. 강대국의 최고 목표는 지역패권국이 되는 것이라고 보는 공격적 현실주의 가정에 따른다면, 아시아에서 부상하고 있는 강대국인 중국은 결국 역내 패권적 지위를 추구하고 있고, 이에 기존 패권국인 미국은 중국이 지역패권국이 되는 것을 견제하기 위해 노력한다는 해석을 가능하게 한다. 이러한 대립구도는 2010년대 중국이 G2로 부상하면서 더욱 두드러지게 나타나고 있다. 중국은 범아시아 해양 영유권 확보를 위해 노력을 증대하고 있다. 이는 동중국해와 남중국해 영유권을 확보하기 위한 중국의 공세적인 행동에서 찾아볼 수 있다. 특히 강대국이 존재하지 않는 남중국해에서 그

행위가 더욱 두드러지게 나타나고 있다. 중국은 개혁 · 개방 이후 급속도로 경제성장을 이룩하면서 해양에서의 국가이익에 관심을 갖기 시작했다. 특히 남중국해는 중국이 전략적으로 고려해야 할 중요한 국가이익이 걸려 있는 지역으로 중국에게 있어 '주권', '해상교통로', '에너지' 측면에서 사활적 이익이 존재하는 지역이다.

미어셰이머는 일찍이 중국의 영향력 확대에 대해 먼저 아시아에서의 패권을 차지하기 위해 자신의 영향력을 일본과 러시아 수준으로 끌어올릴 것이며, 나아가 미국이 아메리카 대륙에 속한 국가들로부터 패권국이라는 암묵적 인식을 받듯이 중국도 주변국들에게 그들이 할 수 있는 '행동의 경계'를 지시할 수 있는 수준에까지 영향력 확대를 꾀할 것이라고 예견했다. 이러한 중국의 행보는 1990년대 중반 이후 미국 정가를 중심으로 퍼지기 시작한 '중국위협론'에 다시 힘을 실어주었고, 결국 트럼프 행정부에 들어서 양국 간에 갈등이 본격화되었다. 양국 갈등은 경제 영역에서 시작하여 이후 지식재산권, 첨단산업, 남중국해, 대만, 홍콩 등으로 확산되었다. 바이든 행정부에서는 인권, 가치 등 중국이 민감하게 여기는 영역에까지 확대되고 있다.

앞으로의 국제사회는 미국을 중심으로 중국을 비롯한 기타 강대국들이 경합하는 단-다극의 성격이 더 강화될 것으로 보인다. 부잔(Buzan)은 이러한 국제정치 구조를 규명하기 위해 '1+X'라는 개념을 사용했다. 1은 유일한 패권국으로서의 미국을, X는 중국, 러시아, 일본, EU라는 4개의 나머지 강대국을 말한다. 이후 브룩스와 월포츠(Brooks & Wohlforth)는 중국의 위치를 규명하기 위해 '1+Y+X' 개념을 제시한다. 여기서 Y는 미국에 도전이 가능한 강대국 중국으로, 기타의 강대국인 X와는 구별되는 위치에 있다는 것이다. 이와 같이 강대국 미국과 중국의 점증하는 경쟁과 갈등 속에서 가장 중요한 지역으로 부상한 곳이 바로 동아시아 지역이다.

미국은 대중국 압박의 효율성 제고를 위해 인도·태평양에서는 안보협의체 쿼드(Quad)로, 대서양에서는 전통적 동맹인 나토(NATO)와 합동전선 구축에 심혈을 기울이고 있다. 미·중 충돌의 양상은 경제를 중심으로 한 양자 간의 경쟁에서 군사적 수단이 동원되는 진영 간 대립으로 진화하고 있다. 이러한 상황에서 격변하고 있는 동아시아 지역의 강대국 간 역학관계를 파악하는 것은 오늘날의 국제정치 전반을 분석하는 데에 매우 유용한 길잡이 역할을 할 것이다. 나아가 강대국 정치의 체스판에 긴밀하게 연계되어 있는 한반도 문제를 바라보는 객관적인 시각을 제공할 것이다. 이 책은 미·중의 패권경쟁 심화로 급변하는 세계질서 속에서도 가장 핵심지역(hot region)인 동아시아의 대변혁과 미국·중국·일본 그리고 북한의 국제정치적 역학 관계를 이해하는 데 도움을 주기 위해 기획되었다.

한국은 북한 핵·미사일 문제의 당사자이다. 그러나 한반도 정세를 움직이며 북한 핵·미사일 문제 해소에 영향을 주는 행위자는 미국과 중국이다. 바이든 행정부는 조정되고 실용적인 접근을 기반으로 한 새로운 대북정책을 결정했다. 새 대북정책은 한반도 비핵화 목표 달성을 위해 동맹·파트너와 공동으로 외교를 통한 실무적 협의의 상향식 접근법을 기초로 한다. 특히 '동맹과 함께'라는 측면에서 한국과 일본을 중요 협력 대상으로 볼 수 있다. 이를 위해서 미국은 한국과 함께 한·일 관계 변수가 대북정책에 부정적 영향을 끼치지 않게 대처할 것으로 보인다. 여기에 대북정책의 실효성을 높이기 위해 중국에게 협조를 구하고자 할 것이다. 북한 핵·미사일 문제에서 중국의 협조가 미진하다고 판단될 경우 중국을 직·간접적으로 압박하는 방법으로 중국의 협조를 이끌어낼 것이다. 북한의 핵·미사일 위협은 날로 심화되고 있다. 북한을 실제적으로 움직일 수 있는 나라는 역시 미국이다. 한국은 이러한 미국의 대북 인식과 접근법을 명확하게 이해하고 이를 토대로 북한 핵·미사일 위협 제거에 나서야 한다.

이 책은 저자가 틈틈이 쓴 논문들을 수정·보완하여 기획 의도에 맞게 재구성한 것이다. 관계되는 통계와 자료를 충분히 반영하여 '동아시아 국제정치와 북한'과 관련한 이해를 확장시키고자 하는 독자들에게 도움이 되도록 하였다. 이 책이 나오기까지 여러 사람의 도움이 있었다. 특별히 이 책의 완성에 큰 도움을 준 양일국 박사, 김재희 박사, 장시영 박사와 각 장마다의 부록에 훌륭한 <표>와 <그림>을 만들어 준 대학원 정치외교학과 박성윤 君에게 고마움을 전한다. 어려운 환경에서도 기꺼이 출판을 허락해준 한국외국어대학교 지식출판콘텐츠원과 장혜정 편집장을 비롯한 직원들께도 감사드린다. 무엇보다 30년이 넘는 긴 시간 동안 학문 코뮤니티에서 변함없는 우의와 믿음을 보여준 통일연구원 김규륜 선임연구위원, 신율 명지대학교 교수, 김병문 안동대학교 교수에게 깊은 애정과 감사를 표한다.

2022년 12월

한국외국어대학교 이문동 캠퍼스 연구실에서

남궁 영

차례

제3장 일본의 대중국 위협인식과 미 · 일 동맹 강화
–'위협균형론'을 중심으로

제4장 미 · 중 패권경쟁 속 바이든 행정부의 대북정책

제5장 북한의 핵전략 –이란과의 비교

제6장 북한의 군사도발과 환경적 요인

제7장 북한 국가성격의 특징과 유형

부록 차례

제1장

제2장

제3장

제4장

제5장

제6장

그림·표 차례

제1장

제2장

제3장

제4장

제5장

제6장

제7장

제1장

부상(浮上)하는 중국

현상유지국인가, 도전국인가?

I. 머리말

중국은 2010년 국내총생산(GDP: Gross Domestic Product)과 국방비 지출 면에서 미국에 이어 세계 2위를 기록했다.[1] 인구(13억 3천 8백만 명)와 현역병 보유 수(2백 2십만 명)에서는 세계 1위를 기록하고 있다.[2] 이처럼 명실상부한 강대국으로 급부상하고 있는 중국을 보는 국제사회의 시각은 긍정적 입장과 부정적 입장이 혼재돼 있다. 영국 BBC가 2011년 3월에 27개국 2만 8천 명을 대상으로 설문 조사한 결과에 따르면, 미국 · 프랑스 · 캐나다 · 독일 등 주요 선진국에서는 중국이 경제대국으로 성장하는 것에 대해 부정적인 견해가 과반을 차지한

* 이 글은 남궁영·양일국, "중국의 부상을 보는 두 시각: 현상유지국인가, 도전국인가?" 『21세기 정치학회보』 제22집 2호(2012)를 수정·보완한 것이다.

1 세계 GDP 현황은 World Bank, http://data.worldbank.org/indicator/NY.GDP.MKTP.CD(검색일: 2011년 9월 15일); 국방비 지출 현황은 SIPRI(Stockholm International Peace Research Institute), http://www.sipri.org/databases/milex(검색일: 2011년 9월 27일).

2 세계 인구 현황은 World Bank, *World Development Indicators Database*, July 2011; 현역병 보유수는 Global Firepower, http://www.globalfirepower.com/active-military-manpower.asp(검색일: 2011년 9월 27일).

것으로 나타났다. 반면 조사 대상국 전체로 볼 때는 평균 50%가 중국의 부상을 긍정적으로 보았고, 부정적 시각은 33%에 그치고 있다.[3] 특히 주요 선진국들이 중국의 부상에 대해 부정적 입장을 보인 것은 중국의 부상으로 인해 자국의 이익이 직·간접적으로 침해될 수 있다는 우려를 하고 있음을 보여준다. 그 외에도 중국의 폐쇄적·권위주의적 체제 또는 인권탄압 등에 대한 반감 등 다양한 배경이 자리하고 있다.

한편 긍정적 입장은 중국의 부상을 자국의 이익을 위한 하나의 기회로 인식하거나 중국 역시 기존의 세계질서(민주주의·시장경제·인권·자유 등)에 안정적으로 편입해 상호 이익을 거둘 수 있을 것이라는 낙관적 기대가 녹아 있다. 결국 중국의 미래에 대한 낙관 또는 비관의 주된 논거는 중국이 국제규범 준수·자유무역·민주주의 등 주로 미국이 강조하는 가치와 질서에 대해 어떤 태도를 취하느냐에 달려 있는 것이다.

국제정치이론의 측면에서 보면 중국이 현상유지국이 될 것이라는 낙관적 시각은 중국 역시 보편적인 국가들과 마찬가지로 국제사회에서 국익을 추구하기 위해 기존의 질서를 수용해야 하며, 그 질서를 전복할 수 있는 역량이 있기 전까지는 자세를 낮추고 공존을 모색할 수밖에 없다는 현실주의적 입장과[4] 자유로운 국제무역과 교류·상호의존의 확대가 상호이득을 가져다줄 것이라는 자유주의적 시각으로 구별될 수 있다.[5] 반면 중국이 국제사회에 도

---

3 『연합뉴스』, "중국 경제대국 부상에 우려 증가 <BBC>," 2011년 3월 28일.

4 Patric E. Tylor, "Who's Afraid of China?," *New York Times Magazine*(August 1, 1999), pp.46-49.

5 Aron L. Friedberg, "The Future of US-China Relations: Is Conflict Inevitable?" *International Security*, Vol.30, No.4(Fall 2005), pp.12-16; Alastair Iain Johnston, "Is China a Status Quo Power?" *International Security*, Vol.27, No.4(Spring 2003), pp.38-49. 자유주의자는 모든 국가는 비교우위를 가

전할 것이라고 보는 비관론은 중국이 현재와 같이 급성장을 통해 축적한 막강한 국력을 바탕으로 미래에 패권국의 지위를 얻기 위해 필연적으로 기존 국제질서에 도전할 것이라는 인식에 기초하고 있다. 따라서 중국의 패권추구 과정에서 다양한 갈등과 분쟁이 불가피하다는 현실주의적 가정을 바탕으로 하고 있다.[6] 동시에 자유주의적 시각에서도 미국을 포함한 자유 진영과 1당 권위주의 체제인 중국 사이의 상이한 이념과 역사·문화적 배경 등으로 자유로운 상호교류가 결코 순탄하지 않을 것이기 때문에 갈등의 심화는 언제든지 출현할 수 있다는 우려가 제기되고 있다.[7]

이처럼 중국의 부상과 미래에 관해 비슷한 전망을 내놓는다 해도 국제정치에 대한 기본시각과 근거는 다를 수 있으며, 대체로 유사한 이론적 공동체에 속한 학자들 사이에서도 낙관과 비관이 엇갈리고 있다. 따라서 누구도 미래를 정확히 예측할 수 없는 현 단계에서는 한쪽 시각이 더 옳다는 식의 논쟁보다는 객관적 지표를 바탕으로 미래 중국의 도전 또는 현상유지의 가능성이 어느 정도이며, 각각의 예측이 실현 또는 억제되는 데 있어 어떤 제반 환경이 요구되는지를 규명하려는 노력이 더 중요할 수 있다. 이러한 측면에서 본 연구는 중국의 부상과 미래를 보다 객관적인 국제정치이론의 틀에서 검토함으로써

지며, 각국이 비교우위에 있는 상품 생산을 지향하는 것이 전체로서의 세계복지에 최선이라고 믿는다. 모든 국가는 상품의 자유교환, 투자의 자유로운 유입, 노동의 국제적 분업화를 통해 세계의 희소 자원을 효율적으로 이용함으로써 이득을 취할 수 있다고 본다. 남궁영, 『국제정치경제 패러다임과 동아시아 지역질서』(서울: 오름, 2011), p.27.

6 이러한 공격적 현실주의에 관해서는 John J. Mearsheimer, *The Tragedy of Great Power Politics* (New York: W. W. Norton & Company, 2001) 참조.

7 David Shambaugh, "Containment or Engagement of China? Calculating Beijing's Responses," *International Security*, Vol.21, No.2(Fall 1996), pp.180-209.

중국이 기존 국제 질서에 도전하거나 또는 수용하는 데 있어 필요한 조건들을 규명하는 데 그 목적을 두고 있다.

이 글에서는 중국 부상에 대한 낙관론과 비관론을 현실주의와 자유주의의 입장에서 검토한 뒤, 양측의 근거를 바탕으로 중국이 국제사회의 책임 있는 일원으로 안착할 수 있는 조건을 도출하고자 한다. 또한 여러 지표에 근거해서 현재 중국의 부상이 어느 정도 진행됐으며 그 배경과 요인이 어디에 있는지를 분석한 뒤 가까운 장래에 중국의 부상이 어떤 양상으로 전개될 것인지 전망해 볼 것이다.

II. 중국 부상을 보는 낙관론과 비관론

현실주의적 관점이 반드시 갈등으로 귀결되거나 자유주의적 관점이 평화로 귀결될 것이라는 이분법적 단정은 중국의 부상과 미래를 인식하는 데 논리적 오류의 문제를 안고 있다. 여기에서는 이러한 단선적 접근을 좀 더 개선하여 현실주의와 자유주의 입장에서 각각 어떠한 근거로 낙관 또는 비관론을 전개할 수 있는지를 살펴보고자 한다. 물론 현실주의와 자유주의는 하위 영역에 다양한 분파가 존재하며 경합하고 있기 때문에 이들 두 관점이 근거하고 있는 기본 가정을 중심으로 논의하고자 한다.

1. 낙관론: 현상유지론

중국의 미래에 대한 낙관론은 중국이 현상유지를 지향하는 가운데 국제사회의 규범을 준수하고 무력이 아닌 협상을 통해 갈등 해결에 나설 것이라는 믿음에 기초하고 있다. 더불어 무역·투자 등의 합법적 수단으로 국익을 추구하며, 인권 등 보편적 가치를 수용하는 방향으로 나아갈 것이라고 기대하고 있다. 낙관론자들은 주로 자유주의자들로 중국이 합법적인 국제무역과 투자를 통해 고도성장을 계속하고 있다는 점과 국제연합(UN: United Nations),세계무역기구(WTO: World Trade Organization), 아시아태평양 경제협력체(APEC: Asia-Pacific Economic Cooperation), 아세안(ASEAN: Association of Southeast Asian Nations)과 같은 국제적 협의체에 적극 참여하고 있다는 사례를 근거로 제시한다. 이러한 중국의 우호적인 태도에 대해서도 국가 또는 국제사회의 필연적 속성이 협력과 상호의존을 지향한다는 선험적 명제를 대입시킨다.

반면 국가 및 국제사회의 속성을 무질서 상태로 이해하는 현실주의 진영에서는 중국의 우호적인 자세에 대해 그렇게 행동하는 것이 효율적으로 국익을 획득할 수 있는 방안이라는 판단에 기인한 것으로 해석한다. 또한 현실주의자들은 국제사회에 일시적이든 장기적이든 평화상태가 수립되기 위해서는 갈등을 해결할 상위 권위체(higher authority)의 필수적 존재를 강조한다.[8] 따라서 미국과 그 동맹국 및 초국가기구 등 상위 권위체가 존재한다면 중국의 낙관적 행보를 기대할 수 있다는 것이 현실주의에서 주장하는 낙관론의 주요 요체라 할 수 있다.

---

8 Kenneth N. Waltz, *Man, State, and War: A Theoretical Analysis*(New York: Columbia University Press, 1959), p.188.

1) 현실주의에서 본 낙관의 근거

현실주의는 중국의 부상에 관해 대체로 비관론을 보이고 있지만 그 기본 가정과 시각에서도 얼마든지 낙관론이 전개될 수 있다. 이들은 무엇보다 현재 미국 중심의 단일 패권체제가 지속되고 있음에 주목하고, 중국 지도자들이 막대한 손실을 감수하면서까지 현 체제에 도전하지는 않을 것이라고 설명한다. 그리고 가까운 장래에 중국이 미국에 도전할 만한 국가적 역량을 갖추는 것도 현실적으로 어려울 것이라는 예측에 바탕을 두고 '중국위협론'은 시기상조라는 입장을 취하고 있다. 즉, '현실주의적 낙관'의 핵심 근거는 현재 미국과 중국의 큰 국력 격차에 있다고 볼 수 있다. 이들은 미국 패권의 지속과 중국 부상의 정체 내지 제약을 함의하는 다양한 지표에 주목하고 있다. 이에 따라 패권국으로서 미국은 중국을 견제할 역량이 충분하다고 분석한다. 따라서 현실주의자들이 우려하는 비관적 미래가 실제로 도래할 가능성은 크지 않으며 중국도 미국과 갈등하기보다는 미국이 주도하는 국제질서에 편승(bandwagon)할 것이라는 전망을 내놓고 있다.[9]

2) 자유주의에서 본 낙관의 근거

국가 간 경제적 상호의존과 교류의 심화가 모두에게 번영과 평화를 약속한다는 자유주의의 기본입장은 중국 부상에 대한 낙관적 시각을 강력히 뒷받침하고 있다. 로즈크랜스(Richard Rosecrance)는 20여 년 전 무역국가(trading-state)

---

9 William C. Wohlforth, "The Stability of a Unipolar World," *International Security*, Vol.24, No.1 (Summer 1999), pp.5-41; Joseph S. Nye Jr., "The Future of American Power," *Foreign Affairs*, Vol.89, No.6(November/December 2010), pp.2-12.

의 등장이 국제사회의 평화를 촉진할 수 있다는 자유주의적 낙관론을 주장했다.[10] 이후 그는 세계적으로 국가의 형태가 군사·정치 지향적 국가에서 무역국가로, 다시 금융·마케팅 등 고부가가치를 창출하는 이른바 가상국가(virtual state)를 향해 가고 있다고 지적했다. 또한 이러한 추세 속에서 국가 간 상호 의존도가 필연적으로 심화되어 전쟁 등 국제적 분쟁요인은 줄어들 것이라고 예측했다.[11] 이러한 관점을 수용하여 중국의 부상 및 미·중 관계를 낙관한 학자로는 스콧 캐스트너(Scott Kastner),[12] 밍 완(Ming Wan),[13] 마이클 챔버스(Michael R. Chambers)를 들 수 있다.[14]

자유주의적 낙관론자들은 대개 중국이 경제성장을 추진하는 과정에서 기존 국제무역 질서를 수용하지 않을 수 없으며, 그 결과 경제 영역뿐만 아니라 개인의 자유, 자유시장, 자유무역이라는 자유주의적 기본 가정이 실현되는 자유민주주의 국가로 나아가게 될 것이라고 보고 있다.[15] 이처럼 중국의 부상과

---

10 Richard Rosecrance, *The Rise of the Trading State*(New York: Basic Books, 1986).

11 Richard Rosecrance, "From Military Strategy to Economic Strategy: The Rise of the 'Virtual State' and The New Path to Global Influence," in Charles W. Kegley Jr. & Eugene R. Wittkopf (eds.), *The Global Agenda: Issues and Perspectives*, 5th ed.(Boston: McGraw-Hill, 1998), pp.24-33.

12 Scott L. Kastner, "Does Economic Integration Across the Taiwan Strait Make Military Conflict Less Likely?," *Journel of East Asian Studies*, Vol.6, No.3(September/December 2006), pp.319-346.

13 Ming Wan, "Economics Versus Security in Cross-Strait Relations: A Comment on Kastner," *Journal of East Asian Studies*, Vol.6, No.3(September/December 2006), pp.347-349.

14 챔버스는 중국 공산당이 경제성장을 통해 국가와 개인의 부를 증진시키면 집권 정당성을 확보할 수 있으므로 베이징 정부가 국제사회와 경제뿐 아니라 정치 및 안보분야에서도 협력하고 있다고 보았다. 그리고 이러한 배경에서 중국이 감당할 수 없을 정도의 군비증강을 했던 소련의 과오를 되풀이하지 않을 것이라 전망했다. Michael R. Chambers, "Rising China: The Search for Power and Plenty," in Ashley T. Tells & Michael Wills (eds.), *Strategic Asia 2006-2007: Trade, Interdependence, and Security*(Seatle and Washington, D.C.: NBR, 2006), pp.65-103.

15 부시 전 대통령은 다음과 같이 연설한 바 있다. "경제적 자유는 자유의 습성으로 이어집니다. 자유의 습

미래에 대해 낙관하는 자유주의자들은 주로 중국의 급증하는 무역 및 투자, 각종 국제기구 및 협약에 적극적으로 참여하는 사례를 강조하고 있다.

2. 비관론: 중국위협론

비관론은 중국이 기존 국제질서에 도전할 것이라는 전망으로서 이른바 '중국위협론'이 이를 대표한다. 현실주의자들은 대부분 이러한 비관론을 수용하고 있다. 2000년대 이후 본격화된 이러한 입장에 서 있는 학자들은 중국이 강력한 국력 성장세를 바탕으로 머지않은 미래에 노골적으로 패권을 추구하게 되고 국제사회와 기존 질서를 위협할 것으로 전망한다. 이들은 대체로 중국의 군사력 증강, 중국 공산당이 지향하는 가치들, 중국이 이전의 다른 패권국들이 보였던 패턴을 재현할 것이라는 예측을 주된 위협 발생 요인으로 보고 있다.[16] 비관론자들은 주로 남중국해 및 센카쿠/댜오위다오 분쟁, 미국의 대만 무기 수출과 달라이 라마 면담, 위안화 평가절상 및 천안함 및 연평도 사건에 대한 입장, 류샤오보 노벨평화상 수상 등 중국이 미국을 위시한 국제사회와 빚은 마찰 사례들에 주목하고 있다.

1) 현실주의에서 본 비관의 근거

중국의 부상과 미래에 대한 비관론을 주도하는 쪽은 현실주의 진영이라 할

성은 다시 민주주의에 대한 열망을 낳습니다. …중국과 자유롭게 무역하면 미래는 미국의 편이 될 것입니다." Governor George W. Bush, "A Distinctly American Internationalism," Ronald Reagan Presidential Library, Simi Vally, California, November 19, 1999(http://www. mtholyoke.edu/acad/intrel/wspeech.htm), 자유주의의 기본 가정에 대해서는 남궁영(2011), pp.22-25 참조.

16 박병광, "중국의 부상과 21세기 미래상에 대한 평가," 『세계지역연구논총』 제22집 2호(2004), p.152.

수 있다. 팀 던(Tim Dunne)의 현실주의 해설에 따르면 국가는 국제관계에서 주된 행위자로, 국내 권력을 조직 · 통합하여 축적하려 하며, 생존을 최우선 가치로 놓고 이를 위해서는 비도덕적인 행위도 할 수 있다고 본다. 또한 생존을 위한 최소한의 권력을 추구하는 방어적 현실주의와 패권 장악을 노리는 공격적 현실주의로 구분해 설명하고 있다.[17] 특히 후자의 관점에서 중국을 보는 학자들에게 중국은 매우 위협적인 존재로 인식될 수밖에 없다. 랩킨(David P. Rapkin)과 톰슨(William R. Thomson)에 따르면 지난 500년 동안 새로운 강대국이 강대국의 지위로 진입하는 가운데 전쟁을 피한 사례는 없으며 중국도 예외가 아닐 것이라 주장했다.[18] 이 외에도 번스타인(Richard Bernstein)과 먼로(Ross H. Munro)는 중국이 아시아에서 주도적 지위를 추구하는 한 지역패권국의 등장을 거부하는 미국의 정책과 정면 충돌할 것이며, 중국이 무력으로 대만을 통합하려 하거나 남중국해 영토분쟁이 심화될 경우 얼마든지 미국과의 군사적 충돌도 가능하다고 경고했다.[19] 이들은 낙관론을 주장하는 자유주의자들이 종종 강조하는 중국의 경제성장도 군사대국화로 가기 위한 것으로 인식하는 경향이 있으며 중국이 미국에 도전하기 이전에 미국을 위시한 국제사회가 "중국이 원하는 것을 얻기 전에"이를 응징할 수도 있다는 점도 아울러 강조하고 있다.[20]

---

17 존 베일리스·스티브 스미스, 하영선 역,『세계정치론』(서울: 을유문화사, 2003), p.161.

18 David P. Rapkin & William R. Thomson, "Will Economic Interdependence Encourage China's and India's Peaceful Ascent?" in Tellis & Wills(2006), pp.333-363.

19 Richard Bernstein and Ross H. Munro, "The Coming Conflict with America," *Foreign Affairs*, Vol.76, No.2(March/April, 1997), pp.18-32.

20 Friedberg(2005), p.20.

2) 자유주의에서 본 비관의 근거

자유주의는 국가 간 무역 등 자유로운 상호교류와 의존이 평화를 가져온다는 입장을 견지하고 있다. 대체로 낙관론을 지지하는 자유주의 진영에서도 자유로운 상호 접촉과 교류가 제약되는 상황을 가정할 때에는 비관론의 전개가 가능해진다. 자유주의적 비관론자들은 특히 중국 정권의 속성, 역사 · 문화적 상황 등으로 인해 미국을 위시한 자유 진영과 상호 신뢰 및 의존이 어렵다는 점을 우려하고 있다.

우선 민주주의 국가와 비민주주의 국가 간 갈등의 가능성이 크다는 점을 들 수 있다.[21] 자유주의적 비관론자들은 중국의 지도자들이 설득력 없는 공산주의의 계승자이며 정권 자체가 자유선거가 아닌 군과 정보기관에 의지해 유지되고 있음을 주목한다. 또한 국제사회와 인권 문제로 잦은 갈등을 빚고 있다는 점에서 이러한 추세가 심화될 경우 국제사회의 책임 있는 일원으로 안착하기 힘들 것이라 전망하고 있다. 또 거시적으로 중국이 권위주의에서 민주주의 정권으로 이행하고 있다 하더라도 민주화 초기 단계에는 외부와 더 많은 분쟁과 갈등이 있을 수 있다는 점, 그리고 미국이 그간 자유를 억압하는 국가들과 마찰을 빚어 왔다는 점을 강조하고 있다.[22] 더구나 이러한 권위주의적 정권은 경기가 불황으로 접어들 경우 국가주의에 호소하고, 국민의 불안과 좌절감을 외부, 즉 일본 · 대만 또는 미국으로 돌려 지지를 결집할 것이라는 우려도

---

21 마이클 도일은 "법치화되고 상업적 이익을 공유하며, 국경을 넘어 개인의 인권을 존중하는 국가는 비민주국가와 갈등을 빚기 쉽다"고 지적하였다. Michael Doyle, "Kant, Liberal Legacies and Foreign Affairs, Part 2," *Philosophy and Public Affairs*, Vol.12, No.3(Summer 1983), pp.325-326.

22 자유주의 진영에서 전개하는 비관론의 유형과 근거에 관해서는 Friedberg(2005), pp.29-30 참조.

제기된다.[23]

III. 중국의 낙관적 부상을 위한 조건

여기에서는 현실주의와 자유주의의 시각에서 상정한 낙관론이 실현되기 위한 조건을 정리해 보기로 한다. 첫째, 미국의 국력이 중국을 억제할 수 있는 수준이어야 한다. 둘째, 중국이 평화적 수단으로 국부 증대가 가능한 환경이어야 한다. 셋째, 중국의 세계화가 진행될수록 국제사회와 중국이 상호 협력할 기회가 많아진다는 점 등이다. 앞서 논의한 바와 같이 현실주의와 자유주의가 각각 상정하는 비관 또는 낙관의 주장과 근거를 정리하면 다음과 같다.

<표 1-1> 중국 부상과 미래에 대한 현실주의·자유주의의 낙관 및 비관 근거

<table>
<tr><th></th><th>현실주의</th><th>자유주의</th></tr>
<tr><td rowspan="2">낙관론</td><td>· 미국 및 동조하는 동맹국들의 견제
· 미국에 대한 편승(bandwagon)</td><td>· 자유무역을 통한 상호의존·이해 증진
· 국제기구 및 협약에의 적극적 참여를 통한 보편적 질서 수용</td></tr>
<tr><td colspan="2">국제사회와 협력</td></tr>
<tr><td rowspan="2">비관론</td><td>· 패권국이 되기 위한 분쟁 유발
· 경제력을 바탕으로 군사대국화</td><td>· 선진국들과 상이한 정치체제로 인한 상호 불신 증대
· 인권 등 보편적 가치에 대한 이견</td></tr>
<tr><td colspan="2">국제사회와 갈등</td></tr>
</table>

23 Allen S. Whiting, "Chinese Nationalism and Foreign Policy after Deng," *China Quartely*, Vol. 142(June 1995), pp.295-316. 파리드 자카리아(Fareed Zakaria)는 "…중국의 권위주의체제는 강력한 경제성장으로 스스로를 합리화했다. 만일 그 효과가 사라진다면 중국의 경제문제는 정치문제로 바뀔 것"이라 전망했다. 『한국일보』, "[파리드 자카리아 칼럼] 중국의 경제위기," 2012년 5월 25일.

1. 미국과 중국의 국력 격차

현실주의자들이 강조하는 상위 권위체를 언급하지 않더라도 미국의 경제적 · 군사적 · 잠재적 역량이 중국을 압도한다면 중국이 국제질서에 정면으로 도전하기는 어려울 것이다. 즉, 미국 중심의 패권 질서가 존속할 때 자의든 타의든 중국이 민주주의 · 시장경제 등 보편적 가치를 존중 · 수용하는 방향으로 나아가기 쉬운 여건이 조성된다고 볼 수 있다. 또한 중국이 기존의 국제질서를 자국이 원하는 방향으로 개편할 역량이 없다면, 차선으로 무역과 투자 등 현재 국제사회가 용인하는 가용한 방식으로 국부 증대를 추구할 가능성이 커지므로 자유주의적 낙관론에도 힘이 실리게 된다. 따라서 미국과 중국의 국력 격차는 이후 중국의 부상에 대한 낙관론과 비관론을 판단하는 데 있어 가장 결정적인 요소라 할 수 있다.

2. 중국의 평화적 경제성장

자유주의적 비관론자들의 주장에 의하면 중국이 경제적으로 실패할 경우 국제사회에 분쟁과 갈등을 일으킬 가능성은 커진다. 역으로 미국의 패권적 우위가 유지되는 가운데 중국이 안정적인 경제성장을 지속한다면 그들이 국제사회에 도전하기보다는 그 질서를 수용하고 지지할 수 있는 여건이 조성될 수 있다. 따라서 중국이 국제사회와의 협력을 통해 안정적인 경제성장을 지속하고 있는가는 미래 중국에 대한 낙관 · 비관 예측에 있어 중요한 지표가 될 것으로 보인다.

3. 세계화 확대

세계화(globalization)는 국가 간 상호 교류의 증대 · 교통과 통신의 발달 · 첨단 과학기술 도입 등으로 인해 국가와 국가 사이에 물리적 국경의 의미가 약화되는 일련의 추세를 일컫는다. 또한 과거 국제사회에서 행위 주체가 정부 중심이었던 데 반해 세계화 시대에는 정부 외에도 다양한 국가 상 · 하부 단위 주체들이 상대적으로 제약 없이 활동하는 양상을 보인다.[24] 결국 한 국가의 세계화 수준은 그 국가의 국제사회에 대한 개방성과 상호교류의 정도를 단적으로 보여주는 지표라 할 수 있다. 따라서 중국의 세계화가 심화될수록 자유주의적 낙관론이 설득력을 얻을 수 있다.

IV. 중국의 대내외적 여건과 전망

중국의 대내외적 상황이 앞서 살펴본 낙관적 전망의 조건들을 어느 정도 충족하고 있는지를 검토해 보고자 한다.

1. 미국과 중국의 국력 격차

조셉 나이(Joseph S. Nye)는 국력을 경성권력(hard power)과 연성권력(soft power)으로 구분해 설명하고 있다. 경성권력은 대개 강압 내지 회유의 형태를

---

24 Jan Aart Scholte, "The Globaliztion of World Politics," John Baylis and Steve Smith (eds.), *The Globalization of World Politics*(Oxford: Oxford University Press, 2005), pp.13-30.

띠며 여기에는 군사력과 경제력이라는 자원이 요구된다. 반면 연성권력은 "남들로 하여금 내가 원하는 것을 원하게 하는" 간접적 · 포섭적 권력을 의미한다. 이는 구체적으로 상대방의 선호 자체를 일정한 방향으로 유도하는 매력과 호소력으로 이루어진다. 즉, 경성권력은 명령하는 힘이며 연성권력은 자발적으로 동조하게 하는 힘으로 요약될 수 있다.[25] 군사력과 경제력을 통한 강압과 회유, 그리고 제도와 문화 등을 통한 의제 설정 및 매력 등은 각각 현실주의와 자유주의가 강조하는 덕목으로 볼 수 있다. 결국 미국이 중국을 상대로 강압과 회유를 구사할 역량이 클수록, 의제 설정 또는 매혹을 통해 자발적으로 중국의 선호를 변화시킬 수 있는 폭이 클수록 낙관론은 설득력을 얻게 된다고 볼 수 있다.

<표 1-2> 조셉 나이의 하드파워와 소프트파워

	하드파워				소프트파워	
파워의 행태	명령 ◀	강압	회유	의제 설정	매혹	▶ 포섭
파워의 자원		폭력 제재	지불 매수	제도	가치 문화 정책	

출처: Joseph S. Nye, Jr., *Soft Power: The Means to Success in World Politics* (New York: Public Affairs, 2004), p.8.

25 Joseph S. Nye, Jr., *Bound to Lead: The Changing Nature of American Power*(New York: Basic Books, 1990), pp.31-32.

1) 미·중 하드파워(hard power) 비교

하드파워의 수준을 판단하는 기준에는 여러 가지가 있지만, 일반적으로 군사력과 경제력이 가장 중요한 기준이 된다. 다시 말해 해당 국가의 군사력을 가늠할 척도로는 국방비 규모·핵탄두 및 항공모함 보유 수 등을 들 수 있으며 경제력을 보여주는 지표로는 GDP 및 1인당 GDP가 널리 통용된다.

(가) 미·중 군사력 비교

유수의 통계자료를 종합한 결과 현역병과 탱크 수를 제외한 대부분의 군사 지표에서 미국이 중국을 압도하고 있는 것으로 나타났다. 특히 군사력의 단적인 척도라 할 수 있는 국방비와 핵무기 및 항공모함 보유 수에서 미·중 간 격차가 두드러지고 있다.

한편 미국과 중국을 포함한 주요 선진국들의 국방비 지출액을 검토한 결과 미국의 압도적 우위가 보다 선명하게 나타나고 있다. 영국 국제전략문제연구소(IISS: International Institute for Strategic Studies)의 2011년 보고서에 따르면 미국의 국방비는 전 세계 국방비 총액의 43%에 달하며 이하 2~10위 국가들의 국방비를 모두 합친 액수를 크게 상회하고 있어 군사적 패권 구도를 보여주고 있다. 또한 미국과 중국의 군사력을 비교할 때 국방비 못지않게 중요한 것은 세계 어느 곳에서나 전쟁을 치를 수 있는 지구적 투사능력(global reach projection capability)이 있느냐이다. 미국은 세계 해양을 통제하고 있고 전 세계에 군사기지를 가지고 있다(<부록 1-1, 1-2, 1-3, 1-4> 참조). 반면 중국은 지역전(local war)을 할 수 있는 군사력을 보유할 뿐 범세계적 투사 능력은 없다.

이 외에도 지정학적 요인까지 고려하면 중국의 열세는 가중될 전망이다.

<표 1-3> 미국과 중국의 군사력 비교(2011)

항목	미국	중국
연 국방비	7,393억 달러	898억 달러
병력	156만 명(정규군) 86만 명(예비병력)	228만 명(정규군) 51만명 (예비병력)
장갑차[a]	35,121문	10,578문
탱크(주력전차)	6,302대	7,400대
전술항공기[b]	3,162기	1,669기
폭격기(전략폭격기)[c]	155(82)	132(0)기
조기경보기	104기	14기
대형무인항공기(UAV)	693대	-
수상전투함 (순양함+구축함+호위함 +상륙함)	132척	78척
항공모함	11척	-
잠수함 전략핵잠수함(SSBN) 핵잠수함(SSN) 디젤잠수함(SSK)	14척 43척 -	3척 2척 52척
핵무기(핵탄두)	8,500개	280개

주: a) 주력전차를 제외한 장갑차량으로 보병전투장갑차(AIFV: Armored Infantry Fighting Vehicles), 병력수송장갑차(APC: Armored Personnel Carriers), 수색 장갑차 (Reconnaissance Vehicles) 경전차(Light Tank) 포함

b) 공중급유 없이 수백 Km 반경 이내에서 공대공, 공대지 임무를 수행하는 단거리 전투임무기(Combat Aircraft)수로 전투기(Fighter), 공격기(Attack Aircraft), 지상공격전투기(Fighter Ground Attack)를 포함하며, 다른 임무를 수행하는 항공기는 제외

c) 전략폭격기란 핵무기 장착이 가능한 장거리폭격기

출처: The International Institute for Strategic Studies(IISS), The Military Balance 2012 (London: Routledge, 2012).

<그림 1-1> IISS가 발표한 상위 10개국 국방비 지출 현황

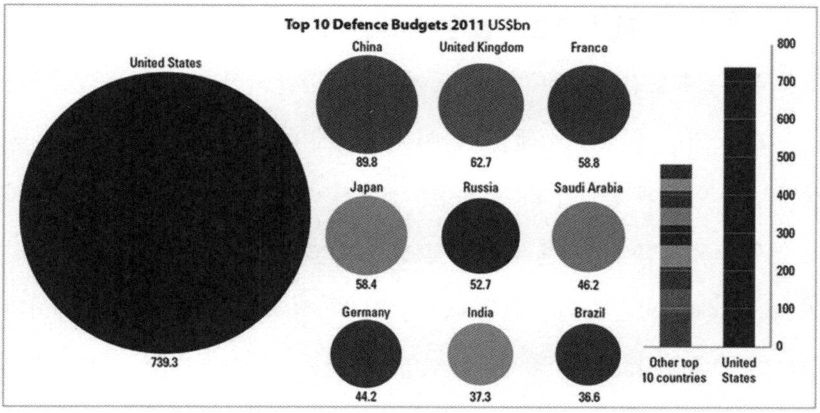

출처: IISS, https://www.iiss.org/en/about%20us/press%20room/press%20releases/press%20releases/archive/2012- ebe1/march-1290/military-balance-2012-press-statement-b956(검색일: 2015년 8월 10일)

군사 전문 사이트 글로벌 파이어 파워(Global Firepower)는 다른 국가와 접경(Shared Border) 거리가 긴 국가일수록 국방에 더 많은 자원을 투입해야 하는데 이러한 면에서 최악의 조건을 가진 국가로 중국을 지목했다.[26] 물리적 접경 거리 외에도 중국은 러시아와 인도 등 인접 대륙 강대국과 국경분쟁 가능성이 상존해 있으며 이들을 견제하기 위해 상당한 육군력을 보유해야 하는 부담 탓에 해·공군력 양성에 주력하기 어렵다는 점도 주요한 지정학적 열세 요인으로 지목된다(<부록 1-5> 참조).

반면 미국의 경우 자국을 위협할 만한 강대국과 접경하고 있지 않은 데다가 북으로 캐나다, 남으로 멕시코 등 자발적인 동맹국들이 포진해 있다. 동·

26 중국은 22,117 km의 접경으로 세계 1위이며 2위는 러시아(20,241km), 3위는 브라질(16,885km), 4위는 인도(14,103km), 5위는 미국(12,103km)으로 조사됐다. Global Firepower, http://www.globalfirepower.com/border-coverage.asp(검색일: 2012년 5월 14일).

서로는 바다와 접하고 있어 지정학적 안보 위협의 수준이 중국에 비해 크게 낮은 것으로 분석된다. 또한 이러한 지정학적 열세로 인해 중국이 미국 및 그 우방국들에게 도전을 감행한다 해도 여기에 협력할 국가가 많지 않을 것이라는 전망도 가능하다. 우선 해양국가이며 동아시아 라이벌인 일본이 중국 중심의 반미 연합에 가입할 리 만무하며 전통적인 접경 라이벌인 인도와 러시아 역시 중국에 합세하기를 주저할 것으로 보인다. 이러한 맥락에서 골드스타인(Avery Goldstein)은 중국의 인접 강국들이 강제적 혹은 자발적으로 합세하지 않는 한 중국은 사실상 지역 패권을 장악하기조차 불가능하다고 진단한 바 있다.[27]

(나) 미 · 중 경제력 비교

유엔무역개발회의(UNCTAD: Conference on Trade and Development)의 통계(현 US$ 기준)에 따르면 지난 40여 년간 1987년부터 1997년까지 일본을 제외하면 역대 2위 국가 가운데 어느 국가도 미국 GDP의 50%에 미치지 못한 것으로 나타났다. 시기별로 냉전이 한창이던 1970~1977년 사이 러시아가 2위 국가로 1973년 44.87%를 기록했고, 이후 1978~2008년 사이에는 일본이 2위 국가로서 1995년 71.10%로 역대 최고치를 기록한 후 2009년부터 중국에게 2위를 넘겨주었다.[28] 중국은 급속한 경제 부상으로 세계적인 주목을 받았던

27 Avery Goldstein, *Rising to the Challenge: China's Grand Strategy and International Security* (Stanford: Stanford University Press, 2005), pp.32-34.

28 UNCTAD, http://unctadstat.unctad.org/TableViewer/tableView.aspx?ReportId=96(검색일: 2012년 5월 10일).

<그림 1-2> 주요 선진국 GDP 추이

(단위: 백만 달러)

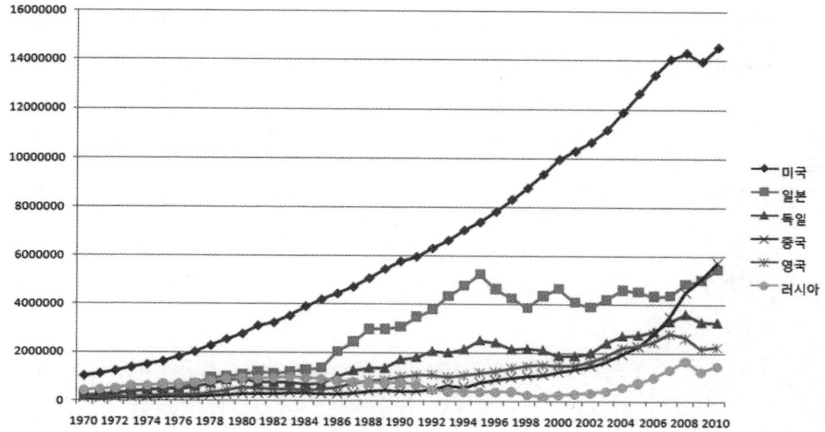

주: 독일의 1970~1989년 수치는 서독의 GDP, 러시아의 1970~1991년 수치는 소련의 GDP임

출처: UNCTAD, http://unctadstat.unctad.org/TableViewer/tableView.aspx?ReportId=96(검색일: 2012년 5월 10일)을 참조하여 작성

<그림 1-3> 주요 선진국의 미국 대비 GDP 추이

(단위: %)

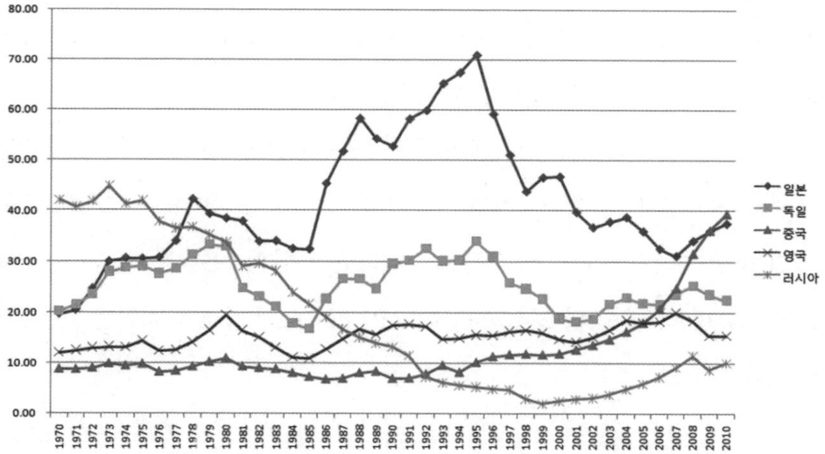

출처: <그림 1-2>를 참조하여 작성

<표 1-4> 패권국(미국)과 2위 국가의 GDP 추이 (단위: 십억 달러)

시기		1960	1970	1980	1990	2000	2010
세계총합		1,348.18	2,878.85	10.984.23	21,899.39	32,211.05	63,048.78
1위 미국	액수	520.53	1,024.80	2,767.50	5,750.80	9,898.80	14,582.40
		성장폭	x1.97	x2.70	x2.07	x1.72	x1.47
	세계 대비(%)	38.6	35.6	25.2	26.3	30.7	23.1
2위	국가명	영국	독일	일본	일본	일본	중국
	액수	72.33	208.87	1,071.00	3,058.04	4,667.45	5,878.63
	미국 대비(%)	13.9	20.4	38.7	53.2	47.2	40.3
중국	액수	61.38(4)	91.51(7)	189.40(11)	356.94(11)	1,198.48(6)	5,878.63(2)
		성장폭	x1.49	x2.07	x1.68	x3.36	x4.90
	미국 대비(%)	11.8	8.9	6.8	6.2	12.1	40.3

주: 중국 GDP 액수의 ( )는 세계 순위

출처: World Bank, http://data.worldbank.org/indicator/NY.GDP.MKTP.CD(검색일: 2011년 9월 15일)를 참조하여 작성, 세계은행의 수치는 현재 US$를 기준으로 산출된 것이며 UNCTAD의 2005년 환율로 계산할 경우 1970~2010년 세계 대비 미국 GDP 비중은 각각 27.67%, 26.33%, 26.57%, 28.30%, 25.66%이다. UNCTAD, http://unctadstat.unctad.org/ TableViewer/tableView.aspx?ReportId=96(검색일: 2012년 5월 10일)을 참조하여 작성

2009년과 2010년에도 각각 미국 대비 36.18%와 39.46%에 그쳐 미국의 경제적 우위가 여전히 지속되고 있는 것으로 조사됐다.

세계은행(World Bank)의 통계에 따르면 1인당 GDP로 본 중국 대비 미국의 우세는 1990년에 73배로 정점을 기록한 후 그 격차가 줄어드는 추세에 있으나 2010년 기준으로도 11배 수준으로 나타났다. 한편 1990년 미국과 중국의 1인당 GDP 격차는 2만 2천 724달러였으나 2010년 양국의 격차는 4만 2천 691달러로 늘어났다.

<표 1-5> 미국과 중국의 1인당 GDP 추이 (단위: 달러)

연도 국가	1960	1970	1980	1990	2000	2010
미국	2,881.10	4,997.76	12,179.56	23,037.94	35,080.73	47,083.74
중국 대비	x30	x45	x63	x73	x37	x11
중국	92.01	111.82	193.02	314.43	949.18	4,392.61
미국-중국	2,789	4,886	11,987	22,724	34,132	42,691

출처: World Bank, http://data.worldbank.org/indicator/NY.GDP.PCAP.CD(검색일: 2011년 9월 15일)를 바탕으로 재구성

2) 미 · 중 소프트파워(soft power) 비교

앞서 살펴본 바와 같이 조셉 나이는 소프트파워의 자원으로서 다른 국가들에게 매력을 줄 수 있는 가치 · 문화 · 정책을 들었다. 이러한 척도가 잘 반영된 자료로 스위스 소재 국제경영개발대학원(IMD: Institute for Management Development)의 '세계경쟁력연감(World Competitiveness Yearbook)'을 들 수 있다. IMD의 세계 경쟁력 순위 산출 지표는 크게 네 가지로 첫째, 국내 경제에 대한 거시 경제적 평가를 바탕으로 한 '경제운용성과(economic performance)' 둘째, 정부 정책이 경쟁력 향상에 공헌하는 정도를 평가한 '정부행정효율(government efficiency)' 셋째, 기업 경영의 성과를 높이기 위한 혁신능력 · 이윤추구 · 경영 책임성을 기준으로 평가한 '기업경영효율(business efficiency)' 넷째, 기본 인프라 · 기술 인프라 · 과학 인프라 · 보건 및 환경 · 교육 등의 수준이 기업이 요구하는 선을 충족하고 있는지를 평가한 '발전 인프라(infrastructure)' 등이다.[29]

---

29 한국과학기술기획평가원,『IMD 2011 세계 경쟁력 연감분석: 과학 및 기술인프라 중심』(2011), p.1.

대다수의 국가들은 IMD가 제시한 국가경쟁력을 높이려 할 것이며 자국보다 높은 수준의 경쟁력을 가진 국가로부터 필요한 정책·제도·문화 등을 배우려 할 공산이 크다. 특히 '발전 인프라'의 요건인 보건·환경·교육 수준은 정상적인 국가라면 모두 그 수준을 향상시키려 노력할 것으로 볼 수 있다. 따라서 IMD의 세계 경쟁력 순위는 그 자체로 소프트파워의 수준을 가늠할 수 있는 자료라 할 수 있다. <표 1-6>에서 보는 바와 같이 미국은 2010년(3위)을 제외하고 세계 경쟁력 순위에서 1위를 유지해 오고 있다. 중국은 2007년 15위로 최고 점수를 받은 이후 20위 사이를 오가고 있는 추세이다.

<표 1-6> 미국과 중국의 세계경쟁력 종합순위 추이

	2007	2008	2009	2010	2011
미국	1	1	1	3	1
중국	15	17	20	18	19

출처: International Institute for Management Development, https://www.worldcompetitiveness.com/OnLine/App/ Index.htm(검색일: 2012년 5월 15일)을 참조하여 작성

한편 이념과 체제를 넘어 모든 국가들이 추구하는 경쟁력으로 과학기술과 교육 수준을 들 수 있다. 특히 과학 인프라 수준에 있어 중국에 대한 미국의 상대적 우세가 뚜렷한 것으로 나타나고 있다. 10위 이내를 강세, 25위 이하를 약세로 볼 때 <표 1-7>에 정리된 바와 같이 중국은 한 개의 1위를 포함 7개 분야에서 강세를, 10개 분야에서 약세를 보여주고 있다. 반면 미국은 9개의 1위를 포함 총 17개 분야에서 강세를 보였고 유일하게 과학 분야 학사학위 비율에서만 약세를 보이고 있는 것으로 조사됐다.

<표 1-7> 2011년 미국과 중국의 과학 인프라 강·약점 비교

● 중국

강점 지표	약점 지표
- 기업 총 연구개발인력(1위) - 과학 분야 논문 수(2위) - 내외국인 특허 출원 수(3위) - 총 연구개발투자(4위) - 기업 연구개발비 지출(4위) - 내국인 특허 획득 수(4위) - 과학기술 분야 학사학위 비율(5위)	- 지적 재산권의 보호 정도(49위) - 기업의 혁신역량(47위) - 산학 간의 지식 전달 정도(42위) - 국민 1인당 연구개발투자(42위) - 인구 10만 명당 권리 유효 특허 건수(41위) - 인구 천 명당 연구개발인력(38위) - 인구 천 명당 기업 연구개발인력(33위) - 법적 환경이 과학적 연구를 지원하는 정도(29위) - 과학연구 수준이 국제적 기준보다 높은 정도(29위) - 인구 백만 명당 노벨상 수상(25위)

출처: 한국과학기술평가원(2011), p.58

● 미국

강점 지표 (10위 이내)	약점 지표 (25위 이하)
- 총 연구개발투자(1위) - 기업 연구개발비 지출(1위) - 과학 분야 논문 수(1위) - 노벨상 수상(1위) - 내외국인 특허 출원 수(1위) - 연구자/과학자가 국가에 매력을 느끼는 정도(1위) - 법적 환경이 과학적 연구를 지원하는 정도(1위) - 산학간의 지식 전달 정도(1위) - 기업의 혁신역량(1위) - 내국인 특허 획득 수(2위) - 과학연구 수준이 국제적 기준보다 높은 정도(3위) - 지적 재산권의 보호 정도(3위) - 인구 백만 명당 노벨상 수상(5위) - 인구 10만 명당 특허 출원 수(6위) - GDP 대비 기업의 연구개발비 비중(9위) - 국민 1인당 총 연구개발비(9위) - GDP 대비 총 연구개발투자 비중(10위)	- 과학기술 분야 학사학위 비율(34위)

출처: 한국과학기술평가원(2011), p.48

<표 1-8> 미국·중국 소재 상위 6개 대학의 세계 순위(2010~2011)

미국 소재 대학		중국 소재 대학	
세계 순위	학교명	세계 순위	학교명
1	Harvard University	37	Peking University
2	California Institute of Technology	49	University of Science and Technology of China
3	Massachusetts Institute of Technology(MIT)	58	Tsinghua University
4	Stanford University	120	Nanjing University
5	Princeton University	171	Sun Yat-sen University
8	University of California Berkeley	197	Zhejiang University

출처: Times Higher Education, http://www.timeshighereducation.co.uk/world-university-rankings/2010-2011/ top-200.html(검색일: 2012년 5월 16일)을 참조하여 작성

양국의 교육 수준을 가늠할 지표로서 영국의 타임스 하이어 에듀케이션(THE: Times Higher Education)이 선정한 2010~2011년 세계 200대 대학 순위를 살펴보았다. 조사 결과, 이 가운데 미국 소재 대학이 72개, 중국 소재 대학은 6개교에 그치고 있다. 100위권에서는 절반이 넘는 53개가 미국 소재 대학이었으며 중국 소재 대학은 3개로 집계됐다. 특히 미국은 10위권 안에 하버드(Harvard, 1위) · 캘리포니아 공과대학(CIT: California Institute of Technology, 2위) · 메사추세스 공과대학(MIT: Massachusetts Institute of Technology, 3위) · 스탠퍼드(Stanford, 4위) · 프린스턴(Princeton, 5위) · 캘리포니아 대학 버클리 캠퍼스(University of California Berkeley, 8위) · 예일대학(Yale, 10위) 등 총 7개 학교를 진입시킨 것으로 조사됐다.[30] 한편 중국에서 최고점을 받은 대학은 북경대학교로

30 10위권 대학에서 미국 소재 7개교를 제외한 나머지 3개 학교는 각각 영국의 캠브리지와 옥스퍼

세계 순위 37위에 그치고 있다. 이와 같이 미국과 중국의 경제력 · 군사력 등 하드파워와 소프트파워를 총체적으로 비교 · 평가해 본 결과, 현재의 국제정치체제에서 미국과 중국은 'G2'이기보다는 'G1.5' 정도가 정확한 표현일 것이라 여겨진다.[31]

2. 중국의 평화적 경제성장

1) 무역량

국가가 평화적으로 국부를 증대하는 대표적인 방법은 국제무역을 들 수 있다. 세계은행의 통계자료에 의하면 중국은 WTO에 가입한 2001년부터 본격적으로 GDP 가운데 총무역량이 차지하는 비중이 증가하기 시작해 2006년 65%로 최고치를 경신한 후 2009년에 44% 수준으로 하락했다가 2010년에 다시 상승하여 50%를 기록하고 있다(<그림 1-4> 참조). 국가의 총소득 가운데 절반 이상을 국제사회와의 무역을 통해 얻고 있음을 보여주는 이 자료는 중국의 경제적 부상이 사실상 국제사회와의 협력을 통해 진행되고 있음을 잘 나타내주고 있다. 특히 2010년 수치가 미국(22.3%)과 일본(26.8%)을 크게 상회하고 있다는 점에서 현재 중국이 기존의 경제 질서에 순응하고 있음을 보여주고 있다.

드가 공동 6위, 임페리얼 칼리지 런던(9위)이 차지했다. Times Higher Education, http://www.timeshighereducation.co.uk/world-university-rankings/2010-2011/top-200.html(검색일: 2012년 5월 16일)을 참조하여 작성.

31 미야모토 유지(宮本雄二) 전 주중 일본대사는 "G2는 당분간 실현되지 않을 것이다. 리더는 이념을 가지고 있어야 한다. 덩치만 크다고 리더가 될 수 없다"고 강조했다. 『중앙일보』, "핵 위력 잘 아는 중국, 북한의 핵 보유 못 참는다," 2013년 3월 25일.

<그림 1-6> 중국 FDI 추이, 1990~2010(flow 기준/백만 달러)

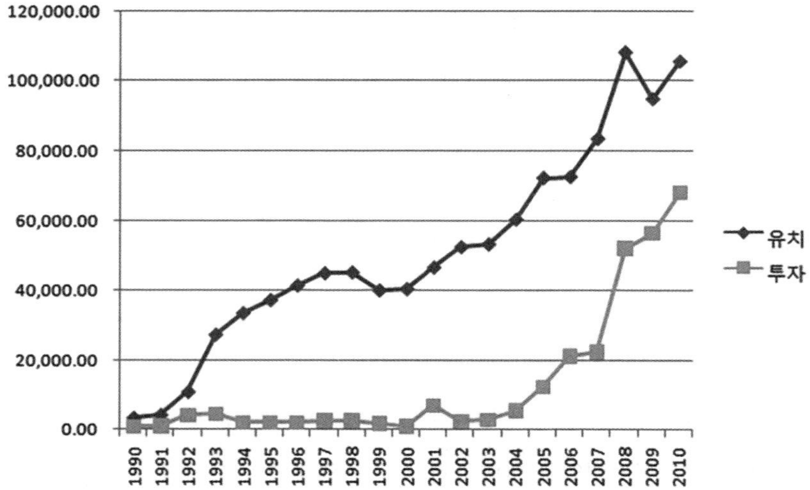

출처: UNCTAD, http://unctadstat.unctad.org/TableViewer/tableView.aspx(검색일: 2012년 6월 23일)를 바탕으로 재구성

를 시작한 지 약 10년이 지난 2000년대 초부터 급증하기 시작해 2010년 현재 680억 달러에 육박하고 있다. 이는 중국이 FDI 유치를 통해 기술과 경험을 축적한 뒤 해외 투자를 본격적으로 시작했다는 점을 보여주고 있다. 누적량을 기준으로 보아도 중국은 유치와 투자에서 각각 9위와 18위, 여기에 홍콩을 포함시킬 경우 각각 2위와 5위에 랭크된 것으로 나타났다(<표 1-9, 1-10> 참조). 중국이 여타 선진국에 비해 FDI에 있어 후발주자임을 감안할 때 이러한 성장세는 단기간에 큰 폭으로 진행되고 있음을 보여주고 있다. 이상 무역에 이어 FDI 수치에서도 중국의 고도성장이 국제사회와의 교류 및 협력을 통해 성취된 것임을 알 수 있다.

<표 1-9> 2010년 세계 10대 FDI 유치국(누적량stock 기준)

순위	국가명	액수(백만 달러)
1	**미국**	**3,451,405**
2	**홍콩**	**1,097,619**
3	영국	1,086,143
4	프랑스	1,008,377
5	독일	674,217
6	벨기에	670,013
7	스페인	614,473
8	네덜란드	589,825
9	**중국**	**578,818**
10	캐나다	561,111

출처: UNCTAD, http://unctadstat.unctad.org/TableViewer/tableView.aspx(검색일: 2012년 6월 23일)를 바탕으로 재구성

<표 1-10> 2010년 세계 FDI 투자국(누적량stock 기준) 순위

순위	국가명	액수(백만 달러)
1	**미국**	**4,843,325**
2	영국	1,689,329
3	프랑스	1,523,046
4	독일	1,421,331
5	**홍콩**	**948,493**
6	스위스	909,410
7	네덜란드	890,221
8	일본	831,074
9	벨기에	736,724
10	스페인	660,159
11	캐나다	616,134
12	이탈리아	475,597
13	러시아	433,655
14	호주	402,248
15	아일랜드	348,737
16	스웨덴	336,086
17	싱가포르	300,010
18	**중국**	**297,600**

출처: UNCTAD, http://unctadstat.unctad.org/TableViewer/tableView.aspx(검색일: 2012년 6월 23일)를 바탕으로 재구성

3. 세계화 진행 상황

세계화와 관련한 공신력 있는 자료로는 스위스의 경제연구소 KOF가 제공하는 세계화 순위 및 지표를 들 수 있다. KOF는 각 국가의 경제 · 사회 · 정치 세 분야의 세계화 지수를 산출해 매년 순위를 발표해 오고 있다. 세계화 수준을 가늠하는 주요 지표로는 무역, 해외직접투자, 국제전화 사용량, 국내 거주 외국인 수, 인터넷 사용자 수, 맥도널드(McDonald) 가맹점 수, UN 안보리 참여 빈도, 해외 대사관 운영 수 등이다(<부록 1-6> 참조). 세계화 진전 수준은 그 나라의 개방성, 국제사회와의 상호의존의 심도를 잘 보여주는 척도로 간주된다. 중국은 1990년 초 세계화를 본격적으로 수용해 2009년 기준 한국 · 일본과 비슷한 수준으로 집계되고 있다.

4. 소결 및 전망

지금까지 살펴본 미국과 중국의 국력 차이 · 중국의 무역과 투자 현황 · 세계화의 세 가지 측면으로 미루어 볼 때 중국은 하드파워와 소프트파워를 막론하고 미국 중심의 국제질서하에서 평화적으로 경제성장을 추진하고 있으며 세계화 역시 심화되는 추세에 있는 것으로 볼 수 있다(<부록 1-7> 참조). 중국이 이 같은 낙관적 경로를 따르고 있다고 할 때, 미래 중국의 향방을 진단하는 데 있어 가장 결정적인 지표는 결국 중국이 미국의 국력을 능가할 것인가? 능가한다면 어느 시점이 될 것인가에 있다고 볼 수 있다. 가까운 시일 내에 중국이 패권을 얻게 될 것이라는 전망으로는 2003년 골드만 삭스(Goldman Sachs)에서 중국 GDP가 2050년 미국을 큰 폭으로 능가할 것이라고 진단한 것을 들

<그림 1-7> 주요 선진국의 세계화 지수(합산) 추이

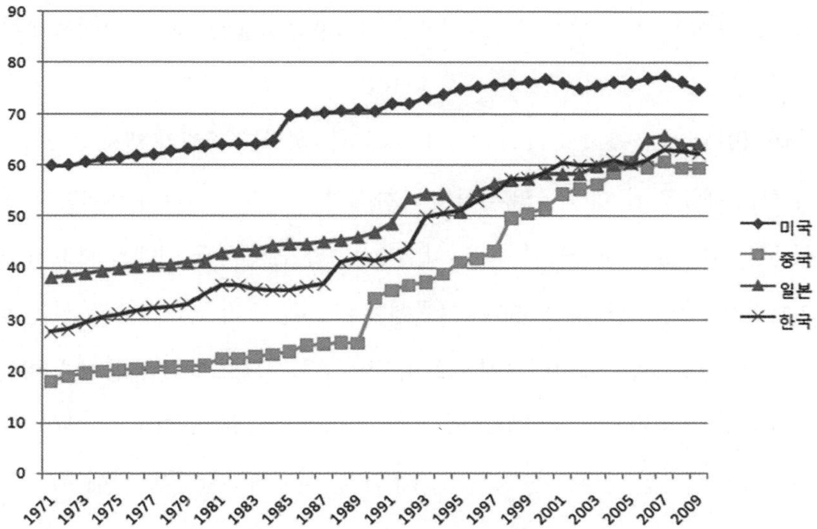

출처: KOF, http://globalization.kof.ethz.ch/static/rawdata/globalization_2012_long.xls(검색일: 2012년 5월 20일)를 바탕으로 재구성, 구체적인 측정지표와 반영 비율은 <부록 1-6> 참조

수 있다.[33] 심지어 2011년 영국 이코노미스트(Economist)는 10년 안에 중국이 주요 경제지표에서 미국을 넘어설 것으로 예상하기도 했다.[34] 반면 머지않은 장래에 중국이 미국의 국력을 능가하지는 못할 것이라는 주장도 제기되고 있다. 골드만 삭스가 중국 부상을 점친 것과 비슷한 시기에 중국 내부에서도 미래 자국의 국력 수준을 놓고 상반된 평가가 분분했다. 일례로 군사과학연구소(Academy of Military Science), 중국사회과학원(Chinese Academy of Social Sciences),

33 골드만 삭스는 2050년경 중국과 미국의 GDP를 각각 45조, 35조 달러로 추정했다. http://www.goldmansachs.com/ceoconfidential/CEO-2003-12.pdf(검색일: 2012년 1월 10일).

34 *The Economist* (September 24, 2011), http://www.economist.com/node/21528987(검색일: 2012년 5월 10일).

현대국제관계연구소(China Institute of Contemporary International Relations) 등 세 기관은 2020년 미국 대비 자국의 국력을 각각 98%, 60%, 55%로 상이하게 예측했다.[35]

이처럼 미래 중국의 국력과 위상에 대해서는 상반된 견해가 제시되고 있으나 최근 자료로 볼 때 중국의 부상이 제한적일 것이라는 전망이 우세하다. 우선 군사력에 있어 중국사회과학원이 2008년 발표한 '중국 현대화 보고서'에 의하면 중국의 군사력은 2050년 이후에야 어느 정도 미국과 견줄 수 있을 것이고, 2070년 또는 2080년경에 이르러서야 총체적으로 미국의 군사 능력을 따라갈 수 있을 것으로 전망하고 있다.[36] 군사적 열세 외에도 2012년 4월 한국무역협회 베이징 사무소는 '중국의 7대 난제'라는 내부 문건을 통해 ① 빈부격차(2011년 기준, 중국 1% 부자가 전체 개인 자산의 44% 보유 및 지니계수 0.47로 위험 수준) ② 불균형 성장(2011년 도시 주민의 소득이 농촌의 3배를 넘어 세계 최대 도·농 간 소득 격차) ③ 부정부패(2011년 각종 직무범죄 건수 32,567건, 연루된 공무원 수 44,506명) ④ 주택가격 버블(고급 아파트의 경우 제곱미터당 8,700달러로 뉴욕 맨해튼의 9,200달러와 비슷한 수준) ⑤ 취업난(매년 도시 취업희망자는 2,400만 명을 초과할 전망이지만 중국 경제가 정상적으로 성장한다는 조건하에 창출되는 직장은 절반 수준) ⑥ 의료난(중국 인구는 세계 20%를 차지하지만 의료비 투입은 세계 총액의 3% 수준) ⑦ 교육 불평등(2011년 기준 GDP에서 교육분야 투자 비중 3.4%, 일부 개도국의 4.1%에 못 미침)의 7가지 병폐를 지적하며 중국의 '대국굴기(大国崛起)'에 큰 장애가 될 것으로 내다보았다.[37]

---

35 Johnston(2003), p.35.

36 『조선일보』, 2012년 1월 2일.

37 한국무역협회, 『중국의 7대 난제』, http://www.kita.net/trade/global/economy/05/index.jsp?sCmd

조셉 나이 역시 다양한 지표를 제시하면서 중국 패권설을 부정했다. 그는 GDP 수치만을 근거로 중국 패권설을 주장하는 것이 온당하지 않음을 강조하면서 중국이 연간 6%, 미국이 연간 2%의 성장을 한다고 해도 금세기 내 두 국가의 1인당 GDP가 같아질 수 없으며 중국 특유의 지정학적 불리함·국민의 요구를 수용할 민주주의 역량의 부족·방대한 미개발 변방 지역 등 선진국으로 도약하는 데 있어 극복해야 할 문제들을 열거했다.[38] 또한 미국 패권의 특성이 과거 패권국과 달리 그 동맹국들이 강압이 아닌 핵심 가치를 자발적으로 공유했다는 점, 그 국력의 원천이 개방성과 창조성을 바탕으로 하고 있어 정보사회에서 특히 강력하게 작용한다는 점을 강조했다. 더불어 미국의 사회 건전성 확대(범죄·이혼율 감소 및 교회 출석률 42%), 전 세계로부터 젊고 유능한 노동력이 이민을 통해 지속적으로 유입되고 있는 등의 사례를 들어 미국의 패권이 당분간 흔들리지 않을 것이라 전망하고 있다.[39]

=VIEW_DATA&nPostIndex=30893&nPage=1&curno=1377(검색일: 2012년 6월 22일). 2012년 중국의 각종 불만시위는 18만여 건이었으며, 지니계수는 0.61이었다. 중국의 부는 상위 1%가 전체의 41%를 가지고 있다. 2000~2009년까지 부패공직자가 해외로 빼돌린 금액만 2조 7000억 달러에 달한다. 『중앙일보』, "고도성장 이뤘지만 부패 심화…'범생' 후진타오의 한계," 2013년 3월 15일.

38 Nye(2010), pp.4-5.

39 Nye(2010), pp.5-8, 이민이 미국을 더욱 부강하게 하고 있다는 또 다른 주장으로는 Fareed Zakaria, "The Future of American Power: How America Can Survive the Rise of the Rest," *Foreign Affairs*, Vol.87, No.3(May/June 2008), p.35 참조.

V. 맺는말

최근 중국의 행보는 패권국의 국력이 강할수록 세계적으로 상호의존과 협력 등 자유무역의 기조가 확산된다는 이른바 패권안정론에 힘을 실어주고 있다.[40] 2011년 6월 원자바오(溫家寶) 총리는 영국 왕립학회에서 '중국 개혁·개방 이후의 발전상과 미래 중국의 나아갈 길'이라는 제목의 강연을 통해 "…중국은 미래에 민주법치국가 … 평화적 발전의 길을 견지해 나갈 것이며 경제 세계화에 적극 참여할 것"이라 약속했다.[41] 약 9개월 뒤 후진타오 국가주석 역시 인도 뉴델리에서 열리는 브릭스(BRICS: 중국·러시아·인도·브라질·남아공) 정상회의를 앞두고 이뤄진 서면 인터뷰에서 "…브릭스 국가들은 개발도상국들의 이익을 대변하고 촉진하는 국가들이며 경제의 세계화와 민주화 추세는 이들 국가 간의 협력을 필수적인 것으로 만들었다"고 평가했다.[42] 이 외에도 국제사회에 대한 중국의 협력적 기조를 보여주는 사례로 미·중 전략경제대화를 들 수 있다. 세 차례에 걸친 회담을 통해 양국은 안보·경제·환경 등 다양한 분야에서 협력할 것을 약속해 오고 있다.[43]

---

40 Stephen D. Krasner, "State Power and the Structure of International Trade," Jeffry A. Frieden, David A. Lake, and J. Lawrence Broz eds., *International Political Economy: Perspective on Global Power and Wealth* (New York: W. W. Norton & Co., 2010), pp.35-36.

41 『연합뉴스』, "中, 미래 민주법치국가 될 것," 2011년 6월 28일.

42 『연합뉴스』, "후진타오 '브릭스 성장, 세계경제 균형에 도움'," 2012년 3월 28일.

43 2009년 4월에 있었던 G20 금융정상회의에서 오바마 대통령과 후진타오 주석의 합의로 시작된 이 고위급 회담은 같은 해 7월, 2010년 5월, 2011년 5월에 양국 수도를 오가며 개최되었다. 세계 최강대국들이 다양한 이슈를 협의한다는 측면에서 가장 영향력 있는 대화체로 평가된다. 한석희, "제3차 미중전략경제대화에 대한 분석," 세종연구소, 『정세와 정책』 2011년 6월호, pp.10-13.

실제로 이러한 미·중 사이의 우호적 기류가 단지 지도자들의 수사에 그치고 있지는 않은 것으로 분석된다. 일례로 2010년 기준 중국의 최대 무역상대국이 미국(중국 전체 무역의 13%)이며 그 교역액이 3천 8백억 달러에 이르고 있음이 이를 증명한다.[44] 이 외에도 UN 안보리 활동·각종 국제조약 가입·대사관 수 등을 주요 척도로 한 정치적 세계화 순위에서 2012년 중국이 필리핀(52위), 뉴질랜드(56위), 이스라엘(58위)을 제치고 세계 41위에 오른 것을 들 수 있다. 이러한 지표들은 현 중국이 기존 국제사회의 질서에 도전하고 있지 않음을 보여주고 있다. 특히 중국의 국제기구 참여와 관련해 하버드대학의 이언 존스턴(Alastair Iain Johnston) 교수는 현재 중국의 국제기구 참여가 세계 평균을 상회하고 있으며 심지어 국력에 비해 과도하게 국제기구에 참여하고 있는 것으로 진단했다.[45]

국제사회를 향한 중국의 이 같은 협력적인 자세의 배경으로는 우선 미국 국력의 뚜렷한 우위로 인해 현실주의가 상정하는 대부분의 비관론이 완화·통제된 결과라는 추론이 가능하다. 동시에 자유주의 입장에서는 중국이 지난 20여 년간 지속된 무역·FDI 등 국제사회와의 협력을 통해 점차 기존 질서를 수용하는 현상유지국으로 변화한 것이라는 진단도 가능할 것으로 본다. 한편 앞서 살펴본 여러 국력 지표들은 세계 2위 국가인 중국이 단기간 안에 현재의 국제질서를 전복시키기 어렵다는 예측에 힘을 실어주고 있다. 그리고 중국의 도전을 상정하지 않더라도 한번 자리 잡은 국제질서는 기본적으로 보수성을

---

44 The US-China Business Council, https://www.uschina.org/statistics/tradetable.html(검색일: 2012년 5월 20일)을 바탕으로 계산한 것임.

45 Johnston(2003), pp.12-14.

참고문헌

남궁영. 『국제정치경제 패러다임과 동아시아 지역질서』 서울: 오름, 2011.

박병광. "중국의 부상과 21세기 미래상에 대한 평가." 『세계지역연구논총』 제22집 2호 (2004).

『연합뉴스』. "중국 경제대국 부상에 우려 증가 <BBC>." 2011년 3월 28일.

_____. "中, 미래 민주법치국가 될 것." 2011년 6월 28일.

_____. "후진타오 '브릭스 성장 세계경제 균형에 도움'." 2012년 3월 28일.

이동선. "중국의 부상과 한미일 군사협력." 『한국정치학회 국방안보학술회의』(2011).

장공자. "특별기고: 후진타오의 등장과 중국의 대한반도 정책." 『北韓』 5월호(2003)

『조선일보』. "한국軍, 서해에서 '중국 맞춤형 전략' 고심… 中항모 대응 소형 잠함·초음속 미사일 개방 중." 2012년 1월 2일.

존 베일리스·스티브 스미스. 하영선 역. 『세계정치론』 서울: 을유문화사, 2003.

주재우. "중국 국가전략과 '평화적 발전': 구조적 역리 담론." 『국방연구』 제54권 제2호 (2011).

『중앙일보』. "고도성장 이뤘지만 부패 심화…'범생' 후진타오의 한계." 2013년 3월 15일.

_____. "핵 위력 잘 아는 중국, 북한의 핵 보유 못 참는다." 2013년 3월 25일.

한국과학기술기획평가원. 『IMD 2011 세계 경쟁력 연감분석: 과학 및 기술인프라 중심』. 2011.

한국무역협회. 2012. "중국의 7대 난제." http://www.kita.net/trade/global/economy/05/ index.jsp?sCmd=VIEW_DATA&nPostIndex=30893&nPage=1&curno=1377(검색일: 2012년 6월 22일).

『한국일보』. "[파리드 자카리아 칼럼] 중국의 경제위기." 2012년 5월 25일.

한석희. "제3차 미중전략경제대화에 대한 분석." 세종연구소. 『정세와 정책 』 6월호 (2011).
Bernstein, Richard and Munro H. Ross. "The Coming Conflict with America." *Foreign Affairs* Vol.76, No.2(March/April 1997).
Brooks, Stephen G. and William C. Wohlforth. "The Rise and Fall of the Great Powers in the Twenty-first Century: China's Rise and the Fate of America's Global Position" *International Security* Vol.40, No.3(Winter 2015/16).
Buzan, Barry. *The United States and the Great Powers: World Politics in the Twenty-First Century*. Cambridge, UK: Polity Press, 2004.
Chambers, Michael R. "Rising China: The Search for Power and Plenty." in Ashley T. Tells & Michael Wills. (eds.). *Strategic Asia 2006~2007: Trade, Interdependence, and Security*. Seatle and Washington, D.C.: NBR, 2006.
Doyle, Michael. "Kant, Liberal Legacies and Foreign Affairs, Part 2." *Philosophy and Public Affairs* Vol.12, No.3(Summer 1983).
Friedberg, Aron L. "The Future of US-China Relations: Is Conflict Inevitable?" *International Security* Vol.30, No.2(Fall 2005).
Global Firepower. (http://www.globalfirepower.com/active-military-manpower.asp).
Glodman Sachs. (http://www.goldmansachs.com/ceoconfidential/CEO-2003-12.pdf).
Goldstein, Avery. *Rising to the Challenge: China's Grand Strategy and International Security*. Stanford: Stanford University Press, 2005.
IISS. (http://www.iiss.org/publications/military-balance/the-military-balance-2012/press-statement/figure-comparative-defence-statistics).
IMD. (https://www.worldcompetitiveness.com/OnLine/App/Index.htm).
Johnston, Alastair Iain. "Is China a Status Quo Power?" *International Security* Vol.27, No.4(Spring 2003).
Kastner, Scott L. "Does Economic Integration Across the Taiwan Strait Make Military Conflict Less Likely?" *Journal of East Asian Studies* Vol.6,

No.3(2006).

KOF. http://globalization.kof.ethz.ch(검색일: 2012년 5월 20일).

Krasner, Stephen D. "State Power and the Structure of International Trade." Jeffry A. Frieden, David A. Lake, and J. Lawrence Broz. (eds.). *International Political Economy: Perspective on Global Power and Wealth*. New York: W. W. Norton & Co, 2010.

McDougall, Walter A. *Promised Land, Crusader State: The American Encounter with the World since 1776*. Boston: Houghton Mifflin, 1997.

Mearsheimer, John J. The Tr*agedy of Great Power Politics. New* York: W. W. Norton & Company, 2001.

Mount Holyoke College. (http://www.mtholyoke.edu/acad/intrel/wspeech.htm).

Nye, Joseph S. Jr. *Bound to Lead: The Changing Nature of American Power*. New York: Basic Books, 1990.

_____. Soft P*ower: The Means to Success in World Politics. New* York: Public Affairs, 2004.

_____. "The Future of American Power: Dominance and Decline in Perspective." Foreig*n Affairs* Vol.89, No.6(November/December 2010).

Ploughshares Fund. (http://ploughshares.org/news-analysis/world-stockpile-report).

Rapkin, David P. & Thomson William R. "Will Economic Interdependence Encourage China's and India's Peaceful Ascent?" in Ashley T. Tellis & Michael Wills, (eds.). *Strategic Asia 2006~2007: Trade, Interdependence, and Security*. Seatle and Washington, D.C.: NBR, 2006.

Rosecrance, Richard. *The Rise of the Trading State*. New York: Basic Books, 1986.

_____. "From Military Strategy to Economic Strategy: The Rise of the 'Virtual State' and The New Path to Global Influence." in Charles W. Kegley Jr. & Eugene R. Wittkopf (eds.). The Gl*obal Agenda: Issues and Perspectives. 5th* ed. Boston: McGraw-Hill, 1998.

Scholte, Jan Aart. "The Globaliztion of World Politics." John Baylis and Steve

Smith. (eds.). The Gl*obalization of World Politics. Oxfo*rd: Oxford University Press, 2005.

Shambaugh, David. "Containment or Engagement of China? Calculating Beijing's Responses." *International Security* Vol.21, No.2(Fall 1996).

SIPRI. (http://www.sipri.org/databases/milex).

The Economist. (September 24, 2011), http://www.economist.com/node/21528987(검색일: 2012년 5월 10일).

The US-China Business Council. (https://www.uschina.org/statistics/tradetable.html(검색일: 2012년 5월 20일).

Times Higher Education. http://www.timeshighereducation.co.uk/world-university- rankings/2010-2011/top-200.html(검색일: 2012년 5월 16일).

Tylor, Patric E. "Who's Afraid of China?" *New York Times Magazine*. (August 1, 1999).

UNCTAD. (http://unctadstat.unctad.org/TableViewer/tableView.aspx?ReportId=96).

_____. (http://unctadstat.unctad.org/TableViewer/tableView.aspx).

U.S. Department of Defense. *Annual Report to Congress: Military and Security Developments Involving the People's Republic of China*. (April 2015).

U.S. Navy. http://www.navy.mil/navydata/ships/subs/subs.asp(검색일: 2015년 8월 19일).

Waltz, Kenneth N. *Man, State, and War: A Theoretical Analysis*. New York: Columbia University Press, 1959.

Wan, Ming. "Economics Versus Security in Cross-Strait Relations: A Comment on Kastner." *Journal of East Asian Studies* Vol.6, No.3(September/December 2006).

Whiting, Allen S. "Chinese Nationalism and Foreign Policy after Deng." *China Quartely* No.142(June 1995).

Wohlforth, William C. "The Stability of a Unipolar World." *International Security* Vol.24, No.1(Summer 1999).

World Bank. *World Development Indicators Database.* (July 2011).

_____. (http://data.worldbank.org).

Zakaria, Fareed. "The Future of American Power: How America Can Survive the Rise of the Rest." *Foreign Affairs* Vol.87, No.3(May/June 2008).

<부록 1-1> 전 세계 미군배치 현황

지역	국가	육군	해군	해병대	공군	총병력
유럽	독일acde	22,909	499	1,048	13,248	37,704
	이탈리아abd	4,220	3,629	17	3,831	11,697
	영국d	207	278	20	8,569	9,074
	스페인bd	29	2,033	24	410	2,496
	터키d	152	8	1	1,429	1,590
	벨기에a	664	113	9	410	1,196
	포르투갈d	2	46	7	534	589
	그리스b	7	377	0	24	408
	네덜란드ae	142	30	6	194	372
	그린란드	0	0	0	128	128
	노르웨이	26	11	4	37	78
	헝가리	4	2	0	55	61
	프랑스	20	14	4	18	56
	폴란드	26	3	1	20	50
	루마니아	4	38	0	5	47
	키프로스	3	0	0	9	12
	덴마크	3	4	0	5	12
	체코	5	0	0	4	9
	오스트리아	5	1	0	2	8
	불가리아ad	3	2	0	3	8
	핀란드	2	3	0	2	7
	스웨덴	1	1	0	5	7
	스위스	1	2	0	4	7
	마케도니아	4	0	0	2	6
	알바니아	1	1	0	2	4
	보스니아 헤르체고비나	3	0	0	1	4
	에스토니아	1	3	0	0	4

지역	국가	육군	해군	해병대	공군	총병력
유럽	지브롤터	0	4	0	0	4
	리투아니아	2	2	0	0	4
	슬로바키아	1	0	0	3	4
	크로아티아	2	1	0	0	3
	코소보a	0	0	0	3	3
	슬로베니아	0	0	0	3	3
	아일랜드	1	0	0	1	2
	라트비아	0	0	1	1	2
	몰타	0	1	0	1	2
	몬테네그로	0	1	0	0	1
	합계	28,450	7,107	1,142	28,963	65,662
구소련 국가	러시아	7	8	1	7	23
	우크라이나	6	1	0	7	14
	조지아	11	0	1	1	13
	카자흐스탄	7	0	0	3	10
	아제르바이잔	0	1	1	4	6
	타지키스탄	3	0	0	2	5
	아르메니아	2	0	0	1	3
	우즈베키스탄	2	0	0	1	3
	키르기스스탄d	1	0	0	1	2
	투르크메니스탄	0	0	0	2	2
	몰도바	0	0	0	1	1
	합계	39	10	3	30	82
동아시아·태평양	일본abcd	2,434	19,282	15,288	11,824	48,828
	한국abd	18,997	332	136	8,093	27,558
	영국령 인도양 지역b	0	463	0	41	504
	태국	39	10	218	31	298
	싱가포르b	10	158	2	17	187
	호주	35	76	12	55	178
	필리핀	9	8	2	9	28
	중국	6	6	2	6	20
	인도네시아	7	6	1	3	17
	마셜제도	17	0	0	0	17
	베트남	6	5	1	2	14
	홍콩	3	6	0	3	12
	말레이시아	3	6	0	3	12

지역	국가	육군	해군	해병대	공군	총병력
동아시아·태평양	캄보디아	4	4	0	0	8
	대만	0	2	1	4	7
	뉴질랜드	2	1	1	2	6
	라오스	2	1	0	2	5
	미얀마	3	0	0	1	4
	피지	0	3	0	0	3
	몽골	2	0	0	1	3
	브루나이	0	0	0	1	1
	파푸아뉴기니	0	1	0	0	1
	합계	21,579	20,370	15,664	20,098	77,711
북아프리카·근동·남아시아	바레인b	19	3,187	173	21	3,400
	카타르d	342	6	0	265	613
	아랍에미리트	18	16	220	92	346
	사우디아라비아d	228	24	0	86	338
	이집트	217	20	1	25	263
	이스라엘	8	8	1	15	32
	요르단	13	1	1	11	26
	파키스탄	3	5	1	15	24
	인도네시아	6	10	0	6	22
	오만	3	3	1	7	14
	모로코	1	3	0	7	11
	레바논	6	0	0	2	8
	튀니지	5	2	0	1	8
	알제리	3	2	0	0	5
	방글라데시	4	0	0	1	5
	스리랑카	2	2	0	0	4
	예멘	4	0	0	0	4
	네팔	3	0	0	0	3
	자이르	2	0	1	0	3
	리비아	0	1	0	0	1
	합계	887	3,290	399	554	5,130
사하라 이남 아프리카	남아프리카공화국	4	1	224	2	231
	케냐	19	2	1	7	29
	나이지리아	4	4	0	4	12
	보츠와나	4	0	0	4	8
	가나	3	2	0	3	8
	에티오피아	4	1	0	2	7

지역	국가	육군	해군	해병대	공군	총병력
사하라 이남 아프리카	세네갈	4	2	1	0	7
	마다가스카르	0	3	0	2	5
	니제르	3	0	0	2	5
	탄자니아	3	2	0	0	5
	우간다	4	0	0	1	5
	앙골라	2	1	0	1	4
	차드	4	0	0	0	4
	콩고민주공화국	3	0	0	1	4
	기니	3	1	0	0	4
	코트디부아르	3	1	0	0	4
	라이베리아	2	0	0	2	4
	말리	3	0	0	1	4
	짐바브웨	4	0	0	0	4
	부르키나파소	0	0	1	2	3
	카메룬	2	1	0	0	3
	가봉	2	1	0	0	3
	시에라리온	1	1	0	1	3
	세인트헬레나	0	0	0	3	3
	수단	3	0	0	0	3
	잠비아	1	0	0	2	3
	부룬디	0	0	0	2	2
	지부티	1	0	0	1	2
	모리타니	0	0	0	2	2
	모잠비크	0	1	0	1	2
	나미비아	2	0	0	0	2
	르완다	2	0	0	0	2
	모리셔스	0	1	0	0	1
	소말리아	0	1	0	0	1
	합계	90	26	227	46	389
서반구	쿠바(관타나모)b	135	521	23	0	679
	온두라스	237	3	0	162	402
	캐나다	8	44	1	86	139
	바하마	1	49	0	0	50
	콜롬비아	29	4	2	11	46
	페루	13	16	3	4	36
	엘살바도르	9	15	0	2	26
	파나마	17	8	0	0	25

지역	국가	육군	해군	해병대	공군	총병력
서반구	브라질	7	9	1	7	24
	칠레	6	7	0	9	22
	멕시코	11	5	0	4	20
	과테말라	15	1	0	1	17
	아르헨티나	2	5	3	6	16
	도미니카공화국	7	1	3	2	13
	니카라과	10	1	0	1	12
	우루과이	2	5	0	2	9
	벨리즈	5	0	0	2	7
	에콰도르	3	1	0	2	6
	아이티	6	0	0	0	6
	파라과이	5	0	0	1	6
	볼리비아	2	0	0	2	4
	베네수엘라	2	1	0	1	4
	바베이도스	2	0	0	1	3
	가이아나	2	1	0	0	3
	수리남	1	1	0	1	3
	트리니다드 토바고	1	2	0	0	3
	코스타리카	1	1	0	0	2
	자메이카	1	1	0	0	2
	앤티가 바부다	0	0	0	1	1
	합계	540	702	36	308	1,586
이라크ace, 아프가니스탄cde		39,401	19,133	7,997	22,358	88,889
총합계		90,986	50,638	25,468	72,357	239,449

주: 이라크, 아프가니스탄에 배치된 병력은 해외비상작전(OCO: Overseas Contingency Operation)을 수행하는 병력 수

a: 육군기지(U.S. Army base) b: 해군기지(U.S. Navy base) c: 해병대기지(U.S. Marine base) d: 공군기지(U.S. Air Force base) e: 합동특수작전사령부기지(U.S. Joint Operations base)

출처: Defense Manpower Data Center(DMDC), *Active Duty Military Personnel by Service by Region/Country*, (June 30, 2015), http://www.dmdc.osd.mil/appj/dwp/dwp_reports.jsp(검색일: 2015년 9월 3일); Military Bases.com, http://militarybases.com(검색일: 2015년 9월 3일)을 참조하여 작성

<부록 1-2> 전 세계 미군기지 현황(2020)

U.S. Military Bases Abroad, 2020

In 2020, the United States controlled around 800 bases outside the 50 U.S. stat
and positioning given best available data. For ease of comparison we use conte

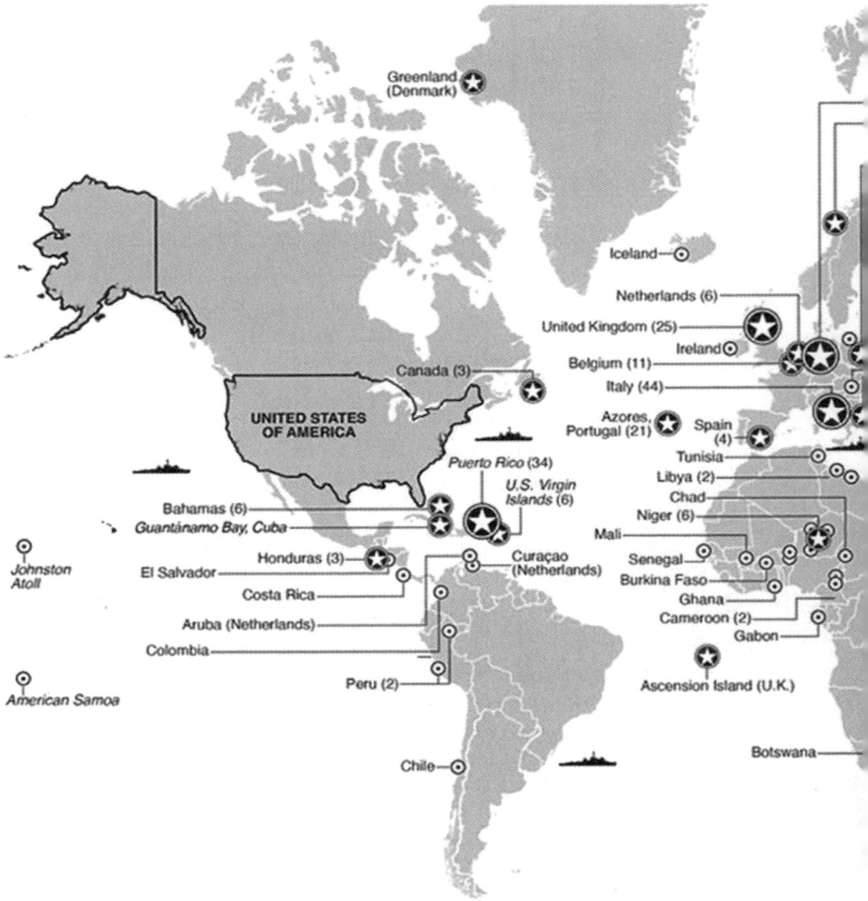

Map by Kelly Martin / kmartindesign.com for David Vine, *The United States of War: A Global History of America's Endless Confli*

ınd Washington, DC. Map reflects bases' relative number
ɔrary borders and a Mercator projection.

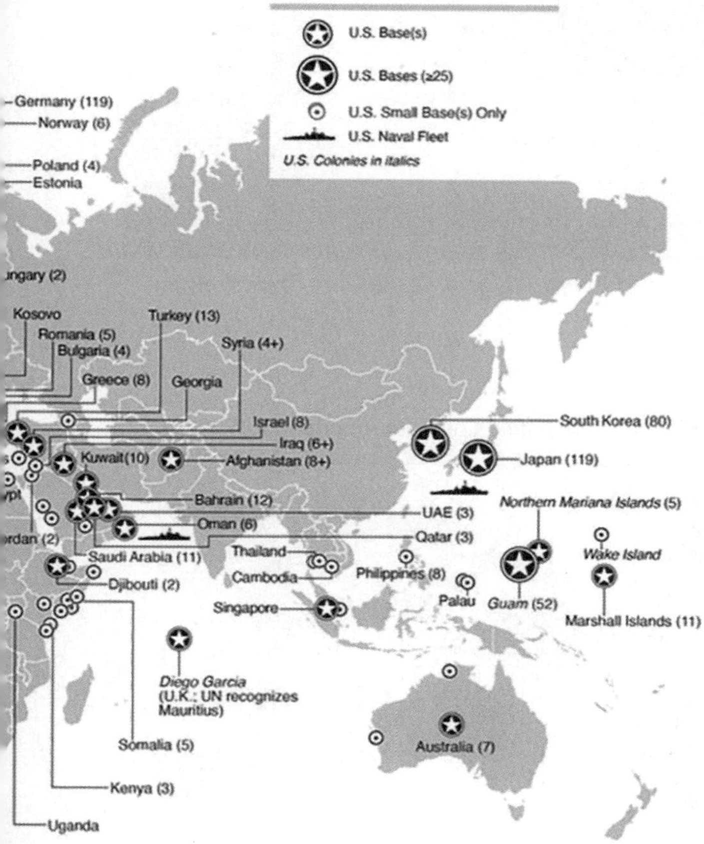

ɪ *Columbus to the Islamic State* (University of California Press, 2020).

출처: https://www.overseasbases.net/ (검색일: 2022년 4월 25일)

<부록 1-3> 세계 주요국 미군 주둔 현황(2020)

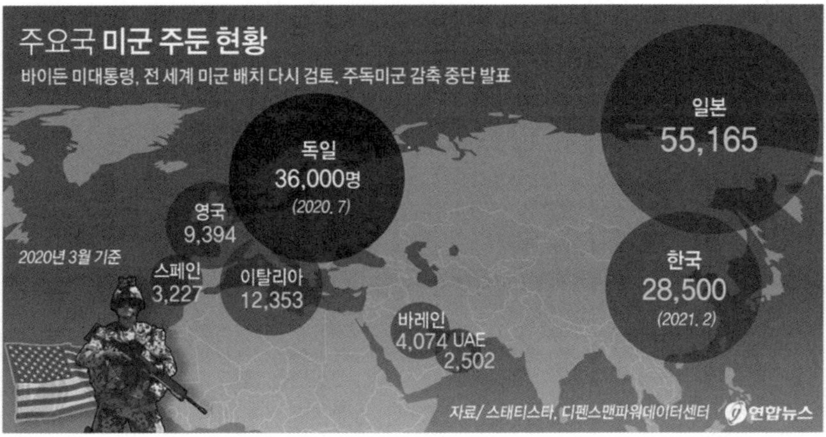

출처: 연합뉴스, 2021.02.05. "[그래픽] 주요국 미군 주둔 현황" https://www.yna.co.kr/view/GYH20210205000100044 (검색일: 2022년 6월 28일), 정성구 기자

<부록 1-4> 미국 통합전투사령부(Unified Combatant Command)

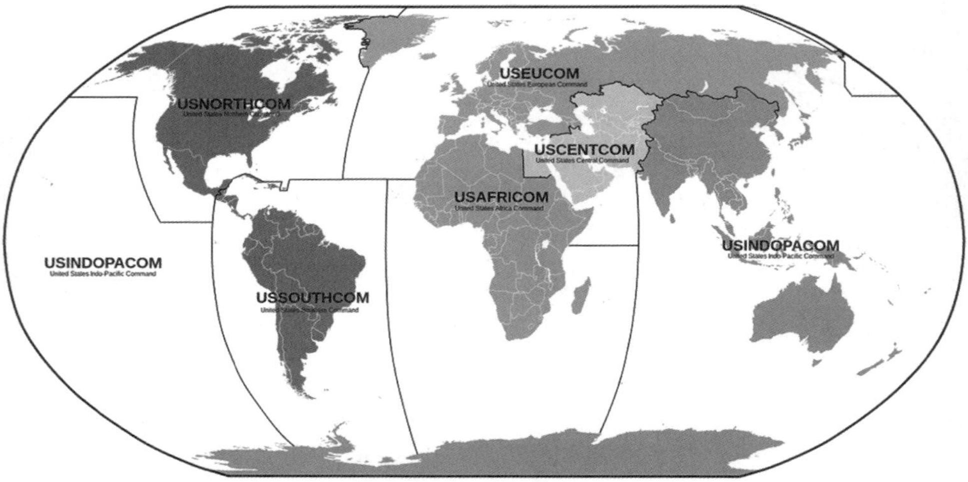

출처: Wikipedia, 통합전투사령부. https://ko.wikipedia.org/wiki/%ED%86%B5%ED%95%A9%EC%A0%84%ED%88%AC%EC%82%AC%EB%A0%B9%EB%B6%80 (검색일: 2022년 7월 27일)

<부록 1-5> 중국과 중국의 인접국가

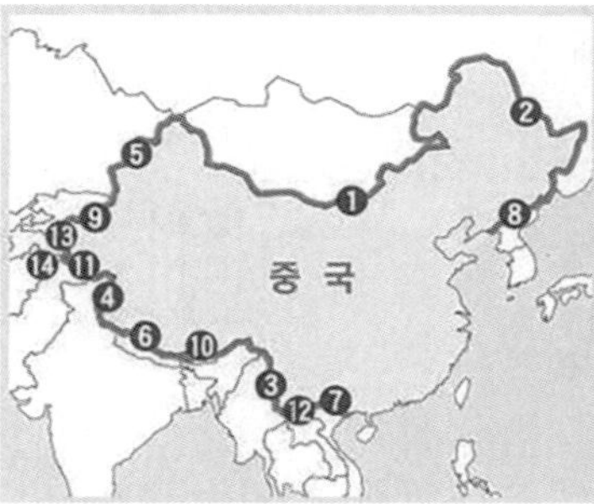

중국의 인접 국가
(국경선 길이, km)

❶ 몽골(4710)	❽ 북한(1334)
❷ 러시아(4354)	❾ 키르기스스탄(1096)
❸ 미얀마(2000)	❿ 부탄(600)
❹ 인도(1700)	⓫ 파키스탄(500)
❺ 카자흐스탄(1753)	⓬ 라오스(500)
❻ 네팔(1415)	⓭ 타지키스탄(400)
❼ 베트남(1347)	⓮ 아프가니스탄(92)

출처: 중앙일보, 2007/11/13. 800자로 본 중국 ⑤ 이웃국가 세계 최다.
https://www.joongang.co.kr/article/2895895#home (검색일: 2022년 5월 15일)

<부록 1-6> KOF 세계화 산출 지표 및 비중

2012 KOF Index of Globalization

Indices and Variables	Weights
A. Economic Globalization	**[36%]**
i) Actual Flows	(50%)
Trade (percent of GDP)	(21%)
Foreign Direct Investment, stocks (percent of GDP)	(28%)
Portfolio Investment (percent of GDP)	(24%)
Income Payments to Foreign Nationals (percent of GDP)	(27%)
ii) Restrictions	(50%)
Hidden Import Barriers	(24%)
Mean Tariff Rate	(27%)
Taxes on International Trade (percent of current revenue)	(26%)
Capital Account Restrictions	(23%)
B. Social Globalization	**[37%]**
i) Data on Personal Contact	(34%)
Telephone Traffic	(25%)
Transfers (percent of GDP)	(4%)
International Tourism	(26%)
Foreign Population (percent of total population)	(21%)
International letters (per capita)	(25%)
ii) Data on Information Flows	(35%)
Internet Users (per 1000 people)	(33%)
Television (per 1000 people)	(36%)
Trade in Newspapers (percent of GDP)	(32%)
iii) Data on Cultural Proximity	(31%)
Number of McDonald's Restaurants (per capita)	(44%)
Number of Ikea (per capita)	(45%)
Trade in books (percent of GDP)	(11%)
C. Political Globalization	**[26%]**
Embassies in Country	(25%)
Membership in International Organizations	(28%)
Participation in U.N. Security Council Missions	(22%)
International Treaties	(25%)

출처: KOF, http://globalization.kof.ethz.ch/static/pdf/variables_2012.pdf(검색일: 2012년 6월 15일)

<부록 1-7> 세계화 추이

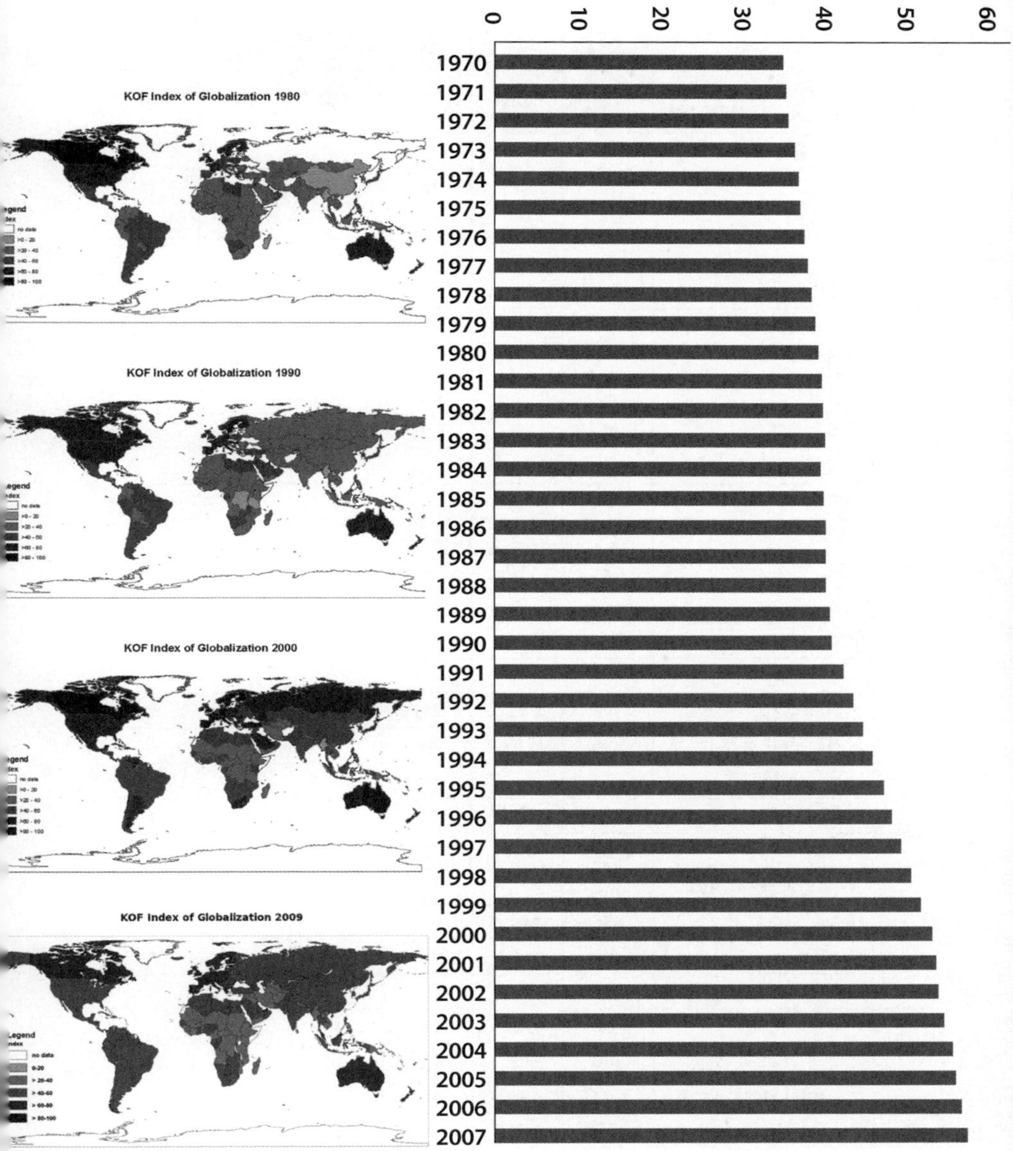

출처: KOF, http://globalization.kof.ethz.ch/map 및 http://globalization.kof.ethz.ch/aggregation/display (검색일: 2012년 6월 10일)를 참조하여 작성

<부록 1-8> 미국 · 러시아 · 중국 · 인도 · 일본 · 한국의 군사력 비교(2021)

(단위: 개/대/기)

대구분	소구분	미국	러시아	중국	인도	일본	한국
2022년 기준 Global Firepower 군사력 순위		1위	2위	3위	4위	5위	6위
해군	**항공모함** ①						
	CV	-	1	2	1	-	-
	CVN	11	-	-	-	-	-
	CVH	-	-	-	-	4	-
	CVS	-	-	-	-	-	-
	전투함 ②						
	구축함	68	11	36	10	35	6
	순양함	24	5	3	-	4	3
	주력 상륙함 ③	35	0	9	1	3	6
	전략/전술 잠수함						
	SSBN	14	11	6	1	-	-
	SSGN	51	8	-	-	-	-
	SSN	2	10	6	-	-	-
	SSB	-	-	1	-	-	1
	SSK	-	20	46	16	22	18
공군	**폭격기**						
	전술 폭격기	45	61	217	32~48⑦	-	-
	장거리 전략 폭격기	66(96)⑥	76	4+	-	-	-
	전투기 ④						
	5세대	652	7	50	-	25	36
	4세대⑤	2,205	716	1,218	604	292	485
	무인항공기(UAV)						
	Heavy	836	some	31+	13	-	4
	Medium	35	-	-	31	-	6+
	Light	272	-	-	-	-	-
미사일	ICBM	400	339	116	some	-	-
	SLBM	280	166	72	12	-	6⑧
핵탄두	Total Stockpile	3,708	4,495	350	128	-	-
	Total Inventory	5,550	6,257	350	160	-	-

주: 1) 연도별 IISS의 기준은 다음과 같음: 2001-2002년, 2004-2005년의 경우 각각 2001년 8월과 2004년 8월이 기준임. 나머지는 자료별 전년도 11월이 기준임.

2) [보완 설명] ① CVN(핵추진 항공모함), CV(디젤추진 항공모함), CVH(수직 이착함기 항공모함), CVS(대잠작전 항공모함), ② 구축함(DDG: 순항/유도미사일 탑재 구축함, DDGM: 순항/유도/Air-to-Ship/요격 미사일을 가진 구축함, DDGHM: 순항/유도/Air-to-Ship/요격 미사일과 격납고를 가진 구축함, DDHM: 요격 미사일과 격납고를 가진 구축함), 순양함(CG: 순항/유도미사일 탑재 순양함, CGN: 순항/유도미사일 탑재 핵추진 순양함, CGHM: 순항/유도미사일과 격납고를 가진 순양함), 주력 상륙함(LHA: Landing Helicopter Assault/헬기 탑재 강습 상륙함, LHD: Landing Helicopter Dock/다목적 강습 상륙함, LPD: Landing Platform Dock/상륙 수선 선거함, LSD: Landing Ship Dock/상륙 선거함), ③ 미국: LHA/LHD/LPD/LSD, 인도: LPD, 중국: LPD/LHD, 일본: LHD, 한국: LPD/LHD, ④ FTR(Fighter: 공대공 전투기), FGA(Fighter Ground Attack: 공대지 전투기), ⑤ 인도 일본 한국은 3~4세대 전투기임. ⑥ B-2A 20대와 B-52H 76대 중 58대 운영(18대 Reserve임). 운영 중인 58대 중 46대 핵탄두 탑재 가능. ⑦ Range 1,600-1,850km의 핵 전폭기임 ⑧ 핵무기가 아니라 재래식 무기임.

출처: 해군, 공군, 미사일 전력은 IISS의 The Military Balance 2001-2002, 2004-2005, 2011, 2016, 2021,2022를 참고하여 정리. 핵탄두의 Total Stockpile과 Total Inventory는 각각 Bulletin of the Atomic Scientists의 Nuclear Arsenals of the World와 해당 국가의 Nuclear Notebook: Nuclear Weapons 2021을 참고하여 정리.

제2장

남중국해 영유권 분쟁을 둘러싼 미·중갈등

공격적 현실주의 접근

I. 머리말

근대국가 질서 성립 이후 영토문제는 국제정치의 본질을 구성해 왔으며, 영토보전은 국가 생존을 위한 사활적 국익으로 간주되어 왔다. 남중국해 영유권 분쟁도 이러한 맥락에 있다. 남중국해는 동일한 지역을 놓고 자국의 영토라고 주장하는 국가가 무려 6개국에 이르고 있다. 남중국해를 자국의 영향권 내에 편입시키고자 하는 중국의 공세적 의지가 점차 현실화되면서 이를 견제하려는 미국의 움직임이 보이고 있다. 아시아 지역에서 패권적 지위를 확보하려는 중국을 억제하기 위해 미국이 적극적으로 나서고 있는 것이다.[1]

남중국해는 태평양과 인도양을 이어주는 중요한 지리적 조건과 막대한 에

---

* 이 글은 남궁영·이은택, "남중국해 영유권 분쟁을 둘러싼 미·중의 갈등: 공격적 현실주의 접근" 『국제관계연구』 제24권 제1호 (2019)를 수정·보완한 것이다.

1 2017년 12월 트럼프 정부가 발표한 '국가안보전략보고서(NSS)'에서 미국의 안보와 번영을 위협하는 요인으로 더 이상 국제테러리즘이 아닌 중국을 지목하며 '현상타파세력' 및 '전략적 경쟁자'로 규정했다. The White House, National Security Strategy of the United States of America (December 2017).

너지 자원이 매장되어 있는 해역이다. 뿐만 아니라 중국에게는 자국 경제의 생명선인 원유 수송노선이 지나가는 해역임과 동시에 동아시아 및 서태평양으로 세력을 확장할 수 있는 중요한 발판이 되는 해역이기도 하다. 따라서 남중국해의 장악은 중국이 지역패권국(regional hegemon)으로 부상하기 위한 필수적 요인으로 받아들여지고 있다. 아울러 미국에게도 지속적인 남중국해 제해권 유지를 통해 중국의 동중국해와 서태평양으로의 진출을 억제하고, 기존 패권국으로서 지위를 유지하는 데 있어 핵심이익이 존재하는 해역이라고 할 수 있다.

남중국해를 둘러싼 중국 및 그 주변 국가들 간의 영유권 분쟁은 오랜 기간 지역 내 갈등요인이 되어 왔다. 그러나 2010년대에 들어오면서 남중국해 분쟁은 새로운 양태로 전개되기 시작했다. 배타적 경제수역(EEZ: Exclusive Economic Zone)에서 타국 군함의 조사활동에 대한 적법성을 놓고 미국과 중국이 상호 대립하는 일이 빈번해지기 시작한 것이다. 미국은 배타적 경제수역 내에서 타국의 군사 활동은 국제법적으로 적법하다는 입장을 내세우고 있지만, 중국은 미국과 달리 관할국의 승인을 받아야 한다는 원칙을 고수하고 있다. 지난 2011년 미 클린턴 국무장관은 동남아 순방에서 남중국해에서의 '자유로운 항해와 아시아의 공동수역에 제한 없는 접근성'을 주장하며 중국이 국제법을 존중할 것을 강조했다.[2] 또한 2012년에는 '미 · 필리핀 상호방위조약'이 남사군도에 적용된다는 점을 공개적으로 밝히면서 남중국해 문제에 직접

---

2 아시아경제, 인터넷판 2011년 7월 24일 기사, "힐러리 '남중국해 분쟁 아시아 평화 해친다' 경고," http://www.asiae.co.kr/news/view.htm?idxno=2011072412265667321 (검색일: 2018년 9월 25일).

개입할 의지를 보였다.[3] 미국 해군이 2015년 10월 남중국해의 중국 인공섬 12해리 이내에 이지스 구축함을 파견해 항해하자 중국은 군함을 동원하여 미 구축함을 추적하며 맞대응하는 등 남중국해를 둘러싼 미 · 중간의 갈등이 점차 심해지고 있다.[4] 남중국해 분쟁은 더 이상 주변국들만의 분쟁이 아닌 미국과 중국이라는 두 강대국 간의 세력경쟁으로 발전된 모습을 보이게 되었다.

본 연구의 문제의식은 그동안 남중국해 영유권 분쟁에 중립적 입장을 고수해 오던 미국이 2010년대 초반부터는 '왜 갑자기 입장을 바꾸어 남중국해 분쟁에 개입할 것을 천명했는가?'라는 점에서 시작된다. 미어셰이머(John J. Mearsheimer)의 '공격적 현실주의(offensive realism)' 이론에 따르면 강대국들의 궁극적인 목표는 자신이 속한 지역에서 패권국이 되는 것이라고 주장한다.[5] 중국은 최근 남중국해 지역을 자국의 강력한 해군력을 사용하여 무력으로 점령하고, 이를 기반으로 동아시아와 서태평양으로 진출하려는 모습을 보이고 있다. 이는 그동안 급속한 경제발전으로 부강해진 중국이 아시아 지역에서 패권국을 목표로 하고 있다는 추측을 하게 만든다.

또한 공격적 현실주의 이론에 따르면 현존하는 지역패권국은 다른 지역에서 상대적으로 우월한 힘을 가지고 있는 강대국이 그 지역에서 패권국으로 부상하고자 한다면 이를 견제하기 위해 '역외균형자(offshore balancer)' 역할을 하

---

3 뉴스타운, 인터넷판 2012년 4월 23일 기사, "미국-필리핀 방위조약 효력 스프래틀리군도에 적용," http://www.newstown.co.kr/news/articleView.html?idxno=119417 (검색일: 2018년 8월 10일).

4 미국은 오바마 행정부 시절인 2015년 10월부터 중국의 인공섬 12해리 안으로 진입하는 '항행의 자유 작전(FONOP: Freedom of Navigation Operation)'을 수시로 벌여 왔다(<부록 2-1>참조).

5 John J. Mearsheimer, *The Tragedy of Great Power Politics* (New York: W.W. Norton & Company, 2001), p. 140.

게 된다고 주장한다.[6] 따라서 본 연구는 남중국해 영유권 분쟁에서 보여지고 있는 미국과 중국의 갈등이 공격적 현실주의가 제시하는 강대국들의 행동원리에 따라 나타나는 직접적인 사례로 인식하고, 이를 공격적 현실주의 시각으로 규명하고자 한다.

II. 공격적 현실주의 접근의 유용성

강대국들 사이에서 나타나는 갈등관계를 설명하기에는 현실주의(realism) 이론이 가장 설득력이 있다고 본다. 왜냐하면 현실주의자들은 국가들의 상호간 협력보다는 힘의 경쟁을 강조하기 때문이다. 남중국해에서 나타나는 미국과 중국의 갈등 구조를 분석하기 위해 현실주의를 그 분석도구로 선정한 이유도 이러한 맥락에 있다. 현실주의 이론들은 주로 국가들의 힘(power)에 집중하고 있다. 특히 실질적으로 국제정치의 모습을 결정하는 강대국들에게 초점을 맞추고 있다. 강대국들의 힘에 대해 다루는 다양한 종류의 현실주의 이론이 존재하지만, 미어셰이머는 지난 50년간 국제정치학의 학문적 논의를 지배했던 두 가지 현실주의 이론 - 한스 모겐소(Hans J. Morgenthau)의 '인간본능 현실주의(human nature realism)'와 케네스 월츠(Kenneth N. Walts)의 '방어적 현실주의(defensive realism)' - 을 기반으로 '공격적 현실주의(offensive realism)'라는 새로운 이론을 제시했다. 그는 현실주의를 크게 세 가지 이론으로 분류하고, 그 분류

6 Mearsheimer(2001), p. 141.

의 기준을 '왜 국가들은 힘을 추구하는가'와 '국가들은 얼마나 많은 힘을 가지려 하는가'라는 본질적인 질문에 대한 대답으로 삼았다.[7]

<표 2-1> 국제적 무정부 상태에서 강대국들의 행동 차이

	고전적 현실주의 (한스 모겐소)	방어적 현실주의 (케네스 월츠)	공격적 현실주의 (존 미어셰이머)
국제적 무정부 체제에서 강대국들의 권력 경쟁의 이유	강대국들 안에 내재하는 권력 추구 본능	무정부적 국제체제의 구조	무정부적 국제체제의 구조
국제적 무정부 체제에서 강대국들의 권력의지	상대적 힘의 극대화 및 패권국 추구	세력균형 유지를 위한 분투	상대적 힘의 극대화 및 패권국 추구

출처: Mearsheimer(2001), p. 22 재구성.

모겐소와 월츠는 기본적으로 국제사회가 '국제적 무정부 상태(international anarchy)'에 있다는 데에는 동의하지만 이러한 체제가 강대국들의 행동에 미치는 영향에 대해서는 서로 다른 의견을 보였다. 모겐소는 국제적 무정부 상태가 강대국들로 하여금 힘의 균형(balance of power) 상태에 유념하게 만들었고, 강대국들 안에 내재되어 있는 '힘을 향한 의지(will to power)'가 서로 최고의 지위를 차지하기 위해 경쟁하게 만든다고 주장했다.[8] 반면 월츠는 강대국들의 권력의지를 본능적인 것이 아닌 외부적 요인으로 보았다. 강대국들은 무정부 상태라는 국제정치 구조 속에서 생존(survival)을 위해 자신의 안보(security)를 추구하게 되는 것이며, 이것은 강대국들이 세력균형을 깨는 일을 하도록 하기보다는 오히려 세력균형을 유지하기 위해 방어적으로 행동하도록 만든다고

---

7 Mearsheimer(2001), pp. 17~22.

8 Hans J. Morgenthau, *Politics among Nations: The Struggle for Power and Peace*, 5th ed. (New York: Knopf, 1973), p. 208.

주장했다.[9]

미어셰이머는 국제적 무정부 상태에서 강대국들이 생존을 위해 자신의 안전을 추구한다는 가정은 월츠와 같은 입장을 보인다. 하지만 강대국들의 권력 추구 측면에서는 의견을 달리한다. 월츠는 국제정치구조가 강대국들로 하여금 힘을 증가시키기보다는 오히려 힘의 균형을 유지하게 만든다고 주장했지만 미어셰이머는 강대국들은 궁극적으로는 국제체제에서 패권국이 되는 것을 목표로 한다고 주장한다.[10]

미어셰이머는 강대국들은 권력 추구를 위해 서로 공세적으로 경쟁하고 패권적 지위를 추구함으로써 공격적 현실주의적 태도를 취하게 된다고 설명한다. 이와 같은 미어셰이머의 설명은 다음과 같은 다섯 가지 가정에 입각해 있다.[11]

첫째, 국제체제란 무정부 상태(international anarchy)이다. 여기서 말하는 무정부 상태는 혼돈의 상태 또는 무질서에 의해 찢겨진 사회를 의미하는 것이 아니라, 법과 행동규범을 수립 및 집행할 수 있는 세계정부가 없으므로 개별 국가가 자체적으로 각자의 안보와 이익을 확보해야 한다는 것을 의미한다.

둘째, 강대국들은 필연적으로 어느 정도의 공격적 군사력(offensive military power)을 보유하고 있다. 강대국의 군사력은 서로 상대방을 공격할 수 있는 수단이다. 일부 국가들은 다른 나라보다 더 많은 군사력을 보유하고 있어 더욱 위험하다 할 수 있겠지만, 결국 강대국들은 모두 상호 간에 잠재적으로 위험

---

9 Kenneth N. Walts, *Theory of International Politics* (Reading: Addison Wesley, 1979), p. 126.

10 Mearsheimer(2001), p. 21.

11 Mearsheimer(2001), pp. 30~32.

한 존재들이라는 것이다.

셋째, 국가들은 상대 국가의 의도(intention)를 완전히 파악할 수는 없으므로 어떤 나라라도 상대방 국가가 공격적 군사력을 사용하지 않을 것이라고 확신할 수 없다. 이것은 모든 국가들은 필연적으로 상대방에 대해 적대적 태도를 가지고 있음을 의미하는 것은 아니지만 그렇지 않다고 단정 짓기는 어려운 일이라는 것이다.

넷째, 강대국의 가장 중요한 목표는 생존(survival)이다. 국가들은 자국의 영토 보존과 국내 정치질서의 자주성을 추구한다. 국가가 타국에 의해 정복당하는 경우 이러한 목표를 추구할 수 없게 될 것이기 때문에 국가들에게 있어서 생존이란 어떤 동기들보다 중요하다는 것이다.

다섯째, 강대국은 합리적 행위자(rational actor)이다. 강대국들은 자신의 주변 환경을 잘 인식하고 있으며, 그러한 환경 속에서 어떻게 하면 생존할 수 있는지에 대해 전략적으로 생각한다는 것이다.

위의 다섯 가지 가정들 중 어느 것도 강대국들이 상호 간 공격적으로 행동해야 할 것을 일반원칙으로 삼고 있는 것은 아니다. 다만 다섯 가지 가정들이 합쳐질 경우에는 강대국들로 하여금 상대방에 대해 공격적으로 행동하고 생각하게 만든다는 것이다.[12] 따라서 국가들은 다음과 같은 세 가지 행동 패턴을 취하게 된다. 첫째, 국가가 위험에 빠졌을 때 도움을 청할 수 있는 권위체가 존재하지 않아 자조(self-help)의 원칙에 따라 행동한다. 둘째, 국가들은 자기 자신을 스스로 지켜야 하기 때문에 모든 주변 국가를 두려워하게 된다. 이와 같은

---

12 Mearsheimer(2001), p. 32.

두려움(fear)이 국가의 모든 행동을 결정하게 된다. 셋째, 모든 국가는 자신의 상대적 힘의 극대화(relative power maximization)를 추구한다. 국제적 무정부 상태에서는 안보를 유지하는 가장 확실한 방법은 다른 어느 국가보다도 강력한 힘을 보유하는 것이기 때문이다. 이와 같은 미어셰이머의 공격적 현실주의 가정과 그에 따른 강대국들의 행동 패턴들을 요약하면 <그림 2-1>과 같다.

<그림 2-1> 공격적 현실주의와 강대국 행동패턴 상호관계

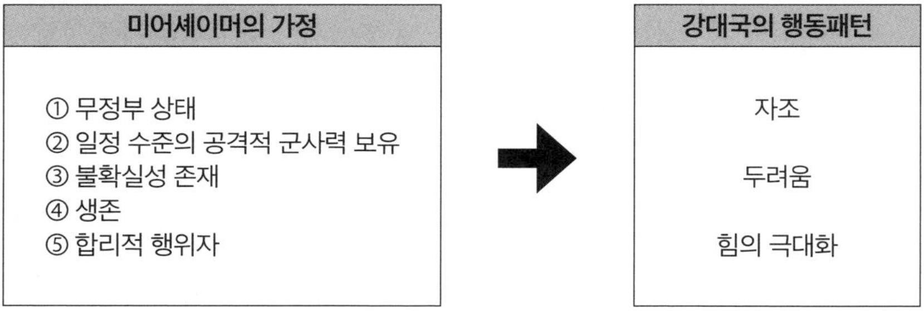

출처: 이근욱 『월츠 이후』(서울: 한울아카데미, 2009), p. 81을 토대로 재구성.

결과적으로 공격적 현실주의 이론에 의하면 무정부적 국제체제에서 국가는 자조의 원칙에 따라 행동하므로 주변국들에 대한 두려움이 항시 존재하고, 강대국들은 이러한 체제 속에서 자신의 안전을 확보하기 위해서 자국이 차지하는 힘의 비중을 극대화시키기 위해 노력하며, 궁극적으로는 세계에서 가장 강력한 국가인 세계적 패권국(global hegemon)이 되는 것을 목표로 삼는다고 주장한다.[13] 하지만 현실적으로 이러한 세계적 패권국이 되는 것은 해양(ocean)이라는 지리적 장애요인으로 인해 불가능하다. 그렇기 때문에 강대국들은 자

13 Mearsheimer(2001), pp. 140~141.

신이 속한 지역 내에서의 패권국(regional hegemon)이 되는 것을 현실적인 목표로 삼게 된다.[14]

강대국들은 먼저 자신이 속한 지역에서 패권국을 지향하며, 이 목표를 이룬 후에는 다른 지역의 강대국이 패권을 추구하는 것을 막으려는 역외균형(offshore balance)을 추진한다. 왜냐하면 다른 지역에서 패권국이 출현할 경우, 자신이 속한 지역의 다른 강대국과 동맹하여 자신에게 도전해 올 수 있기 때문이다.[15] 따라서 한 지역 패권국의 우선적 목표는 다른 지역에서 패권국의 출현을 봉쇄하는 것이고, 결국 다른 지역에 대한 역외균형자 역할을 담당하게 된다는 것이다. 강대국들이 바라는 가장 바람직한 상태는 자신만이 국제체제에서 '유일한 지역패권국'이 되는 것이다.

국제체제 속 국가들의 힘(power)[16]의 분포 상태는 국가들이 느끼는 두려움의 정도에 큰 영향을 미친다. 이는 강대국들 사이의 힘의 분포 상황에 따라 다르나, 더 정확히는 그 지역 내 잠재적 패권국(potential hegemon)의 존재 여부에 따라 달라지기 때문이다.[17] 잠재적 패권국은 엄청난 군사력을 보유하고 있어

14 전쟁에서 궁극적으로 승리하기 위해서는 육군력을 이용한 군사력의 투사능력이 요구되는데, 세계의 큰 바다를 건너 병력을 자유로이 배치·이동시키는 것은 대단히 어렵다고 설명한다. 또한 다른 강대국이 장악하고 있고 방어하는 대륙을 향해 바다를 건너 상륙작전으로 그 강대국을 공격하는 것은 자살행위일 수도 있다고 지적한다. Mearsheimer(2001), pp. 140~141.

15 패권에 도전하는 강대국은 같은 지역 패권국의 공격을 막아야 하기 때문에 먼 곳에 있는 패권국과 동맹을 맺으려는 강력한 요구를 가지게 된다. 한 패권국이 다른 지역 패권국에 도전하는 강대국과 동맹을 체결하는 경우 힘의 투사력을 제약하는 해양의 위력은 거의 소멸되어 버릴 것이다. 그 경우 한 패권국은 바다를 건너는 상륙작전을 전개할 필요가 없어진다. 다른 지역의 패권국에 도전하는 강대국 또는 동맹국의 영토에 물자와 군사력을 옮겨 놓으면 될 것이기 때문이다. Mearsheimer(2001), p. 142.

16 국가의 실질적 힘이란 그 나라의 육군과 이를 지원하는 공군 및 해군력에서 나오며, 그 군사력은 인구의 크기와 국부의 수준에 따라 건설된다. Mearsheimer(2001), p. 43.

17 미어셰이머의 정의에 따르면 잠재적 패권국이란 현실적 군사력이 막강할 뿐 아니라 국력의 잠재적 요인

세력균형의 현상유지에 만족하지 않고 더 많은 힘을 확보하여 궁극적으로 지역의 패권국이 되고자 한다.[18] 이러한 맥락에서 볼 때 잠재적 패권국이 추구하는 목표는 공격적 현실주의 이론에 부합하다고 할 수 있는 것이다.

본 논문은 공격적 현실주의가 제시하는 강대국들의 행동에 대한 가정을 통해 남중국해 영유권 분쟁에서 나타나는 미국과 중국의 행위를 분석한다. 남중국해의 지배를 통해 아시아 해역지대 일대를 점유하려는 중국의 행동은 공격적 현실주의 이론에 의하면 지역패권국으로 부상하려는 의도를 보이고 있다고 해석할 수 있다. 미국은 현존하는 세계 유일의 지역패권국으로서 이러한 중국의 지역패권국으로의 부상을 견제하고자 분쟁에 개입한다는 것이다. 따라서 중국은 자국의 힘을 극대화시키기 위해 지속적으로 공격적인 행동을 보이고 있고, 미국은 이러한 중국을 남중국해 역내 국가들의 힘만으로 억제하기에 역부족으로 판단하므로 분쟁에 직접 개입하고 있는 것이다.[19]

도 풍부하기 때문에, 자신이 속한 지역에서 다른 모든 나라를 통제하고 지배할 수 있는 가능성이 제일 높은 나라를 의미한다. Mearsheimer(2001), pp. 44~45.

18 Mearsheimer(2001), pp. 344~345.

19 한 지역의 패권국은 자신의 지역에서의 새로운 패권도전국이 일어나 세력균형 상황을 뒤집어 놓음으로써 자신의 패권적 지위를 망칠지도 모른다는 사실을 두려워한다. 또한 다른 지역에 다수의 강대국들이 존재하는 것을 선호한다. 그럴 경우 그들이 서로 경쟁하느라 먼 곳에 있는 패권국을 위협할 수 있는 기회가 없을 것이기 때문이다. 어느 지역에서 잠재적 패권국이 출현하는 경우에는 먼저 그 지역 강대국들 간에 패권국의 출현을 저지하기를 기대한다. 그러나 그 지역의 강대국들이 잠재적 패권국을 제압하지 못할 경우 다른 지역의 패권국은 마지막 수단으로 스스로의 힘으로 균형을 회복하고자 할 것이다. Mearsheimer(2001), p. 141.

Ⅲ. 남중국해 영유권 분쟁의 배경과 구조

1. 남중국해 영유권 분쟁의 역사적 배경과 현황

남중국해는 중국, 대만, 베트남, 필리핀, 브루나이, 말레이시아로 둘러싸인 해역으로 유엔해양법약 제122조가 정의하는 '반폐쇄해(semi-closed sea)'에 속한다.[20] 남중국해의 지리적 위치는 중국의 동남쪽, 대만의 남쪽, 필리핀의 서쪽, 말레이시아 반도의 북동쪽, 말레이시아의 보르네오섬과 브루나이의 서북쪽, 그리고 베트남의 동쪽 방향에 위치하고 있는 광대한 해역이다(<그림 2-2> 참조).[21] 남중국해의 면적은 약 350만km²로써 동사군도(Parata Reef), 서사군도(Paracel Islands), 남사군도(Spratly Islands), 중사군도(Macclesfield Bank) 등 4개의 군도가 자리 잡고 있다. 남중국해는 동남아와 동북아를 잇는 주요 해상교통로로 이용되어 왔으며, 그 해저에는 풍부한 석유와 천연가스가 매장되어 있는 것으로 알려져 있다.[22] 남중국해 4개 군도 중 동사군도는 대만 남쪽 지역으로 현재 대만이 군사력을 배치하여 관할하고 있고, 중사군도는 중국이 실효적 지배권을 행사하고 있다. 이에 대해 그 주변국 필리핀과 베트남도 동사군도와 중사

20 유엔해양법협약 제122조에 따르면 "폐쇄해 또는 반폐쇄해라 함은 2개국 이상에 의해 둘러싸여 좁은 출구에 의해 다른 바다에 연결되거나, 또는 전체나 그 대부분이 2개국 이상 연안국의 영해와 배타적 경제수역으로 이루어진 만, 내만 또는 바다를 말한다"고 정의한다.

21 Yann-huei Song, "The Application of Article 121(3) of the Law of the Sea Convention to the Five Selected Disputed Islands in the South China Sea," *Chinese Taiwan Yearbook of International Law*, Vol. 27(2009), pp. 43~44 ; 정갑용, "중국이 주장하는 남중국해 '9단선'의 합법성 검토," 『독도연구』 제16권(2014), pp. 47~48.

22 Zhiguo Gao and Bing Bing Jia, "The Nine-Dash Line in the South China Sea: History, Status, and Implications," *American Journal of International Law*, Vol. 107 (2013), pp. 99~100.

군도의 영유권을 주장하고 있으나, 이 두 군도에는 수면 밖으로 드러나 있는 섬(지형)이 없기 때문에 영유권에 대한 분쟁이 상대적으로 심각하지 않다.[23]

반면 서사군도와 남사군도의 상황은 매우 다르다. 남사군도는 약 80만km^2의 해역으로서 남중국해의 남단에 위치하고 있으며, 100여 개의 소도(islet), 사주(shoal), 환초(lagoon island), 암초(reef)로 구성되어 있다. 이 지역은 현재 중국, 대만, 필리핀, 베트남, 말레이시아, 브루나이의 6개 국가가 서로 군도 전체 또는 일부에 대해 영유권을 주장하고 있으며, 남중국해 영유권 분쟁의 핵심적인 지역이다.[24] 또한 서사군도는 약 50개의 크고 작은 섬으로 중국의 해남도 동남쪽 약 300km 지점에 위치하고 있으며 중국, 대만, 그리고 베트남 사이에 영유권 분쟁이 진행되고 있다.[25]

남중국해 영유권 분쟁은 2차 세계대전이 종료된 후, 남중국해를 둘러싸고 있는 주변국들이 서로 영토에 대한 소유권을 주장하면서 분쟁으로 인식되기 시작했다. 2차 세계대전 이전까지만 해도 프랑스, 일본, 중국을 제외한 다른 국가들의 영유권 주장은 거의 없는 상태로 유지되어 왔다. 프랑스는 베트남의 보호국으로서 1931년부터 서사군도와 남사군도의 9개 도서를 점령하고 있었다. 그러나 1938년 일본이 중일전쟁 중 남사군도와 서사군도를 점령한 후 공식적으로 일본령임을 선언했다. 1945년 일본이 2차 세계대전에서 패전하면서 남사군도와 서사군도로부터 철수했으며, 두 군도에 대한 영유권을 1951

23 이대우, "남중국해 해양영토 분쟁과 미중 갈등," 『세종정책연구』 2014-11(2014), p. 5.

24 이영학, "중국 소프트파워 대외정책의 공세적 변화와 원인: 중국의 남중국해 정책을 중심으로," 『중소연구』 제36권 제1호(2012), p. 51.

25 이문기, "중국의 해양도서 분쟁 대응전략: 조어도와 남사군도 사례를 중심으로," 『아시아연구』 제10권 제3호(2008), p. 40.

<그림 2-2> 남중국해 위치도

출처: 서울신문. 2021.01.27. "영토 분쟁지에 크루즈 띄운 中… "중국의 몰디브" 애국심 마케팅" https://www.seoul.co.kr/news/newsView.php?id=20210128017006 (검색일: 2022년 6월 28일)

년 '샌프란시스코 강화조약'에서 공식적으로 포기하게 된다.[26]

남사군도와 서사군도 영유권에 대한 분쟁은 샌프란시스코 강화조약에서 차후 귀속국가를 정확히 명시하지 못함으로써 시작되었다고 할 수 있다. 이는 조약 체결 당시 남중국해 영토 문제가 연합국들의 주요 관심사가 아니었기 때문이다. 이런 시기를 틈타 중국은 '남해구단선(Nine Dash Line)'[27]을 근거로 남중국해의 4개 군도가 자국의 영토임을 주장하며 12해리 영해 선언과 함께 남사

---

26 샌프란시스코 강화조약 제2조 (f)항에 의하면 "남중국해의 서사군도와 남사군도에 대한 모든 권리, 권원 및 청구권을 포기한다"라고 명시되어 있다.

27 중국은 1947년 남중국해에 'U자 라인'의 11개선이 있는 지도를 발표하면서 남중국해에 산재한 섬, 소도(小島), 초(礁), 퇴(堆) 및 그 인근 해역에 대한 주권을 주장했다. 정갑용(2014), pp. 56~57.

군도와 서사군도가 중국령에 포함됨을 공식 선언했다.[28]

1950년대 후반부터 1960년대 후반까지만 해도 중국, 대만, 베트남이 남사군도 전체에 대한 영유권을 주장했고, 필리핀은 남사군도의 일부 섬들에 대한 영유권을 주장하며 각기 일부 영토를 점유하였을 뿐 그 이상의 노력이나 관심을 보이지 않았다.[29] 그러나 1968년 남중국해 해역에 대량의 석유와 천연가스가 매장되어 있다는 공식 유엔 발표가 있은 직후, 주변 국가들의 관심이 남중국해에 집중되기 시작하면서 영유권에 대한 분쟁이 본격화되기 시작했다. 필리핀이 곧바로 남중국해 영유권 주장에 적극 참여하기 시작했고, 말레이시아와 브루나이도 1970년대 후반에 합류하게 된다. 그때부터 중국을 포함한 6개의 분쟁 당사 국가들은 '무주지 선점론(doctrine of terra nullius)'을 남중국해 영유권에 대한 주장의 대세로 받아들이게 된다.

1980년대 말 냉전이 종료되면서 그 여파는 남사군도를 둘러싼 영유권 분쟁에도 영향을 미친다. 구소련의 군대가 베트남에서 철수하고 미군이 필리핀의 해·공군 기지에서 철수하자 두 강대국의 빈자리를 중국이 대신 차지하기 시작한다. 베트남도 남사군도의 남은 섬들을 차지하고자 각축을 벌이자 중국은 해군을 파견하여 베트남군의 보급선을 침몰시키고 베트남 선원들을 사망하게 하는 사건을 일으킨다.[30] 이후 중국은 '영해 및 접속수역법'과 '배타적 경

28 M. Taylor Fravel. "China's Behavior in its Territorial Disputes and Assertiveness in the South China Sea," *CSIS-Claremont McKenna College Conference*(October 28, 2011), p. 293.

29 필리핀은 1956년 남사군도의 일부 무주지 섬과 암초들을 발견했다고 주장했으나 중국과 대만, 프랑스, 베트남 등의 항의로 무산되었다. Jianming Shen, "International Law Rules and Historical Evidences Supporting China's Title to the South China Sea Islands," *21 Hasting International and Comparative Law Review*, Vol. 1(1997), p. 59.

30 Brian K. Murphy, "Dangerous Ground: The Spratly Islands and International Law" *Ocean and*

제수역 및 대륙붕법' 제정으로 남중국해 전체에 대한 영유권을 주장하며 해역 내 외국군 활동금지와 자유항행에 대한 허가를 요구하기 시작한다. 이러한 중국의 일방적인 주장은 배타적 경제수역의 국제화를 추구하는 미국과 대립하게 되는 원인이 되었다. 이후 남중국해 상에서 양국 간의 무력충돌이 발생하면서 미국이 남중국해 영유권 분쟁에 직접 개입하기 시작한다.

<표 2-2> 남중국해 무력충돌 빈도 현황(1970~2018)

연도	이해당사국	빈도
1970년대	중국, 베트남	1회
1980년대	중국, 베트남	1회
1990년대	중국, 대만, 필리핀, 베트남, 말레이시아	13회
2000년대	미국, 중국, 필리핀, 베트남,	7회
2010년대	미국, 중국, 대만, 필리핀, 베트남,	26회

출처: 한국국방연구원 , 세계분쟁정보(WoWW): http://www.kida.re.kr/frt/board/frtNormalBoardDetail.do?sidx=2166&idx=91&depth=3&searchCondition=&searchKeyword=&pageIndex=1(검색일: 2019년 4월 23일): Institute for China-America Studies (ICAS), South China Sea Tracker: https://chinaus-icas.org/maritime-tracker-south-sea/(검색일: 2019년 4월 23일)을 참 조하여 작성.

영유권 분쟁은 1994년 유엔해양법협약(UNCLS: the United Nations Convention on the Law of Sea)이 발효되면서 더욱 격화되기 시작한다. 중국은 서사군도에 공군기지를 건설하여 남사군도를 작전반경에 포함시키고, 필리핀이 영유권을 주장하고 있는 수중 암초인 팡가니방 산호초(Mischief Reef)에 4개의 간이시설물들을 세우고 그 주변에 초소와 위성안테나를 설치하는 등 남중국해 영유

Coastal Law Journal, Vol. 187 (1995), p.195.

권 장악을 위한 공세적인 정책을 본격적으로 드러내기 시작한다.[31] 이후 영유권 분쟁 관련국들은 자국이 점유하고 있는 섬들에 대한 실효적 지배를 강화하면서 분쟁에 적극적으로 나서고 있다. 필리핀은 2007년에는 '해양경계법' 그리고 2009년에는 '군도기준선법' 제정으로 자국의 해양지역을 확대했다. 베트남은 2011년 남중국해 우발사태에 대비한 '비상시 징병법'을 제정하여 군사 대비를 강화하고 있다. 또한 말레이시아는 현재 지배하고 있는 영토를 지키는 데 집중하고, 브루나이도 자국 영해에 속한 도서들의 영유권을 주장하고 있다. 결과적으로 중국과 대만을 제외한 분쟁 국가들의 공통점은 자국의 영유권 유지를 목표로 삼고 있는 것이며 중국에게 영유권을 빼앗기지 않으려는 노력으로 해석할 수 있다.

2. 남중국해 영유권 분쟁의 내용과 특징

남중국해의 중앙에 위치한 남사군도는 약 80만km^2의 해역으로 군도 둘레는 약 926km에 달한다. 남사군도는 100여 개의 소도서, 사주, 환초, 암초로 구성되어 있지만 이 중 만조 시 항상 수면 위에 있는 것들은 48개 정도로 알려져 있다.[32] 19세기 영국의 고래잡이 어선 선장인 리차드 스프래틀리(Richard

31 Vipin Gupta and Adam Bernstein, "Cooperative Remote Monitoring in the South China Sea: Comparing the Utility of Aerial and Satellite Imagery," *Cooperative Monitoring in the South China Sea* (Westport: Praeger, 2002), pp. 91~96. 중국은 2014년 이후 실효 지배 중인 7개 산호초를 매립해 군 장비 및 시설을 설치 중이다. 7개 인공섬 전부에 레이더 및 접안 시설을 설치했으며, 그중 세 곳에는 활주로도 건설했다. 『중앙일보』 2021년 11월 10일.

32 Clive Schofield, "Dangerous Ground: A Geopolitical Overview of the South China Sea," Ralf Emmers ed., *Security and International Politics in the South China Sea: Towards a Cooperative Management Regime* (London: Routledge,2009), p. 9, 김자영, "남중국해 해양영토 분쟁의 최초 동향과 국

Spratly)가 이 지역을 탐험한 후 자신의 이름을 따서 명명된 남사군도는 국제해도를 보면 '스프래틀리군도(The Spratly Islands)'로 표기되어 있다. 이 지역의 영유권 분쟁은 일반적으로 '남사군도 분쟁'으로 불리어지며, 남사군도의 분쟁 당사국인 중국은 남사군도를 난사군도, 필리핀은 칼라얀(Kalayaan), 베트남은 트루옹사(Truong Sa)로 부른다.

남사군도는 중국 대륙에서 1,500km, 베트남에서 400km, 말레이시아 보르네오섬에서 100km, 필리핀 필라완에서 120km 떨어져 있다. 따라서 말레이시아와 필리핀, 그리고 브루나이가 각국의 연안 기준으로 배타적 경제수역(EEZ)을 선포할 때 남사군도의 상당 부분이 포함되게 되지만, 남사군도의 주된 영유권 갈등 국가인 중국과 베트남의 경우 본국과의 거리가 멀어 자국의 배타적 경제수역에 포함되지 않는다.[33]

남사군도에 대한 분쟁은 지난 1966년 유엔의 극동아시아경제위원회(CCGPESA: Coordination Committee for Geoscience Programmes in East and Southeast Asia)가 2년 동안 탐사한 끝에 이 해역에 풍부한 석유와 가스가 매장되어 있을 것이라는 발표 이후부터 본격화되었다. 1982년 유엔해양법협약 체결 이후 1994년 발효되기 전까지 영토 주장에 대한 각 국가의 해석이 달랐기 때문에 논쟁이 끊이지 않았고, 그 논쟁이 현재까지 계속되고 있는 것이다. 남사군도의 영유권을 주장하는 국가는 중국, 대만, 필리핀, 베트남, 말레이시아, 브루나이 등 6개국으로 중국, 대만, 베트남은 남사군도 전체를, 필리핀은 10개, 말레

제법적 쟁점",『안암법학』 제34권 (2011)에서 재인용.

33 박향기, "중국의 남사군도(南沙群島) 영유권 분쟁 전략의 변천에 관한 고찰" 육군군사연구소,『군사연구』 제136권 (2013) 참조.

이시아는 12개, 그리고 브루나이는 1개의 섬에 대해 영유권을 주장하고 있다. 남사군도에 구조물을 설치할 수 있는 섬은 48개 정도이며, 이 중 베트남이 전체의 절반인 24개를 점유하고 있다. 나머지 지형들은 중국이 10개, 필리핀이 7개, 말레이시아가 6개, 대만이 1개를 실효적으로 지배하고 있다. 한편 브루나이는 실효적으로 지배하고 있는 지형은 없으나, 남사군도 동남쪽 해양이 자국의 배타적 경제수역이라 주장하고 있는 등 각국은 일방적으로 자국 영토임을 선언하고 있다.[34]

<표 2-3> 남사군도 영유권 주장 범위 및 근거

국가	영유권 주장 범위	점유상황	주장 근거
중국	군도전체	10	역사적 권원, 실효적 지배
대만	군도전체	1	역사적 권원, 실효적 지배
베트남	군도전체	24	역사적 권원, 지리적 인접성
필리핀	10	7	지리적 근접성, 선점, 시효취득
말레이시아	12	6	지리적 근접성, 대륙붕 확장
브루나이	1	0	지리적 근접성, 대륙붕 확장

출처: 김태준, "중국의 해양 영토분쟁에 대한 대응방안 연구," 『국방정책연구』 제78권 (2008), p. 193; 장학봉, 박문진, 박영길, 최수진, 김자영, 오사존 (2010), p. 27을 토대로 재구성.

중국은 1947년 남중국해를 둘러싸는 11개의 점선을 설정하여 자국의 해역으로 표시된 지도를 발행했다. 그러다 1953년에 11개의 선중 2개의 선을 제외한 9개의 선을 '남해구단선(Nine Dash Line)'으로 지칭하며 이 남해구단선 내

34 장학봉, 박문진, 박영길, 최수진, 김자영, 오사존, 『남중국해 해양영토 분쟁과 대응전략 연구』 (부산: 한국해양수산개발원, 2010), p. 27.

<그림 2-3> 남중국해상에 중국이 설정한 남해구단선

출처: 헤럴드경제, 인터넷판 2014년 4월 28일 기사, "오바마 '화약고' 남중국해 영토전쟁 불질렀다," http://biz.heraldcorp.com/common_prog/newsprint.php?ud=20140428000522에서 발췌, (검색일: 2018년 9월 29일).

에 있는 모든 섬에 대한 영유권은 자국에게 있음을 공식 발표했다.[35] 뿐만 아니라 중국은 일본이 2차 세계대전에서 패하면서 샌프란시스코 강화조약에 의해 남사군도와 서사군도에 대한 영유권을 상실하게 되었으며, 따라서 두 군도에 대한 영유권은 카이로 선언과 포츠담 선언에 따라 중국에 환원되었다고

---

35 정갑용(2014), pp. 56~57.

주장한다.[36]

최근 들어 중국은 역사적 권원 주장 이외에 국제법과 국내법의 근거를 강화시키고 있다. 중국은 남사군도와 서사군도는 명백하게 중국의 영토라고 주장하며 영토에 관한 국내법을 1958년 및 1992년 각각 제정했다.[37] 또한 1958년 해양영토 선언에서 남사군도까지 포함하는 영토 범위를 선언했고, 1992년에는 중화인민공화국 '영해 및 접속수역 법'을 채택했다.[38] 영해의 범위는 기선으로부터 12해리로 하고 기선으로는 직선기선 방법을 규정하고 있다.[39] 특히 동법 제2조에서 영해는 육지영토와 내수에 인접한 수역이고 육지영토는 본토 와 그 연안도서, 대만 및 센카쿠열도를 포함하는 그 부속도서, 남사군도, 서사군도 등 무주의 섬 전체를 중국의 영토로 명기했다.[40]

3. 남중국해 영유권 분쟁의 이해구조

남중국해 영유권 분쟁의 원인은 남중국해의 경제적 가치와 전략적 가치에서 찾을 수 있다. 경제적 측면에서 남중국해는 막대한 에너지 자원이 묻혀 있으며, 어족 자원 또한 풍부한 지역이다. 한편 전략적인 측면에서 남중국해는 인도양과 태평양을 이어주는 중요한 해상 교통로이기 때문에 분쟁 국가들은

---

36 김자영(2011)

37 Jeanette Greenfield, *China's Practice in the Law of the Sea*, (Oxford: Clarendon Press, 1992), pp. 155~156.

38 U.S. Department of State, "Bureau of Oceans and International Environmental and Scientific Affairs," *Limits in the Seas*, No. 117(1996), pp. 11~14.

39 영해 및 접속수역에 관한 법 제3조.

40 Global Security, "The Navy of the People's Republic of China: Once and Future Sea Power?" http://www.globalsecurity.org/military/library/report/1997/Pagano.htm (검색일: 2018년 8월 29일).

물론, 한국과 일본에게도 매우 중요한 해역이다. 특히 미국에게는 서태평양 제해권 장악과 중국 견제를 위해 매우 중요한 해역이라 할 수 있다.

1) 경제적 이해

남중국해에는 석유, 천연가스, 구리, 알루미늄, 주석 등 매우 풍부한 천연자원이 매장되어 있는 것으로 알려져 있다. 남중국해에 매장되어 있을 것으로 추정되는 원유 및 천연가스의 양은 조사기관에 따라 많은 편차를 보이고 있지만 아직까지 종합적인 탐사가 이루어지지 않았기 때문에 총매장량에 대한 정보는 정확하지 않다. 미국 에너지정보청(EIA: Energy Information Administration)은 남중국해에 약 110억 배럴(bbl)의 석유와 190조 세제곱피트(Tcf: Trillion Cubic Feet)의 천연가스가 매장되어 있을 것으로 추정하고 있다. 미국 지질조사국은 남중국해에 50~220억 배럴의 석유와 70~290조 세제곱피트의 가스가 매장되어 있을 것으로 추정하고 있다.[41] 또한 중국석유회사(CNOOC)는 남중국해에 약 1,250억 배럴의 석유와 5,000조 세제곱피트의 가스가 매장되어 있을 것으로 추정하고 있다. 뿐만 아니라 석유 채취기술이 발전함에 따라 남중국해에 매장되어 있을 것으로 추정되는 채취 가능 원유와 천연가스 양이 증가할 것으로 전망된다.[42]

이 분쟁지역의 석유 및 가스 탐사의 개발권과 소유권을 둘러싼 충돌은 대부

---

41 U.S. Energy Information Administration(EIA), *South China Sea*. http://www.eia.gov/beta/international/regions-topics.cfm?RegionTopicID=SCS (검색일: 2018년 8월 22일).

42 Bonnie S. Glaser, "South China Sea Disputes and Solutions," *CSIS-Claremont McKenna College Conference* (2011), p. 22.

분 중국과 필리핀, 그리고 중국과 베트남 사이에서 발생한 문제이다. 2011년부터 중국은 필리핀과 베트남의 석유와 가스탐사를 적극적으로 방해하면서 이전보다 공격적인 전략을 채택하기 시작했다. 중국은 베트남 해안에 석유 해상 광구를 발표함으로써 베트남에 대응하면서 2012년 남중국해 섬들을 관할하는 싼사(三沙)시를 신설해 하이난(海南)성 산하에 편입했다. 또한 서사군도에 군사기지를 설립했으며, 2014년부터 서사군도 근처에 석유시추선 설치를 강행하고 있다.[43] 중국과 필리핀은 최근 국제사회의 관심이 되고 있는 5개의 암석으로 이루어진 스카보로 사주(Scarborough Shoal)에 대한 권리를 주장한다. 특히 필리핀은 이 문제를 놓고 중국과의 협상이 불가하다고 생각하고 그 해결책을 상설중재재판소(PCA: Permanent Court of Arbitration)에서 찾고자 제소했다.[44] 2016년 7월 상설중재재판소는 필리핀이 제소한 사안에 대해 남중국해에서 중국이 그동안 주장해 왔던 관할권을 부인했다.[45] 그러나 중국은 오히려 중재재판소의 관할권을 인정하지 않고 판결의 무효를 주장하면서 남중국해의 군사화와 이를 통한 지역 해양 지배를 공고화하는 일련의 조치들을 취해 오고 있다.

남중국해는 세계에서 어장이 가장 풍부한 해역 중 하나로 연간 남중국해 1km²에서 7.5톤의 물고기를 잡을 수 있다고 한다.[46] 남중국해 면적이 약 350

---

43 Sam Bateman, "Increasing Competition in the South China Sea: Need for a New Game Plan," *RSIS Commentaries* (21 August 2012).

44 Robert Beckman, "The China-Philippines Dispute in the South China Sea: Does Beijing have a Legitimate Claim?" *East Asia Forum* (28 March 2012).

45 상설중재재판소(PCA)는 "중국이 남중국해 영유권 주장의 근거로 삼고 있는 '남해구단선'은 역사적 실효지배에 대한 법적 근거가 되지 못한다"고 명시했다. 『이투데이』 2016년 7월 12일.

46 Raman Ouri and Arun Shgal, "The South China Sea Disputes: Implications for India," *Indian*

만 km^2에 달하므로 약 2,625만 톤의 어류를 잡을 수 있다는 계산이 나오며, 이는 전 세계 어획량의 10% 정도를 차지하는 것으로 추산된다. 남중국해를 둘러싼 연안 국가들은 자국민들의 단백질 섭취의 상당한 부분을 이 해역에서 잡히는 어류에 의존하고 있어 연안국들에게 남중국해에서의 어로작업은 매우 중요하다.[47] 이로 인해 남중국해 연안국가들 사이에 충돌이 발생하기도 하는데 특히 중국, 필리핀, 베트남의 수산 자원 수요가 타국에 비해 많기 때문에 이들 간의 분쟁이 더욱 심화되고 있다. 즉 식량안보 차원에서 영유권 확보를 위해 더 넓은 배타적 경제수역을 확보하려 한다는 것이다.[48] 서사군도를 실효적으로 지배하고 있는 중국은 자국의 어업법을 적용하여 분쟁 수역에서 타국의 어로작업을 감시 및 방해하고 있으며, 특히 베트남 어민에 대한 제재가 증가하고 있다. 2005년 이후 63척의 베트남 어선과 725명의 어부가 중국에 의해 억류되었고, 2010년에도 12명의 어부를 태운 베트남 어선이 서사군도 주변에서 중국 순시선에 억류되었다.[49]

2) 전략적 이해

남중국해는 태평양과 인도양을 잇는 중요한 해상교통의 요충지이자 세계에서 가장 붐비는 해로(sea lane) 가운데 하나이다. 연간 전 세계 교역량의 절반

Foreign Affairs Journal, Vol. 6, No, 4 (2011), p. 443.

47 이대우(2014), p. 12.

48 International Crisis Group, "Stirring Up The South China Sea(II): Regional Responses," *Asia Report*, No. 229 (2012), p.16.

49 Leszek Buszynski, "The South China Sea: Oil, Maritime Claims, and U.S.-China Strategic Rivalry," *The Washington Quarterly*, Vol. 35, No.2 (Spring 2012), p. 143.

이상이 남중국해의 말라카해협(Malacca Straits), 순다해협(Sunda Straits), 롬복해협(Lombok Straits)을 통해 이동하고 있고, 유럽과 중동에서 동북아로, 동남아에서 동북아로, 동남아에서 태평양과 북미로 연결하는 해상교통로이다(<그림 2-4> 참조). 또한 남중국해의 말라카해협이나 대만과 필리핀 북부 사이를 지나는 바시해협(Bashi Straits)과 같은 주요 해로들은 인도양으로 나아가는 길목에 위치하고 있어 전략적으로도 매우 중요하다.[50]

2007년 세계선사협의회(WSC: World Shipping Council)의 통계에 따르면 연평균 전 세계 해상운송량의 약 1/4이 남중국해를 통해 운송되고 있고, 말라카해협을 통과하는 원유의 양은 하루 천만 배럴에 달한다.[51] 특히 아시아 국가들의 상품교역 중 북미와 남미를 제외한 교역품은 남중국해를 통과해야 한다. 한국, 일본, 대만 등의 국가들 석유 수입의 80% 이상이 남중국해를 통하며, 중국 석유 수입의 80~90% 이상이 남중국해를 통한다. 또한 미국이 아시아와 태평양지역에서 수입하는 원료의 90%가 남중국해 항로를 통해 북미대륙으로 운송된다.[52]

2011년 기준으로 전 세계 원유무역의 1/3과 액화천연가스(LNG) 수송의 1/2이 이 해역을 통해 운송되었다.[53] 남중국해를 통해 거래되는 원유와 천연가스는 수에즈(Suez) 운하를 통과하는 것의 2배이며, 파나마(Panama) 운하를 통

---

50 변창구, "미·중 패권경쟁과 남중국해 분쟁: 실태와 전망" 『한국동북아논총』 제79호 (2016), p. 30; Chris Rahman and Tsamenyi, "A Strategic Perspective on Security and Naval Issues in the South China Sea," *Ocean Development & International Law*, Vol. 4 (2010), p. 316.

51 World Shipping Council, *Trade Routes*. http://www.worldshipping.org/about-the-industry/global-trade/trade-routes (검색일: 2018년 8월 25일).

52 김지영(2011) 참조.

53 U.S. Energy Informational Administration(EIA), *South China Sea* (April 2013).

<그림 2-4> 남중국해의 주요 해로

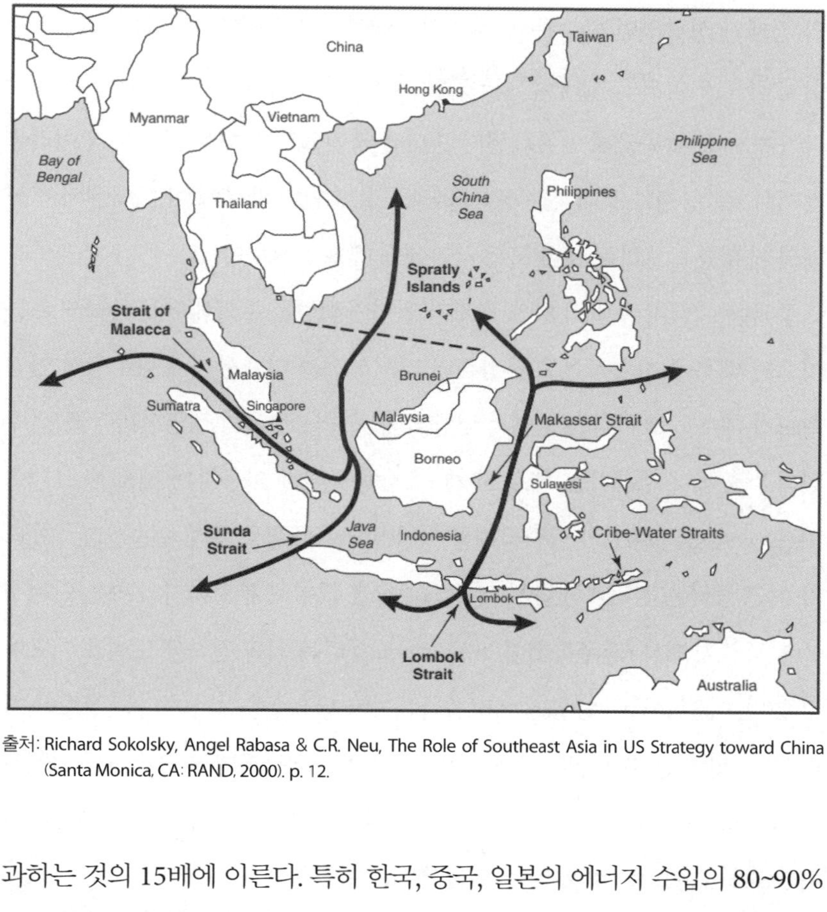

출처: Richard Sokolsky, Angel Rabasa & C.R. Neu, The Role of Southeast Asia in US Strategy toward China (Santa Monica, CA: RAND, 2000). p. 12.

과하는 것의 15배에 이른다. 특히 한국, 중국, 일본의 에너지 수입의 80~90%가 남중국해를 통과한다.[54] 하루에 1,400만 배럴의 원유가 남중국해를 거쳐 중국(540만 배럴), 일본(320만 배럴), 한국(240만 배럴)으로 유입된다. 한편 액화천연가스(LNG)의 경우, 하루에 6Tcf가 남중국해를 경유해 일본(3.4Tcf, 56%), 한국

54 이재현, "남중국해 분쟁의 이해와 향후 전망," 국립외교원 『주요국제문제분석』 2012-32 (2012), p. 117.

(1.4Tcf, 24%), 중국(0.6Tcf, 9.5%)으로 유입된다.[55] 남중국해를 이용하는 모든 국가의 경제가 성장하면 할수록 에너지 사용량이 증가할 것이며, 이는 에너지 수입 증가로 이어지고, 남중국해를 통한 운송량도 증가하게 된다. 결국 어느 한 국가에 의해 남중국해가 봉쇄된다면 다른 국가들의 피해는 가늠하기 어려울 것이다. 즉, 경제가 붕괴하는 상황을 맞을 수도 있기 때문에 이 해역에서의 항해의 자유를 확보하는 것은 모든 국가에게 매우 중요하다.

중국은 에너지 수입의 80% 정도가 말라카해협을 통과해서 남중국해로 들어오기 때문에 지속적이고 안정적인 경제성장을 위해서는 해상수송의 안전 확보가 매우 중요하다는 점에서 남중국해는 중국 경제의 생명선이라고 할 수 있다.[56] 중국이 사용하는 해로 39개 중 남중국해를 이용하는 해로가 21개이며, 중국 수출의 60%가 남중국해를 지나 말라카해협을 통해 수송된다.[57] 게다가 최근 중국은 말라카해협에 대한 의존도를 줄이고 본토까지의 수송 안정성을 확보하기 위해 '진주목걸이(string of pearls)'라는 외교 전략에 노력을 기울이고 있다. 이는 중국이 중동에서 남중국해까지 원유수송선이 지나는 항로를 따라 파키스탄, 방글라데시, 미얀마, 태국, 캄보디아 등과의 외교관계를 밀접하게 유지하고 거점 항구들을 개발하는 등 해당 지역에서의 영향력을 확대하고자 노력하고 있다는 점을 알 수 있다.[58]

---

55 U.S. EIA(2013).

56 Michael G. Gallagher, "China's Illusory Threat to the South China Sea," *International Security*, Vol. 19, No. 1 (1994), p. 171.

57 Hermant Krishan Singh, "South China Sea in Regional Politics," *Managing Tensions in the South China Sea*, CSIS conference (2013), p. 2.

58 '진주목걸이' 전략은 중동에서 남중국해에 걸쳐 분포해 있는 국가들과의 무역관계 확대 외에도 항구 및 공항의 접근성 확대, 해당 지역에서 중국의 병력 증대 등으로 특징지어 진다. 임산호, "중국의 대중동 에

남중국해를 경유하는 해상항로는 거의 모두 남사군도를 거쳐야 하기 때문에 매일 수백 척의 화물선이 남사군도를 왕래한다. 특히 아시아의 거대 경제권을 형성하는 한국, 중국, 일본의 3개 국가가 동중국해를 지나 말라카해협을 통과해서 서아시아, 중동, 유럽으로 진출하기 위해 반드시 통과해야 하는 해역이다. 이와 동시에 괌과 일본에 해군기지를 갖고 있는 미 해군에게도 서태평양과 인도양을 연결하는 중요한 최단항로이기도 하다. 따라서 남중국해의 전략적 위치는 분쟁국가들뿐만 아니라 이 지역에 이해관계를 갖고 있는 미국과 아시아 동맹 국가들에게도 중요하다고 볼 수 있다.

IV. 공격적 현실주의 시각으로 본 남중국해 미·중 갈등

위에서 언급한 바와 같이 미어셰이머는 '어떤 세력도 모든 해양과 바다에서 효과적이고 지속 가능한 지배적인 군사력을 유지하기 어렵다'고 주장한다. 현재 남중국해에서 미국과 중국이라는 기존 지역(아메리카) 패권국과 잠재적 지역(동아시아) 패권국이 경쟁하고 있다. 두 국가는 이 지역에서의 패권적 지위 확보와 이에 대한 견제를 놓고 상호 경쟁하고 있다. 미국은 세계에서 가장 강력한 군사력을 지니고 있지만 남중국해에서 지정학적 측면에서는 불리한 위치에 있는 반면, 중국은 지리적으로는 유리한 위치에 있지만 군사적 측면에서는 미국에 비해 열세에 있다. 다만 중국은 역내 강대국의 지위에 있고, 이를 목

너지 협력 전략 변화" 『세계 에너지시장 인사이트』 제14권, 제26호 (2014), p. 23.

표로 할 경우에는 미국에 비해 상대적으로 낮은 국방비를 지출할 수 있다. 따라서 중국이 지역에서 패권적 목표를 현실화하기 위해 공세적 태도를 취할 경우, 미국으로서는 해당 지역 국가들과의 협력적 수단을 활용할 수밖에 없는 것이다.

1. 남중국해를 둘러싼 미 · 중 갈등 요인

1) 중국의 공세적 정책에 따른 미·중 대립 구도

현실주의 이론가들은 국제관계의 본질적 속성이 '힘의 정치(power politics)'에 있으며, 국가 간의 협력과 갈등은 국가이익의 존재 여부에 따라 변화한다고 본다. 이러한 가정은 남중국해 영유권 분쟁을 둘러싼 미국과 중국의 갈등관계 속에서 실현되고 있다. 강대국의 최고목표는 지역패권국이 되는 것이라고 보는 공격적 현실주의 가정에 따른다면, 아시아에서 부상하고 있는 강대국인 중국은 결국 역내 패권적 지위를 추구하고 있고, 이에 기존 패권국인 미국은 중국이 지역패권국이 되는 것을 견제하기 위해 노력한다는 해석을 가능하게 한다. 따라서 남중국해 영유권 분쟁을 둘러싸고 현재 미국과 중국은 지역패권을 다투는 상호 대립적인 구도를 갖고 있다고 할 수 있다. 이러한 대립구도는 2010년대 중국이 G2로 부상한 이후 더욱 두드러지게 나타나고 있다. 중국은 범아시아 해양 영유권 확보를 위해 노력을 증대하고 있다. 이는 동중국해와 남중국해 영유권을 확보하기 위한 중국의 공세적인 행동에서 찾아볼 수 있다. 특히 강대국이 존재하지 않는 남중국해에서 그 행위가 더욱 두드러지게 나타나고 있다.[59] 중국은 개혁·개방 이후 급속도로 경제성장을 이룩하면서 해양에서의 국가이익에 관심을 갖기 시작했다. 특히 남중국해는 중국이 전략적으로 고려해야 할 중요한 국가이익이 걸려 있는 지역으로 중국에게 있어 '주권', '해상교통로', 그리고 '에너지'의 세 가지 측면에서 사활적 이익이 존재하는 지역이다.

중국은 지난 2002년 남중국해 영유권 분쟁을 해결하기 위한 '남중국해 행동규범(Code of Conduct in the South China Sea)'에 합의한 이래 영유권 분쟁 국가들과 공동개발이라는 유화정책을 추구하며 비교적 원만한 관계를 유지해 왔다. 그러나 2010년대 들어 남중국해 해상영역 확보가 중국의 핵심이익에 포함되면서 남중국해에 대한 중국의 정책은 공세적으로 전환하기 시작했다. 이러한 변화에는 다음과 같은 요인들이 작용했다고 할 수 있다. 첫째, 중국이 G2로 부상하면서 그에 걸맞은 세력 확장을 추구하기 시작했다. 앞에서 언급했듯이, 강대국들은 무정부적 국제체제 속에서 자국의 힘의 극대화를 추구하게 된다고 했다. 따라서 중국이 남중국해의 영유권 분쟁에 대해서 공세적 정책을 추진하는 것은 해양세력으로서의 영향력 확대를 위한 강대국 외교의 일환으로 해석할 수 있다. 중국에게 남중국해는 해양세력화를 통해 대양으로 나아가기 위해서 반드시 거쳐야 하는 관문임과 동시에 자국 방어에 매우 중요한 지역이기도 하다. 이러한 이유에서 중국은 남중국해를 기준으로 제1도련선을

---

59 2010년 7월 베트남 하노이에서 개최된 아세안지역안보포럼(ARF: ASEAN Regional Forum) 외교장관회의에서 양제츠 당시 중국 외교부장은 "중국은 강대국이고 다른 국가들은 약소국이다. 이것이 부정할 수 없는 사실이다"라고 언급함으로써 중국에 맞서려는 국가들에게 제재를 가하겠다고 위협한 바 있다. *South China Morning Post*(October 14, 2010).

설정하여 자국과 대만 점령에 대한 방어선을 구축함과 동시에 동중국해 및 서태평양으로 진출하기 위한 기반으로 삼는 제2도련선으로의 영해 확장을 추구하는 것이다(<그림 2-5> 참조).[60]

둘째, 중국은 자신의 부상과 함께 자국에 대한 미국의 견제전략이 점차 심화되어 가는 것을 실감하면서 이에 대응하는 전략을 모색하기 시작했다. 중국의 공세적 남중국해 정책의 배경에는 미국이 추진하고 있는 아시아 재균형정책 및 그에 따른 대중국 견제전략이 있다는 것이다.[61] 이러한 미국의 개입정책은 2008년 국제금융위기 이후 미국의 쇠퇴에 따른 위기감 때문에 동아시아지역에서 중국의 부상을 견제하고 미국의 세력 재건을 시도하는 과정에서 제기되고 있는 것으로 보고 있다.[62]

셋째, 남중국해의 경제적 · 전략적 가치는 중국의 '대양해군건설'에 있어 사활적 이익이 존재하는 지역이다. 남중국해의 말라카해협과 바시해협은 중국해군이 대양으로 나아가기 위한 해상교통로로서의 전략적 가치가 매우 높으며, 향후 중국의 지속적인 경제발전을 위해서 해로의 안전을 확보하여 안정적

---

60 중국 해군은 2010년까지 일본 오키나와~대만~필리핀~남중국해 말라카해협에 이르는 제1도련선에서, 2025년까지 알류산열도 서측~사이판~괌~파푸아 뉴기니아 동단에 이르는 제2도련선, 그리고 2050년까지 북으로는 알류산열도로부터 남으로는 남극까지 망라하는 제3도련선의 개념을 설립, 대양해군으로서 확고한 위상을 확립하는 것이 목표이다. 정호섭, "반(反)접근·지역거부 대공·해 전투 개념: 미·중 패권경쟁의 서막?" 한국해양전략연구소, 『STRATEGY 21』 28호, 겨울(2011), pp. 9-10.

61 2017년 19차 당 대회 이후 중국의 군사안보전략은 '신형세하의 적극방어군사전략'이다. '신형세'란 미국 주도의 역내 대중 군사위협이 가중되고 있는 상황이며, '적극방어'란 기본적으로 방어태세를 유지하다 적이 공격해 오면 단호히 반격을 가한다는 것이다. 정재흥, "중국의 강대국화 전략과 한국의 과제" 『세종정책브리프』 2019-05 (2019), p. 7.

62 이동률, "중국의 해양 대국화와 해양 영유권 분쟁," 『동아시아 브리프』 제7권 제2호(2012), p. 20.

<그림 2-5> 중국의 도련선

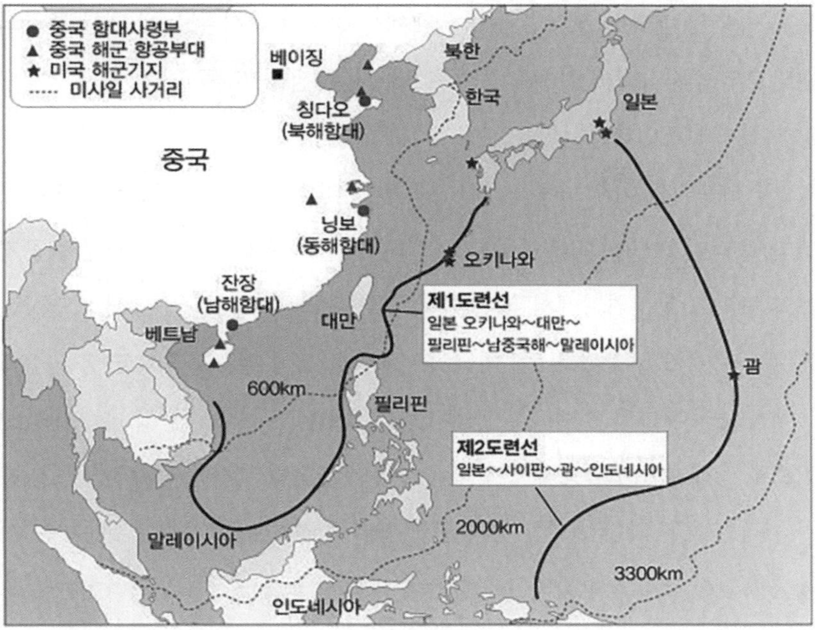

출처: 김동수·정맹석·홍성표. "중국의 해양전략과 연계한 중국방공식별구역(CADIZ) 운영 분석과 우리의 대응방안". 『항공우주시스템공학회지』 11(2), 2017, p. 36

인 에너지 자원 수급을 위한다는 측면에 있어서도 매우 중요하다.[63]

2) 미·중 간의 제해권 다툼

중국은 남중국해에서의 영유권 점유를 통한 역내 패권을 추구하고 있다. 이러한 중국에 맞서 미국도 기존 제해권 방어를 위해 재균형정책을 수립하고, 서태평양에 자국 해군력을 집중시키고 있으며, 대중국 포위망 구축을 위해 주

63 변창구, "중국의 공세적 남중국해 정책과 미·중 관계." 『한국동북아논총』 제69호 (2013), p. 10.

변국들과의 협력을 강화하고 있다. 이러한 미국과 중국의 남중국해 제해권 다툼은 중국의 배타적 경제수역(EEZ) 내에서 미국의 군사 활동에 대한 중국의 반발로부터 시작되어 현재 남중국해 영유권 분쟁을 미·중 간의 패권 경쟁으로 비화시키고 있다.

2차 세계대전 이후 남중국해의 제해권은 미국이 지속적으로 장악하고 있었다. 그러다 탈냉전 직후인 1992년 미군이 필리핀에 있던 수비크만 해군기지와 클라크 공군기지에서 철수한 이후부터 중국이 남중국해에서의 영향력을 증진시키기 시작했다. 즉, 미국이 남중국해에서 철수하면서 발생한 힘의 공백을 중국이 메운 것이라고 볼 수 있다. 2000년도 이후 중국의 국력이 상대적으로 강해지면서 남중국해에 대한 중국의 영향력 행사는 공세적으로 변하기 시작했다. 이러한 변화는 중국 관할 배타적 경제수역 내에서 활동하는 미국을 포함한 타국 군함들의 조사활동에 대해 중국이 제약하기 시작하는 것으로 나타났다. 예를 들어 2001년 3월 미 해군 탐사선이 중국의 배타적 경제수역 내에서 일상적인 조사활동을 하고 있던 중 중국 프리깃함(frigate)과 대치하는 사건이 발생했다.[64] 2009년에는 적법한 활동을 하던 미국 조사선이 핵잠수함 관련 정보를 수집하는 과정에서 5척의 중국 해양 감시선들로부터 경고를 받고 활동을 중단해야만 했던 사건이 있었다.[65] 이에 미국 정부는 즉각적으로 중국의 행위에 대해 '항행의 자유(freedom of the navigation)'를 무시하는 처사라고 항의했으나, 중국은 오히려 미국 군함과 정찰기가 중국의 배타적 경제수역

---

64 Lyle Goldstein, "Chinese Naval Strategy in the South China Sea: An Abundance of Noise and Smoke, But Little Fire," *Contemporary Southeast Asia*, Vol. 33, No. 3 (2011), p. 322.

65 International Crisis Group (2012), p. 5.

에서 활동하는 행위는 중국의 해양법 위반, 그리고 국제법 위반 행위라고 반박했다.[66] 미국은 2018년 1년 동안에만 중국 인공섬 영해 내에서 '항행의 자유 작전'을 5차례나 시행했으며, 2차례 항모훈련을 진행했고, 7차례 B-52 전략폭격기를 출격시켰다.[67]

이러한 미 · 중 간의 갈등은 1994년 발효된 유엔해양법협약의 배타적 경제수역에 대한 조항(제56조)의 해석이 각자 다르기 때문에 발생한 것이라고 본다.[68] 유엔해양법협약 비준 국가 166개국 중 중국을 비롯한 27개 국가들은 군함이 타국의 경제수역 내에서 활동을 하기 위해서는 그 해당 국가의 허가를 받아야 한다고 주장한다. 하지만 대부분의 비준 국가들은 유엔해양법협약은 '자원개발'과 같은 경제적 행위에 대해서만 관할국의 주권을 인정하는 것이기 때문에 군사활동은 해당 국가의 허가 없이도 가능하다고 주장한다.[69] 그럼에도 불구하고 중국은 미국 군함이 중국의 배타적 경제수역을 통과하는 것에는 이의가 없지만, 그 군함이 훈련을 하거나 정보를 수집할 때에는 중국의 허락을 받아야 한다고 고집한다.[70]

---

66 이대우(2014), p. 28.

67 Ronald O'Rourke. "U.S.-China Strategic Competition in South and East China Seas: Background and Issues for Congress" CRS Report for Congress, R42784 (2022), pp.40-41.
'항행의 자유 작전'은 오바마 행정부에서부터 실시하고 있는데 2015년 2회, 2016년 3회로 총 5회가 실시되었으며, 트럼프 행정부 들어 그 횟수가 매년 증가하고 있다.

68 유엔해양법 제56조는 "배타적 경제수역(EEZ)에서 연안국은 해저의 상부 수역, 해저 및 그 하층토의 생물이나 무생물 등 천연자원의 탐사, 개발, 보존 및 관리를 목적으로 하는 주권적 권리와 해수, 해류 및 해풍을 이용한 에너지생산과 같은 이 수역의 경제적 개발과 탐사를 위한 그 밖의 활동에 관한 주권적 권리"를 갖는다고 규정하고 있다.

69 Zewei Yang, "The Freedom of Navigation in the South China Sea: An Ideal or a Reality?" *Beijing Law Review* (September 2012), p. 138.

70 Peter Dutton, "Three Disputes and Three Objectives: China and the South China Sea," *Naval War*

중국은 자신의 주장이 유엔해양법협약 제88조(평화적 목적을 위한 공해의 보존), 제141조(심해저의 평화적 이용), 제300조(신의성실과 권리남용 방지), 제301조(해양의 평화적 이용) 등에 의거하며, 따라서 미국 군함이 중국의 배타적 경제수역에서 활동하는 것은 명백한 국제법 위반이라고 주장한다.[71] 이에 미국은 유엔해양법 제56조는 경제수역 내에 있는 연안국의 경제적 주권을 보장한 것이지 타국의 군사활동을 규제하는 것이 아니며, 중국이 제시한 유엔해양법 제88조에도 공해에서 평화적 목적의 군사활동은 인정하고 있고, 미 군함의 조사활동은 군사적이긴 하지만 평화적인 임무를 수행하는 것이기에 제141조와 제301조가 강조하는 '평화적 이용'에도 부합하고, 마지막으로 제300조에 언급된 바와 같이 미국이 권리를 남용하는 것도 아니라고 강력히 반박한다.[72]

국제법 관행상 타국의 군함이 영해 밖에서는 연안국의 허락 없이도 자유롭게 활동할 수 있으며, 유엔헌장과 국제해사기구(IMO: International Maritime Organization)도 배타적 경제수역에서 군사활동을 규제하는 조항을 갖고 있지 않다. 다만 공해상에서 미사일 실험발사와 같은 피해가 발생할 가능성이 있을 때에는 해당 해역 국가들에게 일정을 알릴 의무가 있다. 또한 국제민간항공기구(ICAO: International Civil Aviation Organization)도 공상에서의 군용기 정찰활동에는 아무런 제약도 가하지 않고 있으며, 정찰로 인해 민간항공기가 위험해질 가능성이 있을 시에는 기장에게 알려줄 의무가 있다.[73] 따라서 유엔해양법

College Review, Vol. 64, No. 4 (2011), p. 55.

71 Jing Geng, "The Legality of Foreign Military Activities in the Exclusive Economic Zone under UNCLOS," *Merkourios*, Vol. 28 (2012), p. 28.

72 Jing Geng (2012), pp. 26~28.

73 Raul Pedrozo, "Close Encounters at Sea," *Naval War College Review*, Vol. 62, No. 3 (2009), p. 103.

협약 어디에도 연안국의 배타적 경제수역에서 타국이 군사활동을 할 수 없다는 언급이 없음을 강조하면서 남중국해에서의 미군 정찰활동은 국제법상 문제가 없음을 주장한다. 미국은 중국의 군함이 미국의 배타적 경제수역에서도 활동하고 있음을 증거로 중국의 주장을 일축하고 있다. 이러한 미국의 주장을 지지하는 국가의 수가 중국의 입장을 지지하는 국가의 수보다 월등히 많다. 따라서 중국의 주장은 미국의 주장보다 그 실효성이 떨어진다고 할 수 있다.

중국의 이러한 공세적인 행동은 자국 방위를 위한 군사적 목적을 달성하기 위함이라고 주장한다. 중국은 1990년대 초 미국이 남중국해에서 군사력을 철수시키면서 발생한 군사적 공백을 메우고 들어 왔다. 그리고 자국의 국력에 걸맞은 군사력을 보유한다는 명분을 갖고 해군력 증강에도 박차를 가했다. 동시에 본토 방어를 명분으로 미국 군함의 영해 접근을 차단하기 위한 대함탄도미사일(ASBM: Anti-ship Ballistic Missile)을 개발했다. 그 결과, 중국의 해군력은 자국이 설정한 제1도련선을 넘어 제2도련선에 근접할 정도로 증강되었다.[74]

이렇듯 중국은 자국의 해군력이 증강되자 남중국해를 발해만, 황해, 동중국해와 같이 근해로 간주하며 이들 해역이 중국 본토를 방어하기 위한 핵심적 안보이익이 걸려 있는 해역으로 주장한다. 또한 미국이 카리브해와 멕시코만을 중요시하듯이 중국은 남중국해, 동중국해, 서해가 중요하다고 주장한다.[75] 그러나 미국은 중국의 이러한 주장을 수용하지 않는다. 왜냐하면 미국의

---

74 U.S. Department of Defense, *Annual Report to Congress: Military and Security Developments Involving the People's Republic of China 2015* (May 2015), p. 8.

75 International Crisis Group, "Stirring Up The South China Sea (I)," *Asia Report*, No. 223 (2012), p. 4; Toshi Yoshihara and James R. Holmes, "Can China Defend a 'Core Interest' in the South China Sea?" *The Washington Quarterly*, Vol. 34, No. 2 (2011), p. 47.

대중국 억제선이 지금보다 200해리 동쪽으로 후퇴할 것이기 때문이다. 미국은 남중국해를 포함한 서태평양에서 미국 제해권을 유지하고, 남중국해 해역의 평화와 안정 그리고 항해의 자유를 수호하는 차원에서 개입할 의지가 있음을 분명히 하고 있다.[76] 남중국해에서의 갈등이 해상무역과 공해 진입을 방해하고 있다는 우려를 표명하면서, '항해의 자유, 아시아에서의 해양 공유영역(maritime commons)에의 자유로운 접근, 남중국해의 국제법 존중' 등이 미국의 국익임을 강조한다.[77]

따라서 중국의 주장에 따라 타국의 배타적 경제수역에서 군사활동을 하지 못한다면 미국은 현재 유지하고 있는 5대양에서의 제해권을 상실하게 되고, 공해상에서 군사적 활동에 제약을 받게 될 것이다. 이는 태평양은 물론 타 해역에서도 미 해군전략에 막대한 차질을 가져오게 될 것이다. 그러므로 미국은 중국의 주장을 절대적으로 수용할 수 없을 것이다.

76 미국은 태평양 국가이며 거주하는 세력(resident power)임을 분명히 하고, 이 지역의 평화와 안정을 유지한다는 국익이 있으며, 국제법, 항해의 자유, 방해받지 않는 합법적 교역을 존중한다. 영유권 분쟁에는 어떠한 입장을 가지고 있지 않으며, 남중국해에서 영토적 야심도 없다. 그러나 영유권 분쟁이 강압, 협박, 위협, 무력사용 없이 분쟁 해결을 위해 관련국들이 협력적, 외교적으로 행동하리라 믿는다. 또한, 미국은 남중국해에서 발생하고 있는 설전, 자원개발에 대한 이견, 강압적 경제제재, 황다오옌 사태 등을 예의주시하고 있다. 특히 중국의 싼사시 건설과 군사력 배치는 사태 해결에 도움이 되지 않는다고 주장한다. 1992년 아세안 남중국해 선언(ASEAN Declaration on the South China Sea)과 2002년 아세안·중국 남중국해 행동선언(ASEAN-China Declaration on the Conduct of Parties in the South China Sea)에 입각해 긴장을 완화할 것을 주장했다. 그리고 궁극적으로 아세안과 중국이 남중국해 행동수칙을 완성하기를 기대한다고 밝혔다. U.S. Department of State, "South China Sea," *Press Release*, No.1263 (2012).

77 Ben Dolven, Shirley A. Kan, and Mark E. Manyin, "Maritime Territorial Disputes in East Asia: Issues for Congress," *CRS Report for Congress*, R42930 (January, 2013), p. 1.

2. 미국과 중국의 대남중국해 정책

1) 미국의 '재균형정책'과 남중국해

미어셰이머는 중국을 미국 패권에 도전하는 세력으로 규정하고 이를 억제해야 한다고 주장한다.[78] 미국은 남중국해에 대한 중국의 공세적 해양정책이 그동안 자신이 주도해 온 이 지역의 해양질서를 위협할 것으로 판단하고, 그 대응 방안으로 아시아 재균형정책과 대중국 견제전략을 추구하고 있다.[79] 미국은 현재 중국이 추진하는 팽창주의적 남중국해 정책을 방치할 경우, 중국은 태평양과 인도양을 아우르는 역내 해양에 대한 패권적 지위를 확보함으로써 해양에 대한 관할권을 기반으로 군사적 영향력을 급격히 확대할 것을 우려한다.[80] 또한 지정학적 측면에서 볼 때 남중국해는 태평양과 인도양 사이를 왕래하는 전략적 해로에 위치하고 있기 때문에 군사작전의 수행상 매우 긴요할 뿐만 아니라, 경제적인 측면에서도 해로의 안전을 확보할 수 있어야 동남아 지역에 접근이 용이하며 중동으로부터의 석유수송선이 방해받지 않는다는 점에서 매우 중요하다. 따라서 미국은 남중국해상에서 지속적인 주도권 행사를

---

78 John J. Mearsheimer, "The Future of the American Pacifier," *Foreign Affairs*, Vol. 80, No. 5(September/October 2001a), p. 46.

79 크레피네비치는 재균형정책보다 더 적극적으로 제1도련선을 따라 방어선을 구축하는 '열도방어(Archipelagic Defense) 전략'을 주장한다. Andrew F. Krepinevich, Jr., "How to Deter China: The Case for Archipelagic Defense", *Foreign Affairs*, Vol. 94, No. 2, March/April (2015), pp. 78~86; Michael D. Swaine, "The Real Challenge in the Pacific: A Response to 'How to Deter China'" *Foreign Affairs*, Vol. 94, No. 3, May/June (2015), pp. 145~153 참조.

80 박창권, "미국의 지역 내 패권경쟁 가능성과 우리의 전략적 선택 방향," 『전략연구』 제57호(2013), p. 210. 홍콩 동방일보에 따르면 미국 태평양사령부 신임 사령관에 지명된 필 데이비슨(Phil Davison) 제독은 상원군사위원회에 제출한 보고서에서 "지금 중국은 미국과 전쟁을 제외한 모든 시나리오에서 남중국해를 통제할 능력이 있다"고 밝혔다. 그는 "중국이 남중국해를 일단 장악하면 이곳을 근거로 멀리 오세아니아까지 영향력을 확대할 수 있을 것"이라고 강조했다. 『연합뉴스』 2018년 4월 23일.

위해 아시아 재균형정책을 시작으로 대중국 견제에 적극 개입하고 있는 것이다.

애당초 남중국해 영유권 분쟁이 심화되던 시기인 1970년대부터 2000년대 초반까지도 미국은 남중국해 영유권 문제는 당사국 간 풀어야 할 문제로 여기고 중립적인 입장을 취했다. 왜냐하면 2000년대 초반까지 남중국해에 대한 중국의 공격적인 행위는 그리 심하지 않은 편이였고 중국의 군사력은 아직 미국에 비해 열등한 수준이었기 때문이다. 당시 미국은 9 · 11 테러 이후 중동 문제로 아시아 · 태평양 지역에 집중할 수 없는 상황이었기도 하다. 하지만 중국이 2010년대에 들어서면서 경제발전을 기반으로 군사력을 증강해 나가며 무력을 통해 해양영토를 확장해 나가자 미국은 향후 미국의 전략적 이익에 영향을 미칠 것으로 판단한 나머지 분쟁에 개입할 것을 결정하게 된 것이다.

미국 역외균형전략의 목표는 서반구에서 현재의 패권적 지위를 공고히 하고 여타 지역에서는 미국의 우월적 지위를 유지하는 것이다. 이를 위해서는 미국의 3대 전략지역인 유럽 · 동아시아 · 중동에서 장차 미국의 패권에 도전할 가능성이 있는 지역패권국의 등장을 차단하는 것이다. 미어셰이머의 역외균형전략에 따르면 미국은 이들 지역에 대한 개입을 삼가고 해당 지역 국가들이 상호 세력균형을 통해 역내 패권국의 등장을 막도록 만들어야 한다. 그러나 어느 한 나라가 지역 내 지배력을 장악할 정도로 강해지고 나머지 국가들이 자력으로 균형을 유지하지 어려울 경우에는 동맹 형성이나 군사력 전진배치 등으로 개입하여 역내 균형을 유지시켜야 한다.[81] 특히 미어셰이머는 '유럽

81 Mearsheimer(2001), p. 141.

과 중동 문제에 개입하지 말고 중국 견제에 집중하라'는 것이다.[82] 물론 현재 중국이 미국에 직접적으로 대응할 수 있을 정도의 군사력을 갖추었다는 의미는 아니다. 특히 미국과 중국 양국 간의 항공모함 등 전략무기의 전력 차이는 대단히 크다(<표 2-4>참조).[83] 핵탄두는 각각 6,450개와 280개이며, 운반수단인 대륙간탄도미사일(ICBM)은 미국이 400기, 중국이 70기이다. 중국은 잠수함 발사 탄도미사일(SLBM)을 발사할 수 있는 전략핵잠수함(SSBN)이 4척인 데 비하여 미국은 14척을 보유하고 있으며 한 척마다 20발의 SLBM을 싣고 있다. 다만 적어도 중국은 동남아 지역 일대를 장악할 수 있을 정도의 군사력은 갖추었고, 그 지역에서만은 역외 국가인 미국과 경쟁할 수 있을 정도의 규모를 형성하고 있다는 것이다.

---

82 John J. Mearsheimer and Stephen M. Walt, "The Case of Offshore Balancing: A Superior U.S. Grand Strategy" *Foreign Affairs*, Vol. 95, No. 4, July/August (2016), pp.70~83.

83 브룩스와 월포츠는 군사력을 정확히 평가하기 위해서는 원자력잠수함, 항공모함, 5세대 전술항공기, 군사목적위성 등 세계 공유영역(global commons: 바다, 하늘, 우주)을 통제할 수 있는 힘을 어느 정도 갖고 있는지 측정해야 한다고 강조한다. 이러한 기준에 의한 미국의 군사력은 중국의 10배 정도로 평가된다. 브룩스와 월포츠는 강대국에서 패권국까지를 4단계로 구분한다: ① great power(강대국), ② emerging potential superpower(부상하는 잠재적 패권국), ③ potential superpower(잠재적 패권국), ④ superpower(패권국). 중국은 현재 경제력에서만 미국에 대적하는 '부상하는 잠재적 패권국'의 위치에 있다고 주장한다. 군사력도 따라오면 '잠재적 패권국', 기술력까지 대등해지면 미국과 같은 '패권국'의 지위에 오른다는 것이다. Stephen G. Brooks and William C. Wohlforth, "The Rise and Fall of the Great Powers in the Twenty-first Century: China's Rise and the Fate of America's Global Position" *International Security*, Vol. 40, No. 3 (Winter 2015/16).

<표 2-4> 미국과 중국의 군사력 비교(2017)

항목	미국	중국
연 국방비[84]	6,028억 달러	1,505억 달러
병력	135만 명(정규군) 86만 명(예비병력)	204만 명(정규군) 51만명 (예비병력)
장갑차[a)]	32,027문	11,409문
탱크(주력전차)	2,831대	6740대
전술항공기[b)]	3,297기	1,908기
폭격기(전략폭격기)[c)]	157(66)	177(0)기
조기경보기	111기	27기
대형무인항공기(UAV)	628대	15대
수상전투함 (순양함+구축함+호위함+상륙함)	127척	86척
항공모함	11척	1척
잠수함 전략핵잠수함(SSBN) 핵잠수함(SSN) 디젤잠수함(SSK)	 14척 40척 -	 4척 2척 51척
핵무기(핵탄두)	6,450개	280개

주: a) 주력전차를 제외한 장갑차량으로 보병전투장갑차(AIFV: Armored Infantry Fighting Vehicles), 병력수송장갑차(APC: Armored Personnel Carriers), 수색장갑차 (Reconnaissance Vehicles), 경전차(Light Tank) 포함

b) 공중급유 없이 수백 Km 반경 이내에서 공대공, 공대지 임무를 수행하는 단거리 전투임무 기(Combat Aircraft)수로 전투기(Fighter), 공격기(Attack Aircraft), 지상공격전투기 (Fighter Ground Attack)를 포함하며, 다른 임무를 수행하는 항공기는 제외

c) 전략폭격기란 핵무기 장착이 가능한 장거리폭격기

출처: The International Institute for Strategic Studies(IISS), The Military Balance 2018 (London: Routledge, 2018).

미국의 '국가안보전략보고서'는 '미국의 전략적 이익 또는 일본의 안보와

84 군사력 지표로서의 국방비도 현재의 국방비만이 아니라 '지금까지 얼마만큼의 국방비를 사용했는지'를 평가해야 한다는 주장도 있다. 중국의 국방비 지출의 양은 빠르게 늘고 있지만, 과거부터의 국방비 지출에서는 미국이 압도적이고, 그러한 지출이 현재 압도적인 군사력으로 전환되어서 힘의 격차는 더 벌어지고 있다. Brooks and Wohlforth (2015/16), pp. 17~18.

경제적 이익을 위협하고 있는 남중국해에서의 군사적 갈등에는 사활적 국가 이익이 걸린 해로에서 항해의 자유를 보존하기 위해 미국은 개입할 수밖에 없을 것이다'라고 명백히 밝히고 있다.[85] 로버트 게이츠(Robert Gates) 당시 미 국방장관은 2010년 상그릴라 대화에서 '미국의 외교정책은 분명하다'고 밝히며 남중국해 항해의 자유와 방해받지 않는 경제발전이 유지되는 것이 미국 외교정책의 목적이라는 것을 분명히 주장했다.[86]

2011년 발리(Bali)에서 개최되었던 아세안지역안보포럼(ARF: ASEAN Regional Forum)에서 클린턴 미 국무장관은 '남중국해는 공동의 해양 공간 또는 공유영역이며, 미국의 이해와 직결된 중요한 외교적 사안'이라고 주장하면서 중국의 주장을 비판하고 분쟁 해결을 위한 메커니즘을 제안했다.[87] 이후 미국은 매년 아세안지역안보포럼을 통해 남중국해 영유권 분쟁의 평화적 해결과 아세안이 주장하고 있는 행동규범을 지지하는 등 중국의 공세적 세력을 적극적으로 견제하고 있다.

미국의 대중국 대응전략은 중국이 남중국해 안보를 위협할 때 항해의 자유를 확보하기 위해 동맹국인 필리핀이 자체적으로 방어할 수 있도록 지원하고, 만약 육지전이 발생하게 되면 베트남과 대만을 지원하는 것이다. 또한 남중국해에서 중국의 위협을 받고 있는 아세안 국가들을 지원함으로써 미국의 영향력 확대를 도모하는 것이다. 특히 남중국해에 대한 중국의 공세적인 행위를

---

85 The White House, *National Security Strategy of the United States of America* (February 2015).

86 IISS. "Strengthening Security Partnerships in the Asia-Pacific." http://www.iiss.org/en/events/shangri%20la%20dialogue/archive/shangri-la-dialogue-2010-0a26/first-plenary-session-722b/dr-robert-m-gates-5086 (검색일: 2018년 10월 22일).

87 『아시아경제』 (2018).

'중국위협론'[88]과 연관 지어 주변 국가들로 하여금 중국에 대한 안보 불안을 증대시켜 미국에 편승하게 하는 정책을 펼치고 있다. 이는 아세안 국가들의 불안한 심리를 이용하여 지속적으로 남중국해 해역에 미국의 지배적 영향력을 유지하기 위한 노력이라고 할 수 있다. 뿐만 아니라 미국은 강대국이 존재하지 않는 남중국해 일대에 아세안(ASEAN)이 한 블록으로써 중국에 맞서 대응할 수 있는 하나의 '강대국(great power)'의 역할을 할 수 있도록 지원하며 대중국 포위망을 구축하는 것이다. 이를 위해 미국은 아세안의 결속을 촉구함과 동시에 아시아의 주요 동맹국인 한국, 일본, 호주, 필리핀과의 군사협력 관계를 강화시키고 있다. 전략적 파트너로서 인도, 베트남, 싱가포르, 인도네시아 등에 대한 군사적 지원과 협력도 확대시키고 있다.[89]

남중국해 지역에서의 갈등은 대부분 중국과 분쟁국들 사이의 갈등이며, 특히 필리핀과 베트남은 중국으로부터 남사군도와 서사군도에서 각각 직접적인 군사적 공격과 위협을 받고 있다. 대만은 남사군도 영유권 문제를 포함한 국가 주권에 대해 위협을 받고 있다. 이러한 중국에 맞서 미국은 대만과 필리핀과는 군사동맹을 강화하고, 베트남과는 협력적 제휴관계를 체결하면서 대

---

88 중국위협론은 중국의 급속한 경제적 부상이 필연적으로 군사대국화로 이어지게 되면서 지역안정에 커다란 위협이 될 것이라는 주장이다. 박홍서, "중국의 부상과 국제관계이론: 중국 위협에 대한 이론적 시각," 김태호, 『중국외교연구의 새로운 영역』 (서울: 나남출판, 2008). pp. 23~60.

89 2018년 11월에 개최된 '아세안-미국 정상회의(ASEAN-U.S. Summit)'에서 마이크 펜스(Mike Pence) 미국 부통령은 중국을 직접 언급하지는 않았지만, "인도-태평양 지역에서 제국과 침략을 허용할 수 없다(empire and aggression has no place in Indo-Pacific)"고 강조하면서 실질적으로 중국의 아세안 국가들에 대한 강압적 외교정책에 대해 비판했다. Cathering Wong, "Mike Pence's Message to China: aggression has no place in Indo-Pacific" South China Morning Post (November 15, 2018).

<그림 2-6> 남중국해 영유권 갈등 구조와 대응방식

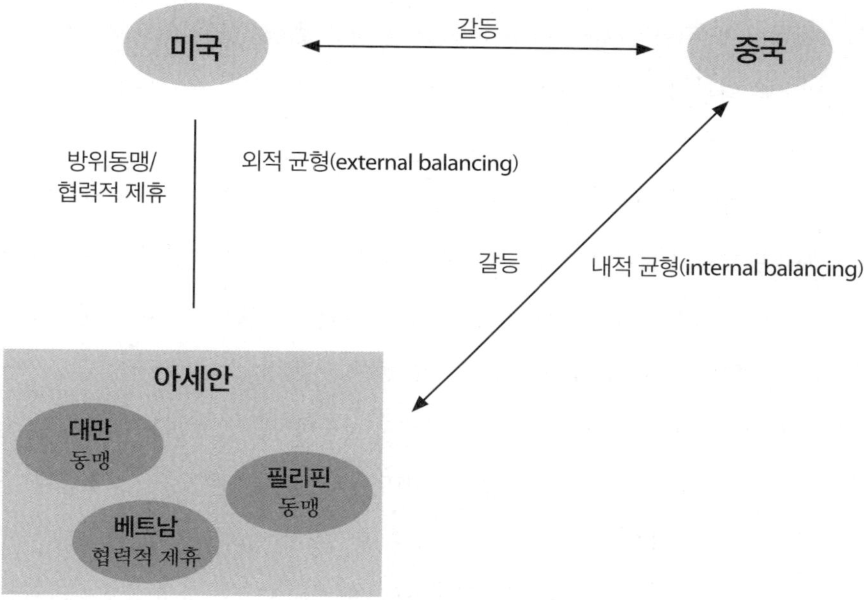

출처: 필자 작성

중국 견제에 이바지하고 있다.[90] <그림 2-6>을 보면 중국으로부터 위협을 당한 대만, 필리핀과 베트남은 그 대응방안으로 미국과 방위동맹을 형성한다.[91]

---

90 미국과 대만은 1954년 상호방위조약을 체결했으나 1979년 중국과의 수교와 함께 중국의 'One China Policy'를 받아들여 대만과는 단교했다. 그러나 미국은 대만의 방위역량 강화를 위하여 대만에 무기판매를 허용하고 있으며 합동군사훈련을 강화하는 등 '실제적인' 동맹관계에 있다고 할 수 있다. 2022년 9월 미국 상원위원회는 대만을 동맹으로 지정하고 직접 군사비(향후 5년간 65억 달러)를 지원하는 '대만 동맹 지정법'을 통과시켰다. 미국 정부는 군사비 지원 외에도 대만을 한국 일본 호주 이스라엘 등 비나토동맹(Major non-NATO ally) 수준으로 대우한다는 것이다. 『중앙일보』 2022년 9월 16일.

91 위협에 당면한 국가는 우선적으로 동맹국을 찾아 침략자를 제어하기 위해 노력한다. 그리고 위협한 적대국을 제어하기 위한 방위동맹을 형성할 수 있다. 이 같은 '외교적 작전'을 '외적 균형(external balancing)'이라고 한다. Mearsheimer(2001), p.156.

여기서 필리핀은 미국과 '동맹(alliance)관계'를 맺고 있지만 베트남은 미국과 '협력적 제휴관계(cooperative alignments)'를 맺고 있음을 볼 수 있다.[92] 베트남은 미국과 다른 정치체제를 지니고 있어 실질적인 '동맹'이 불가능하다고 보기 때문이다.[93]

그럼에도 불구하고 미국과 베트남은 중국이라는 공동의 적을 제어하기 위한 수단으로서 협력적 제휴관계를 형성한다는 것이다. 반면 중국은 미국의 개입으로 인하여 그동안 적대적 사이였던 필리핀과 베트남에 대해서 군비증강 등의 '내적균형(internal balancing)'을 시도한다는 것이다.[94]

미국은 중국의 군사력 증강에 대응해서 남중국해를 포함하는 서태평양 해역에 군사력을 집중시키면서 필리핀, 베트남과 같은 분쟁당사국을 포함한 아세안국가들과의 양자 또는 다자 합동군사훈련을 실시하고 있다. 필리핀은 전통적으로 미국의 주요 동맹국으로 1951년 체결된 필리핀과의 상호방위조약을 토대로 연안경비선, 레이더시스템, F-16 전투기 제공 등과 해양국경 보호,

---

92 빅터 D. 차(Victor D. Cha)는 한·일관계의 성격을 '적대적 제휴' 관계로 규정한다. 즉, 한국과 일본의 관계는 자유민주주의와 시장자본주의체제를 공유하고 있다는 점에서 동맹 조건을 갖추고 있지만, 양국의 역사적 문제로 인해 동맹관계를 유지하지 못하고 있다는 것이다. 이러한 점에서 빅터 차는 한·일관계를 '유사동맹'의 형태로 이해하고 '적대적 제휴'관계로 정의한다. 본 논문에서는 빅터 D. 차의 개념을 바탕으로 미국과 베트남의 관계를 '협력적 제휴관계'로 정의한다. 빅터 D. 차, 『적대적 제휴』, 김일영, 문순보 번역(서울: 문학과지성사, 2004), pp. 69~73.

93 동맹(alliance)이란 잠재적 혹은 현실화된 군사적 갈등에 맞서 군사적으로 협력하겠다는 독립된 국가들 간의 공식적 협정을 말한다. 월트(Stephen Walt)의 경우 '비공식적 협정' 또한 동맹의 범주에 포함시키고 있으며, 제휴(alignment)를 동맹과 같은 의미로 사용하고 있다. Stephen M. Walt "Why Alliances Endure or Collapse." *Survival* Vol. 39 (1997). 대개의 경우 동맹과 제휴는 구분되어 사용된다. Glenn H. Snyder, "Alliance Theory: A Neorealist First Cut," *Journal of International Affairs*, Vol. 44, No. 1(1990), p. 105.

94 위협을 당한 국가는 자신의 자원을 더 많이 동원함으로써 침략국에 대처할 수 있을 것이다. 이를 '내적 균형(internal balancing)'이라고 하며 곧, 자조(self help)를 의미한다. Mearsheimer(2001), p.157.

해양 정보통합망 그리고 외부세력으로부터의 안보공약 실행을 약속받는 등 미국으로부터 자국 안보와 남사군도의 영토 유지에 대한 지원을 받고 있다.[95] 베트남은 중국 견제라는 공동의 목적을 달성하기 위해 맺어진 미국의 전략적 파트너 국가로 합동군사훈련을 비롯한 4개 분야의 방위협력에 합의하는 등 상호방호협력을 증대시키고, 필리핀과 함께 양자 합동군사훈련을 실시하는 등 군사협력을 강화하고 있다.

또한 미국은 혹시라도 발생할 수 있는 남중국해상에서의 중국과 무력 충돌에 대비하고 있다. 미 공군의 고고도 무인정찰기인 글로벌호크(Global Hawk)와 스텔스 기능을 가진 최신형 전투기 F-22 랩터(Raptor)를 동북아시아를 관할하는 괌과 하와이 미군 기지에 각각 배치하고,[96] 미 해군 괌 기지에 4번째 공격용 잠수함을 추가 배치했다. 유럽에서 태평양으로 6척의 구축함을 이동배치 하는 등 미 군사력을 미래 전략 요충지로 부상하는 아 · 태지역에 집중시키고 있으며, 오는 2020년까지 미 해군이 가진 군사력의 60%를 아 · 태지역으로 돌릴 것임을 밝혔다.[97] 다시 말해 남중국해는 미국에게 전략적 차원에서 매우 중요

---

95 Aileen San Pablo-Baveria, "The South China Sea Disputes: Is Aquino Way the 'ASEAN Way'?" *RSIS Commentaries* (5 January 2012). 필리핀은 2014년 미국과 '방위협력확대협정(EDCA: Enhanced Defense Cooperation Agreement)'을 체결했으며, 2016년에는 24년 만에 미군 재주둔을 위해 5개 군사기지(공군기지 4곳, 해군기지 1곳)를 제공하기로 합의했다. 『연합뉴스』 2016년 3월 25일.

96 조선일보, 인터넷판 2008년 1월 8일 기사, "미국 글로벌호크, F22랩터 괌과 하와이 배치," http://www.chosun.com/site/data/html_dir/2008/01/18/2008011800110.html(검색일: 2018년 10월 20일). 5세대 스텔스 전투기인 F-22(Rapter)는 2006년 미군이 실시한 공중전 훈련에서 4세대 전투기인 F-15, F-16 144대를 가상 격추하면서 한 번도 격추되지 않았다.

97 미국은 2020년까지 아·태지역에 6척의 항공모함과 대다수의 순양함, 구축함, 연안전투함 및 잠수함을 배치할 것임을 밝혔다. Ralph A. Cossa, "US Rebalances as Other Squabble," *Comparative Connections*, A Tribunal E-Journal on East Asia Bilateral Relations(September 2012).

한 해역이다. 따라서 미국은 기존의 제해권을 지속적으로 장악하려고 노력을 기울이고 있다. 이를 위해 자국 해군력을 서태평양에 집중시키고 있으며, 대중국 포위망 구축을 위해 주변국들과의 협력을 강화하고 있다.

트럼프 대통령은 2017년 11월 아시아 순방 중에 미국의 새로운 아시아전략으로 '인도 · 태평양 구상(Indo-Pacific Initiative)'을 제시했다.[98] 미국의 전통적 전략 공간이었던 '아시아 · 태평양' 지역에서 중심축을 서쪽으로 이동시켜 인도양을 포함시켰다. 일본 · 호주 · 인도는 미국 주도의 '인도 · 태평양 구상'에서 주요한 파트너로 자리 잡게 되었다. 미국의 인도 · 태평양 구상은 중국의 역내 지배력과 공격적 행동을 견제하는 한편 동아시아에서의 미국 패권을 유지하고자 하는 것이다. 중국에 대한 미국의 동맹 및 파트너 국가들과의 협력을 강화하려는 의지가 담겨 있다고 볼 수 있다.[99]

2) 중국의 '대양해군 건설'과 남중국해

중국은 1949년 공산화 직후부터 남중국해에 대해 영유권을 주장하기 시작했다. 이후 중국은 남중국해 도서들을 무력으로 점령해 왔다. 그러나 2000년대에 들어서면서 남중국해 분쟁에 대한 미국의 개입 의지가 보이자 중국은 미국의 개입을 저지하고 미국과의 극단적인 대립을 피하기 위해 아세안과의 다

---

98 미국은 2018년 5월 태평양사령부(USPACOM: United States Pacific Command)를 인도·태평양사령부(USINDOPACOM: United States Indo-Pacific Command)로 명칭을 변경했다.

99 강선주, "미국의 '인도-태평양 구상' 실현 전망" 국립외교원, IFANSFOCUS(June 15, 2018). 미국의 2017년 국가안보전략보고서에서도 '자유롭고 개방된 인도-태평양(a free and open Indo-Pacific)'이라는 개념이 강조되었다. The White House(2017). '인도-태평양 전략'의 보다 자세한 내용은 이대우, "미국의 인도-태평양 전략(Indo-Pacific Strategy)" 『세종정책브리핑』(세종연구소, 2018) 참조.

자협상에 참여했다. 중국은 아세안국가들과의 협력을 강조하며 2002년 아세안정상회의에서 남중국해 영유권 분쟁 해결을 위한 '남중국해 행동규범'에 합의하고 남중국해 영유권분쟁에 대해 '분쟁 연기와 공동개발(shelving dispute and joint development)' 전략을 추구하는 등 협력적 방식을 유지해 왔다.[100] 그러나 이러한 중국의 유화적인 입장은 2010년대 들어 남중국해 영유권 문제를 양보할 수 없는 '핵심이익'으로 규정하면서 공세적 입장으로 전환되었다.

2010년 3월 중국은 공식적으로 "남중국해 영유권은 양보할 수 없는 중국의 주권과 관련된 핵심이익"이라고 천명함과 동시에 대만, 티베트와 함께 남중국해도 중국의 핵심이익에 포함된다고 선언했다.[101] 뿐만 아니라 2013년 9월 G20 정상회의에서 "워싱턴의 아시아 귀환정책(Pivot to Asia)이 중국의 핵심이익을 침해해서는 안된다"는 점을 분명히 함으로써 남중국해는 중국의 사활적 이익이 걸려 있는 지역임을 거듭 강조했다.[102] 이처럼 중국이 남중국해 영유권 문제에 대해 입장을 전환한 배경에는 그동안 중국이 급속한 경제성장을 바탕으로 군사력을 증강시켰던 점과 남중국해에 대한 중국의 국가이익을 위한 수요가 커졌기 때문이다.

중국은 미국과 같은 해양 강대국과 동남아 국가들이 중국의 해양안보를 심각하게 위협하고 있다고 지적한다. 미국이 주장하고 있는 항해의 자유는 단지 남중국해에 개입하기 위한 명분이며 그 지역에서 군사적 우위를 유지하기 위

---

100 Derek Pham, "Gone Rogue?: China's Assertiveness in the South China Sea," *Journal of Politics and Society*, Vol. 22, No. 1 (2011), pp.139~140.

101 *New York Times* (23 April 2010).

102 *China Daily* (9 September 2013).

한 전략이고, 필리핀과 베트남이 미국의 배후세력이라는 것이다.[103] 미국은 중국의 주변 해역에서 연합군사훈련을 실시하며 아시아 동맹국들과 군사동맹을 강화하는 등 공세적 군사력의 축적에 박차를 가하고 있고, 동남아 국가들도 미국의 지원을 통해 군사력을 강화하면서 해양권의 쟁탈에 적극 참여하고 있으며, 대만은 미국과의 동맹으로 중국 안보에 위협을 가하고 있다는 것이다.

따라서 중국은 타국으로부터 자국의 해양 권익을 확보하기 위해 새로운 해양전략을 도모하고 있다. 중국의 해양전략은 장기적으로 세 가지 목표를 가지고 있다. 첫째, 대만이 독립을 추구하지 못하도록 미 해군력을 배치하지 못하게 막는 것 둘째, 중국 석유의 약 80%가 인도양과 말라카해협을 통과하고 있으므로 이 해상수송로를 확보하는 것 그리고 마지막으로 서태평양 해상에서의 핵 보복 능력을 갖추는 것이다.[104] 이것은 중국이 전통적으로 존재해 온 해양패권국 미국으로부터의 견제에 효과적으로 대응하고, 동시에 대만과의 통일을 성취하기 위해 해양의 가치를 높이 두고 있는 것으로 볼 수 있다. 그리고 무엇보다도 미국이 지정학적으로 매우 중요한 위치인 오키나와에 미군을 주둔시키고 있는 것은 중국으로 하여금 미국에 대한 위협 인식을 촉발시키고 해양의 확보를 위한 해군력 증강을 자극시키는 요인으로 작용하고 있다는 것이다.[105]

103 Li Mingjian, "Chinese Debates of South China Sea Policy: Implications for Future Developments," *RSIS Working Paper*, No. 239 (2012), p. 4.

104 Lezek Buszynski(Spring 2012), p. 145.

105 Robert Sutter, *China's Rise in Asia: Promises and Perils* (Oxford: Rowan & Littlefield, 2005), p. 199.

이와 같은 요인들로 인하여 중국은 남중국해 영유권 점유에 대해 매우 공세적인 행동을 취하고 있다. 그동안 중국은 급속한 경제발전을 바탕으로 군사력 증강에 힘써 왔지만 미국의 남중국해 분쟁 개입으로 인해 해군력의 중요성을 다시 인식하게 되었고, 그 지역에 경제적 · 전략적 가치의 중요성에 따른 해군력 강화에 역점을 두게 된 것이다. 중국의 해양 전략가들은 해군의 전력증강과 작전반경 확대를 적극적으로 추구해야 한다고 주장한다.[106] 또한 매년 중국에서 발간되고 있는 중국의 국방백서에도 원해작전능력의 개선 필요성을 거듭 강조한다.[107] 이러한 중국의 해양전략은 현재의 적극적 근해방어전략에서 향후 원해작전능력의 증대로의 발전을 목표로 삼고 있다.

중국의 해양전략 변화에 따라 실제로 중국 해군은 남중국해와 필리핀을 잇는 제1도련선을 넘어서 사이판, 괌과 인도네시아를 연결하는 제2도련선에 해당하는 서태평양 해상에서 수시로 군사훈련을 실시하고 있다.[108] 이처럼 변화된 해양전략을 지원하기 위해 북해함대(칭다오)에 치우친 잠수함 전력을 남중국해에 위치한 남해함대로 나누어 분산시키고, 남중국해에 대한 영향력 확대를 위해 하이난섬 남쪽 산야(Sanya) 지역에 첨단 잠수함기지를 새로 건설했다.

---

106 Wang Xiaoxuan, "Navy has to get stronger," *China Daily* (27 July 2012).

107 인민해방군 해군(People's Liberation Army Navy: PLAN)은 미국에 대한 전략적 억지 능력을 강화하고 대양에서 작전을 수행할 수 있는 능력을 발전시킨다. 인민해방군 해군은 쿠릴열도와 일본에서 보닌군도(Bonins), 마리아나군도(Marianas), 캐롤라인군도(Carolines) 그리고 인도네시아까지 걸쳐 있는 제2도련선까지 전개할 수 있다. Information Office of the State Council of the People's Republic of China, *China's National Defense 2010* (2010).

108 『연합뉴스』, 인터넷판 2014년 12월 31일 기사, "중국군, 올해 200차례 대규모 군사훈련 실시." http://www.yonhapnews.co.kr/bulletin/2014/12/31/0200000000AKR20141231124600083.HTML?from=search (검색일: 2018년 10월 25일).

또한 그동안 추진해 왔던 항공모함 건조계획에 성공하면서 중국 최초의 항공모함인 '랴오닝호'를 남해함대에 실전 배치했다. 하이난섬에 항공모함 랴오닝호가 정박할 수 있는 군사시설을 강화하고 최신형 진급 핵추진전략잠수함을 하이난섬의 유린(Yulin)에 배치시키면서 남해함대를 가장 강력한 함대로 발전시켰다.[109] 나아가 중국은 남사군도에 있는 군사시설들을 보다 많은 해군 배치를 위해 확장시켰고, 사거리 1,500~2,500km까지 다양하게 운용 배치될 수 있는 대함탄도미사일(ASBM: Anti Ship Ballistic Missile)들을 실전 배치했다. 이 지역에 배치된 잠수함부대와 미사일들은 남중국해 전체 지역과 말라카해협 서쪽 지역까지 사정권에 포함시킬 수 있는 전력이다.[110]

중국의 해군력 강화의 핵심은 항공모함과 잠수함 증강이라고 할 수 있다. 중국은 현재 중국 자체 기술로 제2 항공모함을 건조하고 있으며,[111] 미국 본토까지 사격 가능한 사거리 8,400km의 쥐랑(JL)-2 탄도미사일(SLBM)이 탑재 가능한 진급 전략잠수함 건조 등 지속적으로 잠수함 전력을 증강시키고 있다.[112] 또한 남중국해의 실효적 지배를 강화하는 차원에서 2012년 서사군도 영홍도 일대 해역을 관장하는 싼사시를 설치, 항구 증축은 물론 주변 해역에 군대를

---

109 중국은 남중국해에 위치한 남해함대에 중국이 보유한 핵추진전략잠수함(SSBN) 4척 모두를 배치하고 있으며, 북해함대에 있던 항공모함 랴오닝호도 남해함대 지역의 하이난섬으로 이동 배치시켰다. 경향신문, 인터넷판 2015년 9월 8일 기사, "누가 남중국해를 차지하는가" http://news.khan.co.kr/kh_news/khan_art_view.html?artid=201509081137421&code=970100 (검색일: 2018년 10월 25일).

110 Yoshihara and Holmes (2011), pp. 51~52.

111 『연합뉴스』, 인터넷판 2015년 6월 14일 기사, "중국 제2 항공모함 뱃머리, 랴오닝호와 유사." http://www.yonhapnews.co.kr/bulletin/2015/06/14/0200000000AKR20150614047600083.HTML?from=search (검색일: 2018년 9월 30일).

112 이태환, 『조어도를 둘러싼 중일 영토분쟁의 국제정치』 (성남: 세종연구소, 2014), p. 24. 진급 핵추진전략잠수함에는 JL-2 미사일이 각기 12발씩 탑재되어 있다.

배치하면서 타국 선박에 대한 감시와 추방권이 있음을 선언했다.[113] 뿐만 아니라 남중국해 전체를 자국의 영토로 표시한 새로운 지도를 발간하고, 분쟁 도서에 영구 건축물을 세우며 해양 감시능력을 강화하는 등 실효 지배를 더욱 강화하고 있다.[114] 이러한 중국의 해군력 증강은 단기적으로는 남중국해 장악 및 대만과의 무력충돌 시 미국의 개입 가능성을 차단하는 것에 목적을 두고 있지만, 궁극적으로는 중국의 '대양해군 건설'을 통한 지역패권국으로의 부상에 중요한 수단으로 활용하고자 하는 것으로 여겨진다.[115]

3. 미국과 중국의 상호대응전략

미어셰이머는 "급속히 강력해진 중국은 미국이 유럽에서 유럽 강대국들에게 하였듯이 미국을 아시아에서 밀어내고 아시아의 지역패권을 차지하려는 강대국 외교정책을 추진한다"고 지적한다.[116] 남중국해 영유권 문제를 둘러싸고 있는 미국과 중국은 아시아 지역에서 확실하게 규정된 목적을 이루기 위해서 상호 작용하고 있는 것으로 이는 패권적 지위를 확보하기 위한 세력경쟁이라고 할 수 있다.[117] 이것은 '강대국은 무정부적 국제체제 속에서 자국의 생존

---

113 M. Taylor Fravel, "Hainan's New Maritime Regulations: A Preliminary Analysis," *The Diplomat*(2012); Roboert Sutter, "China Gains and Advances in South China Sea," *Comparative Connections*, A Tribunal E-Journal on East Asia Bilateral Relations(2013).

114 Glaser (2011), p. 6.

115 중국은 미국의 대중 포위전략 무력화와 역내 패권국 지위 확보를 위해 정밀타격무기 배치와 증강, 핵억지력 강화, 항공모함 및 핵잠수함 추가 건조, 5세대 스텔스전투기(J-20) 및 장거리 전략폭격기(H-6N) 도입, 둥펑(東風)계열 신형 중·장거리 탄도미사일 증강, 우주·사이버전 전력 강화 등을 추진하고 있다. 정재흥(2019), p. 8.

116 John J. Mearsheimer, "Clash of Titans," *Foreign Policy*, No. 146 (2005), p. 48.

117 Martin A. Smith, *Power in the Changing Global Order: The US, Russia and China* (Cambidge: Polity

을 위해 힘의 극대화를 추구하며 궁극적으로는 지역패권국이 되는 것을 목표로 한다'는 것과 '한 지역의 패권국은 다른 지역에서 패권국이 부상하는 것을 견제하려고 노력한다'는 공격적 현실주의의 가정에 근거한다.

현재 미국은 군사적으로 세계에서 가장 강력한 국가이며 세계 유일의 지역패권국으로 존재하고 있다. 그럼에도 불구하고 중국은 총체적으로는 미국에 직접 대적할만한 군사력은 아니지만 적어도 아시아 지역에서 만큼은 미국에게 대응할 수 있는 군사력을 보유하고 있고, 계속 증강시켜 나아가고 있다. 또한 중국은 자국의 국가이익에 집중된 전략적 목표를 가지고 역내 강대국으로서 미국보다 상대적으로 쉽고 저렴한 비용으로 군사력을 유지 및 활용할 수 있다는 내재된 이점을 가지고 있다. 이러한 점은 '그 어떤 강대국도 모든 해양과 바다에서 효과적이고 지속 가능한 지배적인 군사력을 유지하기 어렵다'는 공격적 현실주의에 입각한 해석을 가능케 한다.

남중국해에 대한 미국과 중국의 상호대응전략은 서로 상대방의 전략적 목표를 저지하는 것이다. 미국은 남중국해 지역에 대한 중국의 영향력 확대를 저지하면서 기존의 지배적 지위를 계속 유지하려는 것이다. 이를 위해 미국은 중국의 부상에 따른 '중국위협론'을 부각시켜 아세안 국가들로 하여금 중국에 대한 우려와 견제심리를 자극함으로써 미국과의 군사·경제적 협력에 유리한 환경을 조성하고 있다. 반면 중국은 미국의 견제전략에 맞서 현존하는 미국의 패권적 질서를 타파하고, 자국이 지향하는 '대양해군 건설'을 현실화시키면서 중국의 국제적 위상을 더욱 강화시키는 것을 목표로 하고 있다. 이

Press, 2012), p. 39.

를 위해 중국은 해군력 증강을 통한 남중국해 장악을 추구함과 동시에 아세안 국가들과 경제적 협력관계를 적극 추진함으로써 미국과의 전략적 경쟁에서 아세안을 최소한 중립화시키고 향후에는 점차 '친중국화'를 실현하고자 한다.

앞에서 언급했듯이 군사적 측면에서 미국은 아시아의 주요 동맹국과 군사 협력을 강화시키고, 아세안국가들과는 새로운 동맹 내지 협력적 제휴관계를 구축하여 공세적인 중국 행동에 대처하고 있다. 반면 중국은 역내 패권국으로 자리매김하기 위해 대양해군 건설을 목표로 지속적으로 해군력 증강에 박차를 가하며 새로운 해양전략에 집중하고 있다. 경제적인 측면에서는 중국은 미국의 영향력에 대응하여 일대일로(一帶一路, 21세기 육 · 해상 신실크로드)[118], 아시아인프라투자은행(AIIB: Asian Infrastructure Investment Bank, 2015)과 역내포괄적경제동반자협정(RCEP: Regional Comprehensive Economic Partnership)을 주도하며 아시아의 저개발 국가들에 대한 자금지원을 강화하고, 미국 위주의 무역 · 투자 판도를 중국 쪽으로 돌리려는 등 역내에서 자국의 영향력 확대를 위해 무단히 노력하고 있다.[119]

하지만 이러한 중국의 경제적인 노력에도 불구하고 향후 중국의 경제성장

---

118 일대일로는 시진핑 중국 국가주석이 2013년 처음 제창한 '국가대계'로 동남아, 아프리카, 유럽 등 전 세계를 육상·해상으로 연결하는 경제협력 사업이다.

119 현재 중국이 주장하는 '중국몽' 실현은 과거 세계대전과 같은 패권전쟁이나 기존 자유주의 국제질서의 급격한 변화·파괴를 거치지 않으면서 미국 중심의 패권적 국제질서를 점진적으로 중국 중심체제로 변화시켜 나가겠다는 전략이라 볼 수 있다. 정재홍(2019). p. 4. 특히 이처럼 전쟁에 이르지 않으면서 한 국가의 안보 목표를 달성하는 전략을 '회색지대전략(gray zone strategy)'이라 하며, 이 전략의 특성은 점진주의와 애매모호함이다. 중국이 그동안 6개의 인공섬을 조성하여 남중국해의 군사화와 내해(內海)화를 위하여 과정의 세분화, 점진적 접근방식, 동원 및 의도의 애매모호화, 그리고 기정사실화 방식을 취하는 '회색지대전략'을 성공적으로 적용하고 있다는 주장도 있다. 박윤일·정삼만, "미·중 해양패권 경쟁과 '회색지대전략'" 한국해양전략연구소, KIMS Periscope, 제142호 (2018), pp. 1~4.

<표 2-5> 중국의 경제성장률 추이(%)

2011	2012	2013	2014	2015	2016	2017	2018	2019
9.5	7.9	7.8	7.3	6.9	6.7	6.9	6.6	6.2

주: 2018년, 2019년은 예상치임

출처: IMF, http://www.imf.org/external/datamapper/datasets (검색일: 2019년 4월 2일)

률이 과거에 비해 지속적으로 하락하고 있으며, 이러한 하락 추세는 지속될 것으로 예측된다(<표 2-5> 참조).[120] 반면 금융위기를 회복한 미국은 경제의 안정을 되찾고 단기적으로 다시 경제성장의 추세를 보이고 있다. 특히 에너지 패권경쟁에서 중국은 압도적 열세이다. 미국은 셰일가스 혁명으로 에너지 자급이 가능해졌으며 2017년부터 천연가스 수출국으로 변신하였다.[121] 따라서 미국은 앞으로도 지속적으로 대중국 견제에 박차를 가할 것이고, 그로 인해 중국의 경쟁전략을 더욱더 제한적으로 만들게 될 것으로 여겨진다.

---

120 미국 싱크탱크인 브루킹스는 "2008~2016년에 중국 정부가 발표한 실질 성장률이 실제보다 연 2% 포인트 정도 부풀려졌다"는 보고서(March 7, 2019)를 내놓았다. 한편 영국계 경제 분석회사인 Capital Economics가 추정한 중국의 2018년 경제성장률은 5%대였다. 『중앙SUNDAY』 2019년 3월 9일~10일.

121 미국은 풍부한 셰일가스 개발을 바탕으로 2009년 러시아를 제치고 세계 1위 천연가스 생산국이 되었다. 미국의 셰일가스는 2040년 전 세계 천연가스 공급의 60%를 차지할 것으로 전망되어 미국의 영향력은 더 확대될 것으로 예측된다. 『중앙일보』 2019년 3월 14일.

V. 맺는말

본 연구는 남중국해 영유권분쟁에 있어서 미 · 중 간의 갈등요인을 공격적 현실주의 이론을 바탕으로 분석했다. 공격적 현실주의 이론에 따르면 강대국들은 무정부적 국제체제 속에서 자국의 생존을 위해 상대적 힘의 극대화를 추구하며 궁극적으로는 지역패권국이 되는 것을 목표로 삼는다. 또한 자신이 속한 지역에서의 패권을 확보하고 나면 다른 지역에서의 패권국 부상을 막으려 한다. 최근 남중국해에서 나타나고 있는 중국의 공세적인 행동은 강대국 중국이 자국의 핵심이익이 존재하는 남중국해 지역을 장악하고, 이를 기반으로 강대국의 궁극적 목표인 아시아 지역패권국이 되기 위함이라고 해석할 수 있다. 이와 더불어 남중국해 분쟁에 대한 미국의 개입은 중국이 아시아에서 패권국으로 부상하는 것을 억제하려는 행동이라고 볼 수 있다.

미어셰이머는 강대국들이 추구하는 행위를 크게 다섯 가지로 요약하였다. 이 다섯 가지 가정에 따라 남중국해 영유권분쟁을 둘러싸고 나타나는 미국과 중국의 행위를 분석하면 다음과 같은 결론을 도출할 수 있다. 첫째, 국제체제는 무정부 상태에 있으며, 법과 행동규범을 수립 · 집행할 수 있는 세계정부가 없으므로 개별 국가가 자체적으로 자국의 안보와 이익을 확보해야 한다. 미국은 그동안 아시아 지역에 대한 전략적 가치를 보호 및 유지하고, 지역 내 미국적 가치를 증진시키려고 끊임없이 노력해 왔다. 미국은 중국의 부상으로 흔들리고 있는 아시아 정세를 다시 미국 주도로 안정화시키기 위해 아시아 '재균형정책'을 추진해 왔으며, 트럼프 정부 들어 '인도 · 태평양 전략'으로 더욱 강화하고 있다. 한편 중국은 아시아 지역에서 자국의 이익 극대화를 위해 남중국해를 장악하고자 노력 중이다. 남중국해 장악은 중국에게 막대한 에너지 자원 확보와 유통을 통한 경제발전과 더불어 동남아 지역에 대한 주도권 확보를 의미한다. 또한 동아시아와 서태평양으로 운반되는 석유 수송의 핵심 해상교통로를 장악함으로써 동 지역에 대한 중국의 영향력 확장을 가능하게 할 것이다.

둘째, 강대국들은 필연적으로 어느 정도의 공격적 군사력을 보유하고 있다. 미국은 현제 세계 최고의 군사력을 보유하고 있다. 반면 중국의 군사력은 미국과 러시아의 뒤를 이어 세계 3위에 머무르고 있지만,[122] 지속적으로 군사력 증강에 집중하고 있다. 그럼에도 불구하고 중국이 앞으로 미국의 군사력을 추월할 수 있는 가능성은 희박하다고 본다. 그 이유는 현재 미 · 중 간의 군사력 격차는 매우 크며, 향후 중국의 경제성장률은 과거에 비해 떨어질 것으로 전망되기 때문에 그에 따라 중국의 군사력 증강도 더뎌질 것이기 때문이다.

셋째, 강대국들은 상대 국가의 의도를 완전히 파악할 수는 없으므로 어떤 나라라도 상대국가가 공격적 군사력을 사용하지 않을 것이라고 확신할 수 없다. 중국은 이미 남중국해 영유권 분쟁에 있어 남사군도와 서사군도를 자국의 군사력을 통해 무력으로 점령했다. 또한 남중국해상에서 미국을 포함한 주변국의 정찰기, 정찰함 등을 군사력으로 제압한 사례들이 여러 차례 발생했다. 이와 같이 중국은 남중국해 장악을 위해 적극적으로 군사력을 투사하고 있다. 하지만 미국은 남중국해 분쟁 개입을 공식적으로 선언하며 중국의 공세적 행

---

122 Global Firepower, *Countries Ranked by Military Strength 2018*, http://www.globalfirepower.com/countries-listing.asp (검색일: 2018년 11월 7일).

위에 맞서 강경히 대응하고 있다. 상황에 따라 양국 간의 군사적 충돌 가능성도 존재하지만 상대적으로 군사력이 취약한 중국이 미국에게 직접으로 대항할 가능성은 낮을 것으로 판단된다.

넷째, 강대국의 가장 중요한 목표는 그 나라의 생존이다. 남중국해는 미국과 중국 양국의 사활적 이익이 존재하는 지역이다. 미국은 자국의 사활적 이익이 걸린 남중국해 해로에서 항해의 자유를 보존하기 위해 적극 개입하면서 '항행의 자유 작전'을 지속적으로 추진하고 있다. 반면 중국에게 도 남중국해는 자국의 주권과 관련된 '핵심이익'이 존재하는 지역이다. 중국은 남중국해를 독점하기 위해 해군력 증강을 통한 대양해군 건설을 추진하고 있지만 미국의 견제를 뚫고 남중국해를 장악하기에는 아직 역부족일 것이다.

마지막으로, 강대국들은 합리적 행위자이다. 2000년대 후반까지 미국은 중국의 공세적 행위에도 불구하고 남중국해 분쟁에 대해 중립적인 입장은 취했다. 이러한 이유에는 당시 중동 문제가 미국 대외정책의 우선순위가 되었다는 점도 있지만, 그보다 더 중요한 것은 당시까지만 해도 미국은 중국을 위협적인 존재로 생각하지 않았기 때문이라고 할 수 있다. 그러나 중국이 G2로 부상하면서 남중국해에 대한 정책을 공세적으로 전환하자 중국의 해역 독점 가능성이 제기되고, 미국은 즉시 개입 의사를 선언했다. 한편 중국은 2000년대 초반부터 후반까지 단기적으로 남중국해 분쟁에 대해 평화적 제스처를 취했다. 그 이유는 당시 중국이 미국의 개입을 우려했기 때문이다. 따라서 두 강대국은 자국이 처한 환경 속에서 어떻게 하면 자신의 이익을 더 확보할 수 있는지에 대해 전략적으로 생각하고 행동한다고 결론지을 수 있다.

본 연구의 결과는 남중국해 영유권분쟁에서 나타나는 지역 패권을 다투는 미 · 중 간의 갈등에 대한 시사점을 제공한다. 혹자는 남중국해 지역 안보가 극히 취약한 상태이고, 따라서 남중국해에서 지역 패권적 지위를 다투는 미 · 중 간의 무력 충돌이 발생할 가능성에 대한 우려를 제시한다. 중국은 부강해진 국력을 바탕으로 대양해군 건설에 주력을 쏟고 있지만, 아직까지 미국은 상대적으로 월등한 군사력을 지니고 있을 뿐만 아니라 중국의 공세적 행동을 견제하기 위한 강경한 중국 봉쇄정책을 추진하고 있다. 즉, 향후 중국의 지속적인 공세적 행위는 제한될 것으로 전망되고, 오히려 중국으로 하여금 미국과 상호의존할 수 있는 방안을 모색하게끔 만들 가능성이 높을 것이라 판단된다.

참고문헌

강선주. “미국의 ‘인도-태평양 구상’ 실현 전망” 국립외교원, IFANSFOCUS(June 15, 2018)

김관옥. “중국의 영유권분쟁과 ‘강대국외교’ 기조.” 『사회과학논총』 제31집 제1호 (계명대 사회과학연구소, 2012).

김석수. “남중국해 분쟁과 미 · 중의 전략적 경쟁.” 『동남아연구』 제24권 제2호 (한국외국어대 동남아연구소, 2014).

김자영. “남중국해 해양영토 분쟁의 최근 동향과 국제법적 쟁점.” 『안암법학』 제34권 (안안법학회, 2011).

김태준. “중국의 해양 영토분쟁에 대한 대응방안 연구” 『국방정책연구』 제78권 (한국국방연구원, 2008).

김태호. “중국의 해양전략과 해군력 발전 추이.” 『STRATEGY 21』 제11권 제1호 (한국해양전략연구소, 2008).

김한권. “미 · 중 전략적 경쟁의 본질과 한국의 대응” 한국외교협회 『외교광장』XIX-8, (April 17, 2019)

남궁영. 『강대국 정치와 한반도: 미 · 중의 패권경쟁』 서울: 도서출판 오름, 2016.

박광섭. “탈냉전시대 동아시아의 다자간 영유권 분쟁: 남사군도의 사례.” 『아시아연구』 제7권 제1호 (한국아시아학회, 2004).

박윤일 · 정삼만. “미 · 중 해양패권 경쟁과 ‘회색지대전략’” KIMS Periscope, 제142호 (한국해양전략연구소, 2018).

박창권. “미국의 지역 내 패권경쟁 가능성과 우리의 전략적 선택 방향.” 『전략연구』 제57호 (한국전략문제연구소, 2013).

박향기. “중국의 남사군도(南沙群島) 영유권 분쟁 전략의 변천에 관한 고찰” 『군사연구』

제136권 (육군군사연구소, 2013)

박홍서. “중국의 부상과 국제관계이론: 중국 위협에 대한 이론적 시각.” 김태호,『중국외교 연구의 새로운 영역』 서울: 나남출판, 2008.

변창구. “미 · 중 패권경쟁과 남중국해 분쟁: 실태와 전망” 『한국동북아논총』 제79호 (한국동북아학회, 2016),

_____. “중국의 공세적 남중국해 정책과 미 · 중 관계.” 『한국동북아논총』 제69호 (한국동북아학회, 2013).

빅터 D 차. 『적대적 제휴』 김일영, 문순보 번역. 서울: 문학과지성사, 2004.

이근욱. 『왈츠 이후』 서울: 한울아카데미, 2009.

이대우. “남중국해 해양영토 분쟁과 미 · 중 갈등.” 세종연구소『세종정책연구』. 2014-11 (2014).

_____. “미국의 인도-태평양 전략(Indo-Pacific Strategy)” 세종연구소,『세종정책브리핑』 (2018).

이동률. “중국의 해양 대국화와 해양 영유권 분쟁.” 『동아시아 브리프』 제7권 제2호 (성균관대 동아시아지역연구소, 2012).

이문기. “중국의 해양도서 분쟁 대응전략: 조어도와 남사군도 사례를 중심으로.” 『아시아연구』 제10권 제3호 (한국아시아학회, 2008).

이영학. “중국 소프트파워 대외정책의 공세적 변화와 원인: 중국의 남중국해 정책을 중심으로” 『중소연구』 제36권 제1호 (한양대 중소문제연구소, 2012).

이재현. “남중국해 분쟁의 이해와 향후 전망” 『주요국제문제분석』2012-32 (국립외교원, 2012).

이태환. 『조어도를 둘러싼 중 · 일 영토분쟁의 국제정치』 성남: 세종연구소, 2014.

임산호. “중국의 대중동 에너지 협력 전략 변화.” 『세계 에너지시장 인사이트』 제14권 제26호 (에너지경제연구원, 2014).

장학봉, 박문진, 박영길, 최수진, 김자영, 오사존.『남중국해 해양영토 분쟁과 대응전략 연구』 부산: 한국해양수산개발원, 2010.

정갑용. “중국이 주장하는 남중국해 ‘9단선’의 합법성 검토.” 『독도연구』 제16호 (영남대 독도연구소, 2014).

정재흥. "중국의 강대국화 전략과 한국의 과제" 세종연구소『세종정책브리프』 2019-05 (2019).

정호섭. "반(反)접근 · 지역거부 대공 · 해 전투 개념: 미 · 중 패권경쟁의 서막?" 『STRATEGY 21』 28호, 겨울 (한국해양전략연구소, 2011).

황병덕 · 홍용표.『미중 패권경쟁과 동아시아 지역패권 변화연구』 서울: 통일연구원, 2004.

Bateman, Sam. "Increasing Competition in the South China Sea: Need for a New Game Plan." *RSIS Commentaries* (21 August 2012).

Beckman, Robert. "The China-Philippines Dispute in the South China Sea: Does Beijing have a Legitimate Claim?" *East Asia Forum* (28 March 2012).

Bitzinger, Richard A. "Air Sea Battle: Old Wine in New Bottles?" *RSIS Commentaries* (23 August 2012).

Brooks, Stephen G. and William C. Wohlforth, "The Rise and Fall of the Great Powers in the Twenty-first Century: China's Rise and the Fate of America's Global Position" *International Security* Vol. 40, No. 3, (Winter 2015/16).

Buszynski, Leszek. "The South China Sea: Oil, Maritime Claims, and U.S.-China Strategic Rivalry." *The Washington Quarterly* Vol.35, No.2 (Spring, 2012).

Cossa, Ralph A. "US Rebalance as Other Squabble." *Comparative Connections.* A Tribunal E-Journal on East Asia Bilateral Relations (September 2012).

Dolven, Ben, Shirley A. and Mark E. Manyin, "Maritime Territorial Disputes in East Asia: Issues for Congress" CRS Report for Congress R42930 (January 2013).

Dutton, Peter. "Three Disputes and Three Objectives: China and South China Sea." *Naval War College Review* Vol. 64, No. 4 (2011).

Fravel, M. Taylor. "China's Behavior in its Territorial Disputes and Assertiveness in the South China Sea." *CSIS-Claremont McKenna College Conference* (October 28, 2011).

_____. "Hainan's New Maritime Regulations: A Preliminary Analysis." *The Diplomat* (2012).

Friedberg, Aaron L. "The Future of US-China Relations: Is Conflict Inevitable?" *International Security* Vol. 30. No. 2 (2005).

_____. *A Contest for Supremacy: China, America and the Struggle for Mastery in Asia* (New York: W. W. Norton & Company, 2001).

Gallagher, Michael G. "China's Illusory Threat to the South China Sea." *International Security* Vol. 19. No. 1 (1994).

Gao, Zhiguo. and Jia, Bing Bing. "The Nine-Dash Line in the South China Sea: History, Status, and Implications." *American Journal of International Law* Vol. 107 (2013).

Geng, Jing. "The Legality of Foreign Military Activities in the Exclusive Economic Zone under UNCLOS," *Merkourios* Vol. 28 (2012).

Glaser, Bonnie S. "South China Sea Disputes and Solutions." *CSIS-Claremont McKenna College Conference* (2011).

Goldstein, Lyle. "Chinese Naval Strategy in the South China Sea: An Abundance of Noise and Smoke, But Little Fire." *Contemporary Southeast Asia* Vol. 33, No. 3 (2011).

Greenfield, Jeanette. *China's Practice in the Law of the Sea*. Oxford: Clarendon Press, 1992.

Gupta, Vipin. and Bernstein, Adam. "Cooperative Remote Monitoring in the South China Sea: Comparing the Utility of Aerial and Satellite Imagery." *Cooperative Monitoring in the South China Sea*. Westport: Praeger, 2002.

Information Office of the State Council of the People's Republic of China. *China's National Defense* (2010).

International Crisis Group. "Stirring Up The South China Sea (I)." *Asia Report* No. 223 (2012).

_____. "Stirring Up The South China Sea (II): Regional Responses." *Asia Report*

No. 229 (2012).

Krepinevich, Andrew F. Jr., "How to Deter China: The Case for Archipelagic Defense", *Foreign Affairs* Vol. 94, No. 2 (March/April 2015).

Mearsheimer, John J. *The Tragedy of Great Power Politics.* New York: W.W. Norton & Company, 2001.

_____. "The Future of American Pacifier." *Foreign Affairs* Vol. 80, No. 5 (September/October 2001a).

_____. "Clash of the Titans." *Foreign Policy* No. 146 (2005).

_____. and Stephen M. Walt, "The Case of Offshore Balancing: A Superior U.S. Grand Strategy" *Foreign Affairs* Vol. 95, No. 4 (July/August 2016).

Mingjian, Li. "Chinese Debates of South China Sea Policy: Implications for Future Developments." *RSIS Working Paper.* No. 239 (2012).

Morgenthau, Hans J. *Politics among Nations: The Struggle for Power and Peace.* 5th ed. New York: Knopf, 1973.

Murphy, Brian K. "Dangerous Ground: The Spratly Islands and International Law." *Ocean and Coastal Law Journal* No.187 (1995).

O'Rourke, Ronald. "China Naval Modernization: Implications for U.S. Navy Capabilities - Background and Issues for Congress." Congress Research Service. RL33153 (Updated March 8, 2022).

Ouri, Raman and Shgal, Arun. "The South China Sea Disputes: Implications for India." *Indian Foreign Affairs Journal* Vol. 6, No, 4 (2011).

Pablo-Baveria, Aileen San. "The South China Sea Disputes: Is Aquino Way the 'ASEAN Way'?" *RSIS Commentaries* (5 January 2012).

Pan, Hengxin. "Is the South China Sea a New 'Dangerous Ground' for US-China Rivalry?" *East Asia Forum* (24 May 2011).

Pedrozo, Raul. "Close Encounters at Sea." *Naval War College Review* Vol. 62, No. 3 (2009).

Pham, Derek. "Gone Rogue?: China's Assertiveness in the South China Sea."

Journal of Politics and Society Vol. 22, No. 1 (2011).

Rahman, Chris and Tsamenyi. "A Strategic Perspective on Security and Naval Issues in the South China Sea." *Ocean Development & International Law*, Vol. 4 (2010).

Schofield, Clive. "Dangerous Ground: A Geopolitical Overview of the South China Sea." Ralf Emmers ed., *Security and International Politics in the South China Sea: Towards a Cooperative Management Regime.* London: Routledge, 2009.

Shen, Jianming. "International Law Rules and Historical Evidences *Hasting International and Comparative Law Review* Vol. 1 (1997).

Singh, Hermant Krishan. "South China Sea in Regional Politics." *Managing Tensions in the South China Sea.* CSIS conference (2013).

Smith, Martin A. *Power in the Changing Global Order: The US, Russia and China.* Cambridge: Polity Press, 2012.

Snyder, Glenn H. "Alliance Theory: A Neorealist First Cut," *Journal of International Affairs* Vol. 44, No. 1 (1990).

Supriyanto, Ristian Atriandi. "US Pivots to Maritime Southeast Asia." *RSIS Commentaries* (22 May 2012).

Sutter, Robert. *China's Rise in Asia: Promises and Perils.* Oxford: Rowan & Littlefield, 2005.

_____. "China Gains and Advances in South China Sea." *Comparative Connections.* A Tribunal E-Journal on East Asia Bilateral Relations (2013).

Swaine, Michael D. "The Real Challenge in the Pacific: A Response to 'How to Deter China'" *Foreign Affairs* Vol. 94, No. 3 (May/June 2015).

The International Institute for Strategic Studies(IISS), *The Military Balance 2018.* London: Routledge, 2018.

The White House. *National Security Strategy of the of United States of America*

(February 2015).
_____. *National Security Strategy of the of United States of America* (December 2017).
U.S. Department of Defense. *Annual Report to Congress: Military and Security Developments Involving the People's Republic of China 2015* (May 2015).
U.S. Department of State. "Bureau of Oceans and International Environmental and Scientific Affairs." *Limits in the Seas.* No. 117 (1996).
_____. "South China Sea" *Press Release*, No. 1263 (2012).
Walt, Stephen M. "Why Alliances Endure or Collapse." *Survival* Vol. 39 (1997).
Walts, Kenneth N. *Theory of International Politics.* Reading: Addison Wesley, 1979.
Wong, Cathering. "Mike Pence's Message to China: aggression has no place in Indo-Pacific" *South China Morning Post* (November 15, 2018).
Xiaoxuan, Wang. "Navy has to get stronger." *China Daily* (27 July 2012).
Yang, Zewei. "The Freedom of Navigation in the South China Sea: An Ideal or a Reality?" *Beijing Law Review* (September 2012).
Yoshihara, Toshi. and Holmes, James R. "Can China Defend a 'Core Interest' in the South China Sea?" *The Washington Quarterly* Vol. 34, No. 2 (2011).

인터넷 자료

Global Fire Power. http://www.globalfirepower.com/countries-comparison-detail.asp. (검색일: 2018년 10월 22일).
_____. *Countries Ranked by Military Strength 2018.* http://www.globalfirepower.com/countries-listing.asp. (검색일: 2018년 11월 7일).
Global Security. "The Navy of the People's Republic of China: Once and Future SeaPower?" http://www.globalsecurity.org/military/library/report/1997/Pagano.htm. (검색일: 2018년 8월 29일).
IMF. https://www.imf.org/external/datamapper/datasets. (검색일: 2019년 4월 2일).
Institute for China-America Studies (ICAS). South China Sea Tracker. https://

chinaus-icas.org/maritime-tracker-south-sea.(검색일: 2019년 4월 23일).

Stockholm International Peace Research Institute (SIPRI), https://www.sipri.org/databases/milex. (검색일: 2019년 4월 12일).

The Economist. *The South China Sea*. http://www.economist.com/blogs/banyan/2011/02/south_china_sea. (검색일: 2018년 8월 26일).

UNCTAD. *Gross Domestic Product*. http://unctadstat.unctad.org/wds/TableViewer/tableView.aspx?ReportId=96. (검색일: 2018년 10월 22일).

U.S. Energy Information Administration(EIA). *South China Sea*. http://www.eia.gov/beta/international/regions-topics.cfm?RegionTopicID=SCS. (검색일: 2018년 8월 22일).

World Shipping Council. *Trade Routes*. http://www.worldshipping.org/about-the-industry/global-trade/trade-routes. (검색일: 2018년 8월 25일).

<부록 2-1> 미국의 남중국해 항행의 자유 작전

출처: "미·중 남중국해 공방이 한반도 해역 풍랑 높인다"『중앙일보』 2021년 11월 10일.

행정부	연도	작전 횟수
오바마 행정부	2015	2
	2016	3
트럼프 행정부	2017	6
	2018	5
	2019	7
	2020	8
바이든 행정부	2021	5

출처: Ronald O'Rourke, "U.S.-China Strategic Competition in South and East China Seas: Background and Issues for Congress", Congress Research Service, R42784 (2022) pp. 40-41.

<부록 2-2> 중국이 주장하는 1, 2 도련선

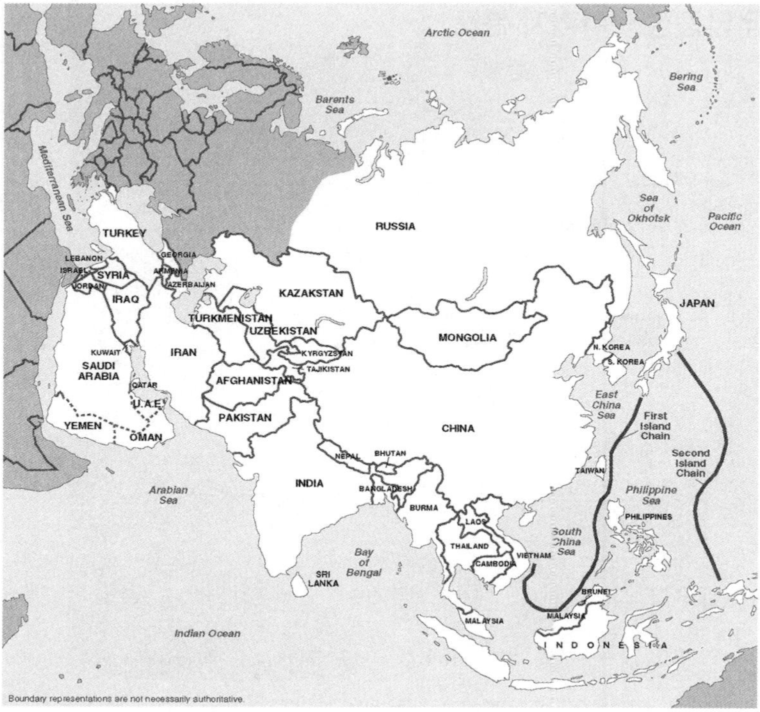

출처: Office of the Secretary of Defense, Annual Report to Congress: Military Power of the People's Republic of China (2006)

<부록 2-3> 중국의 함대별 전력배치와 잠수함 전력보유 현황

중국의 함대별 전력배치 현황 (2020)

구분		북해함대 (칭다오)	동해함대 (닝보)	남해함대 (잔장)	합계
수상함	항공모함	1	0	1	2
	순양함*	2	0	0	2
	구축함	11	13	10	34
	프리깃	12	23	14	49
잠수함	전략핵잠수함(SSBN)	0	0	6	6
	전술핵잠수함(SSN)	4	0	2	6
	재래식잠수함(SSK)	15	18	14	47

주: * 일부에서는 구축함으로 명명

출처: U.S. DoD, Annual Report to Congress: Military and Security Developments involving the People's Republic of China (November 3, 2021)

중국의 잠수함 전력보유 현황 (2020)

구분		종류	보유 (척)	탑재무장	비고
전략 잠수함	핵추진 (SSBN)	Jin급	6	JL-2 12기 (SLBM)	
전술 잠수함	핵추진 (SSN)	Shang-I (2) Shang-II (4)	6	YJ-82 또는 YJ-18	함대함미사일
	재래식 (SSK)	Kilo	12	Klub-S(신형 Kilo)	함대함미사일
		Ming	4	-	
		Song	12	YJ-82 또는 YJ-18	함대함미사일
		Yuan	18	YJ-82 또는 YJ-18	함대함미사일
		Qing(SLBM 시험함)	1		
계			59		

출처: International Institute for Strategic Studies(IISS), The Military Balance 2021(London: Routledge, 2021)

<부록 2-4> 미국과 중국의 GDP 추이(1980~2020)

(단위: 백만 달러)

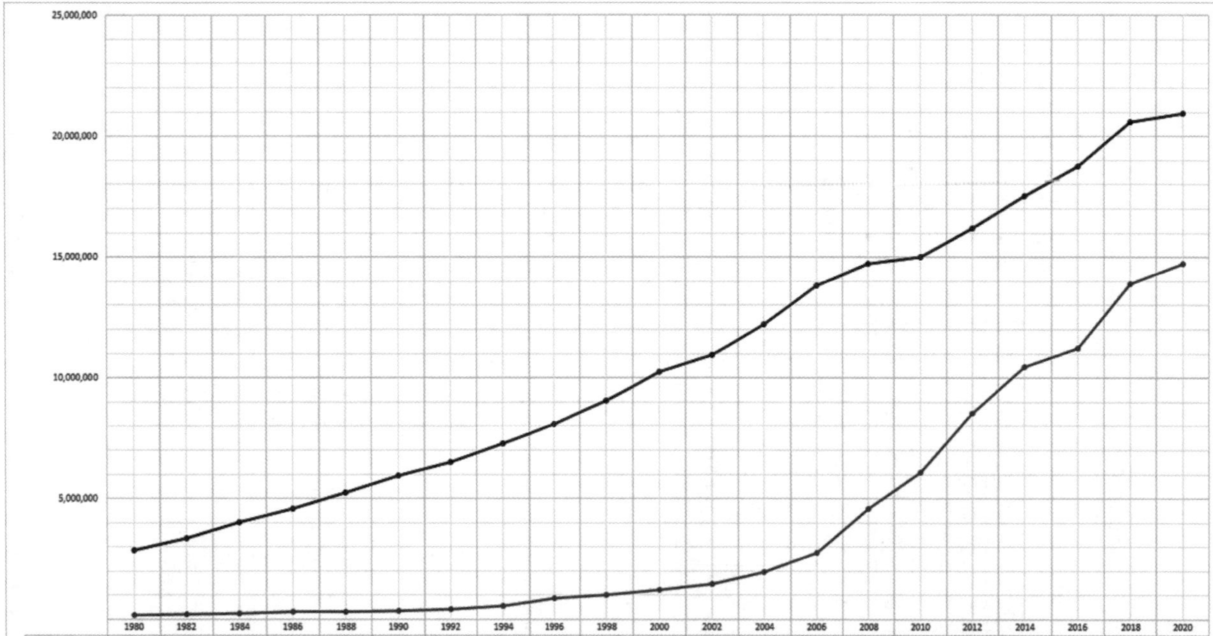

	1980	1982	1984	1986	1988	1990	1992	1994	1996	1998	2000
USA	2,857,307	3,343,789	4,037,613	4,579,631	5,236,438	5,963,144	6,520,327	7,287,236	8,073,122	9,062,818	10,252,345
China	191,149	205,090	259,947	300,758	312,354	360,858	426,916	564,325	863,747	1,029,043	1,211,347

	2002	2004	2006	2008	2010	2012	2014	2016	2018	2020
USA	10,936,419	12,213,729	13,814,611	14,712,844	14,992,053	16,197,007	17,527,164	18,745,076	20,611,861	20,953,030
China	1,470,550	1,955,347	2,752,132	4,594,307	6,087,164	8,532,230	10,475,683	11,233,277	13,894,818	14,722,731

출처: World Bank, World Development Indicators. https://databank.worldbank.org/reports.aspx?source=2&series=NY.GDP.MKTP.CD&country=# (검색일: 2022년 4월 5일)

<부록 2-5> 미국과 중국의 1인당 GDP 추이(1980~2020)

(단위: 달러)

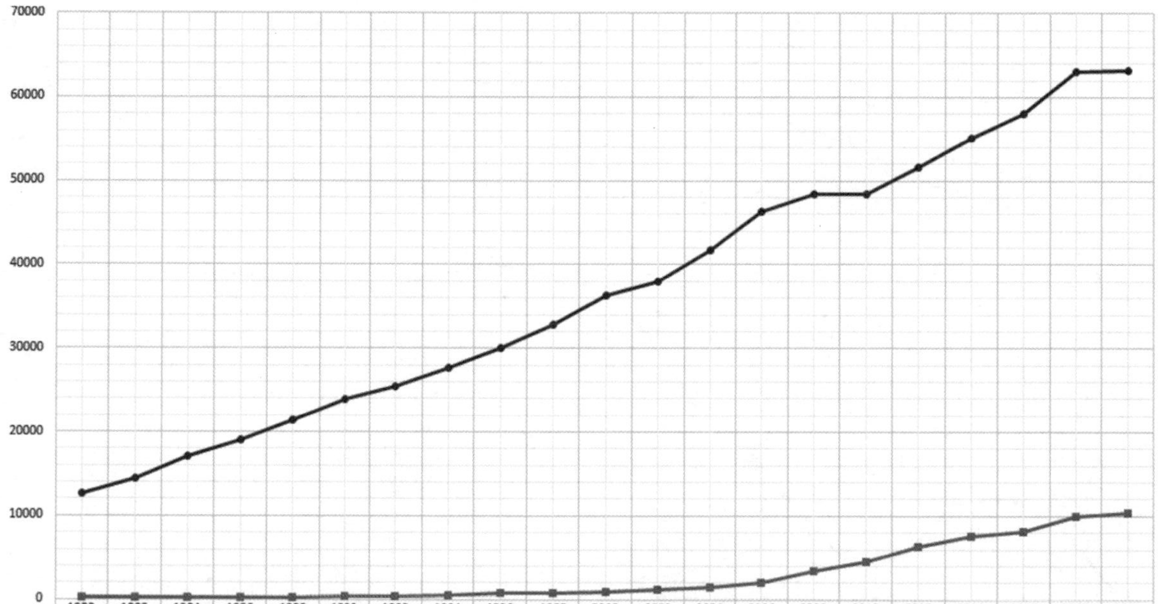

	1980	1982	1984	1986	1988	1990	1992	1994	1996	1998	2000	2002	2004	2006	2008	2010	2012	2014	2016	2018	2020
USA	12575	14434	17121	19071	21417	23889	25419	27695	29968	32854	36335	38023	41713	46299	48383	48467	51603	55050	58021	63064	63207
China	195	203	251	282	284	318	366	473	709	829	959	1149	1509	2099	3468	4550	6301	7636	8094	9905	10435

USA China

출처: World Bank, World Development Indicators. https://databank.worldbank.org/indicator/NY.GDP.PCAP.CD/1ff4a498/Popular-Indicators (검색일: 2022년 4월 5일)

<부록 2-6> 미국과 중국의 국방비 변화 추이(1980~2020)

(단위: 백만 달러)

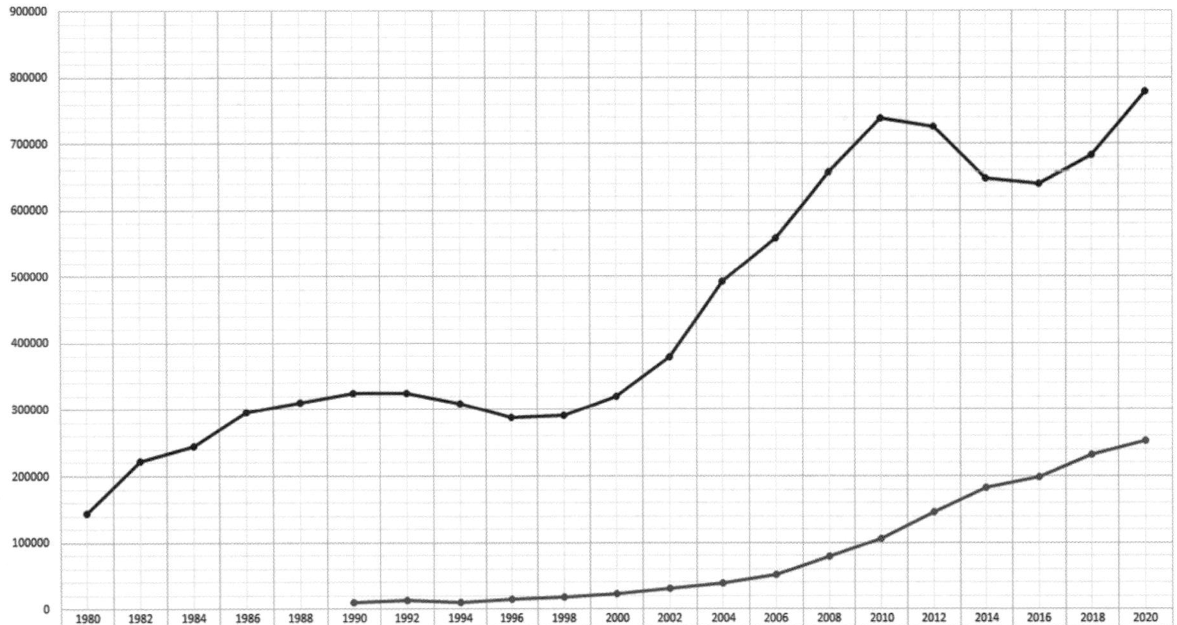

	1980	1982	1984	1986	1988	1990	1992	1994	1996	1998	2000	2002	2004	2006	2008	2010	2012	2014	2016	2018	2020
USA	143688	221674	245149	295546	309661	325129	325034	308084	287961	290996	320086	378463	492999	558335	656756	738005	725205	647789	639856	682491	778232
China						9926	12244	9867	14275	17032	22237	30284	37905	51453	78841	105523	145128	182109	198538	232531	252304

출처: SIPRI, Military Expenditure Database 2021

<부록 2-7> 미국과 중국의 무기체계 비교(2021)

<table>
<tr><th></th><th>무기</th><th>미국</th><th>중국</th></tr>
<tr><td rowspan="4">제해권
(command of the sea)</td><td>항공모함
(aircraft carriers)</td><td>11(CVN)</td><td>2(CV)</td></tr>
<tr><td>핵잠수함
(SSBN/SSGN/SSN)</td><td>14/51/2</td><td>6/0/6</td></tr>
<tr><td>주요 상륙함정
(principal amphibious ships)</td><td>35</td><td>9</td></tr>
<tr><td>순양함/구축함
(cruisers/destroyers)</td><td>24/68</td><td>3/36</td></tr>
<tr><td rowspan="2">우주 통제권
(command of space)</td><td>작동 위성
(operating satellite)</td><td>2,944</td><td>499</td></tr>
<tr><td>군사위성
(military satellite)</td><td>230</td><td>139</td></tr>
<tr><td rowspan="5">제공권
(command of the air)</td><td>대형 무인항공기(UAV)</td><td>836</td><td>31+</td></tr>
<tr><td>4세대 전술항공기</td><td>2,205</td><td>1,218</td></tr>
<tr><td>5세대 전술항공기</td><td>652</td><td>50</td></tr>
<tr><td>전략폭격기</td><td>66</td><td>4+</td></tr>
<tr><td>공격 헬리콥터
(attack helicopters)</td><td>910</td><td>281</td></tr>
<tr><td rowspan="4">지휘체계
(the infrastructure of command)</td><td>공중조기경보통제기
(AEW&C: airborne early-warning and control)</td><td>114</td><td>56</td></tr>
<tr><td>공중급유기
(midair refueling tankers)</td><td>627</td><td>3</td></tr>
<tr><td>중대형 수송헬기
(heavy/medium transport helicopters)</td><td>5,463</td><td>912</td></tr>
<tr><td>중대형 수송항공기
(heavy/medium transport aircraft)</td><td>982</td><td>286</td></tr>
</table>

주: 1) CV: 항공모함(Aircraft Carrier), CVN: 핵추진 항공모함(Nuclear-powered Aircraft Carrier)
2) SSBN: SLBM 핵잠수함, SSGN: SLCM 핵잠수함, SSN: 공격 핵잠수함
3) 주요 상륙함정은 강습상륙함(amphibious assault)으로 분류한 것만을 계수함. 미국: LHA(5), LHD(7), LPD(11), LSD(12) / 중국: Landing Helo Dock(LHD, 1) Amphibious Transport Dock(LPD, 8)
4) 제4세대 전술항공기, 미국: F-15(453), F-16(953), F-18(799)/ 중국: J-10(548), J-11(297), J-15(50), J-16(170), Su-27(32), Su-30(97), Su-35(24)
5) 제5세대 전술항공기, 미국: F-22A(185), F-35A(305), F-35B(112), F-35C(50)/ 중국: J-20(50)
6) 전략폭격기는 핵폭탄을 투하할 수 있는 장거리 폭격기임. 미국: B-52H(46), B-2A(20)/ 중국: H-6N(4+)
7) 공중조기경보통제기에는 공중조기경보용 헬기(AEW Helicopter)도 포함. 미국의 경우 공군(31)과 해군(83)의 공중조기경보용 항공기와 헬기 합산, 중국도 지상군(27)과 공군(29)의 물량을 합산함.

출처 1) 제해권과 제공권에 포함되는 무기는 IISS, The Military Balance 2022 (2022).
2) 인공위성의 개수는 Union of Concerned Scientist Satellite Database. https://www.ucsusa.org/resources/satellite-database (검색일: 2022년 5월 24일).
3) 공격헬기는 Attack Helicopters 개수를 따로 명시하고 있는 Global Firepower (2022). https://www.globalfirepower.com (검색일: 2022년 5월 25일).
4) 지휘체계에서 공중조기경보통제기는 World Directory of Modern Military Aircraft (WDMMA). https://www.wdmma.org (검색일: 2022년 5월 24일) 그 외 나머지 항목은 Global Firepower (2022).

<부록 2-8> ASEAN 10개국 및 주요 국가의 국력 비교(2020)

국가	인구(명)	영토(Km²)	GDP(백만 $)	1인당 GDP ($)	Global Firepower(GFP) 2022
인도네시아	273,523,621	1,904,569	1,058,424	3,870	15위
필리핀	109,581,085	300,000	361,489	3,299	51위
베트남	97,338,583	331,210	271,158	2,786	28위
태국	69,799,978	513,120	501,644	7,187	29위
미얀마	54,409,794	676,578	79,852	1,468	39위
말레이시아	32,365,998	329,847	337,006	10,412	48위
캄보디아	16,718,971	181,035	25,809	1,537	101위
라오스	7,275,556	236,800	19,133	2,630	121위
싱가포르	5,685,807	719	339,998	59,798	45위
브루나이	437,483	5,765	12,006	27,443	-
ASEAN 합계	**667,136,876**	**4,479,643**	**3,006,519**	**4,507**	-
미국	331,501,080	9,833,517	20,953,030	63,207	1위
중국	1,410,929,362	9,596,960	14,722,731	10,435	3위
일본	125,836,021	377,915	5,057,759	40,193	5위
한국	51,836,239	99,720	1,637,896	31,598	6위

주: ASEAN 1인당 GDP는 ASEAN의 GDP 합계를 ASEAN 인구 합계로 나눈 값

출처: 인구는 World Bank Data. "Population, Total" https://data.worldbank.org/indicator/SP.POP.TOTL (검색일: 2022년 6월 2일); 영토는 CIA, World Fact Book 2022; GDP 및 1인당 GDP는 World Bank, World Development Indicators. https://databank.worldbank.org/reports.aspx?source=2&series=NY.GDP.MKTP.CD&country=# (검색일: 2022년 6월 2일); Global Firepower 2022는 GLOBAL FIREPOWER 2022(GFP) https://www.globalfirepower.com/ (검색일: 2022년 6월 2일)을 참고하여 작성

<부록 2-9> 아시아 26개국 국력 비교

순위 (2021)	국가	국력통합수치			국가위상 (2021)
		2019	2020	2021	
1	미국	84.5	81.6	82.2	Super Powers
2	중국	75.9	76.1	74.6	
3	일본	42.5	41.0	38.7	Middle Powers
4	인도	41.0	39.7	37.7	
5	러시아	35.4	33.5	33.0	
6	호주	31.3	32.4	30.8	
7	한국	32.7	31.6	30.0	
8	싱가포르	27.9	27.4	26.2	
9	인도네시아	20.6	19.9	19.4	
10	태국	20.7	20.8	19.2	
11	말레이시아	22.8	20.7	18.3	
12	베트남	18.0	19.2	18.3	
13	뉴질랜드	19.9	19.0	17.8	
14	대만	15.9	16.7	16.2	
15	파키스탄	15.3	15.2	14.7	
16	필리핀	13.7	13.3	13.1	
17	북한	14.0	12.3	11.5	
18	브루나이	9.1	9.1	9.6	Minor Powers
19	방글라데시	9.7	9.2	9.4	
20	스리랑카	8.5	8.3	8.6	
21	미얀마	8.9	8.7	7.4	
22	캄보디아	7.7	7.3	7.1	
23	라오스	6.4	6.0	6.0	
24	몽골	6.2	5.6	5.7	
25	네팔	4.7	4.4	4.5	
26	파푸아뉴기니	-	3.8	3.7	

주: 국력통합수치 70 이상은 Super Power, 40~69는 Major Power, 10~39는 Middle Power, 10 미만은 Minor Power로 규정함

출처: Lowy Institute(호주), Asia Power Index, 2021 edition; Asia Power Index: Key Findings 2021(December 2021)을 참고하여 작성

<부록 2-10> 아시아 국가의 국력 및 국력요소 비교(2021)

순위	국가	국력 통합 수치	Resources				Influence			
			경제적 역량 (17.5%)	군사적 역량 (17.5%)	회복력 (Resilience) (10%)	미래자원 (10%)	경제적 관계 (15%)	군사적 네트워크 (10%)	외교적 영향력 (10%)	문화적 영향력 (10%)
1	미국	82.2	90.7 (2)	91.7 (1)	86.9 (1)	80.5 (1)	51.1 (2)	83.4 (1)	90.4 (1)	85.0 (1)
2	중국	74.6	91.2 (1)	66.8 (2)	74.4 (3)	75.2 (2)	99.0 (1)	24.1 (8)	89.8 (2)	57.7 (2)
3	일본	38.7	31.9 (3)	26.2 (7)	37.2 (9)	11.5 (6)	40.3 (3)	48.1 (3)	84.5 (3)	43.5 (3)
4	인도	37.7	24.0 (4)	44.9 (4)	56.2 (4)	48.7 (3)	18.6 (8)	24.1 (7)	63.5 (5)	35.8 (4)
5	러시아	33.0	16.2 (6)	51.6 (3)	79.5 (2)	18.1 (4)	7.7 (16)	20.6 (10)	63.7 (4)	18.0 (10)
6	호주	30.8	12.9 (9)	25.6 (8)	47.9 (5)	10.2 (9)	19.8 (6)	67.6 (2)	55.4 (7)	30.0 (5)
7	한국	30.0	18.6 (5)	31.7 (5)	37.6 (7)	10.6 (7)	22.3 (5)	44.5 (4)	60.1 (6)	26.0 (7)
8	싱가포르	26.2	15.5 (7)	23.9(10)	33.7 (12)	6.7 (11)	27.8 (4)	35.0 (5)	53.4 (9)	22.8 (9)
9	인도네시아	19.4	9.0 (11)	14.8 (13)	36.8 (10)	11.6 (5)	12.3 (11)	15.3 (14)	54.0 (8)	15.9 (12)
10	태국	19.2	9.0 (10)	12.3 (14)	33.4 (13)	5.0 (15)	18.8 (7)	19.3 (11)	40.5 (12)	28.0 (6)

주: 국력수치(Power Index)의 요소별 세부적인 평가 사항은 다음과 같다.

- 경제적 역량(Economic Capability): ① 경제 Size (GDP, PPP) ② international leverage ③ technology(노동생산성, high-tech 수출량, R&D 지출비 등) ④ connectivity(무역량, 해외투자, 상선, 국제적 항공 허브 등)
- 군사적 역량(Military Capability): ① 국방비 ② armed forces(군인 수, 전투경험, 군사훈련 등) ③ weapons and platforms(육·해·공 무기체계 등) ④ signature capabilities(정보 네트워크, 사이버역량 등 전장에서의 전술·전략적 역량) ⑤ Asian military posture(아시아에서 국가간 분쟁시 빠른 군사전개 능력)
- 회복력(Resilience): ① international stability ② resource security(에너지 수입량, 에너지 자급도 등) ③ geoeconomic security(수출시장 다변화 정도, 무역 의존도 등) ④ geopolitical security(국경분쟁, 이웃 국가들과의 갈등 등) ⑤ nuclear deterrence (핵무력 능력 등)
- 미래자원(Future Resources): ① economic resources 2030 ② defense resources 2030 ③ broad resources 2030 ④ demographic resources 2030
- 경제적 관계(Economic Relations): ① regional trade relations ② regional investment ties ③ economic diplomacy
- 군사적 네트워크(Defence Networks): ① regional alliance network ② regional defense diplomacy ③ global defense partnerships
- 외교적 영향력(Diplomatic Influence): ① diplomatic network ② multilateral power(다자포럼, 외교 club, 국제기구 등의 멤버십) ③ foreign policy(외교적 이익 증진을 위한 국가지도자와 외교 관료의 능력)
- 문화적 영향력(Cultural Influence): ① cultural projection(국제적 국가 브랜드, 국가 여권의 국제적 위상 등) ② information flows(국가의 통신사, 신문, 방송국, 대학 등의 지역적 위상) ③ people exchanges(여행이나 이민대상국으로의 호감도 등)

출처: Lowy Institute(호주), Asia Power Index, 2021 edition; Asia Power Index: Key Findings 2021(December 2021)을 참고하여 작성

제3장

일본의 대중국 위협인식과 미 · 일 동맹 강화

'위협균형론'을 중심으로

I. 머리말

본 연구의 목적은 일본의 대중국 위협인식이 미 · 일 동맹에 미치는 영향을 분석하는 것이다. 현재 국제정치에서 가장 중요한 이슈는 미국과 중국 간의 패권경쟁이다. 두 국가 간의 갈등은 동아시아 지역에서 가장 분명하게 나타나고 있다. 미국과 중국 모두에게 있어 이 지역의 안보적 안정성은 매우 중요하다. 미국은 세계질서를 관리하는 국가로서, 그리고 중국은 지속적인 경제성장을 이룩해야 하는 국가로서 동아시아의 안보는 필수적이다. 따라서 미 · 중 관계에 대한 국제정치적 분석은 매우 많이 연구되어 왔다. 하지만 동아시아 지역 체제의 분석에서 일본이라는 변수가 상대적으로 간과되고 있다. 일본의 안보와 관련한 국내 연구 중 대다수는 국제정치적 분석이 아니라 일본 국내정치적 접근이 주를 이루고 있다. 국내정치적 특성이나 문화적 요인이 일본의 안

* 이 글은 남궁영·엄광영, "중국에 대한 일본의 위협인식과 미·일 동맹:'위협균형론'을 중심으로" 『세계지역연구논총』제38집 1호(2020)를 수정·보완한 것이다.

보정책을 결정한다는 것이다.

따라서 본 연구는 미국, 중국, 일본의 관계를 국제정치적으로 접근하고자 한다. 동아시아 지역의 미래는 세 국가 간 삼각관계의 전망에 달려 있기 때문이다. 현재 세 국가 중 미국과 일본이 동맹을 맺고 있으며, 중국은 단독으로 세력을 형성하고 있다. 경제력과 군사력 측면에서 봤을 때, 세 국가 중 미국이 가장 강력한 국가이며, 다음은 중국, 일본 순서이다. 세력균형론에 따르면 국가 간 힘의 분포에 따라 균형이 이루어진다. 즉, 균형은 강대국에 대항하여 형성된다는 것이다. 세력균형론이 동아시아 지역에 적실성을 갖는다면 중국과 일본은 미국에 대항하여 동맹을 형성하고 있어야 한다. 하지만 이 이론으로는 현재의 미 · 중 · 일 관계를 설명할 수가 없다. 그러므로 본 논문은 스티븐 월트(Stephen M. Walt)의 위협균형론에 맞춰서 미 · 중 · 일 삼각관계를 분석하고자 한다.

Ⅱ. 이론적 논의: 세력균형론과 위협균형론

1. 구조적 현실주의(Structural Realism)

구조적 현실주의는 '구조'라는 개념을 중심으로 국제체제를 분석하는 이론으로서 케네스 월츠(Kenneth N. Waltz)가 기존의 국제정치이론을 비판하면서 정립한 것이다. 월츠는 기존 이론들이 두 가지 문제점을 가지고 있다고 비판했다.

첫 번째 문제점은 기존 이론들의 비과학성이다. 월츠는 이론을 '특정 행동이나 현상과 관련된 법칙의 단순한 집합'이라기보다는 그러한 '집합'들을 설명하는 '진술'이라고 보았다.[1] 즉, 이론은 실제 현상에 대해 관찰한 것을 단순히 기술(description)하는 것이 아니라, 그러한 현상이 발생한 원인에 대한 설명(explanation)이라는 것이다. 이러한 그의 기준에서 보았을 때, 국제 현상에 대한 경험적 관찰과 기술을 단순히 나열하는 것에 불과한 기존의 국제정치이론들은 이론이라 할 수 없었다. 따라서 월츠는 단순히 법칙을 기술하는 수준에 머물렀던 국제정치연구를 설명과 예측을 추구하는 이론을 구성하는 단계로 올리고자 하였다.

두 번째 문제점은 기존 이론들의 지나친 환원주의적 해석이다. 환원주의란 더 높은 단계에 대한 개념을 더 낮은 단계의 요소들로 나누어 정의하면서 부분의 속성으로 전체의 속성을 설명할 수 있다고 여기는 관점이다. 월츠가 보기에 기존의 국제정치연구들은 국제정치라는 전체를 인간의 본성이나 국가 그 자체의 속성이라는 부분으로 설명하려는 환원적 연구였다. 하지만 그는 지도자, 사회제도, 국가이념 등 개인이나 국가 단위가 아닌 국제정치적 변수로 국제정치적 현상을 설명해야 한다고 주장했다.[2]

비과학적이고 환원주의적인 기존 이론들을 비판했던 월츠가 제시한 국제정치 체제적 변수는 '구조'였다. 그는 구조라는 것이 국제체제를 구성하는 단위들의 배열 형태와 원칙에 따라 정의돼야 한다고 보았다. 구체적으로 월츠는 ① 국가 단위 간의 배열원칙(ordering principle), ② 국가 단위 간 기능의 분화(division of functions), ③ 국가 단위 간 힘의 분포(distribution of capabilities)를 통해

---

1 Kenneth N. Waltz, *Theory of International Politics* (Reading: Addison-Wesley Publishing Company, 1979), p. 5.

2 Waltz (1979), pp. 18-37.

구조를 규정한다.[3]

먼저 국가 단위 간의 배열원칙이란 체제의 질서를 일컫는다. 국제체제 질서는 상위의 중앙권위체가 없어서 힘이 분산되어 있고, 이에 따라 무정부적 질서를 구축하고 있다. 국내체제에는 상위 권위체가 존재하기 때문에 체제 내 단위들의 안전이 보장되지만, 무정부적 국제체제는 국가 단위의 안전을 보장하지 않는다. 이처럼 의도하지 않은 무정부적 국제체제는 모든 국가 단위가 스스로 생존을 추구하도록 만든다.

다음으로 국가 단위 간 기능의 분화란 단위 간 특성의 차이를 의미한다. 국내체제에서는 구조를 이루는 단위 간의 기능에 차이가 있다. 서로 다른 단위들이 국방, 치안, 정치, 경제 등 서로 다른 기능을 수행하고 있다는 것이다. 하지만 국제체제 내에 속해 있는 모든 국가 단위들은 같은 기능을 맡고 있다. 정치를 담당하는 국가, 경제를 담당하는 국가가 개별적으로 존재하지 않으며, 모든 국가는 국방, 치안, 경제, 교육, 건설 등 모든 기능을 수행한다. 즉, 국제체제는 유사한 기능을 수행하는 유사한 단위들로 구성되어 있다는 것이다.

마지막으로 국가 단위 간 힘의 분포는 어떠한 국가 단위가 강하고 약한지를 의미한다. 힘은 정치력, 경제력, 군사력 등 통합된 상태로 드러나며, 이것은 국가 단위 간의 비교를 통해서 측정할 수 있다. 국가 간 힘의 분포는 강대국의 수로 구현되며, 그에 따라 국제체제의 구조가 결정된다.

이처럼 월츠는 국가의 행동을 분석할 수 있는 논리적 구조를 제시했다. 무정부적 배열원칙이 국가가 스스로 생존을 추구하도록 강제하고, 모든 국가는

---

3 Waltz (1979), p. 80.

동질적인 국가기능을 수행한다. 그러므로 국제정치체제에서 '무정부적 배열원칙'과 '동질적인 국가기능'은 변하지 않는 상수(constant)이다. 이러한 국제정치체제에서 국가들은 생존을 위해서 힘을 추구하게 된다. 따라서 국제정치체제 구조의 변화는 '국가 단위 간 힘의 분포'라는 변수(variable)에 의해서 발생한다. 이를 요약하면 다음과 같다.[4]

① 국제체제는 무정부적(anarchy)이다.

② 모든 국가는 생존(안보)을 추구하고, 같은 기능을 수행하는 동질적인 단위체이다.

③ 국가의 힘 또는 능력의 분포에 따라 국가의 행동과 국제체제 구조가 변화한다.

구조에 대한 세 가지 법칙은 국제체제가 어떻게 형성되어 있는지를 규정했고, 그에 따라서 국가가 어떻게 행동하는지를 규정했다. 그러므로 구조적 현실주의는 국제정치체제가 어떻게 움직이는가에 대한 이론적인 설명을 제공한다.

2. 세력균형론(Balance of Power)

구조적 현실주의의 주된 이론적 결론 중 하나는 무정부적 국제체제 구조 내에서 국가들은 강대국에 '편승(bandwagoning)'하기보다 국제체제 구조의 전

---

4 Waltz (1979), pp. 88-101.

체적인 '균형(balancing)'을 맞추고자 한다는 것이다.[5] 국내체제에서는 강한 단위에 편승하는 행위가 더 큰 이익을 줄 가능성도 있으며, 위계적 질서를 유지하는 상위 중앙 권위체가 각 단위의 생존을 보장해 준다. 그러나 국제체제에서 국가들이 강대국에 편승하지 않는 이유는 편승을 한다고 해도 무정부적이라는 국제체제의 배열원칙은 바뀌지 않으며, 강대국은 자신의 생존을 위협하는 존재로 계속해서 남아 있기 때문이다. 이처럼 무정부적 배열원칙은 국가들이 자조(self-help)하도록 압박하고, 국가들은 자조를 위한 수단으로써 세력균형을 선택한다. 그리고 국가는 세력균형을 이루기 위한 수단으로 두 가지 방법을 동원한다. 첫 번째 방법은 내적균형(internal balancing)으로서 자신의 힘을 증대시키는 것이다. 두 번째 방법은 외적균형(external balancing)으로서 다른 단위와 동맹을 하는 것이다. 국가는 이 두 가지 방법을 통해서 생존을 도모해야 하고 그것이 세력균형이라는 결과로 나타난다. 즉, 국가들이 생존을 추구함으로써 국제체제 전체의 균형이 자동으로 유지된다는 것이다.

이처럼 월츠는 국제체제의 무정부적 배열원칙이 세력균형으로 이어진다는 논리적 구조를 만들었다. 나아가서 그는 '국가 단위 간 물질적 힘의 분포(Distribution of material capabilities)'에 따라 세력균형의 안정성이 변한다고 보았다.[6] 시장이 완전경쟁, 독점, 과점 등 서로 다르게 형성되듯이 국제체제에도 같은 논리를 적용한 것이다. 국제체제는 강대국의 수에 따라서 단극, 양극, 다극으로 형성되고, 그 체제에 따라 국가 단위들은 서로 다른 기대와 행동 방식을

---

5 Waltz (1979), p. 128.

6 Waltz (1979), pp. 108-109.

가진다. 하지만 힘의 분포에 변화가 일어나 세력균형이 일시적으로 깨진다고 해도 장기적으로 봤을 때, 균형을 이루려는 국가 단위들에 의해서 세력균형은 반복적으로 형성된다고 보았다. 따라서 월츠는 국제정치에서 가장 명백하고 확실한 이론은 세력균형론이라고 주장한다.[7]

3. 위협균형론(Balance of Threat)

위협균형론은 국가들이 가장 위협적인 국가에 대항하여 균형을 이루려는 경향이 있다는 이론으로서 스티븐 월트가 제안했다.[8] 위협균형론은 편승보다는 균형이 더 일반적이라는 세력균형론의 가정을 수용했다. 다만 두 이론의 차이점은 균형을 이루는 데 영향을 주는 변수가 다르다는 것이다. 세력균형론에 따르면 국가들은 국력이 강한 국가나 혹은 그 동맹에 대항하여 국력을 증대시키거나 또 다른 동맹에 합류한다. 하지만 월트는 국력 외에도 균형을 결정하는 변수가 있다고 보았다. 그가 제시한 변수는 위협이었다. 그의 이론에 따르면 국가는 다른 국가들이 자국에 가할 수 있는 위협에 대항해서 또 다른 국가와 동맹을 맺고, 이를 통해 위협을 가하는 국가와 균형을 이루려는 경향을 보인다는 것이다.[9] 다시 말해서 균형 유지의 대상이 되는 국가는 세력(힘)이 가장 강력한 국가가 아니라 가장 위협이 되는 국가라는 것이다.

위협균형론은 세력과 위협을 구분하면서, 구조적 현실주의뿐만 아니라 세

---

7 Waltz (1979), p. 117.

8 Stephen M. Walt, *The Origins of Alliances* (Ithaca and London: Cornell University Press, 1987), pp. 21-22.

9 Walt (1987), p. 263.

력균형론을 수정하려 했다. 이전까지 구조적 현실주의 관점은 국가들이 부상하는 강대국에 대항하여 균형을 추구한다고 보았고, 그러한 국가가 공격적 의도도 가진 것으로 해석했다. 하지만 월트는 세력균형론이 경험적인 증거에 배치된다고 하면서, 위협균형론이 세력균형론의 대안이라고 주장했다. 국가들은 부상하는 국가가 존재한다고 하더라도 그 국가가 자국에 공격적인 의도를 보이지 않는다면, 그 부상하는 국가를 상대로는 균형을 맞추려고 하지 않는 경우가 더 많았다는 것을 중동지역 사례연구를 통해서 증명했다.[10] 예를 들어서 미국은 냉전 시기에 초강대국이었지만, 여러 국가가 소련과 동맹을 맺지 않고 미국과 동맹을 맺은 것은 미국이 자신들에 대해서 위협을 가하지 않았기 때문이라고 설명할 수 있다는 것이다.[11]

월트는 이러한 위협이라는 변수가 총체적인 국력, 지리적 근접성, 공격적 군사력, 공격적 의도라는 네 가지 요인으로 구성된 복합변수라고 주장했다. 네 가지 요인에 대한 설명은 다음과 같다.[12]

1) 총체적 국력(aggregate power)

다른 조건들이 같다고 가정한다면, 국가의 총체적 국력이 클수록 다른 국가들을 위협할 수 있는 잠재적인 위협은 더 커질 것이다. 국가의 총체적 국력을 판단하는 지표로는 인구, 산업화, 군사력, 경제력, 기술력 등이 있다. 그리고 그 국가 단위의 힘은 정치력, 경제력, 군사력 등 분리되지 않고 통합된 상태로 나

10 Walt (1987), pp. 148-180.

11 Walt (1987), pp. 273-276.

12 Walt (1987), pp. 21-26.

타난다. 총체적 국력이 강한 국가는 적대국을 위협할 수 있는 동시에 우방국을 도와줄 수 있다. 그러므로 총체적 국력은 그 자체로 균형이나 편승을 선택하도록 강요하는 하나의 요인이다.

2) 지리적 근접성(geographic proximity)

다른 조건들이 같다고 가정한다면, 국가들은 지리적으로 먼 국가의 위협보다 근접한 국가의 위협에 더 민감하게 반응할 것이다. 국가가 군사력을 투사하는 능력은 거리에 비례해서 감소하기 때문이다. 따라서 근접한 지역에 국력이 더 강한 국가가 존재할 경우 국가들은 다른 지역의 국가와 동맹을 맺으려 할 것이다.

3) 공격적 군사력(offensive power)

다른 조건들이 같다고 가정한다면, 국가들은 공격적 군사력이 강한 국가에 더 큰 위협을 느낄 것이다. 공격적 군사력은 다른 국가의 주권 또는 영토를 적절한 비용으로 위협할 수 있는 역량이다. 예를 들어서 국력이나 군사력을 공세적으로 전환할 수 있는 능력 또는 상대국의 방어력을 무력화시키는 능력 등 다양한 요인이 여기에 포함된다. 그러므로 공격적 군사력이 강한 국가의 즉각적인 위협은 다른 국가들이 동맹을 선택하도록 강요한다.

4) 공격적 의도(offensive intentions)

다른 조건들이 같다고 가정한다면, 다른 국가에 공격적 의도를 더 많이 드러내는 것처럼 보일수록 그 국가에 대항하는 동맹이 결성될 가능성이 더 커질 것이다. 동맹이 형성되는 데에는 공격적 의도를 보이는 것으로 여겨지는 국가의 의도보다는 위협을 인식하는 국가의 판단이 더 중요하게 작용한다.

결론적으로 위협균형론은 부상(浮上) 중인 국가가 위에서 언급한 네 가지 요인의 자질들을 가졌다고 더 인식할수록, 다른 국가들은 이를 위협으로 인식할 가능성이 더 커지고, 이에 대항하는 균형을 더 추구하게 된다고 본다. 즉, 국가 단위 간 힘의 상대적 분포는 위협을 구성하는 여러 요인 중의 하나라고 본 것이다.

III. 일본의 대(對)중국 위협인식

여기서는 일본의 대중국 위협인식을 월트의 위협균형론이 제시하는 네 가지 요인인 중국의 총체적 국력, 중국과 일본 간의 지리적 근접성, 중국의 공격적 군사력, 중국의 공격적 의도에 따라 살펴보고자 한다.

1. 중국의 총체적 국력

중국의 총체적 국력은 중국의 경제력, 군사력, 인구 지표를 가지고 설명한다. 경제력은 국내총생산(GDP)을, 군사력은 국방비 지출을, 인구는 인구수와 생산가능인구를 지표로 사용한다. 그리고 미국, 중국, 일본의 총체적 국력을 비교하여 동아시아 지역에서 중국의 상대적 국력이 어떻게 변화해 왔는지를 분석한다.

<표 3-1> 미국·중국·일본의 명목 국내총생산(GDP) 비교(1991~2018) (단위: 백만 달러)

	미국	중국	일본
1991	6,158,129	383,373	3,584,420
1995	7,639,749	734,548	5,449,116
2000	10,252,345	1,211,347	4,887,520
2005	13,036,640	2,285,966	4,755,411
2010	14,992,053	6,087,165	5,700,098
2014	17,521,747	10,438,529	4,850,414
2018	20,494,100	13,608,152	4,970,916

출처: The World Bank, "World Development Indicators(WDI)," https://databank.worldbank.org/source/world-development-indicators (검색일: 2019년 11월 7일).

<표 3-2> 미국·중국·일본의 실질 국내총생산 연평균 성장률 비교(1991~2018) (단위: %)

	미국	중국	일본
1991~1995	2.6	12.3	1.5
1996~2000	4.3	8.6	1.1
2001~2005	2.6	9.8	1.2
2006~2010	1.0	11.3	0.2
2011~2015	2.2	8.0	1.0
2016~2018	2.2	6.7	1.1

출처: The World Bank, "World Development Indicators(WDI)," https://databank.worldbank.org/source/world-development-indicators (검색일: 2019년 11월 7일).

<표 3-1>은 1991년부터 2018년까지 미국, 중국, 일본의 명목 국내총생산을, <표 3-2>는 미국, 중국, 일본의 실질 국내총생산 성장률을 비교한 것이다. 두 개의 표를 통해서 가장 현저하게 알 수 있는 사실은 중국이 경제적 성장을 꾸준히 한 것에 비해 일본은 1990년대부터 경제적으로 장기불황기에 접어들었다는 것이다. 일본은 1980년대 동안 주식과 부동산 시장에 거품이 끼면서

비정상적으로 자산가치가 상승했다. 하지만 1991년부터 주가와 부동산 가격이 폭락하는 등 거품이 소멸하면서 일본 경제는 역동성을 잃었다. 2000년대 들어 일본은 강도 높은 구조개혁을 실행하면서 경제침체를 타개하려 하였으나, 미국으로부터 시작된 2008년 세계금융위기의 영향으로 2008년, 2009년에 다시 마이너스 성장을 하게 된다. 그 이후 일본은 2013년부터 대대적인 양적완화 정책을 시행하는 등 20년 이상 일본 경제를 핍박해 온 디플레이션을 극복하기 위해서 노력하고 있다.

일본과는 대조적으로 중국의 경제는 급속도로 성장했다. 1991년에 중국의 국내총생산은 일본의 10분의 1 정도 규모에 불과했다. 하지만 1989년 천안문 사태의 여파로 중단됐던 개혁개방정책이 1992년 이후에 다시 추진되면서 중국의 경제성장은 가속도가 붙는다. 1991년부터 1995년까지 중국은 연평균 두 자릿수의 경제성장률을 기록했으며, 그 이후에도 2010년까지 약 10%의 고도성장을 달성했다. 이때부터 중국은 '세계의 공장' 역할을 담당했다. 그리고 2010년에는 중국의 국내총생산 규모가 일본을 추월함으로써 중국은 세계 2위 경제대국이 되었다. 나아가서 2014년부터 중국의 국내총생산 규모는 일본의 2배를 넘어서게 되며, 이후로는 그 격차를 더 벌리고 있다.

<표 3-3>은 1991년부터 2018년까지 미국, 중국, 일본이 지출한 국방비를 비교한 것이다. 일본 정부는 1976년 국방비 예산을 국내총생산 대비 1%로 제한하는 원칙을 세웠다. 그 뒤로 꾸준히 이 원칙을 지켜오다가 1980년대 중반에 공식적으로 철회한다. 하지만 원칙을 철회했음에도 불구하고 1991년부터 2018년까지 일본은 국내총생산 대비 1%에 해당하는 금액인 약 400~450억 달러만을 매년 국방비로 지출하고 있다. 1990년대 초 일본 경제가 불황에 빠

<표 3-3> 미국·중국·일본의 국방비 지출 비교(1991~2018) (단위: 백만 달러)

	미국	중국	일본
1991	504,473 (4.6%)	22,328 (2.3%)	41,954 (0.9%)
1995	448,560 (3.6%)	25,015 (1.7%)	43,101 (0.9%)
2001	432,941 (2.9%)	49,798 (2.1%)	45,083 (0.9%)
2005	631,782 (3.9%)	76,558 (2.0%)	45,102 (0.9%)
2010	784,835 (4.7%)	137,890 (1.9%)	44,496 (1.0%)
2014	631,513 (3.5%)	191,627 (1.9%)	44,836 (1.0%)
2018	633,565 (3.2%)	239,223 (1.9%)	45,362 (0.9%)

주: 지출 단위는 2017년 미국 고정 달러이며, 퍼센트(%)는 국내총생산(GDP) 중 국방비 지출의 비중을 의미함.

출처: Stockholm International Peace Research Institute, SIPRI, "SIPRI Military Expenditure Database 1949-2018," https://www.sipri.org/databases/milex (검색일: 2019년 11월 11일).

지게 된 이후에 국방비는 일본 정부 예산의 우선순위에서 뒤로 밀리게 되었다. 2010년 이후 센카쿠열도와 관련한 중국과의 분쟁이 격화되고 있지만, 증액된 국방비는 미미한 수준이다. 이처럼 일본은 세계 3위의 막대한 경제 규모를 가지고 있는 국가임에도 불구하고 제한적인 국방비 지출을 하면서 제한적인 군사력을 보유하고 있다.

반면에 중국은 국방비 지출을 꾸준히 늘려 왔다. 1990년대는 전 세계적으로 군축의 열풍이 불었던 시기이다. 냉전에서 승리한 미국이 군축을 주도했다. 하지만 중국은 경제적 성장에 비례해서 국방예산 또한 증액해 왔다. 특히 1996년 3차 대만해협위기 때 미국의 압도적인 군사력을 직접 경험한 뒤로 자국 군대의 현대화를 위해서 그 액수를 더 늘려나가고 있다. 1991년 당시 일본의 절반 정도에 불과했던 중국의 국방비 지출액은 2001년부터 일본을 앞질렀으며, 2018년에는 일본보다 5배 더 많은 액수를 지출하고 있다.

<표 3-4>는 1991년부터 2018년까지 미국, 중국, 일본의 인구를, <표 3-5>

는 생산가능인구를 비교한 것이다. 인구는 국가의 경제력과 군사력을 증대시키는 요인 중 가장 중요한 것이라고 할 수 있다. 일본은 2010년에 최고치를 경신한 이후 매년 조금씩 인구가 감소하고 있다. 일본의 생산가능인구 감소는 더 심각한 상황이다. 1990년대에 거품경제가 무너지면서 1995년부터 일본의 생산가능인구는 꾸준하게 감소해 왔다. 생산가능인구의 감소는 거품경제 붕괴의 결과이기도 했지만 동시에 일본이 경기침체를 벗어나지 못하게 만드는 원인 중 하나이기도 했다. 실제로 소비 인구의 감소는 디플레이션에 영향을 미치는 변수 중 하나이다. 결국에 인구의 감소는 시장의 수축과 자위대의 인력 확보 문제를 불러일으키고 있다. 이는 곧 경제력과 군사력의 감소를 의미한다.

반면에 중국의 인구는 매년 증가해 왔다. 그 결과 2018년 기준으로 중국의 인구는 일본 인구의 10배 이상이다. 중국의 압도적인 경제성장은 인구를 바탕으로 해온 것이다. 1990년대 중국의 풍부한 저임금 노동력은 중국이 세계의 공장 역할을 할 수 있게 해주었다. 2000년대 중반부터 중국의 풍부한 소비자들은 중국을 세계에서 미국 다음으로 큰 시장으로 만들었다. 그리고 중국은 세계에서 가장 많은 수의 상비군을 보유하고 있는 국가이기도 하다.

중국의 총체적 국력이 일본보다 점점 더 강해지고 있다는 것을 여러 지표를 통해 알 수 있다. 일본의 경제력은 1991년부터 오랫동안 저성장을 유지하고 있으며, 그에 따라 국방비 지출도 늘리지 못하고 있다. 그리고 국력의 주요 자원인 인구는 서서히 감소하고 있다. 반면에 중국은 1991년부터 경제적으로 급격한 고성장을 유지해 왔고, 이를 바탕으로 국방비 지출도 늘려 왔으며, 인구는 세계에서 가장 압도적인 수준이다. 따라서 중국의 총체적 국력은 일본이 위협을 인식하도록 하기에 충분하다.

<표 3-4> 미국·중국·일본의 인구 비교(1991~2018) (단위: 명)

	미국	중국	일본
1991	252,981,000	1,150,780,000	123,921,000
1995	266,278,000	1,204,855,000	125,439,000
2000	282,162,411	1,262,645,000	126,843,000
2005	295,516,599	1,303,720,000	127,773,000
2010	309,326,085	1,337,705,000	128,070,000
2015	320,742,673	1,371,220,000	127,141,000
2018	327,167,434	1,392,730,000	126,529,100

출처: The World Bank, "World Development Indicators(WDI)," https://databank.worldbank.org/source/world-development-indicators (검색일: 2019년 11월 7일).

<표 3-5> 미국·중국·일본의 생산가능인구 비교(1991~2018) (단위: 명)

	미국	중국	일본
1991	165,774,560 (65.5%)	756,677,632 (65.8%)	86,461,518 (69.8%)
1995	173,938,717 (65.3%)	805,367,614 (66.8%)	87,125,283 (69.5%)
2000	188,528,528 (66.0%)	875,614,116 (68.4%)	86,351,420 (68.2%)
2005	197,426,230 (66.8%)	940,817,540 (72.2%)	84,991,747 (66.5%)
2010	206,671,357 (66.8%)	980,077,454 (73.3%)	82,153,251 (64.1%)
2015	212,117,999 (66.1%)	995,702,268 (72.6%)	77,544,929 (61.0%)
2018	214,240,052 (65.5%)	991,653,198 (71.2%)	75,571,759 (59.7%)

주: 퍼센트(%)는 전체인구 중 생산가능인구의 비중을 의미함.

출처: The World Bank, "World Development Indicators(WDI)," https://databank.worldbank.org/source/world-development-indicators (검색일: 2019년 11월 7일).

2. 중국과 일본 간의 지리적 근접성

일본의 대중국 위협인식을 구성하는 두 번째 요인은 중국과 일본 간의 지리적 근접성이다. 지리적 근접성이라는 추상적 개념을 명확하게 드러내기 위해서 본 연구는 실증적인 지표로써 중국의 탄도미사일 전력을 사용한다. 그 이유는 탄도미사일의 사거리가 지리적 개념을 잘 포함하고 있기 때문이다. 일본은 헌법 9조에 따라 지상공격용 탄도미사일을 보유할 수 없다.[13] 그러나 일본과 달리 중국은 탄도미사일을 개발하는 데 별다른 제약이 없다. 따라서 중국의 탄도미사일 전력은 꾸준히 발전해 왔다.

미국 국방부의 「중국 군사력 보고서(China Military Power Report)」와 영국 국제전략문제연구소의 「밀리터리 밸런스(The Military Balance)」에 따르면, 시간이 흐를수록 중국의 탄도미사일 전력은 증대되었다는 것을 알 수 있다. <표 3-6>과 <표 3-7>을 보면, 전체적으로 중국이 보유하고 있는 탄도미사일 발사대와 탄두 수가 증가하고 있음을 알 수 있다. 2004년에 약 800개였던 탄도미사일 탄두 수는 2020년 2,350개가 되었으며, 미사일 발사대 또한 2004년 240~282개에서 2020년 900개로 증가했다. 이 중 일본까지 도달 가능한 준중거리 탄도미사일(MRBM: Medium-Range Ballistic Missile)과 중거리 탄도미사일(IRBM: Intermediate-Range Ballistic Missile), 대륙간탄도미사일(ICBM: Intercontinental

---

13 일본국 헌법 제9조 ① 일본 국민은 정의와 질서를 기조로 하는 국제 평화를 성실히 희구하며, 국제 분쟁을 해결하는 수단으로써 국권이 발동되는 전쟁과 무력에 의한 위협 또는 무력의 행사는 영구히 포기한다. ② 제1항의 목적을 달성하기 위하여 육해공군, 그 밖의 전력을 보유하지 아니한다. 국가 교전권은 인정하지 아니한다. 법제처 세계법제정보센터. "세계법제정보 법령정보 일본국 헌법(日本国憲法)," http://world.moleg.go.kr/web/wli/lgslInfoReadPage.do;jsessionid=cTTO515113hTK3DtG1Q1pvFdMLnaWG6b9uBMzM45dRptn70c0KIpgXblzldgNFx6.eduweb_servlet_engine6?CTS_SEQ=42403&AST_SEQ=2601 (검색일: 2019년 11월 3일).

<표 3-6> 중국 인민해방군 로켓군이 보유한 미사일 탄두(2004~2020)

미사일 종류	2004	2006	2008	2010	2015	2017	2020
단거리 탄도미사일	650-730	875-975	1050 -1150	1,000- 1,200	1,000- 1,200	1,000- 1,200	1,000
준중거리 탄도미사일	19-23	40-50	60-80	75-100	200-300	200-300	600
중거리 탄도미사일	14-18	14-18	15-20	5-20	(16-30)*	16-30	300
대륙간 탄도미사일	40-44	36-44	55-60	50-75	75-100	75-100	150
지상 발사 순항미사일	-	-	150-350	200-500	200-300	200-300	300

주: *중거리 탄도미사일 탄두 수에 관한 2015년의 자료가 불분명하여 2017년 자료로 대체

출처: U.S. Department of Defense, *Annual Report to Congress: Military and Security Developments Involving the People's Republic of China 2005, 2007, 2009, 2011, 2016, 2018, 2021* (Washington, D.C.: 2005, 2007, 2009, 2011, 2016, 2018, 2021)을 참고하여 정리.

<표 3-7> 중국 인민해방군 로켓군이 보유한 미사일 발사대(2004~2020)

미사일 종류	2004	2006	2008	2010	2015	2017	2020
단거리 탄도미사일	170-200	180-210	210-250	200-250	250-300	250-300	250
준중거리 탄도미사일	34-38	34-38	70-90	75-100	100-125	100-125	250
중거리 탄도미사일	6-10	6-10	5-10	5-20	(16-30)*	16-30	200
대륙간 탄도미사일	30-34	29-33	50-55	50-75	50-75	50-75	100
지상 발사 순항미사일	-	-	40-55	40-55	40-55	45-55	100

주: *중거리 탄도미사일 발사대 개수에 관한 2015년의 자료가 불분명하여 2017년 자료로 대체.

출처: U.S. Department of Defense, *Annual Report to Congress: Military and Security Developments Involving the People's Republic of China 2005, 2007, 2009, 2011, 2016, 2018, 2021* (Washington, D.C.: 2005, 2007, 2009, 2011, 2016, 2018, 2021)을 참고하여 정리.

Ballistic Missile), 지상 발사 순항미사일(GLCM: Ground Launched Cruise Missile) 발사대와 탄두 수의 대폭적 증가가 특히 눈에 띈다.

다음으로 <표 3-8>을 통해서 중국의 탄도미사일 성능이 좋아졌음을 알 수 있다. 준중거리 탄도미사일 중 개발된 지 오래되고 명중률도 낮았던 둥펑(東風)-2(DF-2)를 퇴역시키고, 사거리가 더 늘어나고 명중률이 좋아진 둥펑-16(DF-16), 둥펑-21(DF-21), 둥펑-21C(DF-21C), 둥펑-21D(DF-21D)를 개발했다. 중거리 탄도미사일은 낙후된 둥펑-3A(DF-3A)를 퇴역시키고, 사거리와 명중률이 개선된 동시에 핵탄두 장착이 가능한 둥펑-26(DF-26)으로 교체했다.[14] 그리고 2007년 동하이(東海)-10(DH-10)이라는 장거리 지상 발사 순항미사일을 새롭게 개발하여 배치했다. 중국은 2019년 10월 1일 국경절에 DF-17을 공개함으로써 극초음속 미사일의 실전배치를 알렸다. 극초음속 미사일은 마하 5~10 속도로 지구 전역을 30분 내에 타격할 수 있는 최첨단 차세대 무기이다. 속도가 너무 빨라 미사일방어(MD: Missile Defence) 시스템으로도 요격이 불가능하다.[15]

<그림 3-1>은 중국이 보유한 재래식 탄도미사일의 사거리이다. <그림 3-1>에 따르면, 사거리가 약 850km 이상인 탄도미사일부터 일본을 타격하는 것이 가능하다. 이에 따라서 일본을 타격할 수 있는 재래식 탄도미사일 종류는 둥펑-16, 21A, 21C, 21D, 21E, 26 등 총 6가지이다. 이 중에서 둥

---

14 항모 킬러로 인식되는 DF-21D와 DF-26 지상 발사 대함미사일(ASBM)은 반접근/지역거부(A2/AD: Anti Access/ Area Denial) 전략의 핵심 수단이다.

15 2021년 8월 중국의 극초음속미사일 시험 발사 소식을 들은 마크 밀리(Mark Milley) 합참의장은 이를 1957년 10월 4일 소련이 세계 최초의 인공위성을 쏘아올렸을 때 미국이 당혹해했던 '스푸트니크 쇼크'에 비유하며 우려를 나타냈다. 『중앙일보』2022년 10월 19일.

<표 3-8> 중국 인민해방군 로켓군이 보유한 미사일 성능과 발사대(2000~2020)

미사일 종류		사거리(km)	원형공산오차(m)	2000	2006	2010	2015	2018	2020
단거리 탄도미사일 (SRBM)	DF-11A/M-11A (CSS-7Mod2)	280~350	500~600 /20~30	25	108	108	108	108	108
	DF-15/15B/M-9 (CSS-6Mod3)	600~800	5~20	25	96	96	81	81	81
준중거리 탄도미사일 (MRBM)	DF-2 (CSS-1)	1,250	1,000~2,000	퇴역					
	DF-16 (CSS-11Mod)	800~1,000	5~10				12	24	36
	DF-17	1,800-2,500	-						16
	DF-21/21A/21E (CSS-5Mod1/2/6)	2,150	100~300	50	33	80	80	80	80
	DF-21C (CSS-5Mod3/4)	2,500	10~50			36	36	24	24
	DF-21D (CSS-5Mod5-ASBM)	1,450~1,550	-				18	30	30
중거리 탄도미사일 (IRBM)	DF-3A (CSS-2Mod)	3,000~4,000	1,000~4,000	80	2	2		퇴역	
	DF-26 (ASBM)	4,000	150~450				16	30	110
지상 발사 순항미사일 (GLCM)	CJ-10/10A(DH-10)	1,500~ 2,000	5~20			54	54	54	54
	CJ-100(DF-100)	2,000	-						54
대륙간 탄도미사일 (ICBM)	DF-4(CSS-3,CSS-4)	5,500	1,400~3,500	20	20	10	10	10	10
	DF-5A/5B (CSS-4Mod2/3)	12,000 ~15,000	800	20	20	20	20	20	20
	DF-31 (CSS-9,CSS-10Mod1)	7,200~8,000			6	12	8	8	8
	DF-31A (CSS-9,CSS-10Mod2)	11,200	100~150			24	24	24	24
	DF-31A(G) (CH-SS-10Mod3)	11,200						8	24
	DF-41 (CH-SS-20)	12,000 ~15,000	700~800						18
총합				220	285	442	467	501	697

주: 1. 2006년 이전 자료는 해당 연도 8월까지 업데이트된 자료임.
2. 2006년 이후 자료는 해당 연도 11월까지 업데이트된 자료임.
3. 2006년 단거리 탄도미사일 발사대 개수에 관한 자료가 불분명하여 2010년 자료로 대체함
4. 원형공상오차(Circular Error Probability): 발사탄의 50%가 명중되는 면적의 반지름을 의미하며, 탄도미사일의 정확도를 나타내는 척도임.
5. DF-17, CJ-100(DF-100), DF-41은 '극초음속 미사일(Hypersonic Missile)임.

출처: 미사일 개수는 International Institute for Strategic Studies(IISS), The Military Balance 2001, 2007, 2011, 2016, 2019, 2021을 참고하여 정리, 사거리 및 원형공산오차는 Federation of American Scientists(FAS), The Nuclear Information Project, https://fas.org/issues/nuclear-weapons/ (검색일: 2022년 2월 24일), Center For Strategic and International Studies(CSIS), Missiles of China, https://missilethreat.csis.org/country/china/ (검색일: 2022년 2월 24일)을 참고하여 정리

<그림 3-1> 중국이 보유한 재래식 탄도미사일 사거리

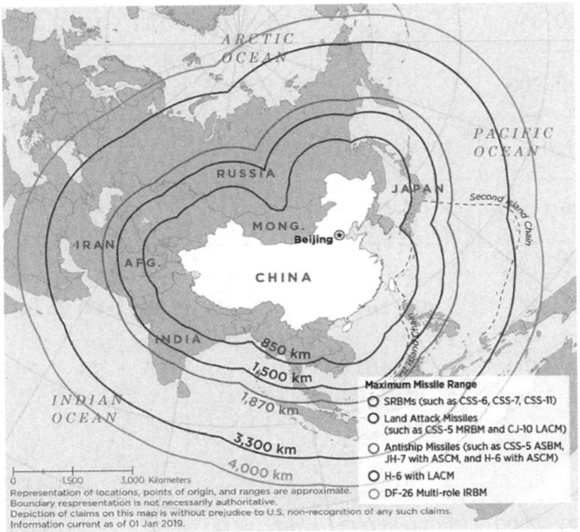

출처: U.S. Department of Defense, *Annual Report to Congress: Military and Security Developments Involving the People's Republic of China 2019* (Washington, D.C.: 2019), p. 45.

<그림 3-2> 중국이 보유한 핵탄두 탄도미사일 사거리

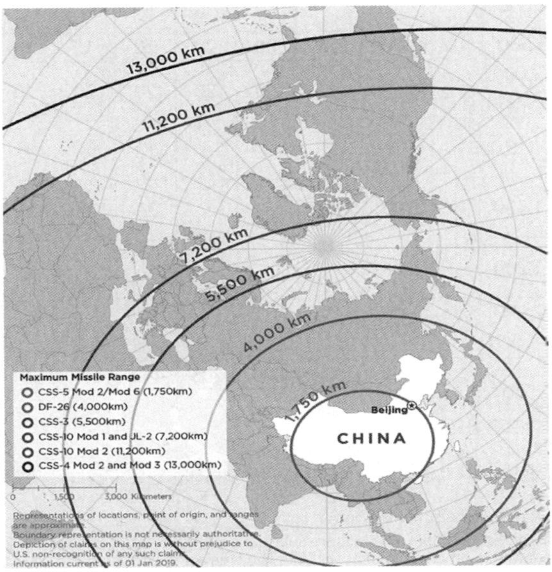

출처: U.S. Department of Defense, *Annual Report to Congress: Military and Security Developments Involving the People's Republic of China 2019* (Washington, D.C.: 2019), p. 46.

펑-21A, 21E, 26은 핵탄두도 장착할 수 있는 탄도미사일이다.[16] 대륙간탄도미사일의 성능도 대폭 증진되었다. 대륙간탄도미사일로 개발한 지 오래되어 명중률이 현저히 떨어졌던 둥펑-4(DF-4), 둥펑-5A(DF-5A)를 둥펑-31(DF-31), 둥펑-31A(DF-31A), 둥펑-31AG(DF-31AG)로 대체했다. 2020년에는 최신예 ICBM 둥펑-41(DF-41)을 실전배치 했다. DF-41 미사일은 다탄두 개별목표 재돌입 발사체(MIRV: Multiple Independently targetable Reentry Vehicle) 기능[17]을 갖추고 있으며, 명중률 또한 대폭 향상되었다. <그림 3-2>는 중국이 보유한 핵탄두 탄도미사일의 사거리이다. 이를 통해 모든 대륙간탄도미사일이 일본뿐만 아니라 미국까지 도달할 수 있음을 알 수 있다.

중국의 탄도미사일 전력이 강화되고 있다는 것을 관련 지표들을 통해 파악할 수 있다. 지상공격용 탄도미사일을 가질 수 없는 일본에 비해서 중국은 1990년대 중반부터 현재까지 계속해서 탄도미사일을 개발해 왔다. 그 결과 많은 수의 탄도미사일 발사대와 탄두를 가지고 있다. 결론적으로 중국 인민해방군 로켓군이 보유한 탄도미사일 전력은 일본이 위협을 인식하도록 하기에 충분하다.

---

16 The International Institute for Strategic Studies(IISS), *The Military Balance 2019*. p. 256.

17 다탄두 개별목표 재돌입 발사체(MIRV) 기능은 각기 다른 목표가 설정된 다수의 탄두를 하나의 탄도미사일에 탑재하여 다수의 목표를 동시에 타격하는 방식이다. 탄도미사일이 대기권 밖까지 도달한 후 여러 개의 탄두(DF-41은 3개)를 분리해 목표물을 공격한다. 탄두는 대개 핵탄두를 사용한다.

3. 중국의 공격적 군사력

중국의 공격적 군사력은 중국 인민해방군의 현대화를 지표로 사용하여 설명한다. 여러 가지 군사 장비 중에 기동성을 갖춘 공격용 장비의 현대화 정도를 지표로써 활용한다. 중국의 군사 장비는 오랫동안 냉전 시기의 수준에 멈춰 있었다. 소련과의 동맹관계가 끊어진 이후부터는 소련으로부터 기술이전을 받지 못했다. 그동안 중국은 '경제 현대화'가 더 시급한 문제였기 때문에 군대의 수를 늘리는 방법으로 '군대 현대화'를 대체했다. 이후 경제가 어느 정도 성장궤도에 오르자 중국은 군사 장비의 현대화를 추진한다. 특히 1991년 미국의 걸프 전과 3차 대만해협위기(1995~1996)를 계기로 중국 지도부는 자국의 군대로 현대전을 수행하기 어렵다고 판단하고 군대 현대화에 박차를 가하기 시작한다.

1) 육군의 현대화

1990년대 중국의 육군은 숫자만 많을 뿐 질적으로는 형편없는 수준의 장비를 갖춘 군대였다. 약 8,000대 정도의 주력전차(Main Tank: MBT)를 보유하고 있었지만, 그중 6,000대가 소련이 1940년대에 개발한 1세대 전차인 T-54의 기술을 이전받아 제작한 59식 전차(Type-59/59D/59-Ⅱ)였다. 59식 전차를 개량하여 69식 전차(Type-69-Ⅰ/WZ-121)를 자체적으로 개발했지만, 이마저도 1990년대 중반까지 200대 정도를 보유하고 있었을 뿐이었다. 하지만 1991년 미국이 걸프전에서 압도적인 지상군 전력으로 손쉽게 승리를 쟁취하는 것을 보게 된 중국은 1990년대 초반부터 주력전차를 비롯한 육군의 현대화를 시도한다.

<표 3-9>를 통해 중국이 보유한 육군 장비의 현대화 정도를 알 수 있다. 먼

<표 3-9> 중국 인민해방군 육군의 주요 장비(1994~2018)

	1994	2000	2006	2012	2018
탱크(주력전차)	7,750	7,060[1)]	7,580	7,430	5,700
T-34/54	700	-	-	-	-
Type-59/59D/59-II	6,000	5,500	5,000	4,300	1,850
Type-69-I	200	150	-	-	-
Type-79	some	500	300	300	200
Type-88A/88B/88C	-	900	1,000	500	300
Type-96/96A	-	-	1,200	1,800	2,500
Type-98A/99	-	10	80	500	600
Type-99A(ZTZ-99A)	-	-	-	30	250
경전차	2,000	1,200	1,000	800	550
Type-62	800	some	400	400	100
Type-63/63A	1,200	some	600	200	100
Type-05 AAAV	-	-	-	200	250
ZTQ-15	-	-	-	-	100
보병 전투 장갑차	some[2)]	800+	1,000	2,150	5,000
WZ-501	some	some			-
YW-307/309	some	some			-
Type-86A(WZ-501)			1,000	500	-
Type-04(ZBD-04)/A				500	1,400
Type-05(ZBD-05)				250	-
Type-08(ZBD-08)				100	1,200
ZBD-86/A	-	-	-	-	1,250
Type-92(ZSL-92)	-	-	-	650	550
Type-92A	-	-	-	150	-
Type-92B(ZSL-92B)	-	-	-	-	600
포	18,300+	17,000	17,600	9,731	4,904
야전포	14,500	13,000	14,000	6,140	1,234
다연장 로켓포	3,800	3,000	2,400	1,770	1,550
자주포	some	1,000	1,200	1,821	2,120
헬리콥터	135	182	375	677	1,003
공격용	-	-	31	42	270
다목적	135	182	344	401	351
수송용				234	382

주: 1) 주력전차 수에 관한 2000년의 자료가 불분명하여 1999년 자료로 대체.
2) 보병 전투 장갑차 수에 관한 1994년의 자료가 불분명하여 1993년 자료로 대체.

출처: The International Institute for Strategic Studies(IISS), *The Military Balance 1995, 2001, 2007, 2013, 2019*를 참고하여 정리.

저 주력전차는 1세대 전차에서 125mm 이상의 활강포와 전자식 사격통제 장치, 강화된 장갑을 갖춘 3세대 전차와 3.5세대 전차로 대체되었다. 1994년 6,000대에 달했던 1세대 59식 전차가 2018년에는 1,850대로 줄어들었다. 그 대신에 2000년대 중반부터 96식 전차(Type-96/96A)가 도입되어 2018년에는 그 수가 2,500대가 되었다. 후속작인 99식 전차도 개발되어 850대에 이르렀다. 경전차(Light Tank)는 현대전에서 역할이 줄어들었기 때문에 꾸준히 감소하였으며, 그 대신 보병 수송 능력과 자체 전투 능력을 가진 보병 전투 장갑차(Armored Infantry Fighting Vehicle)가 대폭 증가했고, 그와 동시에 장비의 현대화 또한 이루어졌다. 그리고 포(Artillery) 전력의 현대화도 이루어졌다. 현대전에서 효율이 떨어지는 야전포(Field Artillery)와 다연장 로켓포(Multiple Rocket Launcher)를 줄이고 기동성과 방어력을 갖춘 자주포(Self-propelled Artillery)의 수를 늘렸다. 마지막으로 헬리콥터의 개수 또한 10배 이상 증가했다. 특히 지상 목표물을 효과적으로 타격할 수 있는 공격 헬리콥터의 수가 많아져서 육군 전략을 한층 더 증대시켰다.

2) 해군

1990년대 중반 중국의 해군 전력은 매우 빈약했다. 52척의 잠수함을 보유하고 있었지만, 그중 33척이 소련으로부터 기술을 이전받아 개발한 로미오급(Romeo, E3SB) 잠수함이었다. 로미오급 잠수함은 소련이 1950년대에 개발했기 때문에 현대전을 치르기에는 너무 오래된 장비였다. 그리고 잠수함 발사 탄도미사일(SLBM: Submarine-Launched Ballistic Missile)을 발사할 수 있는 전략잠수함도 보유하고 있지 못했다. 골프급(Golf, Type 629) 잠수함으로 탄도미사일 발사 시험을 시도할 뿐이었다. 더구나 보유하고 있는 구축함(Destroyer)과 호위함(Frigate)은 수가 적었을 뿐만 아니라 대부분이 낙후됐었다. 3차 대만해협위기 때 자국의 영해에서 미국의 항모전단이 항해하는 것을 지켜볼 수밖에 없었던 중국은 그 이후 해군 전력을 강화하는 데 힘을 쏟는다.

<표 3-10>은 중국 인민해방군 해군의 잠수함 보유 현황을 연도별로 정리한 것이다. 먼저 시간이 흐름에 따라 잠수함 전력이 증진되었다는 것을 알 수 있다. 재래식 잠수함(SS: Submersible Ship)과 핵추진 잠수함(SSN: Submersible Ship Nuclear)의 전력을 살펴보면, 중국이 잠수함 보유량을 꾸준히 유지하면서 현대화에 성공했다는 것을 알 수 있다. 2000년 당시 36척이었던 로미오급 잠수함은 2010년에 9척으로 줄어들었으며, 그 뒤로는 퇴역하게 된다. 그 빈자리는 로미오급을 개량한 밍(Ming, 明)급, 러시아로부터 구매한 킬로(Kilo)급, 중국이 자체 기술로 개발한 송(Song, 宋)급, 위안(Yuan, 元)급 잠수함으로 채워졌다. 그리고 1970년대에 개발된 한(Han, 漢)급 핵추진 잠수함은 2010년대 후반에 상(Shang, 商)급으로 대체되었다. 이와 더불어 중국은 SLBM의 발사가 가능한 진(Jin, 秦)급 핵추진 전략잠수함(SSBN: Submersible Ship Ballistic Nuclear)을 보유하게 됨으로써 잠수함 전력 또한 강력해졌다. 2010년 2대였던 진급 핵추진 전략잠수함은 2020년에는 6대로 증가했다.[18]

한편 구축함과 호위함의 전력도 잠수함만큼이나 발전했다. 2000년대 초반

---

18 중국의 핵추진 전략잠수함(진급)은 1척마다 12발의 SLBM(JL-2)을 탑재하고 있다. 중국은 2030년까지 총 8대의 진급(Type 094, 096) 핵추진 전략잠수함을 운용할 계획이다. U.S. Department of Defense, *Annual Report to Congress: Military and Security Developments Involving the People's Republic of China 2021* (Washington, D.C.: 2021).

까지만 해도 구축함과 호위함의 대부분이 방공 능력(Guided-Missile Destroyer, DDG, Guided-Missile Frigate, FFG)만을 갖추고 있었다. 그러나 2000년대부터 기존의 함선들을 개량하거나 새로운 함선을 개발했고, 2010년대에는 성능이 더 발전된 구축함과 호위함을 실전에 배치한다. 현재 중국이 보유하고 있는 구축함과 호위함은 대부분 장거리 대함 순항미사일(ASCM: Anti-Ship Cruise Missile)과 장거리 함대공 미사일(SAM: Ship to Air Missile)을 갖추고 있다.[19]

마지막으로 눈에 띄는 중국 해군 전력의 변화는 항공모함을 갖게 되었다는 것이다. 2012년 9월 중국은 공식적으로 항공모함 랴오닝함(遼寧艦)을 실전 배치했다. 랴오닝함은 소련이 진수하다가 중단한 함선을 개조한 항공모함이기 때문에 그 실질적인 전력에 대해서는 의문점이 많으나, 이를 보유하고 있다는 것만으로 주변국의 안보에 위협을 주고 있다. 그리고 2019년 12월 중국은 자체 기술로 개발한 산둥함(山東艦, 배수량 6.5만 톤)을 실전에 배치하면서 주변국의 위협인식을 더 높이고 있다.[20] 더 나아가서 중국은 2017년부터 건조에 들어간 신형 항공모함 푸젠함(福建艦, 배수량 8만 톤)을 2022년 6월 진수했다. 푸젠함은 랴오닝함이나 산둥함과 달리 캐터펄트(catapult, 사출기)를 이용해 함재기를 쏘아 올리는 방식을 채택하고 있다. 현재 건조 중(2021년부터 건조)인 네 번째 항모는 핵추진 방식을 채택할 것으로 알려져 있다. 중국 해군은 2030년까지 총 5척의 항공모함 건조를 목표로 하고 있다.[21]

---

19 The International Institute for Strategic Studies(IISS), *The Military Balance 2001*, *2007*, *2011*, *2016*, *2019*, *2021*을 참조.

20 조선일보, "中 자체개발한 두 번째 항공모함 공개‥美 태평양 패권에 위협," https://news.chosun.com/site/data/html_dir/2019/12/18/2019121800443.html (검색일: 2019년 12월 18일).

21 Ronald O'Rourke, "China Naval Modernization: Implications for U.S. Navy Capabilities –

<표 3-10> 중국 인민해방군 잠수함 보유 현황(2000~2020)

<table>
<tr><th colspan="3">잠수함</th><th>2000</th><th>2006</th><th>2010</th><th>2015</th><th>2018</th><th>2020</th></tr>
<tr><td rowspan="2">전략
잠수함</td><td colspan="2">Xia (Type-092)</td><td>1</td><td>1</td><td>1</td><td></td><td></td><td></td></tr>
<tr><td colspan="2">Jin (Type-094)</td><td></td><td></td><td>2</td><td>4</td><td>4</td><td>6</td></tr>
<tr><td rowspan="15">전술
잠수함</td><td rowspan="12">디젤추진
잠수함</td><td>Romeo (Type-033, E3SB)</td><td>35</td><td>15</td><td>8</td><td></td><td></td><td></td></tr>
<tr><td>Romeo (Type-SSG/S5G)</td><td>1</td><td>1</td><td>1</td><td></td><td></td><td></td></tr>
<tr><td>Kilo (RF Type EKM 636)</td><td>2</td><td rowspan="3">10</td><td>2</td><td>2</td><td>2</td><td>2</td></tr>
<tr><td>Kilo
(RF Type EKM 636M/N)</td><td></td><td>8</td><td>8</td><td>8</td><td>8</td></tr>
<tr><td>Kilo (RF Type EKM 877)</td><td>2</td><td>2</td><td>2</td><td>2</td><td>2</td></tr>
<tr><td>Ming (Type-ES5C/035/B/G)</td><td>16</td><td>19</td><td>20</td><td>12</td><td>8</td><td>4</td></tr>
<tr><td>Song (Type-039/039G)</td><td>3</td><td>9</td><td>16</td><td>12</td><td>12</td><td>12</td></tr>
<tr><td>Yuan (Type-041)</td><td></td><td>2</td><td></td><td></td><td></td><td></td></tr>
<tr><td>Yuan (Type-039A)</td><td></td><td></td><td>4</td><td>4</td><td>4</td><td>4</td></tr>
<tr><td>Yuan II (Type-039B)</td><td></td><td></td><td></td><td>11</td><td>12</td><td>14</td></tr>
<tr><td>Golf (SLBM trial/SS)</td><td>1</td><td>1</td><td>1</td><td></td><td></td><td></td></tr>
<tr><td>Qing (SLBM trials/SSB)</td><td></td><td></td><td></td><td>1</td><td>1</td><td>1</td></tr>
<tr><td rowspan="3">핵추진
잠수함</td><td>Han (Type-091)</td><td>5</td><td>4</td><td>4</td><td>3</td><td></td><td></td></tr>
<tr><td>Shang I (Type-093)</td><td></td><td></td><td>2</td><td>2</td><td>2</td><td>2</td></tr>
<tr><td>Shang II (Type-093A)</td><td></td><td></td><td></td><td></td><td>4</td><td>4</td></tr>
<tr><td colspan="3">총합</td><td>66</td><td>62</td><td>71</td><td>61</td><td>59</td><td>59</td></tr>
</table>

주: 1) 2006년 이전 자료는 해당 연도 8월까지 업데이트된 자료임.
2) 2006년 이후 자료는 해당 연도 11월까지 업데이트된 자료임.
3) Qing(청)급 잠수함은 디젤추진 대형잠수함으로 SLBM 시험 발사함임.

출처: The International Institute for Strategic Studies(IISS), The Military Balance 2001, 2007, 2011, 2016, 2019, 2021을 참고하여 정리.

3) 공군

Background and Issues for Congress" Congress Research Service, RL33153 (Updated March 8, 2022); 박병광, "중국 해군의 신형 항공모함 건조에 관한 평가와 시사점" 국가안보전략연구원 『이슈브리프』 제370호 (2022.7.7)

1990년 중반 중국은 약 5,000대에 달하는 전투 항공기를 보유하고 있었다. 하지만 육군, 해군의 장비와 마찬가지로 대부분이 과거 소련으로부터 기술을 이전받아 생산한 것이었기 때문에 매우 낙후되어 있었다. 따라서 중국은 1990년대부터 공군 장비의 현대화를 시도한다. 더구나 항모전단을 운영하기 위해서는 양질의 전투 항공기가 필수였다.

<표 3-11>은 중국 인민해방군 공군이 보유한 주요 장비 현황을 시기에 따라 정리한 것이다. 초창기 중국 공군의 주요 전력은 폭격기 H-5, H-6와, 전투기 J-5, J-6, J-7, J-8 등이었다. 이 중에서 H-6형 폭격기와 3세대 전투기 J-7, J-8을 제외한 전투 항공기들은 모두 퇴역했으며, H-6, J-7, J-8은 개량을 거듭하여 사용되었다. 그리고 J-10, J-11, J-15, J-16 등 4세대 전투기를 개발하여 배치했다. 2017년부터는 중국이 개발한 5세대 스텔스 전트기 J-20을, 2020년에는 장거리(전투반경 12,000km) 전략폭격기 H-6N을 실전배치 했다.[22] 이로써 중국도 핵무기 3축(Triad) 체계를 갖추게 되었다.[23]

여러 자료를 통해서 중국의 육군, 해군, 공군의 많은 장비가 현대화되었음

---

22 전략핵무기란 냉전 시절 미국과 소련 간 경쟁 관계에서 생겨난 용어이다. 1971년 전략무기제한협정(SALT: Strategic Arms Limitation Treaty)에서 다음의 세 가지를 전략무기로 지칭했다. ① 사정거리 5,500km 이상의 대륙간탄도미사일(ICBM), ② 사정거리 600km 이상의 잠수함 발사 탄도미사일(SLBM), ③ 항속거리 8,000km 이상의 폭격기 또는 사정거리 600km 이상의 순항미사일을 탑재한 폭격기를 전략무기로 분류했다. 여기서 탄도미사일 사정거리 5,500km는 알래스카를 제외한 미국과 소련 본토 사이의 최단 거리로서 탄도미사일로 상대방 본토를 공격할 수 있는 최단 사정거리이다. 폭격기 항속거리 8,000km는 본토에서 출발하여 공중급유 1회를 통해 상대방을 공격하고 기지로 복귀가 가능한 최소 항속거리이다. 잠수함 및 폭격기에 탑재된 미사일 사정거리 600km는 뚜렷한 기준 없이 결정되었으며, 잠수함과 폭격기를 통해 상대방 본토까지 접근할 수 있다는 사실이 고려되었다. 이근욱, 『냉전』(서울: 서강대학교 출판부, 2012), p.55.

23 핵무기 3축(Triad) 체계는 ICBM(육지), SLBM(해상), 전략폭격기(상공)를 말한다.

<표 3-11> 중국 인민해방군 공군 주요 장비(2000~2021)

	2000	2006	2010	2015	2018	2021
폭격기(Bombers)	150+	222	132+	150+	203+	209+
H-5/F-5/F-5B	40	94	20		-	
H-6/6E/6F/6G	110	128	112+	30	43	45+
H-6H/M/K	-	-	-	120	160	160
H-6N[1]						4+
H-6H with YJ-63 missiles	30	46	some	70	some	60+
전투기(Fighters)	864+	1,179+	1,335+	1,506	1,600+	1682
J-5	-	-	-	-	-	-
J-6B/D/E	some	-	-	-	-	-
J-7	-	-	276	216	200	100
J-7II/IIA	300	400	-	-	-	-
J-7IIH/IIM/III	174	-	-	-	-	-
J-7C	-	36		-	-	-
J-7E	150	296	240	192	192	120
J-7G	-	24	96	120	120	120
J-8	70	80	-	-	-	-
J-8IIB/IID/III	-	92	-	-	-	-
J-8B/8D	100	62	144	24	-	-
J-8F	-	11	96	48	50	74
J-8H	-	-	48	96	50	-
J-10	-	62	144+	347	426+	548
J-11	-	116	119+	277	297	297
J-15			-	14	20	50
J-16			-	-	60+	170
Su-27SK/27UBK	70	some	75	75	52	32
Su-30			97	97	97	97
Su-35	-	-	-	-	24	24
J-20/A[2]	-	-	-	-	12+	50

주: 1) H-6N은 전략폭격기

2) J-20은 중국이 개발한 5세대 스텔스 전투기로 2017년 실전배치 되었음

출처: The International institute for Strategic Studies(IISS), *The Military Balance 2001, 2007, 2013, 2019, 2022*를 참고하여 정리.

을 알 수 있다. 중국은 폭발적인 경제성장을 기반으로 해서 자국 군대 장비의 현대화를 추진했다. 결론적으로 중국의 공격적 군사력은 일본이 위협을 인식하도록 하기에 충분하다.

4. 중국의 공격적 의도

중국의 공격적 의도는 1990년 이후에 발생한 중국의 지하핵실험, 센카쿠열도 영유권 분쟁에 대한 사례분석을 통해서 추정한다. 1972년 9월 일본은 대만과 외교관계를 단절하고, 중국과 정식으로 수교를 맺는다. 이후 냉전이 해체되기까지 중국과 일본은 소련을 공동의 위협으로 간주했기 때문에 밀월관계를 유지했다. 이는 1978년 8월 중 · 일 평화우호조약으로 이어졌다. 냉전의 종식으로 소련이라는 위협이 사라진 후에도 중국과 일본의 관계는 우호적이었다. 비록 1989년 6월 천안문사태 때문에 일시적으로 외교 관계가 소원했었지만, 1992년 10월에 일본의 아키히토 천황이 수교 20주년 기념으로 중국을 방문하는 등 양국의 관계는 이내 다시 회복되었다. 하지만 중국의 지하핵실험, 센카쿠열도 영유권 분쟁으로 인해서 1990년대 중반부터 중국과 일본의 갈등이 시작된다.

1) 지하핵실험

중국은 1990년부터 포괄적 핵실험 금지 조약[24] 협상이 진행 중이던 1996년

---

24 포괄적 핵실험 금지 조약(CTBT: Comprehensive Nuclear Test Ban Treaty)은 모든 종류의 핵실험을 금지하기 위해 유엔 총회에서 1996년 9월에 채택한 조약안이다. 2019년 현재 5대 핵무기 강대국인 미국, 러시아, 영국, 프랑스 중국을 포함하여 184개국이 서명하고, 168개국이 비준했다. 이 조약이 발효되기 위해

까지 총 11번의 지하핵실험을 시행한다.[25] 중국은 핵실험이 자위적 수단에 불과하다고 주장했지만, 일본 외무성은 1993년부터 중국이 핵실험을 감행할 때마다 핵실험을 중지할 것을 촉구했다. 1994년 3월 일본의 호소카와 모리히로 총리는 중국을 방문했을 때 핵실험의 중단을 강하게 요구하기도 했다.[26] 이러한 일본의 요청에도 불구하고 중국은 1995년 5월과 8월, 두 차례에 걸쳐서 핵실험을 감행했고, 일본 정부는 중국이 요청한 약 120억 엔의 무상원조를 78억 엔 이하로 줄이는 조치를 했다. 중국은 무상원조에 정치적 조건을 내세우는 건 잘못된 것이라고 일본을 비판했다. 이에 따라 양국관계는 긴장 상태에 놓이게 된다. 중국과 일본 간의 핵실험 문제는 중국이 1996년 7월 마지막 핵실험을 끝낸 이후에 핵실험 정지를 선언하면서 종결된다.

2) 센카쿠열도/댜오위다오 영유권분쟁[27]

현재에도 진행 중인 센카쿠열도 영토분쟁은 일본의 시각에서 보았을 때, 중국의 공격적 의도가 가장 잘 드러난 사례라고 할 수 있다. 1992년 2월 중국이 「영해 및 접속수역법」을 제정하여 대만과 센카쿠열도 등 주변 도서를 자국의

서는 발전용/연구용 원자로를 모두 보유하고 있는 44개국의 비준이 필요하다. 하지만 44개국 중 미국, 중국, 인도, 이스라엘, 이란, 이집트, 파키스탄, 북한 등 8개국이 비준을 하지 않았기 때문에 아직 미발효 상태이다.

25 Nils-Olov Bergkvist and Ragnhild Ferm, "Nuclear Explosions 1945-1998," *Stockholm*, *Sweden*: *Defence Research Establishment Division of Systems and Underwater Technology SE-172 90* (2000), p. 11.

26 손기섭, "일본과 중국 간의 동중국해 해양영토 분쟁," 『21세기 정치학회보』 제17집 제3호 (2007), p. 457.

27 센카쿠열도/댜오위다오(尖閣列島/钓鱼岛及其附属岛屿)는 동중국해 남서쪽에 있으며, 다섯 개의 작은 섬과 세 개의 암초로 이루어진 군도이다. 중국, 일본, 대만이 영유권을 주장하고 있다. 2019년 현재 일본이 실효 지배를 하고 있으므로 본 논문에서는 센카쿠열도라고 지칭한다.

<그림 3-3> 센카쿠열도 위치

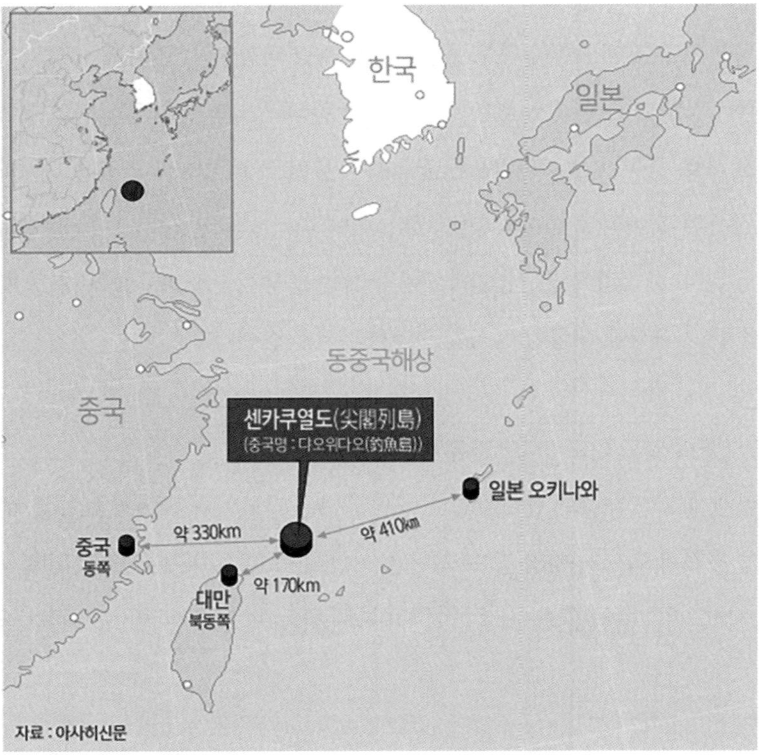

출처: 세계일보, 2016.03.19. "중국 선박 3척, 日 센카쿠 영해서 2시간 항해…올해 7번째" https://www.segye.com/newsView/20160319000840 (검색일 2022년 6월 28일)

육지영토라고 법적으로 명시하자 일본은 이에 대해서 크게 반발했다.[28] 이후에도 중국은 1995년 5월 센카쿠열도 해역에 조사선을 보내서 자원을 탐사하고, 같은 해 6월 공군 전투기 2대를 조사했던 해역에 다시 보낸다. 이에 자극받은 일본은 전투기 F-15 2대를 같은 해역에 출동시키기도 했다.[29]

한동안 잠복해 있던 센카쿠열도 영토분쟁이 국가 차원에서 다시 쟁점화된 것은 2004년부터였다. 2004년 3월 센카쿠열도에 상륙한 7명의 중국인 활동가를 일본 경찰이 체포했다. 이에 대해서 중국 외교부는 중국의 주권이 침해됐다고 주장하면서 7명의 즉각적인 석방을 요구했다. 외교적인 충돌을 원하지 않았던 일본 정부는 중국인 7명을 국내에서 재판하지 않고 강제 송환하는 방법으로 이 문제를 마무리했다. 하지만 그 이후 양국은 동중국해의 해양 자원 개발 문제 때문에 다시 충돌하기 시작했다. 두 국가 모두 자국의 배타적 경제수역(EEZ: Exclusive Economic Zone)이 더 넓다고 주장하면서 더 많은 에너지 자원을 확보하려 했다. 중국이 먼저 일본이 주장하는 EEZ 경계선 근처의 가스전을 개발하기 시작했고, 이에 일본은 개발 중단을 여러 차례 요구했다. 중국이 그 요구를 무시하자 일본은 민간기업에 가스채굴권을 주겠다고 엄포를 놓는 등 해양 자원을 둘러싼 양국의 분쟁이 갈수록 심해졌다. 2008년 6월 중국과 일본은 공동개발지역을 확정하기로 합의하고, 그 합의에 도달하기 위해 꾸준히 교섭하기로 했음에도 불구하고 좀처럼 양국 간의 갈등은 이완되지 않

28 문준조, 『중국 해양관련법제 연구』 (서울: 한국법제연구원, 2003), p. 21.

29 한국국방연구원, "연구보고서-세계분쟁정보(WoWW)-지역별 분쟁현황(현재)-센카쿠열도/댜오위다오 분쟁," http://www.kida.re.kr/frt/board/frtNormalBoardDetail.do?sidx=2166&idx=9&depth=3&searchCondition=&searchKeyword=&pageIndex=2 (검색일: 2019년 11월 5일).

았다.[30]

2010년 9월 센카쿠열도에 속해 있는 구바지마(久場島, 중국명: 황웨이)섬 근처에서 일본 해상보안청 순시선과 중국의 어선 2척이 충돌한 사건은 센카쿠열도 영토분쟁을 이전보다 더 격화시켰다. 일본 해상보안청은 중국인 선장 1명과 선원 14명을 즉시 체포했고, 이는 중국과 일본 간의 외교 문제로 이어졌다. 중국은 일본과의 모든 공식적인 외교 일정을 취소하고, 주중 일본대사를 수시로 불러서 항의하는 등 일본을 외교적으로 압박했다. 이와 더불어 희토류 대일 수출도 금지하면서 경제적인 압박 또한 가하였다. 결국 일본 민주당 내각이 중국에 굴복하고 모든 선원을 석방하면서 센카쿠열도 충돌 사건은 일본의 외교적 패배로 끝이 났다.

그러나 2010년의 사건들은 앞으로 발생하게 될 분쟁들의 시발점이었다. <표 3-12>는 2011년부터 2014년까지 센카쿠열도 인근에서 일어난 주요 군사적 상황을 정리한 것이다. <표 3-12>를 통해서 2010년 이후 중국과 일본 간의 충돌이 빈번하게 일어났으며, 충돌의 강도도 점점 강해졌음을 알 수 있다. 특히 2012년 9월에 일본 정부가 20억 5천만 엔에 센카쿠열도의 우오쓰리시마(魚釣島, 중국명: 댜오위) 섬, 기타코지마(北小島, 중국명: 베이샤오) 섬, 미나미코지마(南小島, 중국명: 난샤오) 섬을 매입하면서 국유화를 선언하자 센카쿠열도와 관련한 중국의 군사적 활동이 더 활발해지기 시작했다.

2015년부터는 일본이 설정한 센카쿠열도 영해와 접속수역에서 중국의 해

30 日本方衛省, "東シナ海における日中間の協力について(日中共同プレス発表)(2008年 6月 18日)," https://www.mofa.go.jp/mofaj/area/china/higashi_shina/press.html (검색일: 2019년 11월 24일).

<표 3-12> 센카쿠열도 인근에서의 주요 군사적 활동일지 (2011~2014)

2011.07.04	중국 군용기 2대, 센카쿠열도 주변 비행, 일본 F-15 전투기 대응 출격, 상공에서 장시간 근접대치
12.14	중국, 동중국해에 3,000톤급 대형 순찰함 첫 투입
2012.03.16	중국과 일본의 해양감시선이 센카쿠열도에서 조우
09.11	중국, 센카쿠열도에 해양감시선 2척 파견
09.18	일본, 센카쿠열도 주변에 자위대 함정 배치
09.19	일본, 센카쿠열도에 대규모 순시선 파견
09.20	중국과 일본의 군함이 센카쿠열도에 접근
09.23	중국, 센카쿠열도 부근을 타격할 수 있는 미사일 둥펑-21C를 푸젠성에 배치
09.24	중국, 일본이 설정한 센카쿠열도 영해에 해양감시선 4척 파견
10.01~09	중국, 센카쿠열도에 해양감시선 수시로 파견
12.13	중국, 일본이 설정한 센카쿠열도 영해에 해양감시선 4척 파견, 센카쿠열도에 속한 우오쓰리시마 영공에 처음으로 항공기 1대 파견, 일본, 대응하기 위해 F-15J 전투기 8대와 조기경보기 E-2C 출격
2013.01.19	중국해군 장키이 I 급 호위함, 센카쿠열도 공해에서 비행하던 해상자위대의 호위함 탑재 헬기 SH-60K에 사격관제 레이더 조준
01.30	중국, 일본이 설정한 센카쿠열도 영해에 해양감시선 3척 파견, 중국해군 장웨이 II 급 호위함, 센카쿠열도 공해에서 일본 해상자위대 유우다치 구축함에 사격관제 레이더 조준
04.23	중국, 일본이 설정한 센카쿠열도 영해에 해양감시선 8척을 파견하여 일본어선 10척의 어업 활동 방해, 일본, 대응하기 위해 해상보안청 순시선 20척을 파견, 중국, 일본 방공식별구역에 군용기 40여 대 파견, 일본, 대응하기 위해 F-15J 전투기 출격
05.05~08.08	중국, 일본이 설정한 센카쿠열도 영해에 해양감시선 3척 파견 (05.05) 중국, 일본이 설정한 센카쿠열도 영해에 해양감시선 4척 파견 (07.01) 중국해양국, 일본이 설정한 센카쿠열도 영해에 해경선 4척 파견 (07.26) 중국해양국, 일본이 설정한 센카쿠열도 영해에 해경선 3척 파견 (08.08)
10.14	일본, 센카쿠열도 방어를 위해 오키나와 나하 기지에 3,000톤급 순시선 배치
11.01	일본, 오키나와와 규슈에서 처음으로 센카쿠열도 방어를 위한 실전훈련 실시
11.16	중국, 센카쿠열도 북쪽 150km 지점에 정보수집기 TU-154 파견 일본, 견제하기 위해 전투기 출격
2014.04.18	일본, 센카쿠열도에서 가까운 요나구니섬에 레이더 기지 건설 시작
05.22	일본, 아마미군도의 무인도에서 센카쿠열도 탈환 훈련 시행
10.18~	중국, 일본이 설정한 센카쿠열도 영해에 해경선 파견 (10.18, 11.25, 12.19, 12.23)

출처: 한국국방연구원, "연구보고서-세계분쟁정보(WoWW)-지역별 분쟁현황(현재)-센카쿠열도/댜오위다오 분쟁," http://www.kida.re.kr/frt/board/frtNormalBoardDetail.do?sidx=2166&idx=9&depth=3&searchCondition=&searchKeyword=&pageIndex=2 (검색일: 2019년 11월 5일), 박향기, "중·일간 센카쿠열도 영유권 분쟁 연구," 『군사연구』 제139집 (2015), pp. 239-240.

경선이 출현하는 것은 일상적인 일이 되었다. 중국은 해양조사선을 여러 차례 EEZ에 투입하여 해양 자원 조사 활동을 벌이기도 했다. 일본 정부의 주장에 따르면, 센카쿠열도의 국유화 선언 이후부터 2017년 9월까지 2013년 188척, 2014년 88척, 2015년 95척, 2016년 121척, 2017년 83척의 중국 선박이 센카쿠열도에 진입했다.[31] 이러한 상황은 2019년 현재에도 마찬가지이다. 중국의 해경선은 수시로 센카쿠열도 인접 해역에 진입해 오고 있으며, 나아가서 중국의 활동은 해경선을 항해시키는 것에 그치지 않았다. 2018년 1월에는 순항미사일을 탑재한 중국의 상(Shang)급 원자력 잠수함이 센카쿠열도 접속수역에 진입했다가 일본에 발각되었다. 그리고 같은 해 8월 중국은 동중국해에서 군함 40여 척을 동원하여 미사일 요격훈련을 시행하기도 했다.[32]

이처럼 중국의 군사적 활동 강도는 해가 지날수록 더 강해졌다. 중국의 지하핵실험과 센카쿠열도 영유권분쟁에 대한 사례분석을 통해 중국이 공격적인 의도를 잘 드러내는 국가임을 알 수 있다. 결론적으로 중국의 공격적 의도는 일본이 위협을 인식하도록 하기에 충분하다.

---

31 『연합뉴스』, "日 센카쿠 국유화선언 5년에 '中선박들 199일 진입'…갈등 여전," https://www.yna.co.kr/view/AKR20170909025300073 (검색일: 2019년 11월 9일).

32 한국국방연구원, "연구보고서-세계분쟁정보(WoWW)-지역별 분쟁현황(현재)-센카쿠열도/댜오위다오 분쟁," http://www.kida.re.kr/frt/board/frtNormalBoardDetail.do?sidx=2166&idx=9&depth=3&searchCondition=&searchKeyword=&pageIndex=2 (검색일: 2019년 11월 6일).

5. 중국에 대한 일본의 위협인식

일본 방위성이 매년 발행하고 있는 「방위백서」에는 경제적으로 꾸준히 성장하고 있는 중국의 군사력 강화를 경계하는 내용이 나오고 있다.[33] 가장 최근 발행된 「2019 방위백서」에도 이와 관련한 내용이 나와 있다. 일본이 중국에 대해서 우려하는 내용을 정리하면 다음과 같다.[34] 첫 번째 우려는 중국 정부가 발표하는 군사 및 안보와 관련한 사항은 투명성을 보장하고 있지 않기 때문에 일본은 중국의 군사적 의사 결정과 행동에 더 주의를 기울일 필요가 있다는 것이다. 둘째, 중국의 경제발전과 비례해서 국방예산이 1989년 이후 급격히 증가했다는 것이다. 셋째, 중국이 다양한 종류의 탄도미사일을 보유하고 있다는 것이다. 특히 일본은 자국까지 도달할 수 있는 탄도미사일의 성능과 핵탄

<그림 3-4> 일본의 대중국 위협인식과 미·일 동맹의 변화

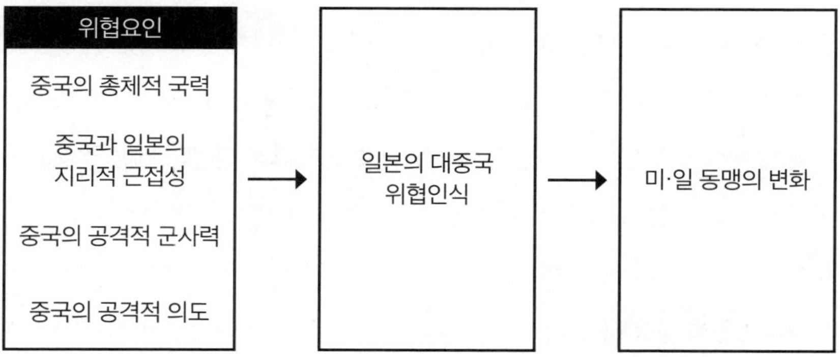

---

33 일본「방위백서」는 일본 주변의 안보정세와 주변국의 군사적 동향에 대해서 분석하고 전망하는 보고서이다.

34 Japan Ministry of Defense, *Defense of Japan (Annual White Paper)* (Tokyo: Japan Ministry of Defense, 2019), pp. 60~75.

두 운반 기술이 계속해서 발전하고 있다는 점을 주목하고 있다. 넷째, 장비가 현대화되고 명령체계가 효율적으로 간소화되는 등 육군 · 해군 · 공군의 전력이 매우 강해졌다는 것이다. 마지막으로 센카쿠열도에 대한 중국의 침입 강도가 점점 더 강화되고 있고, 그러한 중국의 행위는 절대 용납할 수 없다는 것이다. 이처럼 일본 방위백서는 중국의 경제적 급성장과 방위비 증대, 그리고 군사적 능력을 일본의 안전에 중대한 위협이라고 명시하고 있다.

IV. 미 · 일 동맹의 변화과정

일본의 대중국 위협인식이 미 · 일 동맹에 어떠한 영향을 미쳤는지를 분석하기 위해서 일본의 「방위계획대강」과 「미 · 일 방위협력지침」, 「미 · 일 안보공동선언문」, 「미 · 일 안보협의위원회 공동발표」 등의 공식 문서를 활용한다. 「방위계획대강」은 일본의 방위군 운용지침서로써 동아시아 지역의 안보 환경에 대처하는 기본적인 지침을 제시하고 있다. 따라서 일본의 대중국 위협인식과 중국의 위협에 대해 일본이 어떠한 대처를 해왔는지 파악할 수 있는 자료이다. 그리고 「미 · 일 방위협력지침」, 「미 · 일 안보 공동선언문」, 「미 · 일 안보협의위원회 공동발표」는 탈냉전 이후 미 · 일 동맹이 어떻게 변해 왔는지를 추적할 수 있는 문서이다.

1. 미 · 일 동맹의 표류와 재정의

1) 걸프전

1989년 12월 몰타에서 미국과 소련은 '동서 냉전체제 해체'를 선언한다. 이후 미국의 국방정책은 큰 변화를 보였고, 미 · 일 동맹 또한 소련의 군사적 팽창 억제라는 주요 목표를 잃어버리게 되었다. 소련의 군사적 위협이 사라지게 되자 미국은 일본의 경제력을 가장 큰 위협으로 인식하기 시작했다. 이러한 상황에서 1990년 8월 이라크의 쿠웨이트 침공으로 발발한 걸프전은 미 · 일 동맹에 큰 영향력을 미쳤다. 미국은 일본의 자위대가 다국적 연합군에 참여하길 원했지만, 일본의 지원은 다국적 연합군에 10억 달러를 보내는 데 그쳤다. 그러자 미국은 일본이 걸프전에 참전하여 주요 동맹국으로서 더 많은 책임을 분담하기를 강력하게 요구했다. 이러한 요청에 대해서도 일본은 국내 헌법상의 제약을 근거로 자위대를 다국적 연합군에 파병하지 않았다. 그 대신에 120억 달러를 추가로 지원하는 것으로 동맹국의 의무를 다하려 했다. 1990년 10월 일본은 뒤늦게 유엔의 평화유지 활동(Peace Keeping Operations)에 자위대를 참여시킬 수 있는 「유엔 평화유지 활동 협력법(PKO협력법)」을 의회에 제출했지만, 이 법안은 국내적으로 정당성을 확보하지 못한 채 1990년 11월에 폐기되었다. 일본의 이러한 대응 때문에 일본은 미국을 비롯한 국제사회로부터 돈으로만 외교를 한다는 냉담한 비난을 받게 되었다. 심지어 걸프전이 끝난 이후 쿠웨이트 정부는 다국적 연합군에 감사를 표했지만, 일본 정부에는 감사를 표하지 않았다. 미국으로부터 버림받을지도 모른다는 '방기(abandonment)'와 전쟁에 말려들지도 모른다는 '연루(entrapment)' 사이에서 갈등했던 것이 외교적 실패로 이어진 것이다. 냉전의 승자에 속했던 일본은 걸프전에서의 외교 실패로 큰 충격을 받게 되었다. 따라서 일본 정부는 1992년 6월「유엔 평화유지 활동 협력법」법안을 의회에 제출하고 이를 통과시킨다. 이 법안을 근거로 일본은 의료지원, 수송, 건설 등의 비전투적 임무에 자위대를 파견하여 평화유지 활동을 수행하기 시작한다.[35]

2) 미·일 동맹 재정의

중국의 연이은 지하핵실험과 제1차 북핵위기[36]의 전개 과정을 바라본 일본의 안보전문가들은 탈냉전이라는 변화된 환경에서 새로운 국가안보전략이 필요하다는 것을 인식했다. 1994년 2월 일본 정부는 냉전 이후의 안보정책에 대해 종합적으로 검토하기 위해서 사적 자문기관인 '방위문제간담회'를 설치한다. 그리고 1994년 8월 방위문제간담회는 일본 정부에「일본의 안전보장과 방위력 구상: 21세기를 향한 전망(日本の安全保障と防衛力のあり方: 21世紀へ向けての展望)」이라는 제목의「히구치 보고서(樋口レポート)」를 제출한다. 이 보고서는 다자간 안보협력과 미 · 일 안보동맹의 기능을 개선할 필요가 있다는 내용을 담고 있었다.[37] 이를 접한 미국의 일본 전문가들은 히구치 보고서가 미 · 일 동맹보다 다자안보협력에 지나치게 집중하고 있다고 우려했다. 당시 미국

---

35 송화섭, "일본의 PKO협력법 전문과 국제긴급원조대 파견법 개정 내용,"『국방정책연구』19권 (1992), pp. 268-270.

36 제1차 북핵위기는 1993년 3월 12일, 북한이 핵확산방지조약(NPT: Nuclear Non-Proliferation Treaty)을 탈퇴하면서 발생한 사건이다. 이후 미국과 북한이 수차례 협의한 결과, 1994년 10월 21일에 양국 간의 제네바 합의로 이 사건은 일단락되었다.

37 内閣官房内閣安全保障室,「日本の安全保障と防衛力のあり方-21世紀へ向けての展望-」(樋口レポート)(東京: 防衛問題懇談会, 1994).

국방부 국제안보담당 차관보였던 조셉 나이(Joseph S. Nye, Jr)는 이러한 우려를 클린턴 행정부에 밝히고 「나이 보고서」라 지칭되는 「미국의 동아시아 · 태평양지역 안보전략(United States Security Strategy for the East Asia-Pacific Region)」을 발표한다. 이 보고서에 명시된 미국의 전략은 크게 3가지로 요약된다. 첫째, 동아시아의 안정된 번영과 평화는 미국의 경제와 세계안보에 있어 사활적 이익(vital interest)이라는 것이다. 둘째, 미국의 동아시아 전략에서 가장 중요한 핵심은 미 · 일 동맹이며, 그 중요성은 동아시아뿐만 아니라 아시아 · 태평양 지역 전체에 확대 적용된다는 점이다. 셋째, 중국의 국방비 지출 증강과 투명하지 못한 국방계획에 대한 우려이다.[38]

동아시아 안보전략 보고서에 호응하여 일본은 1995년 11월 28일 「1996년도 이후에 관한 방위계획의 대강(이하, 1995년 방위계획대강)」으로의 개정을 각의에서 결정한다. 기존의 「1976년 방위계획대강」과 「1995년 방위계획대강」의 차이점은 크게 3가지이다. 첫째, 자위대에 국제적인 역할을 부여했다는 것이다. 기존의 대강은 '전수방위원칙'[39]과 이에 기반한 '기반적 방위력'[40]개념에 따라 자위대의 역할을 자국 방위에 한정했었다. 이에 비해서 새로운 대강에서는 자위대의 주된 임무가 기반적 방위임을 명시하면서 동시에 유엔 평화유지활동이나 지역분쟁 등을 자위대가 적극적으로 대응해야 한다고 밝히고 있다.

---

38 U.S. Department of Defense, *United States Security Strategy for the East Asia-Pacific Region* (Washington D.C.: Department of Defense, February 1995), pp. 6-15.

39 전수방위원칙(專守防衛, exclusive defense)은 상대방으로부터 무력공격을 받았을 때만 방위력을 행사하고, 그 방위력 행사 형태도 자위를 위해 필요한 최소한도로 제한하며, 보유하는 방위력도 방위를 위해 필요 최소한으로 한정하는 등 헌법정신에 맞도록 수동적인 방위전략 자세를 견지하는 것이다.

40 기반적 방위력(basic defense force)은 상대의 의도를 파악하고 위협을 감소시키면서, 평상시에는 '거부력(拒否力)'만으로 최소한의 기반적인 통상 군비로 대처하는 것이다.

둘째, 자위대의 규모를 축소하는 대신 질적인 측면을 발전시키겠다는 계획이다. 셋째, 미 · 일 동맹의 역할을 확대했다. 기존 대강에서는 미 · 일 안보체제의 역할을 본토방위를 위한 수단으로만 한정했었다. 하지만 새로운 대강에서는 미 · 일 안보체제를 주변 지역의 안보 구축을 위해 불가결한 것으로 간주한다.[41] 결국 「1995년 방위계획대강」은 자위대의 역할을 국제적인 영역으로 확대하고, 「히구치 보고서」에서 제시된 다자간 안보협력보다는 미 · 일 동맹이라는 양자 간 안보협력을 강조했다고 할 수 있다.

2. 미 · 일 안보공동선언과 미 · 일 방위협력지침 개정

1) 3차 대만해협위기와 미 · 일 안보공동선언

1995년 7월부터 1996년 3월까지 전개되었던 3차 대만해협위기는 미 · 일 동맹을 결속시키는 계기를 마련했다. 대만의 리덩후이 총통이 정치체제의 민주화와 대만독립론을 주장하자 '하나의 중국'을 내세우던 중국은 1995년 7월 21일부터 26일까지 대만 근처 공해에서 단거리 탄도미사일 둥펑-15(DF-15)의 발사훈련을, 8월 15일부터 25일까지는 2차 훈련을 진행했다.[42] 같은 해 12월 미국의 항공모함 니미츠호(USS Nimitz, CVN-68)가 대만해협을 통과했다. 이것은 미국이 대만에 문제가 발생할 시 직접 군사적으로 개입하겠다는 것을 중국에 보여준 것이었다. 1996년 3월 23일에 예정된 총통 선거가 다가오자 중국

---

41 한국전략문제연구소 편집실, "일본의 신방위계획 대강," 한국전략문제연구소『전략연구』 통권 제6호 (1996), pp. 227-283.

42 당시 리덩후이 총통이 모교인 미국 코넬대에서 강연하기 위해 미국 정부에 신청한 비자가 발급되자 이에 격분한 중국이 대만해협에서 미사일을 시험 발사하면서 위기를 촉발했다.

은 다시 미사일 훈련을 했고, 이는 3월 8일부터 15일까지 진행되었다. 이에 대응하여 미국은 항공모함 니미츠호와 인디펜던스호(USS Independence, CV-62)를 대만해협으로 이동시켜서 중국을 감시했다. 대만해협에서 고조된 긴장 상태는 대만의 총통 선거가 끝이 나자 이완되면서 3차 대만해협위기는 종결되었다.[43]

비록 대만을 위협하는 중국의 군사적 행동이 일본의 안보에 직접적인 영향을 미친 것은 아니었지만, 중국의 미사일 발사훈련은 일본 내부에서 중국에 대한 위협인식이 높아지도록 만들었다. 이는 곧 중국의 위협에 대비해서 미·일 동맹을 강화해야 한다는 주장의 근거가 되었다.[44] 즉, 미·일 동맹이 표류하는 과정을 거쳐 다시 정의되고 있는 상황 속에서 3차 대만해협위기가 미·일 동맹 재정의를 가속하는 계기가 된 것이다.

대만해협에서 벌어진 미국과 중국 간의 군사적 대치 상황이 종료된 뒤 한 달도 채 안 되는 1996년 4월 미국 클린턴 대통령은 일본을 방문하여 하시모토 류타로 총리와 「미·일 안보공동선언」에 서명한다. 이 선언에서 양국은 공통된 가치를 재확인했다. 자유·민주주의·인권이라는 공동의 가치에 대한 의지와 미·일 안보동맹이 아시아·태평양의 평화와 번영을 위한 초석이라는 것을 선언한 것이다. 양국이 합의한 주요 내용은 다음과 같다.[45] 첫째, 미국은 약 10

---

43 Robert S. Ross, "The 1995-96 Taiwan Strait Confrontation: Coercion, Credibility, and the Use of Force," *International Security*, vol. 25, no. 2 (2000), pp. 87-123.

44 서승원, "탈냉전기 일본의 중국정책과 그 전환: 관저외교, 정당정치, 그리고 내셔널리즘," 『아세아연구』 제52권 1호 (2009), p. 153.에서 毛利和子, 日中関係 (東京: 岩波書店, 2006), p.138. 재인용.

45 日本外務省. "Japan-U.S. Joint Declaration on Security Alliance for the 21st Century," https://www.mofa.go.jp/region/n-america/us/security/scc/joint0212.html (검색일: 2019년 11월 21일).

만 명의 미군 병력을 아시아 지역에 계속해서 전방 배치할 것을 보장했다. 이는 나이 보고서에서 중점적으로 다뤄진 사안이었다. 둘째, 미국과 일본은 「물품 · 서비스 상호제공협정(Acquisition and Cross-Servicing Agreement)」을 체결했다. 이를 통해 미군과 자위대는 군사훈련, 유엔 평화유지활동 등을 수행할 때 식량 · 연료 등의 보급품을 서로 제공할 수 있게 되었다. 이로써 양국 군대는 더 긴밀한 군수 · 병참 협력이 가능해졌다. 셋째, 「1978년 미 · 일 방위협력지침」을 검토하고 개정하기로 합의했다. 양국 정상은 일본 주변 지역에서 일본의 평화와 안보에 큰 영향을 미칠 수 있는 상황이 발생했을 때, 이에 대처하기 위한 양국 협력에 관한 연구를 포함하여 양국 간의 정책을 조정할 필요가 있다는 데에 동의했다. 이와 같은 미 · 일 안보공동선언을 통해서 미국과 일본은 미 · 일 방위협력지침을 개정하기 위한 작업을 이어나간다.

2) 1997년 미 · 일 방위협력지침

미 · 일 방위협력지침이 발표되기까지 미국과 일본은 3가지 측면에서 협력을 논의했고, 이는 1997년 9월에 발표된다. 새로운 방위협력지침의 주요 내용은 ① 평시에서의 협력, ② 일본을 목표로 하는 무장 공격에 대한 대응, ③ 일본 주변사태에 대한 대응이다.[46] 1978년의 지침은 일본을 직접 군사적으로 타격하는 것에 대한 미 · 일 동맹의 대응에 초점을 두었지만, 새로운 지침의 주요 초점은 일본 주변 지역에서의 미 · 일 협력에 관한 것이었다. 특히 인도주의

46 日本方衛省, "The Guidelines for Japan-U.S. Defense Cooperation (1997.9.23)," https://www.mod.go.jp/e/d_act/anpo/19970923.html (검색일: 2019년 11월 21일).

적 구호, 비전투 전투원의 대피, 미군의 시설 사용, 지역 물류 지원, 그리고 미군과 자위대 사이의 협력 등을 포함하여 광범위한 분야에서 협력을 다루었다. 새로 개정된 지침에서 무엇보다 중요한 것은 일본 주변 지역에서 일어나는 일, 즉 '주변사태'에 대한 정의라고 할 수 있다. 새로운 지침에서는 주변사태의 개념을 지리적인 것이 아니라, 상황에 따른 것이라고 규정한다. 이것은 중국과 대만 간의 분쟁이나 한반도에서의 문제가 발생했을 시, 미국과의 협력이라는 명분으로 일본이 군사적 역할을 하겠다는 것을 의미했다. 새로운 미 · 일 방위협력지침이 개정되자 1998년 4월 일본 정부는 이와 관련된 법안을 의회에 상정한다. 법안은 「자위대법 개정안」, 「미 · 일 물품 · 서비스 상호제공협정 개정안」, 「주변사태법안」으로 구성되었고, 이는 1999년 5월에 의회에서 가결된다.

3) 「아미티지-나이 보고서」

2000년 10월 리처드 아미티지(Richard L. Armitage)와 나이는 「미국과 일본: 성숙한 동반자로의 발전(The United States and Japan: Advancing Toward a Mature Partnership)」이라는 제목의 초당파적인 정책보고서를 제출한다. 이 보고서는 1996년의 미 · 일 안보공동선언이 제대로 이행되지 않고 있다고 지적하면서 미 · 일 관계를 미국과 영국 간의 관계처럼 특수하게 만들어야 한다고 제안한다. 아미티지 보고서가 동맹의 강화를 위해서 제안하는 주요 방안은 다음과 같다.[47] 첫째, 일본의 집단자위권 행사를 금지하는 일본 헌법 9조가 개정되는

---

47 Richard L. Armitage and Joseph S. Nye Jr, "The United States and Japan: Advancing Toward a

것을 지지한다. 보고서는 국내적인 헌법을 존중하기는 하지만 일본이 집단자위권을 행사하지 않는 것이 더 긴밀하고 효율적인 미 · 일 동맹으로의 발전을 저해하는 장애물이라고 보았다. 둘째, 일본이 평화유지활동 및 인도주의 구호임무에 적극적으로 참여하도록 요구한다. 셋째, 일본에 미국의 최첨단 방위기술을 우선하여 제공하고, 미 · 일 미사일 방어체제 협력을 확대한다. 이처럼 「아미티지 보고서」는 미국과 일본의 동맹 관계를 '책임분담(burden-sharing)' 관계에서 '권한분담(power-sharing)' 관계로 발전시켜야 한다고 주장한다.

3. 미 · 일 동맹의 강화

1) 미 · 일 밀월관계의 시작

2001년 1월 「아미티지 보고서」의 작성을 주도했던 아미티지가 미국 국무부 부장관 직책을 맡게 되면서 보고서에서 제시된 미 · 일 동맹에 대한 접근방식이 미국의 대일본 전략이 된다. 2001년 9 · 11테러가 발생한 이후 미국과 일본의 관계는 급속도로 발전한다. 고이즈미 총리는 테러가 발생한 지 2주 만인 9월 25일 워싱턴을 방문하여 미국의 편에 서서 테러와의 전쟁을 적극적으로 지원하겠다고 선언한다. 미국의 아프가니스탄 공격이 시작되자 일본 정부는 2001년 10월 「테러대책 특별조치법」을 의회에서 가결한다. 이 법안은 자위대가 일본, 외국지역, 공해에서 수행하는 외국군대에 대한 협력 지원, 수색구조, 이재민 지원 등의 활동을 규정한다. 2001년 12월에는 「유엔 평화유지활동 협

Mature Partnership(INSS Special Report)," *Institute for National Strategic Studies*, National Defense University (2000), pp. 3-4.

력법」을 개정하여 의료지원 · 수송 · 건설 등의 비전투적 임무만을 수행했던 자위대가 지뢰제거, 무기회수, 주둔 및 순찰 등 준군사적인 활동을 수행할 수 있도록 했다. 그리고 기존에는 자위대가 무기를 사용할 수 있는 상황을 '자위대의 신체와 생명을 지키는 범위'로 한정했지만, 개정안에서는 그 상황을 '자위대의 관리하에 들어온 사람과 무기를 보호하는 범위'로 확대했다. 두 개의 법안에 근거하여 일본은 인도양에 해상자위대를 파견하여 연합군의 함대를 지원하고 정보를 수집하는 역할을 했다.[48] 이와 더불어 아프가니스탄 재건을 위한 경제원조 방안을 미국과 협력하여 주도적으로 논의했고, 2002년 1월에는 도쿄에서 아프가니스탄 재건 지원을 위한 국제회의를 개최하기도 한다.[49] 일본의 이러한 행보는 10여 년 전 걸프 전쟁 때의 외교적 실패와는 매우 달랐다. 그동안 군사작전은 수행하지 않았던 일본이 동맹국의 군사작전에 전례 없이 협력하고, 그 협력 또한 매우 신속하게 진행했다는 점은 미 · 일 동맹이 더 공고화되고 있다는 것을 의미했다. 2002년 12월에는 미국의 국무 · 국방 장관과 일본의 외무 · 방위 대신이 참여하는(2+2) 미 · 일 안보협의위원회(SCC: US-Japan Security Consultative Committee)가 열렸다. 이 회의를 시작으로 양국은 국제테러, 대량살상무기, 군사기술의 비약적인 발전 등 변화하는 안보 환경에 맞춰서 각국의 국가안보정책과 방위정책을 재검토하고, 미 · 일 동맹의 변혁에 대해 논의하기로 합의했다.[50]

---

48 Jain Purnendra and John Bruni, "Japan, Australia and the United States: little NATO or shadow alliance?," *International Relations of the Asia-Pacific*, Vol. 4, No. 2 (2004), p. 278.

49 최윤정, "아프가니스탄 재건회의: 성과와 향후 전망," 『오늘의 세계경제』 제2002-06호 (2002), p. 1.

50 日本外務省, "Joint Statement of the U.S.-Japan Security Consultative Committee (Washington D.C.: December 16, 2002)," https://www.mofa.go.jp/region/n-america/us/security/scc/joint0212.html (검

그리고 2003년 3월에 미국의 이라크 침공이 시작된 이후에도 일본은 미국의 정책을 꾸준하게 지지해 주었다. 2003년 7월 일본 정부는 이라크에서의 인도주의적 구호, 재건작업 및 안보 지원을 위해 「이라크지원 특별조치법」을 제정했으며, 이에 근거하여 2004년 2월에는 육상자위대를, 3월에는 항공자위대를 이라크에 파병했다. 이렇게 일본은 미국과 긴밀한 협력관계를 적극적으로 구축해 나감으로써 국제무대에서 일본의 역할을 확대해 나갈 수 있었다.

2) 중국의 위협에 대한 미·일의 공동 대응 공식화

일본은 미국의 중동작전에 적극적으로 참여하면서 미 · 일 동맹을 공고히 해나갔다. 이러한 상황에서 일본은 테러, 대량살상무기 등 변화하는 안보 환경에 대응하기 위해서 「2005년도 이후에 관한 방위계획의 대강(이하, 2004년 방위계획대강)」으로의 개정을 각의에서 결정한다. 「2004년 방위계획대강」이 「1995년 방위계획대강」과 구분되는 차이점은 일본의 안보 위협요인으로 중국을 지목했다는 것이다. 「2004년 방위계획대강」은 중국을 다음과 같이 평가하고 있다.

> 중국은 핵과 미사일 전력, 그리고 해군과 공군의 현대화를 추진하는 것과 더불어 해양에서 활동 범위의 확대 등을 시도하고 있는데, 앞으로는 이러한 동향에 주목할 필요가 있다.[51]

색일: 2019년 11월 21일).

51 세종연구소, "2005년 이후에 관한 방위계획 대강," 『국가전략』 제11권 1호 (2005), p. 179.

이와 같은 새로운 위협에 대한 대처방안으로 「2004년 방위계획대강」은 다음과 같은 지침을 제시한다.

> 일본으로서는 새로운 안보환경과 전략목표에 관한 미 · 일 간의 공동인식을 높이면서, 양국 간의 역할분담 및 주일미군의 병력구성을 포함한 군사태세 등과 같이 전반적인 안보에 관해서 미국과의 전략적인 대화에 주체적으로 임한다.[52]

그리고 「2004년 방위계획대강」으로 개정된 지 얼마 뒤에 일본은 미국과 안보에 관한 전략적인 대화에 임한다. 2005년 2월에 열린 미 · 일 안보협의위원회에서 미국과 일본은 공동전략목표를 설정하게 되는데. 이 목표는 지역적 목표와 범세계적 목표로 나뉘어 있다.[53]

<표 3-13> 미·일 안보협의위원회에서 설정된 주요 공동전략목표 (2005.02.19.)

<table>
<tr><td rowspan="2">공동전략목표</td><td>지역적
(아시아·태평양)
전략목표</td><td>① 일본의 안전보장과 지역의 평화와 안정
② 북한과 대만 문제의 평화적 해결
③ 중국과 러시아의 건설적인 개입 촉구
④ 군사적 부문에 대한 중국의 투명성 요구</td></tr>
<tr><td>범세계적
전략목표</td><td>① 인권, 민주주의, 법치 등 근본적인 가치 추구
② 대량살상무기 확산과 테러 방지
③ 일본의 유엔 안전보장이사회 상임이사국 진출</td></tr>
</table>

자료: 日本外務省, "Joint Statement of the U.S.-Japan Security Consultative Committee (Washington D.C.: February 19, 2005)," https://www.mofa.go.jp/region/n-america/us/security/scc/joint0502.html (검색일: 2019년 11월 26일)를 참고하여 작성.

---

52 세종연구소 (2005), p. 182.

53 日本外務省, "Joint Statement of the U.S.-Japan Security Consultative Committee (Washington D.C.: February 19, 2005)," https://www.mofa.go.jp/region/n-america/us/security/scc/joint0502.html (검색일: 2019년 11월 26일)

먼저 지역적 목표는 다음과 같다. 첫째, 일본의 안보, 아시아·태평양 지역의 평화와 안정을 강화하며, 미국과 일본에 영향을 주는 만일의 사태를 해결하는 능력을 유지한다. 둘째, 한반도의 평화통일을 지지한다. 셋째, 북한과 관련된 문제를 평화적으로 해결한다. 넷째, 중국과의 협력관계를 발전시키고 세계적인 문제에 대한 중국의 건설적인 참여를 권유한다. 다섯째, 대만 문제를 평화적으로 해결하길 장려한다. 여섯째, 중국에 군사적 부문의 투명성을 촉구한다. 일곱째, 아시아·태평양 지역에 대한 러시아의 건설적인 참여를 촉진한다. 여덟째, 북쪽 영토 문제를 해결하여 러·일 관계를 정상화한다. 아홉째, 동남아시아를 지원한다. 열 번째, 지역 기구의 개방성, 포괄성, 투명성을 강조하면서 다양한 지역협력의 형태를 발전시킨다. 열한 번째, 무기와 군사기술의 판매를 장려하지 않는다. 열두 번째, 해상교통의 안보를 유지한다.

다음으로 범세계적 목표는 다음과 같다. 첫째, 국제사회에서 인권, 민주주의, 법치 등의 근본적인 가치를 추구한다. 둘째, 평화협력 활동과 개발지원을 위해 미·일 파트너십을 더 강화한다. 셋째, 국제레짐을 통해 대량살상무기의 확산을 막는다. 넷째, 테러를 방지한다. 다섯째, 유엔 안전보장이사회의 유효성을 증대시키고 일본의 안전보장이사회 상임이사국 진출을 위해 노력한다. 여섯째, 세계 에너지 공급의 안정성을 강화하고 유지한다.

1997년 9월 23일 발표된 「미·일 방위협력지침」에서는 미국과 일본 간의 안보협력 범위를 아시아·태평양 지역으로 한정했을 뿐 특정 국가에 대한 전략을 규정하지 않았다. 그에 비해서 2005년 2월에 설정된 미·일 공동전략목표는 양국의 안보협력 범위를 전 세계로 확대했으며, 중국, 러시아, 북한, 대만 등과 관련한 전략을 구체적으로 제시하고 있다. 특히 중국과 관련된 문제를 포함해서 구체적으로 3가지나 명시했다. 이것은 중국에 대한 위협인식을 일본과 미국이 공통으로 인식하고 있으며, 앞으로도 두 국가가 중국의 위협에 대해서 공동 대응하겠다는 것을 의미한다.

3)「2010년 방위계획대강」과 미·일 공동성명

일본의 대중국 위협인식은 날이 갈수록 더 강해졌다. 이에 따라 일본은 2010년 12월, 「2011년 이후에 관한 방위계획의 대강(이하, 2010년 방위계획대강)」으로의 개정을 각의에서 결정한다. 「2010년 방위계획대강」의 핵심 내용은 중국에 대한 위기감과 그에 대한 경계를 강화하겠다는 것이다. 「2004년 방위계획대강」과 비교해서 「2010년 방위계획대강」은 중국의 위협에 대해서 이전보다 더 노골적으로 다음과 같이 제시하고 있다.

> 중국은 국방비를 계속 증대시켜, 핵과 미사일 전력, 그리고 해군과 공군을 중심으로 군사력을 광범위하고 빠르게 현대화시켰다. 그리고 전력을 먼 곳에 투사하는 능력을 강화하는 것 외에 주변 해역에서의 활동을 활발하게 하고 있다. 이러한 중국의 군사적 동향은 중국의 군사적 부문이 투명성이 부족하다는 사실과 함께 지역·국제사회의 우려 사항이 되어 가고 있다.[54]

54 日本方衛省, "平成23年度以降に係る防衛計画の大綱について (2011.12.17.)," https://www.mod.go.jp/j/approach/agenda/guideline/2011/taikou.html (검색일: 2019년 11월 26일).

일본이 이렇게 중국에 대한 위협인식을 직접 밝힌 것은 2010년부터 중국에 국내총생산(GDP) 규모 2위를 자리를 내주었다는 점과 2010년 9월부터 격화된 센카쿠열도 영유권분쟁이 영향을 주었다고 할 수 있다. 이와 같은 위협에 대비해서 「2010년 방위계획대강」이 내세운 주요 전략은 두 가지이다.

첫 번째는 '동적 방위력' 전략이다. 동적 방위력이란 각종 사태에 능동적으로 신속하게 투입하여 안보환경을 개선하는 것이다. 이것을 위해서는 고도의 기술력을 바탕으로 평시에도 정보를 수집하는 능력이 요구된다. 따라서 동적 방위력은 평시에도 능동적인 활동을 하는 것이므로 방위력을 갖춤으로써 그 자체의 억지력을 중시하는 수동적인 기반적 방위력과는 상반되는 개념이라고 할 수 있다. 「2004년 방위계획대강」은 기반적 방위력 구상을 계승하면서 주변사태가 발생한 뒤에 실효적으로 대응하는 전략을 제시했다. 이에 비해서 「2010년 방위계획대강」은 기존의 기반적 방위력 구상을 폐기하고 동적 방위력 전략을 채택함으로써 이전보다 적극적으로 일본 주변 지역의 안정에 나서겠다고 밝힌 것이다.

두 번째는 미 · 일 동맹을 더 심화시키며, 미국의 동맹인 호주, 한국, 그리고 전통적인 파트너인 ASEAN과의 협력을 강화하는 것이다. 일본은 아시아 지역의 안보 환경이 변화하더라도 미국의 억지력이 보장된다면 아시아는 안정될 것이라고 보았다. 따라서 「2010년 방위계획대강」은 변화하는 안보 환경에 알맞은 미 · 일 동맹의 역할, 공통의 목표, 그리고 그 목표를 달성하기 위한 구체적인 정책을 꾸준히 검토하며, 미 · 일 동맹을 발전시켜야 한다고 제시한 것이다. 나아가서 미국의 동맹국, 주변 지역 국가들과 협력하여 중국이 국제사회에서 책임 있는 행동을 하도록 하는 적극적 관여정책 또한 제시한다.

방위계획대강이 개정된 뒤인 2012년 5월 1일 미국과 일본의 정상이 만나 「미 · 일 공동성명(미래를 향한 공동비전)」을 발표했다. 2006년 6월 이후 6년 만에 이루어진 미 · 일 공동성명에서 양국은 아시아 · 태평양지역에서의 우발적인 사태에 대응하기 위해서 동맹을 더 강화하기로 하였으며, 안보 위협에 대해서 공동 대응 태세를 구축할 필요성에 대해 인식을 같이했다.[55] 세부적으로 일본은 「2010년 방위계획대강」이 제시한 동적 방위력을 구축하기로 하고, 미국은 아시아 지역 중시(Pivot to Asia)전략을 수행하기로 했다.

4) 「2013년 방위계획대강」과 미 · 일 방위협력지침 개정

센카쿠열도 영유권분쟁으로 인해 중국과 일본 간의 갈등이 치닫고 있는 상황에서 일본은 2013년 12월 「2014년 이후에 관한 방위계획의 대강(이하, 2013년 방위계획대강)」으로의 개정을 각의에서 결정한다. 「2013년 방위계획대강」은 중국의 위협에 관해서 이전보다 더 강력한 내용이 추가되었는데, 이는 다음과 같다.

> ……중국은 동중국해 및 남중국해를 비롯한 해역 등에서의 활동을 확대해 나가고 있다. 특히 해양에서 다른 국가와 이해가 대립하는 문제에서는 힘을 바탕으로 한 현상 변경의 시도나 고압적이라고도 할 수 있는 대응을 보이며, 우리나라(일본) 주변의 영해와 영공을 침범하는 동시에 동중국해 방공식별구역을 독자적으로 설

---

55 The White House President Barack Obama, "United States-Japan Joint Statement: A Shared Vision for the Future (2012.04.30)," https://obamawhitehouse.archives.gov/the-press-office/2012/04/30/united-states-japan-joint-statement-shared-vision-future (검색일: 2019년 11월 25일).

정하여 공해상에서의 비행의 자유를 방해하는 등 우발적인 사태를 초래할 수도 있는 위험한 행위를 자행하고 있다.[56]

이것은 센카쿠열도와 관련한 중국의 공격적 성향을 구체적으로 명시한 것이었다. 일본은 두 가지 지침을 통해 중국을 비롯한 여러 안보적 위협에 대응하기로 한다. 첫 번째는 '통합 기동 방위력'이라는 새로운 군 운용방침이다. 통합 기동 방위력은 자위대 전체의 통합적인 기동력을 강조한다. 상시정찰, 적합한 부대 배치, 전략적 훈련, 조직 개편 등을 통해서 기동력을 증대시키고, 그 기동력을 바탕으로 신속하게 우발적인 사태에 대처함으로써 피해를 최소화하겠다는 것이다. 두 번째는 미·일 동맹의 억지력 및 대처력을 강화하는 것이다. 이를 위해서 일본은 1997년에 개정했던 미·일 방위협력지침의 재검토를 진행하기로 명시한다.

그리고 2015년 4월 미국과 일본 간의 외교·국방 장관 회담에서 미·일 방위협력지침의 재개정이 합의되었다. 두 국가는 새롭게 변한 안보 환경에 맞춰 서로의 역할과 임무를 갱신함으로써 미·일 동맹이 더 효율적으로 될 것이라는 의미를 부여했다. 2015년 지침의 핵심 내용은 평시에도 운용되는 '동맹 조정 메커니즘(Alliance Coordination Mechanism)'의 설치이다. 양국은 동맹 조정 메커니즘을 통해서 정보를 공유하고, 이를 통해 공통된 정세 인식과 전략을 구축하고자 했다. 비록 미·일 방위협력지침에는 중국에 대한 위협이 명시되지

56 日本方衛省, "平成26年度以降に係る防衛計画の大綱について (2013.12.17)," https://www.mod.go.jp/j/approach/agenda/guideline/2014/pdf/20131217.pdf (검색일: 2019년 11월 26일).

않았지만, 지침과 같은 날에 발표된 미 · 일 안보협의위원회 공동발표에는 센카쿠열도가 미 · 일 안보조약의 적용대상이라고 기록되었다.[57] 이러한 공동발표의 일환으로 2017년 8월에는 미국과 일본의 공군이 센카쿠열도 상공에서 처음으로 공동훈련을 실시하기도 했다. 이처럼 일본은 중국에 대한 위협인식이 커질 때마다 미 · 일 동맹을 강화하는 선택을 해왔다고 할 수 있다.

V. 맺는말

본 연구는 일본의 대중국 위협인식이 미 · 일 동맹의 변화에 어떠한 영향을 주는지를 분석했다. 먼저 분석을 위해서 위협균형론이 제시한 총체적 국력분포, 지리적 근접성, 공격적 군사력, 공격적 의도라는 네 가지 요인에 따라 일본의 대중국 위협인식이 어느 정도인지를 측정했다. 그리고 미 · 일 동맹의 변화과정을 추적했다.

일본의 대중국 위협인식은 탈냉전기 이후 현재까지 꾸준히 강화되는 양상을 보였다. 네 가지 요인이 그 위협인식에 영향을 주었다. 먼저 중국의 총체적 국력 상승이 일본의 대중국 위협인식을 증대시켰다. 본 연구에서는 국력을 측정하는 전통적인 지표인 경제력, 군사력, 인구라는 세 가지 지표를 가지고 미국, 중국, 일본 간의 총체적 국력 분포를 살펴보았다. 살펴본 결과, 일본의 국

57 Ministry of Foreign Affairs of Japan, "Joint Statatement of The Security Consultative Committee (2015.04.27)," https://www.mofa.go.jp/files/000078186.pdf (검색일: 2019년 11월 25일).

력이 침체하고 있는 동안 중국은 압도적인 성장세를 보였다. 중국의 강력해진 국력은 그 자체로서 일본이 중국에 대항하여 균형을 선택하도록 강요하는 하나의 위협요인이 되었다.

두 번째, 중국과 일본 간의 지리적 근접성이 일본의 대중국 위협인식을 증대시켰다. 지리적으로 멀수록 군사력을 투사할 수 있는 능력은 떨어지며, 시간이 흐를수록 그 능력은 더 현저하게 감소한다. 이것은 초강대국인 미국이 베트남, 아프가니스탄, 이라크와의 전쟁에서 실패한 것으로 증명되었다. 그러나 중국과 일본은 육지가 맞붙어 있지는 않지만, 지리적으로 매우 근접해 있다. 중국의 군사력이 향상되는 것을 북유럽의 노르웨이보다는 중국과 지리적으로 근접해 있는 일본이 더 걱정할 것이다. 본 연구에서는 지리적 근접성을 중국이 보유한 미사일 전력으로 조작적 정의하였다. 일본은 지상공격용 탄도미사일을 법적으로 보유할 수 없는 국가이다. 반면에 중국의 미사일 전력은 나날이 발전하고 있으며, 중국의 미사일 사정거리 범위 내에 일본 본토가 포함되어 있다. 지리적 근접성은 공격적 군사력이 더 강한 국가에 유리하게 작용한다. 따라서 중국과 일본 간의 지리적 근접성 또한 일본이 중국에 대항하여 균형을 선택하도록 만드는 위협요인 중 하나이다.

세 번째, 중국의 공격적 군사력 강화가 일본의 대중국 위협인식을 증대시켰다. 중국은 압도적인 경제적 성장을 뒷받침으로 하여 국방비 지출을 계속 늘려 왔다. 특히 낙후된 전투 장비를 현대화하는 데 계속해서 투자함으로써 중국 인민해방군의 전력을 강화했다. 따라서 중국의 공격적 군사력의 강화는 그 자체로서 일본이 중국에 대항하여 균형을 선택하도록 위협하는 요인이다.

네 번째, 중국의 공격적 의도가 일본의 대중국 위협인식을 증대시켰다. 중국의 지하핵실험과 센카쿠열도 영유권분쟁 사례를 통해서 중국의 공격적 의도가 드러났다고 할 수 있다. 특히 센카쿠열도 분쟁은 현재에도 진행 중인 사건으로서 중국의 공격적 의도를 명확하게 드러내는 증거라고 할 수 있다. 따라서 중국의 공격적 의도 또한 일본이 중국에 대항하여 균형을 선택하도록 만드는 위협요인이다. 한편, 이 네 가지 위협요인을 실제로 일본이 인식하고 있는지를 알아보기 위해서 2019 방위백서를 분석하였다. 그 결과, 네 가지 요인 모두 일본이 위협으로 인식하고 있었다. 중국의 총체적 국력이 증대될수록, 중국과 일본 간의 지리적 근접성이 줄어들수록, 중국의 공격적 군사력이 강해질수록, 중국의 공격적 의도가 드러날수록 일본의 대중국 위협인식이 높아졌다.

다음으로 일본의 대중국 위협인식이 미 · 일 동맹에 어떠한 영향을 미쳤는지를 분석하기 위해서 미 · 일 동맹의 변화과정을 추적했다. 냉전이 종식되고 소련이 해체하면서 미 · 일 동맹은 목표를 잃게 된다. 그러나 동아시아 내에서 중국이라는 새로운 위협이 부상하자, 미 · 일 동맹은 다시 공고화되는 양상을 보인다. 목표를 잃은 동맹을 재정의하는 과정을 거치고, 1978년에 체결된 양국 간의 첫 방위협력지침을 약 20년 만에 개정한다. 그리고 2000년대 들어 본격적으로 중국이 부상하기 시작하자, 일본의 대중국 위협인식은 더 커지게 된다. 이에 따라 일본은 군 운용지침서인 방위계획대강을 개정하여 중국에 대한 위협을 공식적으로 명시했다. 그리고 일본은 위협에 대한 대응으로 미국과의 동맹 강화를 선택했다. 「2004년 방위계획대강」으로의 개정 후에는 미 · 일 안보협의위원회에서 중국에 대한 위협인식을 양국이 공유했고, 「2010년 방위계획대강」으로의 개정 후에는 양국의 지도자가 만나서 미 · 일 공동성명을 발표했다. 마지막으로 「2013년 방위계획대강」으로의 개정 후에는 미 · 일 방위협력지침을 개정하고, 미 · 일 안보협의위원회의 공동발표를 진행했다. 이를 통해서 일본의 대중국 위협인식이 미 · 일 동맹에 영향을 미쳤다는 것을 알 수 있다. 그 영향은 미 · 일 동맹의 강화로 이어졌다.

본 연구의 결과가 함의하는 바는 세 가지이다. 첫째, 위협균형론을 검증했다는 것이다. 연구를 통해서 다른 국가에 대한 위협인식이 동맹을 통한 균형에 영향을 미치는 요인임이 드러났다. 둘째, 위협균형론에 대한 실증적인 검증을 시도했다는 것이다. 위협인식이라는 추상적인 개념을 측정 가능한 상태로 정의하였기 때문에 이론의 설명력을 높였다고 할 수 있다. 셋째, 중국과 일본 간의 관계에 이론적 설명력을 부여함으로써 양국 간의 현상을 보다 적절하게 설명하고 예측할 수 있다는 점이다.

참고문헌

문준조. 『중국 해양관련법제 연구』 서울: 한국법제연구원, 2003.

박병광. "중국 해군의 신형 항공모함 건조에 관한 평가와 시사점" 국가안보전략연구원 『이슈브리프』 제370호 (2022. 7. 7)

박향기. "중 · 일간 센카쿠열도 영유권 분쟁 연구." 『군사연구』 제139집 (2015).

법제처 세계법제정보센터. "세계법제정보 법령정보 일본국 헌법(日本国憲法)." http://world.moleg.go.kr/web/wli/lgslInfoReadPage.do;jsessionid=cTTO5151l3hTK3DtG1Q1pvFdMLnaWG6b9uBMzM45dRptn70c0KIpgXblzldgNFx6.eduweb_servlet_engine6?CTS_SEQ=42403&AST_SEQ=2601 (검색일: 2019년 11월 3일).

서승원. "탈냉전기 일본의 중국정책과 그 전환: 관저외교, 정당정치, 그리고 내셔널리즘. 『아세아연구』 제52권 1호 (2009).

세종연구소. "2005년 이후에 관한 방위계획 대강." 『국가전략』 제11권 1호 (2005).

손기섭. "일본과 중국 간의 동중국해 해양영토 분쟁." 『21세기 정치학회보』 제17집 제3호 (2007).

송화섭. "일본의 PKO협력법 전문과 국제긴급원조대 파견법 개정 내용." 『국방정책연구』, 제19권 (1992).

『연합뉴스』. "日 센카쿠 국유화선언 5년에 '中선박들 199일 진입'…갈등 여전." https://www.yna.co.kr/view/AKR20170909025300073 (검색일: 2019년 11월 9일).

이근욱. 『냉전』 서울: 서강대학교 출판부, 2012.

이성훈. "아태지역에서 미 · 중의 군사력 비교와 시사점: 대만위협 위기 시나리오를 중심으로" 국가안보전략연구원 INSS전략보고, No. 171 (July 2022).

조선일보. "中 자체개발한 두 번째 항공모함 공개··美 태평양 패권에 위협," https://news.chosun.com/site/data/html_dir/2019/12/18/2019121800443.html (검색일: 2019년 12월 18일).

최윤정. "아프가니스탄 재건회의: 성과와 향후 전망." 『오늘의 세계경제』 제2002-06호 (2002).

하도형. "2010년 중일 댜오위다오 분쟁과 중국의 대응." 『영토해양연구』 3권 (2012).

한국국방연구원. "연구보고서-세계분쟁정보(WoWW)-지역별 분쟁현황(현재)-센카쿠열도/댜오위다오 분쟁." http://www.kida.re.kr/frt/board/frtNormalBoardDetail.do?sidx=2166&idx=9&depth=3&searchCondition=&searchKeyword=&pageIndex=2 (검색일: 2019년 11월 5일).

한국전략문제연구소 편집실. "일본의 신방위계획 대강." 『전략연구』 통권 제6호 (1996).

Armitage, Richard L and Joseph, S. Nye Jr. "The United States and Japan: Advancing Toward a Mature Partnership (INSS Special Report)." *Institute for National Strategic Studies, National Defense University* (2000).

Bergkvist, Nils-Olov, and Ragnhild Ferm. "Nuclear Explosions 1945-1998." *Stockholm, Sweden: Defence Research Establishment Division of Systems and Underwater Technology SE-172 90* (2000).

South China Morning Post(SCMP). "Chinese navy set to build fourth aircraft carrier, but plans for a more advanced ship are put on hold." https://www.scmp.com/news/china/military/article/3039653/chinese-navy-set-build-fourth-aircraft-carrier-plans-more (검색일: 2020년 1월 29일).

Japan Ministry of Defense. *Defense of Japan(Annual White Paper).* Tokyo: Japan Ministry of Defense, 2019.

Ministry of Foreign Affairs of Japan. "Joint Statement of The Security Consultative Committee (2015.04.27)." https://www.mofa.go.jp/files/000078186.pdf (검색일: 2019년 11월 25일).

O'Rourke, Ronald. "China Naval Modernization: Implications for U.S. Navy Capabilities – Background and Issues for Congress." Congress Research

Service. RL33153 (Updated March 8, 2022).

Purnendra, Jain and John Bruni. "Japan, Australia and the United States: little NATO or shadow alliance?" *International Relations of the Asia-Pacific* Vol. 4, No. 2 (2004).

Ross, Robert S. "The 1995-96 Taiwan Strait Confrontation: Coercion, Credibility, and the Use of Force." *International Security* Vol. 25, No. 2 (2000).

Stockholm International Peace Research Institute, SIPRI. "SIPRI Military Expenditure Database 1949-2018." https://www.sipri.org/databases/milex (검색일: 2019년 11월 11일).

The International Institute for Strategic Studies(IISS). "East Asia and Australasia." *The Military Balance* 95-1 (1995).

The International Institute for Strategic Studies(IISS). "East Asia and Australasia." *The Military Balance* 101-1 (2001).

The International Institute for Strategic Studies(IISS). "East Asia and Australasia." *The Military Balance* 107-1 (2007).

The International Institute for Strategic Studies(IISS). "Chapter Six: Asia." *The Military Balance* 113-1 (2013).

The International Institute for Strategic Studies(IISS). "Chapter Six: Asia." *The Military Balance* 119-1 (2019).

The White House President Barack Obama. "United States-Japan Joint Statement: A Shared Vision for the Future (2012.04.30)." https://obamawhitehouse.archives.gov/the-press-office/2012/04/30/united-states-japan-joint-statement-shared-vision-future (검색일: 2019년 11월 25일).

The World Bank. "World Development Indicators(WDI)." https://databank.worldbank.org/source/world-development-indicators (검색일: 2019년 11월 7일).

U.S. Department of Defense. *A Strategic Framework for the Asian Pacific Rim: Looking toward the 21st Century*. Washington D.C.: Department of Defense, Office of International Security Affairs, 1990.

U.S. Department of Defense. *United States Security Strategy for the East Asia-Pacific Region*. Washington D.C.: Department of Defense, Office of International Security Affairs, 1995.

U.S. Department of Defense. *Annual Report to Congress: Military and Security Developments Involving the People's Republic of China 2005*. Washington, D.C.: United States Department of Defense, 2005.

U.S. Department of Defense. *Annual Report to Congress: Military and Security Developments Involving the People's Republic of China 2007*. Washington, D.C.: United States Department of Defense, 2007.

U.S. Department of Defense. *Annual Report to Congress: Military and Security Developments Involving the People's Republic of China 2009* Washington, D.C.: United States Department of Defense, 2009.

U.S. Department of Defense. *Annual Report to Congress: Military and Security Developments Involving the People's Republic of China 2011*. Washington, D.C.: United States Department of Defense, 2011.

U.S. Department of Defense. *Annual Report to Congress: Military and Security Developments Involving the People's Republic of China 2016*. Washington, D.C.: United States Department of Defense, 2016.

U.S. Department of Defense. *Annual Report to Congress: Military and Security Developments Involving the People's Republic of China 2018*. Washington, D.C.: United States Department of Defense, 2018.

U.S. Department of Defense. *Annual Report to Congress: Military and Security Developments Involving the People's Republic of China 2019*. Washington, D.C.: United States Department of Defense, 2019.

U.S. Department of Defense. *Annual Report to Congress: Military and Security*

Developments Involving the People's Republic of China 2021. Washington, D.C.: United States Department of Defense, 2021.

Walt, Stephen M. *The Origins of Alliances*. Ithaca and London: Cornell University Press, 1987.

Waltz, Kenneth N. *Theory of International Politics*. New York: McGraw-Hill, 1979.

内閣官房内閣安全保障室. 日本の安全保障と防衛力のあり方: 21世紀へ向けての展望 (樋口レポート). 東京: 防衛問題懇談会, 1994.

日本外務省. "Japan-U.S. Joint Declaration on Security Alliance for the 21st Century." ttps://www.mofa.go.jp/region/n-america/us/security/scc/joint0212.html (검색일: 2019년 11월 21일).

日本外務省. "Joint Statement of the U.S.-Japan Security Consultative Committee (Washington D.C.: December 16, 2002)." https://www.mofa.go.jp/region/n-america/us/security/scc/joint0212.html (검색일: 2019년 11월 21일).

日本外務省. "Joint Statement of the U.S.-Japan Security Consultative Committee (Washington D.C.: February 19, 2005)." https://www.mofa.go.jp/region/n-america/us/security/scc/joint0502.html (검색일: 2019년 11월 26일).

日本方衛省. "The Guidelines for Japan-U.S. Defense Cooperation (1997.9.23.)." https://www.mod.go.jp/e/d_act/anpo/19970923.html (검색일: 2019년 11월 21일).

日本方衛省. "東シナ海における日中間の協力について(日中共同プレス発表)(2008年 6月 18日)." https://www.mofa.go.jp/mofaj/area/china/higashi_shina/press.html (검색일: 2019년 11월 24일).

日本方衛省. "平成23年度以降に係る防衛計画の大綱について (2011.12.17)." https://www.mod.go.jp/j/approach/agenda/guideline/2011/taikou.html (검색일: 2019년 11월 26일).

日本方衛省. "平成26年度以降に係る防衛計画の大綱について (2013.12.17)" https://www.mod.go.jp/j/approach/agenda/guideline/2014/

pdf/20131217.pdf (검색일: 2019년 11월 26일).

<부록 3-1> 미국 · 중국 · 일본의 GDP 추이(1990~2020)

(단위: 백만 달러)

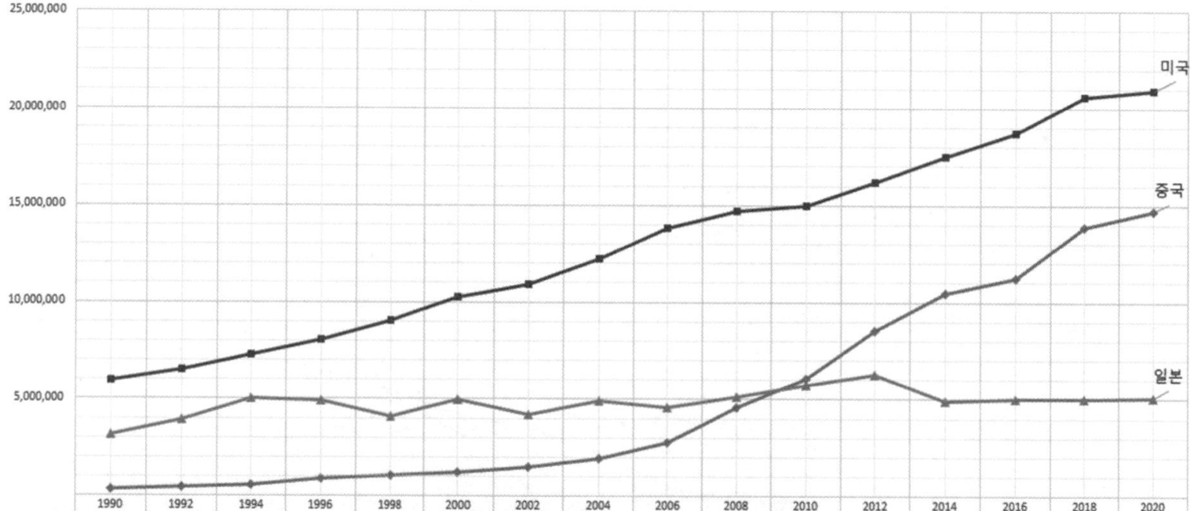

	1990	1992	1994	1996	1998	2000	2002	2004	2006	2008	2010	2012	2014	2016	2018	2020
미국	5,963,144	6,520,327	7,287,236	8,073,122	9,062,818	10,252,345	10,936,419	12,213,729	13,814,611	14,712,844	14,992,053	16,197,007	17,527,164	18,745,076	20,611,861	20,953,030
중국	360,858	426,916	564,325	863,747	1,029,043	1,211,347	1,470,550	1,955,347	2,752,132	4,594,307	6,087,164	8,532,230	10,475,683	11,233,277	13,894,818	14,722,731
일본	3,132,818	3,908,809	4,998,798	4,923,392	4,098,363	4,968,359	4,182,846	4,893,116	4,601,663	5,106,679	5,759,072	6,272,363	4,896,994	5,003,678	5,036,892	5,057,759

미국 중국 일본

출처: World Bank, World Development Indicators. https://databank.worldbank.org/reports.aspx?source=2&series=NY.GDP.MKTP.CD&country=#
(검색일: 2022년 4월 5일)

<부록 3-2> 미국 · 중국 · 일본의 1인당 GDP 추이(1990~2020) (단위: 달러)

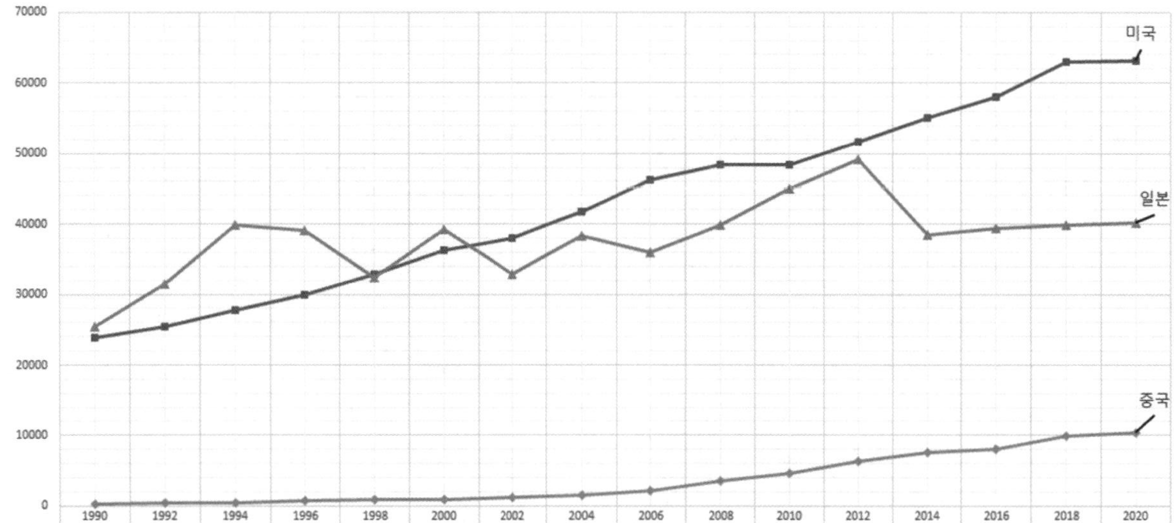

	1990	1992	1994	1996	1998	2000	2002	2004	2006	2008	2010	2012	2014	2016	2018	2020
미국	23889	25419	27695	29968	32854	36335	38023	41713	46299	48383	48467	51603	55050	58021	63064	63207
일본	25371	31415	39934	39150	32424	39169	32821	38299	35992	39876	44968	49145	38475	39401	39808	40193
중국	318	366	473	709	829	959	1149	1509	2099	3468	4550	6301	7636	8094	9905	10435

출처: World Bank, World Development Indicators. https://databank.worldbank.org/reports.aspx?source=2&series=NY.GDP.MKTP.CD&country=#
(검색일: 2022년 4월 5일)

<부록 3-3> 미국·중국·일본의 국방비 추이(1990~2020)

(단위: 백만 달러)

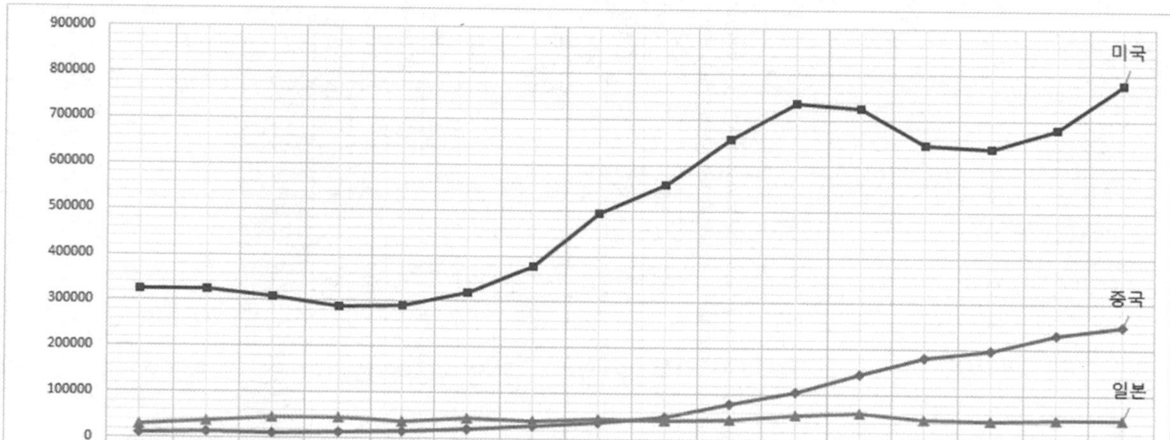

	1990	1992	1994	1996	1998	2000	2002	2004	2006	2008	2010	2012	2014	2016	2018	2020
미국	325129	325034	308084	287961	290996	320086	378463	492999	558335	656756	738005	725205	647789	639856	682491	778232
중국	9926	12244	9867	14275	17032	22237	30284	37905	51453	78841	105523	145128	182109	198538	232531	252304
일본	28800	35999	45286	44047	37849	45510	39334	45340	41553	46361	54655	60012	46903	46471	46618	49149

—■— 미국 —◆— 중국 —▲— 일본

출처: SIPRI, Military Expenditure Database 2021

<부록 3-4> 중국 해군력 발전 전망(2020~2040)

구분	2020	2025	2030	2040	2020년 대비 (2040년 기준)
전략핵잠수함(SSBN)	4	6	8	10	+6
핵추진잠수함(SSN)	6	10	14	16	+10
디젤잠수함(SSK)	47	47	46	46	-1
항공모함	2	3	5	6	+4
순양함/구축함	41	52	60	80	+39
호위함/초계함	102	120	135	140	+38
LHA급 강습상륙함	0	4	4	6	+6
LPD급 상륙함	7	10	14	14	+7
LST급 상륙함	30	24	24	15	-15
총규모	239	276	310	333	+94

출처: Ronald O'Rourke, "China Naval Modernization: Implications for U.S. Navy Capabilities — Background and Issues for Congress", Congressional Research Service, RL33153 (updated March 8, 2022), P. 10.

<부록 3-5> 중국의 핵무기 현황(2020)

운반체	발사기 수	실전배치	사거리(Km)	탄두위력	핵탄두 수
지상 발사 탄도미사일(ICBM)					
DF-15	144	1994	600	1x10~50kt	-
DF-21	80	1996/2017	2,100	1x200~300kt	40
DF-26	72	2017	4,000	1x200~300kt	36
DF-31	8	2008	7,000	1x200~300kt	8
DF-5A	20	1981	12,000	1x4~5Mt	10
DF-5B	10	2015	12,000	3x300kt(MIRV)	30
DF-31A	48	2007/2018	11,200	1x200~300kt	48
DF-41	18	2020	12,000~15,000	3x200~300kt(MIRV)	54
잠수함 발사 탄도미사일(SLBM)					
JL-2	72	2016	7,000	1x200~300kt	72
폭격기					
H-6K	20	2009	3,100	1xBOMB	20
H-6N	4	2020	12,000	1XALBM	4
기타 비축 핵탄두					80
합계	256				350

주: ICBM(DF-5A, DF-5B, DF-31, DF-31A, DF-41)의 발사기 수 합계는 104대, 핵탄두 수 합계는 150개이다.

출처: Stockholm International Peace Research Institute, SIPRI Yearbook (2021); The International Institute for Strategic Studies, The Military Balance (2021)

<부록 3-6> 주요 국가들의 군사력 비교(2020)

국가	국방비		현역병(천 명)				지상무기(대)			해상무기(척)				
	지출 (십억 $)[2]	전세계 비중 (%)	육군	해군	공군	합계[3]	전차[4]	장갑차[5]	야포	항공모함	수상전투함[6]	잠수함[7] SSN	잠수함[7] SSK	상륙함[8]
미국	778.2	40.3	485	526	331	1,388	2,509 [6,209]	39,049 [50,289]	6,941 [7,441]	CVN 11	92/21	68	0	32 [35]
중국	252.3	10.6	965	295	395	2,420	5,650	12,971	9,226 [9,626]	CV 2	32/46	12	47	6
러시아	61.7	3.3	280	185	165	900	3,330 [13,530]	16,847 [33,497]	5,689 [10,074]	CV 1	15/15	28	21	0
프랑스	52.7	2.8	114	34	40	271	222	4,940	265+	CVN 1	3/18	8	0	3
영국	59.2	3.4	80	44	32	148	227	1,966 [1,990]	637	CV 2	6/13	11	0	5
인도	72.7	3.5	1,237	69	139	1,458	3,640 [4,640]	3,436	9,809 [11,503]	CV 1	10/17	1	14	1
독일	52.7	3.0	62	18	27	183	245 [323]	2,164	262	0	3/7	0	6	0
일본	49.1	2.7	150	55	46	261	580	1,143	1,583	CVH 4	41/6	0	22	3
한국	45.7	2.2	464	70	65	600	2,321	3,196	12,237	0	9/14	0	18	5

공중무기(기)				전략무기				인공위성(기)[1]				
전술 항공기[9]	공격 헬기[10]	공중 지원기[11]	AEW&C[12]/ UAV[13]	핵탄두 (개)	ICBM[14] (기)	SSBN[15] (척)	폭격기 (기)[16]	통신 위성	지구 관측	항법 위성	우주 감시	전체 위성 수
2,522 [3,321]	1,574 [1,645]	4,885 [6,323]	125/456 [125/500]	1,750 [5,800]	400	14	139 /66 [157 /66]	1,261	417	34	5	1,897
1,820	721	738	53 / some	0 [320]	104	6	209/4	54	204	49	0	410
1,021	465 [665]	496 [664]	11/ some	1,570 [6,375]	336	11	137/ 76	89	32	29	3	176
249	271	329	7/8	280 [290]	0	4	0	5	14	0	0	22
162	172	222	3/10	120 [215]	0	4	0	152	6	0	0	167
710	493 [495]	91 [114]	16/ 13	0 [160]	some	1	0	21	27	9	0	63
228	88	276	0/8	0	0	0	0	5	10	0	0	40
335	181 [186]	522 [573]	21	0	0	0	0	23	34	4	0	84
499	305	368 [386]	4/7	0	0	0	0	6	7	0	0	17

주: 해군에 해병대, 해군 항공대 포함; 무기는 현재 운용 중인 전력만 포함한 수치이며 각 영역별로 육군/해군/해병대/공군 장비를 합산하여 산출, 각 항목의 [ ] 내의 수치는 예비군 전력과 비축무기까지 포함한 총 보유량.

용어설명. CV: 항공모함(Aircraft Carrier); CVN: 핵추진 항공모함(Nuclear-powered Aircraft Carrier); CVH: 단거리 및 수직 이착함기 항공모함(VSTOL Aircraft Carrier); SSN: 핵추진 잠수함(Nuclear-powered Submarine); SSK: 디젤전기추진 잠수함(Diesel-Electric Submarine); AEW&C: 공중 조기경보 및 통제(Airborne Early Warning & Control); UAV: 무인항공기(Unmanned Aerial Vehicles); ICBM: 대륙간탄도미사일(Inter-Continental Ballistic Missile); SSBN: 탄도 미사일 탑재 원자력 잠수함(Nuclear-powered Ballistic Missile Submarine); 지구관측위성: 정보·감시·정찰(Intelligence surveillance and reconnaissance)위성과 전자정보(ELINT: Electronic Signals Intelligence)/신호정보(SIGINT: Signals Intelligence) 수집용 위성, 레이더/광학/적외선 이미지(Radar/Optical/Infrared imaging)수집용 위성 및 기상학/선박자동식별(Meteorology/Automatic Identification System)용 위성을 모두 포함; 항법위성: 범지구위성항법체계(global navigation satellite) 구축용 위성;우주감시위성: 우주감시(Space Surveillance)를 위한 위성으로 저궤도에서 다른 인공위성과 우주 잔해들을 추적하고 감시하는 위성

1) 전체 위성은 민간용/상업용/군사용/정부용 위성을 모두 포함한 수치이며, 전체 위성 개수는 과학용, 교육용 등의 목적을 가지는 위성을 모두 포함한 총 위성의 수
2) Current USD, 중국은 추정치
3) 미국: 해안경비대 소속 41,450명, 우주군 2,400명 포함; 중국: 전략 로켓군 120,000명, 전략지원부대 145,500명, 인민무장경찰 500,000명(추정치) 포함; 러시아: 전략로켓군 50,000명, 공수부대 45,000명 특수부대 1,000명, 철도 군(Railway Forces) 29,000명 및 준군사병력 180,000명 포함; 프랑스: 기타 병력 13,400명 국가헌병대 소속 70,500명 포함; 영국: 구르카 용병 3,100명 포함; 인도: 해안경비대 12,600명 포함; 독일: 합동지원군·의무군 47,500명, 사이버&정보군 13,150명 포함; 일본: 통합막료감부 및 직할기관 소속 4,200명, 해안경비대 14,350명 포함
4) 주력전차(MBT:Main Battle Tank)만 포함
5) 주력전차를 제외한 장갑차량으로 장갑보병전투차(AIFV: Armored Infantry Fighting Vehicles), 병력수송장갑차(APC: Armored Personnel Carriers), 수색 장갑차(Reconnaissance vehicles) 경전차(Light Tank) 포함
6) 항공모함과 대양작전을 수행할 수 있는 군함들로 앞의 수치는 순양함(Crusier, 만재배수량>10000톤) 및 구축함(Destroyer, 만재배수량>5000톤,), 뒤의 수치는 호위함(Frigate, 만재배수량>3000톤), 국가별로 함선 등급을 나누는 만재배수량 기준이 상이
7) SSN에는 SSBN수가 포함
8) 주력 상륙함 수로, 내부에 도크(Dock)가 있어 상륙주정을 발진시키는 도크형 상륙함(LPD, LSD)과 수직 이착륙기를 탑재하여 입체적인 상륙전을 수행하는 강습상륙함(LHD, LHA, LPH)을 포함
9) 공중급유 없이 수백 Km 반경 이내에서 공대공, 공대지 임무를 수행하는 단거리 전투임무기(Combat Aircraft) 수로 전투기(Fighter), 공격기(Attack aircraft), 지상공격전투기(Fighter Ground Attack)를 포함하며, 다른 임무를 수행하는 항공기는 제외
10) 공격헬기(Attack Helicopter), 대잠헬기(Maritime Helicopter), 전투·수색 및 구조용 헬기(CSAR, Combat, search and rescue Helicopter)포함
11) 전술항공기와 공격헬기, 폭격기에 포함되지 않는 전투 지원 항공기로 공중급유기와 중·대형 수송기, 수송헬기, 정찰기, 전자전기(Electronic Warfare Aircraft), 기뢰제거용헬기(MCM: Mine Counter Measure Helicopter), 대잠초계기, 수송헬기 포함
12) 공중 조기경보용 헬기(AEW Helicopter)포함
13) 대형 무인항공기(자체중량>600Kg)만 포함
14) 미국과 러시아, 중국은 다탄두 개별목표 재돌입 비행체(MIRV: Multiple Independently-Targetable Reentry Vehicle)를 탑재한 ICBM을 400기(전량), 240개(추정치), 28개(추정치) 보유
15) 중국의 경우 탄도미사일 탑재 디젤전기추진 잠수함인 청급 잠수함(Type-32)을 1척 시험 제작하였다. 이를 SSBN과 빗금 뒤에 구분하여 작성하였으며, SSK수치에 포함되어 있다.
16) 앞의 것은 전체 폭격기의 수, 뒤의 것은 핵무기 장착이 가능한 전략폭격기 수로 전체 폭격기 수에 포함되어 있음

출처: 국방비와 핵탄두 개수는 Stockholm International Peace Research institute(SIPRI) https://www.sipri.org/ (검색일: 2021년 6월 20일); 현역병 수와 무기 보유량은 Global Firepower(GFP) https://www.globalfirepower.com/, International Institute for Strategic Studies(IISS), The Military Balance 2021(London: Routledge, 2021), 인공위성의 개수는 Union of Concerned Scientist Satellite Database https://www.ucsusa.org/resources/satellite-database (검색일: 2021년 6월 28일)을 참고하여 작성

제4장

미 · 중 패권경쟁 속 바이든 행정부의 대북정책

I. 머리말

한국은 북한 핵 · 미사일 문제의 당사자이다. 그러나 한반도 정세를 움직이며 북한 핵 · 미사일 문제 해소에 영향을 주는 행위자는 미국과 중국이다. 2021년 1월 미국의 제46대 대통령으로 취임한 조 바이든(Joe R. Biden Jr.)은 한반도 비핵화를 목표로 하는 새로운 대북정책 구상에 착수하여 동맹, 가치, 제재, 외교적 노력, 단계별 접근 등의 다양한 접근법을 검토했다.

도널드 트럼프(Donald Trump) 대통령은 미국우선주의(America First)를 내세우며 국제문제 영역에서 미국의 개입을 최소화했다.[1] 한편 중국은 첨단산업 육성에 필요한 기술을 획득하기 위한 천인계획,[2] 새로운 육상 · 해상 실크로드 프로젝트인 일대일로(一带一路),[3] 역내 경제 주도권 확보를 위한 역내포괄적경

* 이 글은 장시영·남궁영, "미중갈등 속 바이든 행정부의 대북정책 전망" 『세계지역연구논총』제39집 4호 (2021) 를 수정·보완한 것이다.

1 트럼프 대통령은 취임 이후 파리기후협약, 세계보건기구, 유엔 인권이사회, 이란과의 포괄적공동행동계획(JCPOA: Joint Comprehensive Plan of Action)) 등 미국이 그동안 관여했던 다양한 다자협력에서 탈퇴하거나 공약을 철회했다.

2 천인계획이란 국적에 상관없이 세계적 수준의 연구원, 학자를 등용하여 첨단산업 발전의 동력으로 삼겠다는 계획이다.

3 일대일로는 중국과 유럽을 육지와 해상으로 연결하여 상호협력 강화를 꾀하는 프로젝트이다. 현재 육지

제동반자협정(RCEP: Regional Comprehensive Economic Partnership) 등을 강력히 추진했다.[4] 이처럼 국제사회에서 미국이 보인 퇴행적 행태와 중국의 부상(浮上)이 교차하면서 양자 사이의 갈등이 증폭했다. 결과적으로 갈등의 심화 속에서 서로가 일방에 취하는 태도는 지금껏 쌓아 올린 양자 관계의 근본적 변화와 함께 국제질서의 변화도 가속화시키고 있다.[5]

양국의 갈등에 대해 존 미어셰이머(John J. Mearsheimer)는 중국의 부상은 평화롭지 않을 것이고, 양자 사이에는 패권을 향한 전쟁 위험마저 내재되어 있다고 주장했다.[6] 그레이엄 앨리슨(Graham Allison)도 우리가 인식하는 것보다 양자 간의 전쟁 가능성은 크다고 분석했다.[7] 다만 중국의 왕판(王帆)은 미·중 신냉전에 대해 양자 모두 서로에 대한 경제의존도가 높고, 국제사회로부터 지지를 얻을 수 없으며, 미소 냉전 대비 훨씬 큰 비용이 소모될 것이라는 점에서 가능성은 희박하다고 보았다.[8]

미국은 세계 1차, 2차 대전을 거치면서 영국을 제치고 패권국으로 등장했다. 로버트 길핀(Robert Gilpin)이 "국제통화체제에서 패권국 통화의 중심역할은 금융과 통화력 제공이다"고 주장한 것처럼,[9] 미국은 브레튼우즈체제로 경

6개, 해상 2개 루트를 중심으로 각각의 루트가 지나가는 국가들과 다양한 인프라 협력을 추진하고 있다(<부록 4-1> 참조).

4 RCEP는 2020년 11월 한국을 포함한 15개국의 참여로 공식 타결되었다. 관세 철폐를 통한 자유무역 달성을 목표로 한다(<부록 4-2> 참조).

5 孙兴杰, "美国战略收缩与中美关系演化," 国际问题研究 2021年第1期, p. 69.

6 John. J. Mearsheimer, "China's Unpeaceful Rise," *Current History* Vol.105, Issue 690 (2006), p. 160.

7 Graham Allison, *Destined for War: Can America and China Escape Thucydides's Trap?* (New York: Houghton Mifflin Harcourt, 2017), p. 184.

8 王帆, "中美关系的未来:走向"新冷战"抑或战略合作重启 ?," 国际问题研究 2021年第1期, pp. 61-62.

9 Robert Gilpin, *The Political Economy of International Relations* (Princeton: Princeton University Press,

제패권마저 장악하며 명실상부 미국 시대를 열게 되었다. 이후 양극체제를 거쳐 냉전이 와해되면서 미국의 단극체제 시대가 도래했다. 이러한 점에서 인도·태평양 지역에서 중국의 급격한 정치·경제적 영향력 확산은 미국에게 오랜 기간 누려 온 패권과 기존 질서에 대한 도전으로 받아들여지고 있다.

반면 중국은 청 말기 제국주의의 침략과 침탈로 반식민 상태로 전락했다. 이후 국공내전, 항일투쟁 등의 혼란기를 거쳐 1949년 중화인민공화국이 수립되었다. 하지만 중국은 오랜 기간 지속된 외세침탈과 내전의 여파, 그리고 이어진 여러 사상운동으로 세계 최빈국 상태를 벗어나지 못했다. 1978년 덩샤오핑(邓小平)의 개혁개방 천명을 전환점으로 시장경제 요소를 받아들였고, 이후 점진적 개방정책을 통해 오늘날 미국 다음의 경제대국이 되었다.

트럼프 행정부 당시 북·미, 남북관계는 여태껏 경험하지 못한 장면들이 연출되었다. 역사상 처음으로 북·미 정상 간의 만남이 있었고, 분단 이래 최초로 북한 최고지도자가 한국 땅을 밟았다. 그러나 최종 목표인 비핵화를 위한 실무협의에서 파열음이 나며 성과다운 성과를 내지 못했다. 이러한 가운데 바이든 대통령은 전임 대통령과는 다른 행태의 대북정책을 천명했다. 바이든 행정부의 대북정책은 먼저 동맹·파트너를 통한 외교적 노력에 집중할 것이나,[10] 북한이 유엔안보리 결의를 지속적으로 위반할 경우 상응조치에 나서겠다고 밝혔다.[11]

2016), p. 77.

10 The White House, "Secretary Antony J. Blinken With Andrea Mitchell of MSNBC Andrea Mitchell Reports," (February 1, 2021). https://www.state.gov/secretary-antony-j-blinken-with-andrea-mitchell-of-msnbc-andrea-mitchell-reports/ (검색일: 2021년 3월 9일).

11 The White House, "Remarks by President Biden in Press Conference," (March 25, 2021). https://www.

본 연구는 미국의 대북정책에 큰 영향을 미치는 미·중갈등을 분석·정리하고 그것을 배경으로 바이든 행정부의 대북정책을 전망하고자 한다. 이를 위해 미·중갈등과 북한 핵·미사일 문제를 세력전이이론(Power Transition Theory)에 입각해서 분석하고자 한다. 세력전이이론은 국제체제를 지배국가(Dominant Nation)를 정점으로 한 위계적으로 구조화된 체제(Hierarchically Structured System)로 본다. 이 가운데 국제체제를 지배하는 지배국가와 잠재적 도전국가 사이의 갈등 가능성을 분석하고 있다. 갈등은 ① 기존체제에 불만족하는 강대국(도전국)의 지배권 확보를 향한 의지, ② 이러한 강대국을 지지하는 불만족 국가군의 형성, ③ 도전국을 견제하고자 하는 지배국가의 세력이동 견제 행보가 상충하면서 유발된다. 이러한 세력전이이론은 국제무대에서 부상하는 중국과 북·미 하노이 정상회담이 실패한 이후 전략적으로 중국에 기우는 듯한 모습을 보이는 북한의 행보를 이해하는 데 유용하다.

Ⅱ. 세력전이이론으로 살펴본 미·중갈등과 북한 핵·미사일 문제

1. 세력전이이론의 요체

세력전이이론은 권력정치(Power Politics)로 인한 전쟁 발발과 평화 유지에 끼치는 영향에 주목하면서 국제질서의 변화를 산업화 정도와 이에 따른 상이

whitehouse.gov/briefing-room/speeches-remarks/2021/03/25/remarks-by-president-biden-in-press-conference/ (검색일: 2021년 3월 26일).

<표 4-1> 세력전이이론의 핵심 가정 및 구분

주요 내용		핵심 가정
구분	입장	
국제체제	위계적 구조	① 국제질서는 지배국가의 영향 아래 위계적으로 구성되어 있음
		② 국제정치체제를 지배하는 규칙은 근본적으로 국내정치체제를 지배하는 규칙과 유사함
외교 목표 달성	비용편익계산+합리적 판단에 의거	③ 국가는 국제정치의 주요 행위자임
		④ 국가 지도자들은 그들의 외교정책 선택에 있어서 합리적(rational)임
국력	산업화로 증대	⑤ 국가의 내부 성장과 발전은 국제 변화의 주요 원천임
동맹	전쟁 발발+국력증대에 미치는 영향 미미	⑥ 국가 간의 동맹관계는 상대적으로 경직되어 있으므로 동맹은 국력 강화의 주요 수단이 아님

한 국력 격차의 심화로 설명하고 있다.[12] 세력전이이론은 세력균형이론에 대한 비판에서 출발했다.[13] 세력균형이론은 국가들 사이의 세력 배분이 균형을 이룰 때 국제질서가 안정된다고 본다. 반면 세력전이이론에서는 압도적인 국력을 지닌 지배국가의 힘으로 국제질서가 유지된다고 본다.[14] 이렇게 형성된

12 A. F. Kenneth Organski, "Power Transition," in Colin Elman & Michael Jensen(Eds.), *The Realism Reader* (New York: Routledge, 2014), p. 207.

13 세력균형이론은 세계나 지역 국제정치를 분석 대상으로 삼은 체제 수준의 이론으로 국가의 힘의 근원을 군사력에서 찾는다. 여기에 국제체제에서 국가들이 힘의 균형을 이룰 때 평화 유지가 가능하다고 본다. 더불어 국가들이 동맹 결성에 나서는 배경을 상호 견제와 균형에서 찾고 있고, 이렇게 형성된 동맹은 세력 배분에 큰 영향을 미친다고 본다. 반면 세력전이이론은 지배국가와 이에 도전하고자 하는 국가 간의 체제 지배권을 향한 권력투쟁을 국력(경제력)이라는 요소로 설명하는 양자 수준의 이론이다. 세력균형이론과 달리 힘의 균형은 전쟁으로 이어질 가능성이 크다고 본다.

14 오간스키는 강력한 지배력을 갖는 국가의 존재로 인해 국제체제는 권력, 부의 분배, 외교, 전쟁 등에서 안정된 상태를 유지할 수 있다고 보았다. 더불어 지배국가와 지배국가를 지지하는 국가들의 힘이 상대보다

위계적 질서에서의 세력 배분은 절대적 국력을 지닌 지배국가에 집중되어 있다. 그러므로 이익구조도 지배국가 이익에 부합되도록 구조화되어 있다. 이에 따라 지배국가를 제외한 모든 국가는 더욱 광범위한 이익 추구를 위해 가능한 한 상위국가군으로 올라가기 위한 국력 증대에 집중하게 된다는 것이다. 결과적으로 세력전이이론에서의 국력은 유동적이고 가변적이며, 이와 같은 행태로 세력전이의 가능성이 상존한다. 세력전이이론은 다음과 같은 여섯 가지의 핵심 가정을 제시하고 있다.[15]

첫째, 세력전이이론은 국제정치체제를 힘에 의한 위계적인 피라미드형 구조로 본다. <그림 4-1>에서처럼 피라미드는 지배국가를 정점으로 그 아래 강대국(Great Powers), 중견국(Middle Powers), 약소국(Small Powers) 및 종속국가(Colonies) 등 총 다섯 단계로 구분되어 있다. 꼭지점에 위치한 지배국가는 국제질서를 형성하고 유지하는 데 막강한 영향력을 발휘하며 그 속에서 자기 이익의 극대화를 추구하므로 기존체제에 대한 만족도가 높다. 강대국도 기존체제의 수혜자이므로 만족도가 높은 편이나 불만족하는 강대국도 일부 존재한다. 반면 중견국이나 약소국 등 하위단계에 머무는 국가들은 상위단계 국가들의 이익보장을 위한 자기희생이 불가피하다는 점에서 불만족도가 상대적으로 높다. 이처럼 상하를 막론하고 지배국가를 제외한 여러 국가군에서 나타나는 기존체제에 대한 불만족은 세력전이를 촉발시킬 수 있는 잠재력을 갖는다. 더불어 ① 도전국가의 잠재적 힘의 수준, ② 국력 상승 속도, ③ 지배국가의 세력

압도적일 때 평화 유지가 가능하다고 보았다. Organski (2014), pp. 208-209.

15 Jon DiCicco and Jack S. Levy, "Power Shifts and Problem Shifts: The Evolution of the Power Transition Research Program," *Journal of Conflict Resolution* Vol.43, No.6 (1999), pp. 683-685.

<그림 4-1> 국제정치체제의 구조와 국가군 간의 만족도 구분

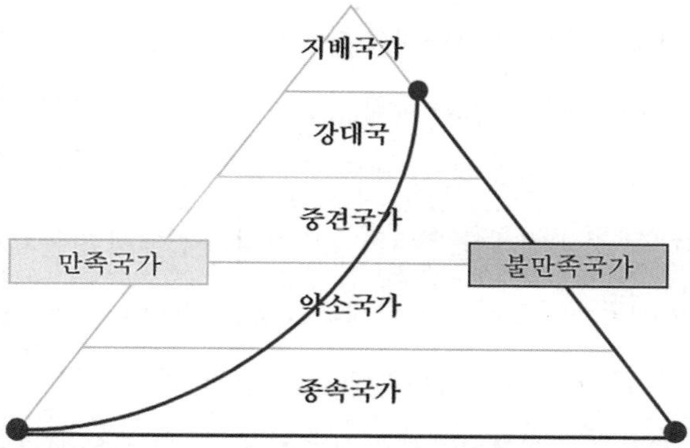

출처: A. F. Kenneth Organski, World Politics (New York: Alfred A. Knopf, 1958), p. 369.

분배의 유연성, ④ 도전국가와의 친밀성 등도 세력전이에 영향을 준다.[16] 한편 세력전이 과정에서 지배국가의 힘이 쇠락하는 세력이동(power shift)과 도전국의 힘이 강성해지는 세력균등(power parity)이 병행적으로 나타난다.[17] 부상하는 강대국을 저지할 지배국가의 대응책으로 도전국의 산업화 지원, 지연 및 예방전쟁 등이 있다.[18] 이 중 예방전쟁 관점에서 지배국가는 강대국이 충분히 강성해지기 전에 상대적 힘의 우위를 통해 세력이동 저지에 나서게 된다. 반면 공세적 입장을 취하며 현상유지국에서 현상변경국으로 변모한 강대국은

---

16 DiCicco and Levy (1999), pp. 687-688.

17 정성철, "세력균형이론과 세력전이이론," 박건영·신욱희 편,『국제정치이론』(서울: 사회평론아카데미, 2021), pp. 153-154.

18 지배국은 현존 체제에 불만족하는 도전국의 불만족도를 상쇄시키기 위해 도전국 산업화 원조에 나서게 된다. 이를 통해 도전국이 자신이 지배력을 행사하는 현존 체제를 준수하게끔 한다. 한편 지배국은 도전국의 새로운 기술에 대한 습득을 저지하여 도전국 경제가 지배국 수준으로 발전되는 것을 방지하고자 한다. A. F. Kenneth Organski, *World Politics*, Second Edition (New York: Alfred A. Knopf, 1968), pp. 348-349. 이상우,『국제관계이론』(서울: 박영사, 2006), pp. 240-241에서 재인용.

경제성장과 성과를 바탕으로 세력 확대를 꾀하게 된다.

둘째, 국제체제의 위계적 구조 속에서 하위단계에 속한 국가일수록 상위국가군 대비 불만족도가 높다. 국가는 국익 향상을 추구하는 과정에서 비용편익계산(cost-benefit calculation)을 하며, 그 계산 결과 변화에 따른 순이익이 분명하다면 변화를, 반대의 경우 안정을 추구한다.[19] 이러한 점에서 기존체제에 불만족하는 일부는 지배국가에 도전하는 강대국과 뜻을 같이할 여지가 있다.

셋째, 세력전이이론에서의 국력은 부와 산업 능력, 인구 및 정부 조직의 효율성 등이나 그 핵심은 산업화이다.[20] 이러한 국력은 <표 4-2>에서처럼 ① 잠재적 힘의 단계(Potential Power), ② 힘의 전환적 성장단계(Transitional Growth of Power), ③ 힘의 성숙단계(Power Maturity)로 구분되며 이때 산업화 여부와 심화 정도가 단계 구분의 기준이다. 세력전이이론에서 산업화는 국력 증대를 위한 요건이다. 이를 통해 경제발전과 내부 성장이 이뤄진다. 국가의 질적 성장이 심화될수록 이에 맞춰 국가의 국정운용 자율성도 상승하여 상대적으로 외부 간섭이 적은 상태에서 국익 추구가 가능해진다. 그러나 힘의 성숙단계에 접어들면서 급격했던 성장세는 점진적으로 둔화된다. 이에 따라 상대적으로 우위를 점하던 힘의 격차가 줄어들게 되고 상황에 따라 그 우위마저 상실하게 된다.[21] 특히 지배국가와 도전국가 사이에 내재한 상대적 힘의 격차가 좁혀지고 균형을 이룰 때 전쟁 발발 가능성이 높아지게 된다. 세력전이이론은 세력전이

19 A. F. Kenneth Organski and Jacek Kugler, *The War Ledger* (Chicago: University of Chicago Press, 1981), pp. 19-22.

20 Organski (2014), pp. 207, 210.

21 Organski (2014), pp. 207-208.

과정에서 전쟁 발발의 필연성을 강조하지는 않는다.[22] 세계 1, 2차대전을 통해 강대국으로 부상한 미국이 당시 지배국가였던 영국으로부터 평화적으로 지배국가의 지위를 양도받은 것처럼, 도전국가에 대한 지배국가의 수용태세와 양자 간의 친밀성 등에 따라 평화로운 세력전이도 가능하다고 본다.

<표 4-2> 세력전이이론에서의 국력 변화 3단계

구분	잠재적 힘의 단계	힘의 전환적 성장단계	힘의 성숙단계
산업화 여부	x	진행 중	고도의 산업화 달성
경제의 주	농업	농업에서 산업화로	서비스, 첨단산업
인구	인구성장률 높음. 단, 실제 인구는 적을 수도 있음	인구성장률 높음 (사망률 감소)	인구성장률 낮음
생산력/삶의 질	낮음	질적 향상 진행	우수
정부의 효율성	발전국 대비 뒤떨어짐	정치 현대화 진행 중앙 통제력 강화	높음

출처: Organski (2014), pp. 207-208 내용을 토대로 정리.

넷째, 세력전이이론은 산업화를 통한 내부 발전을 국력 변화를 유발하는 핵심 동력으로 여기기 때문에 외부 수단인 동맹은 중요하지 않다고 본다. 동맹이 일정 수준의 차이를 만들어낼 수는 있지만 실효성이 없다고 간주한다는 점에서 세력전이이론에서의 동맹은 국력 강화나 전쟁 발발에 미치는 영향이 제한적이다.[23] 다만 세력전이이론에 관한 연구가 활발해지면서 동맹에 대한 새

---

22 오간스키와 패권안정론자인 길핀 모두 압도적인 힘을 가진 패권국에 의해 국제체제가 안정된다고 보았다. 다만 패권국과 도전국 사이의 전쟁 발발 가능성에 대해서는 서로 다른 입장을 취한다. 길핀이 전쟁의 불가피성을 강조한 반면 오간스키는 반드시 발발하는 것은 아니라는 입장이다. Woosang Kim and Scott Gates, "Power Transition Theory and the Rise of China," *International Area Studies Review* Vol.18, No.3 (2015), pp. 221-222.

23 Woosang Kim, "Power, Alliance, and Major Wars, 1816-1975," *The Journal of Conflict Resolution*

로운 해석이 나왔다. 동맹전이모델은 산업화 이전부터 강대국 간에 일어난 주요 전쟁들에 대한 경험적 분석을 통해 동맹이 세력전이에 끼치는 영향이 크다고 강조한다. 특히 동맹을 전쟁에 참여할 지 여부를 결정하게 하는 필수적 요소로 보았다. 이러한 이유로 동맹전이모델에서는 전쟁이 양국(지배국가 대 도전국가) 외에도 두 연합체(Coalition) 간의 힘이 동등해질 때 일어난다고 주장한다.[24] 전쟁이 발발하는 데 있어서 강대국의 상대적 능력 못지않게 동맹의 상대적 능력도 중요하다는 것이다. 부상하는 강대국은 잠재적 힘의 수준을 지배국가 수준으로 끌어올리기 위한 수단 중 하나로 동맹을 통한 세력 규합에 나설 수 있고, 반대로 지배국가는 세력이동을 저지하기 위한 방편으로 동맹 활용이 가능하다.[25] 이러한 점에서 ① 강대국(도전국)의 국력이 지배국가에 비견될 수준에 이르고 ② 강대국을 향한 동맹의 지지와 함께 ③ 강대국 자신이 기존체제에 불만족하여 지배국가에 도전할 의사가 있을 때 전쟁이 발발한다.[26]

종합적으로 세력전이이론의 핵심은 두 가지 주요 변수인 상대적 힘과 국제질서에 대한 만족도이다. 이들 사이의 상호작용 효과는 전쟁과 평화의 주요 결정 요소이다.[27] 여기에 세력전이이론을 계승하여 발전시킨 동맹전이모델을 통해 동맹이 세력전이와 국력 증대에 미칠 수 있는 영향에 대해 새롭게 접근할 수 있게 되었다.

Vol.33, No.2 (1989), p. 256.

24 Kim (1989), pp. 270-271.

25 Woosang Kim, "Alliance Transitions and Great Power War," *American Journal of Political Science* Vol.35, No.4 (1991), p. 849.

26 Kim (1991), p. 848.

27 DiCicco and Levy (1999), p. 682.

<그림 4-2> 세력전이이론의 핵심 가설, 개괄적 흐름 및 계승 발전

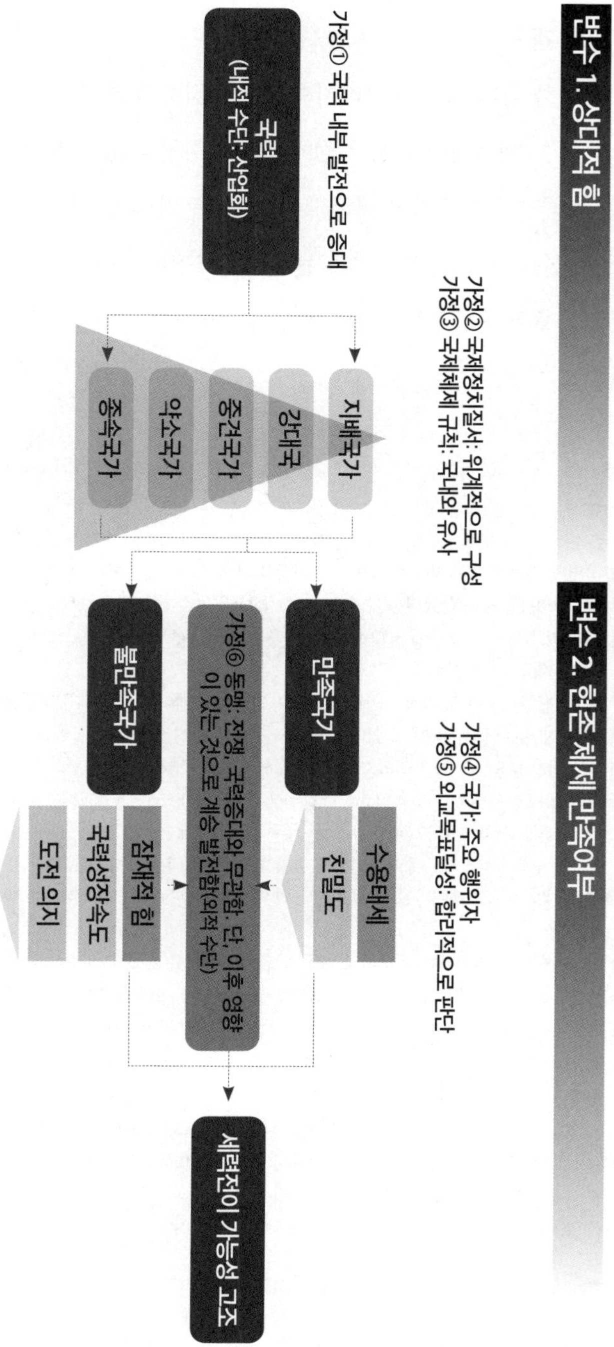

2. 세력전이이론의 적용

중국이 강력한 국력을 갖게 될수록 국제사회에서의 영향력 또한 확대되고 있다. 이로 인해 <표 4-3>에서처럼 중국은 점차 현상변경국의 행태를 보이고 있다. 이에 따라 중국을 견제하기 위한 미국과 동맹 · 파트너들의 압박도 강해지고 있다. 중국을 향한 미국의 공세적 태도는 중국의 반발을 불러일으키고 있다.[28] 반대로 중국의 현상변경국화가 심화될수록 미국의 대중 인식도 급속히 악화되고 있다.[29]

---

28 중국의 시진핑 국가주석은 공산당 창립 100주년 기념 연설에서 중국이 힘이 약하여 당하는 시절은 끝났고 향후 중국을 괴롭히면 상대는 피를 흘려야 할 것이라며 미국을 간접적으로 비판했다. 中央广播电视总台, "[中国共产党成立100周年庆祝大会]中共中央总书记、国家主席、中央军委主席习近平发表重要讲话," 2021년 7월 2일. https://tv.cctv.com/2021/07/02/VIDEmOsgUvfgjh6LIXvJf0fI210702.shtml (검색일: 2021년 7월 2일).

29 미·중갈등 속 미국 엘리트 집단의 대중국 인식은 악화일로이다. 일례로 폼페이오 전 국무장관은 중국이 1949년 이래 악랄한 독재정권에 의해 지배받고 있다면서 중국 공산당을 직접 비판했다. South China Morning Post, "Mike Pompeo Rips into Beijing with a Litany of US Grievances," (May 21, 2020). https://www.scmp.com/news/world/united-states-canada/article/3085358/mike-pompeo-rips-beijing-litany-us-grievances (검색일: 2021년 7월 3일).

30 중국의 대외정책은 덩샤오핑에서 후진타오에 이르기까지 평화로운 부상을 추구했다. 도광양회는 '때를 참고 기다린다'는 뜻으로 대외적으로 뻗어나갈 수 있을 만큼의 역량을 키우는 데 집중하겠다는 함의를 담고 있다.

31 유소작위는 후진타오 집권 당시의 대외정책 중 하나로 '필요할 경우 적극성을 띠겠다'는 뜻이다. 이 당시 중국은 WTO에 가입하여 글로벌 경제망에 편입되었고 경제도 급성장했다. 이러한 경제력을 통해 더욱 대외문제에 관심을 기울이기 시작했다.

32 화평굴기는 중국의 부상은 서방세계의 우려와 달리 평화롭게 이뤄질 것임을 의미한다.

33 시진핑을 기점으로 중국은 여러 대외문제에서 적극적이고 때때로 '전랑외교'(战狼外交)로 일컬어지는 강경한 모습을 보이고 있다. 특히 자국이 설정한 핵심이익에 대해서는 단호한 모습을 보이고 있다. 시진핑 1기 때부터 주창되어진 '신형대국관계'는 겉으로는 미국과 중국이 상호 협력하여 윈-윈하자는 뜻이나 이면적으로는 부강해진 국력에 맞는 대우를 받아내겠다는 함의가 있다.

34 중국몽은 과거 세계 중심 국가로서의 지위를 누렸던 영광을 되찾겠다는 뜻이다.

<표 4-3> 중국, 현상유지국에서 현상변경국으로

	덩샤오핑~후진타오 (1978~2013)	시진핑 1기 (2013~2017)	시진핑 2기 (2017~현재)
중국 부상	도광양회(韬光养晦)[30] 유소작위(有所作爲)[31] 화평굴기(和平崛起)[32]	신형대국관계[33] 중국몽[34] 대륙굴기[35]	인류운명공동체[36] 신형국제관계
대미관계	양호: 상호협력 지향	갈등 조짐	갈등 심화
현상유지국	도광양회	-	-
현상변경국		• 아시아인프라투자은행 (AIIB)[37] • 일대일로 • 위안화 국제화 심화[38] • 후강통(沪港通), 선강통(深港通) 시행[39]	• 남중국해 중국바다화 가속 • 대만을 향한 무력시위 강화 • 코로나 백신을 활용한 중국 영향력 확대 추진 • RCEP 발효 • 중국식 현대화[40]

중국의 급속한 경제발전과 이에 수반되는 국력 증대는 도전국가로서의 중국 이미지를 공고화시키고 있다. 세력전이이론에서는 도전국가가 지배국가와 기존체제에 대항하기 위한 요소로 지배국가에 비견되는 국력을 강조하고

---

35 대륙굴기란 중국몽 실현을 위해 중국이 경제·문화 등 전 방면에서 세계를 선도하겠다는 함의를 담고 있다.

36 시진핑 2기 들어서 본격적으로 내세우고 있는 '인류운명공동체'는 표면적으로는 국익을 추구할 때 타국에 대한 합리적 배려(공생) 속에서 국가발전을 도모해야 한다는 것이다. 그러나 이면적으로는 불합리한 현존 체제를 타파하고 중국 중심의 새 질서를 구축하고자 하는 함의를 갖는다.

37 2013년 중국 설립 제안. 2016년 공식 운용 개시. 현재 총 57개 국가 참여 중.

38 2014년 3월을 기점으로 달러화 대비 위안화 환율 변동폭을 1%에서 2%로 확대 적용 중.

39 후강통(2014년 시행): 상하이-홍콩증시의 상장주식 사이의 직접매매 허용. 선강통(2016년 시행): 선전-홍콩증시 교차투자 허용. 함의: 겉으로는 외국 개인투자자의 중국 본토 주식에 대한 직접 투자가 가능하게 되었다는 것이지만, 그 속에는 중국 위안화 경제블록의 확대와 지속적인 중국 위안화의 국제화 동력 확보를 위한 중국 당국의 의지가 있다.

40 시진핑 주석은 2022년 10월 20차 당대회보고에서 자신의 시대에 달성할 사명으로 '중국식 현대화'를 강조했다. 2021년 7월에 제시된 중국식 현대화는 "전체 인민 공동공유(경제발전의 혜택을 전 인민이 공유)의 현대화이자 물질문명과 정신문명이 상호 조화를 이루는 현대화"라고 주장한다. 서구 자유민주주의 국가의 발전 경로와는 구별되는 노선의 선언으로 해석된다. 『중앙일보』2022년 10월 17일.

있다.[41] 국력 증대는 산업화를 통한 경제발전과 내부 성장으로 이루어진다. 세부적으로 인구, 경제발전 정도, 정치구조의 효율성, 자원, 국가 사기, 지리적 위치 등을 제시하고 있다.[42] 이를 바탕으로 오간스키는 미국과 부상하는 중국 사이의 세력전이 가능성에 주목했다.

북한은 자국의 핵·미사일을 둘러싼 미국 트럼프 대통령과의 만남이 실패로 돌아가자 중국과의 관계 강화에 나서고 있다. 2021년 6월 북한 외무성은 '조·중 우호협력 및 상호원조조약' 체결 60주년을 기념하며 북·중관계의 불패성을 강조했다.[43] 더불어 작금의 복잡한 국제정세 가운데 양국 간의 협력과 단결은 더욱 강화될 것이라고 주장했다.[44] 이는 미국에 대한 불만을 표출하면서 동시에 외교목표 달성을 위해 강대국인 중국에 기우는 북한의 행보를 대변해 준다. 한편 북한은 여섯 번의 실험을 통해 약 140~250kt 수준의 폭발력을 지닌 핵무기와 탄두 중량 1,000kg에 추정 사거리 13,000km 내외의 대륙간탄도미사일을 개발했다.[45] 이러한 북한에 대해 미국은 '핵태세검토보고서'(Nuclear Posture Review)를 통해 "북한의 핵무기 능력 추구는 국제안보와 안정에 가장 즉각적이고 심각한 위협을 가하고 있다"고 하며 미국과 동맹국 안

---

41 시진핑은 2017년 19차 당대회에서 세계 권력 구도가 균형점에서 이탈하여 중국을 위시한 이른바 '반패권주의 평화세력'에 힘이 결집되는 유리한 구조로 전환되고 있다고 밝혔다. 『중앙일보』 2022년 10월 15일.

42 Organski (1958), pp. 203-210. Organski and Kugler (1981), pp. 33-38. Jon DiCicco and Jack S. Levy, "The Power Transition Research Program," in Elman & Jensen (Eds.) (2014), p. 214에서 재인용.

43 『연합뉴스』, "北, 북중우호조약 60주년 보름전 부각…"복잡다단 정세 속 단결"," 2021년 6월 26일. https://www.yna.co.kr/view/AKR20210626052300504 (검색일: 2021년 7월 17일).

44 『연합뉴스』 2021년 6월 26일.

45 Hans M. Kristensen and Robert S. Norris, "North Korean Nuclear Capabilities, 2018," *Bulletin of the Atomic Scientists* Vol.74, No.1 (2018). https://www.tandfonline.com/doi/full/10.1080/00963402.2017.1413062?scroll=top&needAccess=true (검색일: 2021년 5월 9일).

보에 분명하고 중대한 위협이 된다고 밝혔다.[46] 특히 북한 도발이 직접적으로 미국과 동맹국을 겨냥하고 있는 것에 대해, 만에 하나 북한의 핵·미사일 사용 기미가 포착될 경우 심각한 선제타격에 나설 수 있음을 분명히 했다.[47]

본 연구는 중국과 북한을 세력전이이론에서의 도전자 위치에서 분석한다. 우선 중국은 대외적으로 패권에 대한 도전 의사가 없다고 천명했음에도 지배국가 지위에 도전 가능한 조건을 갖췄다.[48] 중국은 GDP로 이미 미국에 이은 세계 2위이며 여러 국내외 연구기관에서는 향후 미국을 능가할 것으로 전망하고 있다. 미어셰이머는 중국의 경제력 향상은 필연적으로 군사력 강화로 이어질 것으로 내다보았다.[49] 이러한 점에서 중국의 인민해방군은 세계 최대의 병력을 보유하고 있으며(2017년: 192만 명, 이 중 해군 25만 명), 공개된 국방예산의 경우 미국에 이은 세계 2위이다(2017년: 2천280억 달러).[50] 일반적으로 한 국가를 강대국으로 평가할 때 강력한 군사력은 주요 고려사항 중 하나이다. 여기에서의 군사력이란 세계에서 가장 강력한 국가와의 전면적인 재래식 전쟁이 발발했을 때

---

46 Office of the Secretary of Defense, *Nuclear Posture Review* (Washington, DC: U.S. Department of Defense, 2018), pp. 11-12, 32.

47 Office of the Secretary of Defense (2018), pp. 32-33.

48 2020년 9월 22일 중국의 시진핑 국가주석은 제75차 유엔총회 일반토의 고위급 연설에서 "중국은 영원히 패권을 추구하지 않을 것이며, 그 어떤 나라와도 냉전을 벌일 생각이 없다"고 주장했다. 中华人民共和国外交部, "习近平在第七十五届联合国大会一般性辩论上发表重要讲话," 2020년 9월 3일. https://www.fmprc.gov.cn/web/zyxw/t1817094.shtml (검색일: 2021년 4월 3일).

49 John. J. Mearsheimer, *The Tragedy of Great Power Politics* (New York: W.W. Norton & Company, 2001), pp. 4, 56.

50 U.S. Department of State, "World Military Expenditures and Arms Transfers 2019," Released Online from January 20, 2017 to January 20, 2021. https://2017-2021.state.gov/world-military-expenditures-and-arms-transfers-2019/index.html (검색일: 2021년 4월 6일).

상대에게 심각한 타격을 입힐 수 있을 만큼의 충분한 군사력을 의미한다.[51] 이러한 점에서 현재 중국은 막대한 국방예산을 통해 원자력 잠수함, 장거리 전략 폭격기, 미국 본토를 사정권에 둔 대륙간탄도미사일, 항모전단 구축 등의 최첨단 무기를 갖추게 되어 미국, 러시아에 이은 세계 3위의 군사력을 보유한 것으로 평가받고 있다.[52] 경제력을 바탕으로 한 중국의 군사 현대화 추세는 미국이 구축한 질서에 대한 강력한 도전으로 해석할 수 있다. 게다가 중국은 미국과 대등한 국토면적(9.6백만km²)의 나라이며,[53] 인구는 2020년 기준 세계 인구 약 77억 5천 2백만 명의 약 18.1%인 약 14억 2백만 명으로 세계 제일의 인구 대국이다.[54] 미어셰이머가 중국이 많은 인구, 잠재적 경제 · 군사 대국 가능성, 기술발전 등의 요소로 향후 미국이 구축한 체제에 도전할 잠재력이 있다고 분석한 것처럼,[55] 오늘날 미국에게 중국은 국제질서에 순응하지 않고 독자적 세력 규합과 함께 도전을 마다하지 않는 패권도전국으로 인식되기에 이르렀다.

한편 북한은 핵 · 미사일 개발로 역내 안보 불안을 날로 증대시키고 있다. 여기에 북한이 바이든 행정부와의 비핵화 논의에는 미온적 태도로 일관하는 대신 중국과의 관계 강화에 더욱 힘을 쏟으면서 미국과의 갈등이 심화되고 있

---

51 Mearsheimer (2001), p. 5.

52 Global Firepower에서는 매년 국가별 파워지수를 매기며 0.0000에 가까울수록 군사력이 강한 국가이다. 2020년 중국의 파워지수는 0.0854로, 미국(0.0718), 러시아(0.0791)에 이어 3위로 평가받았다. Global Firepower, "2021 Military Strength Ranking," https://www.globalfirepower.com/countries-listing.php (검색일: 2021년 4월 29일).

53 CIA, "China - The World Factbook," Last Page Updated: September 9, 2021. https://www.cia.gov/the-world-factbook/countries/china/ (검색일: 2021년 9월 17일).

54 The World Bank, "Population, total," Last Updated: October 28, 2021. https://data.worldbank.org/indicator/SP.POP.TOTL (검색일: 2021년 11월 11일).

55 Mearsheimer (2001), pp. 4, 56.

다. 북한은 이미 핵무기와 이를 실어나를 수 있는 운반체 기술을 일정 수준 확보한 것으로 보이며, 이를 자국 이익 극대화에 적극 활용 중이다. 이로 유발되는 안보 불안은 한반도와 주변 국가에 직접적인 위협이자 역내 안전 수호와 질서 유지 노력에 대한 도전이다. 한편 북한은 날로 심화 중인 미 · 중갈등의 여파로 우군 확보가 절실한 중국을 지지하면서 미국에 대한 자국의 불만을 투영하고 있다.[56] 이는 세력전이이론에서 기존체제에 불만족도가 높은 중견국이나 약소국이 지배국가 지위에 도전하는 강대국 편에 설 수 있다고 가정한 것과 유사하다. 북한이 세력전이이론에서의 중견국과 약소국 중 어디에 속하는지 불분명하나 유엔에서는 북한을 저소득 국가군(Low Income)에 속한 개발도상국(Developing Economies)으로 분류하고 있다.[57] 다만 북한이 핵무기와 대륙간탄도미사일 등의 비대칭전력을 이미 확보하고 있다는 점에서 일반적인 개념의 저소득 국가나 개도국으로 볼 수 없다. 현재 북한은 미국과의 대화를 거부한 채 미국의 패권에 도전하는 중국 편을 들어주는 모습을 보인다. 북한이 미 · 중갈등 속에서 수세에 몰린 중국을 지지하며 관계 강화에 나서는 데에는 다음과 같은 배경이 있다. 첫째, 향후 미국과의 비핵화 논의가 본격화되었을 때 자국의 입장이 반영된 중국의 협력을 얻을 수 있다. 둘째, 중국과 동일하게 인권 · 종교 등에서 미국으로부터 압력을 받는 상황에서 중국과의 관계 강화로 공동 대응

---

56 북한은 유엔 인권이사회 제46차 회의 연설에서 서방 국가들의 신장, 홍콩 관련 문제 제기를 중국에 대한 내정간섭이라고 비판했다. 『연합뉴스』, "북한, 유엔인권이사회서 "중국에 대한 내정간섭 중지해야"," 2021년 3월 20일. https://www.yna.co.kr/view/AKR20210320050900504?input=1195m (검색일: 2021년 5월 27일).

57 United Nations, *World Economic Situation and Prospects 2020* (New York: United Nations Press, 2020), pp. 166, 168.

이 가능해진다.[58] 셋째, 자국에 대한 제재가 지속되는 가운데 대중 무역의존도가 고조되는 북한으로서 중국과의 관계가 더욱 중요해졌기 때문이다. 이에 따라 당분간 북한의 중국 편들기는 이어질 것으로 전망된다.

<표 4-4> 세력전이이론으로 바라본 중국의 부상과 북한 핵·미사일

대구분	중구분	소구분	중국의 부상	북한 핵·미사일
도전국가	국력	인구 크기	• 인구: 14억 2백만 명(2020년) • 면적: 세계 4위(미국: 3위)	• 인구: 2천 6백만 명(2021년)[59] • 면적: 세계 99위[60]
		국력 신장 속도	• 1980년 중국 GDP: 1천 911억 달러[61] • 2020년 중국 GDP: 14조 7227억 달러(미국의 70.3%)[62]	• 2019년 북한 GDP: 180억 달러(GDP 성장률: 0.4%)[63] • 핵무기 67~116기 보유 추정[64]
	지배국 기준	수용태도	• 미, 중국의 부상 미수용 • 정치체제 상이	• 전통적으로 적대적 관계 • 바이든 행정부 탐색 국면
		잠재적 관계	• 수교 초기: 우호관계 • 현재: 기후변화 등 일부 제외 전 영역에서 갈등 • 중국 지도부나 체제를 직접 겨냥한 비판도 서슴지 않음	• 비핵화 방법 상이 • 상이한 정치체제
중견국가 / 약소국가	-	도전국가 편승	• 해당 없음	• 미·중갈등 속 중국 입장지지 (예: 홍콩, 대만 등)
지배국가	-	예방전쟁	• 없음	• 수차례 계획 → 실행 안함
		산업화 지연	• 첨단산업 분야에서 디커플링 진행[65]	• 대북 경제제재
		산업화 지원	• 갈등 전까지 대규모 투자, 공동 산업/제품 공급망 구축	• 비핵화 이후 대규모 경제지원 제시

58 지금껏 중국은 북한 인권결의안에 대해 여러 차례 반대 입장을 천명했다.

59 CIA, "Korea, North - The World Factbook," Last Page Updated: August 25, 2021. https://www.cia.gov/the-world-factbook/countries/korea-north/ (검색일: 2021년 9월 16일).

60 CIA (Last Page Updated: August 25, 2021).

61 The World Bank, "Databank. World Development Indicator," Last Updated: October 28, 2021. https://databank.worldbank.org/source/world-development-indicators (검색일: 2021년 11월 11일).

62 The World Bank (Last Updated: October 28, 2021).

III. 미·중 패권경쟁의 심화

미 · 중 패권경쟁은 바이든 행정부의 대북정책에 영향을 미치는 중요 변수이다. 이에 바이든 행정부의 대북정책을 분석 · 전망하기에 앞서 미 · 중관계를 살펴볼 필요가 있다. 시진핑은 2012년 중국 공산당 제18차 전국 대표회의에서 국가주석으로 선출된 이래 신형대국관계를 주창하며 기존 덩샤오핑을 위시한 중국 지도자들이 견지한 도광양회에서 벗어나 국제사회에서의 중국 영향력을 확대해 나갔다. 미어셰이머는 중국의 영향력 확대에 대해 먼저 아시아에서의 패권을 차지하기 위해 자신의 영향력을 일본과 러시아 수준으로 끌어올릴 것이며, 나아가 미국이 아메리카 대륙에 속한 국가들로부터 패권국이라는 암묵적 인식을 받듯이 중국도 주변국들에게 그들이 할 수 있는 '행동의 경계'를 지시할 수 있는 수준에까지 영향력 확대를 꾀할 것이라고 주장했다.[66] 이러한 중국의 행보는 1990년대 중반 이후 미국 정가를 중심으로 퍼지기 시작한 '중국위협론'에 다시 힘을 실어주었고, 결국 트럼프 행정부에 들어서 양국 간에 갈등이 본격화되었다. 양국 갈등은 경제영역에서 시작하여 이후 지식재산권, 첨단산업, 남중국해, 대만, 홍콩 등으로 확산되었다. 바이든 행정부에

---

63 Trading Economics, "North Korea GDP," Last Updated: August 2021. https://tradingeconomics.com/north-korea/gdp#:~:text=GDP%20in%20North%20Korea%20averaged,4.85%20USD%20Billion%20in%201995 (검색일: 2021년 8월 3일).

64 아산정책연구원·랜드연구소, 『북핵 위협, 어떻게 대응할 것인가』 (서울: 아산정책연구소, 2021), p. 35.

65 미국은 중국이 반도체, 배터리, 5G 등 첨단산업에서 기술적 우위를 점하지 못하게 해당 분야에서의 디커플링 시도를 강화하는 추세이다. 이에 따라 중국을 배제한 채 한국, 일본, 대만 등 소위 기술 강국과의 새로운 글로벌 공급망 구축에 박차를 가하고 있다.

66 Mearsheimer (2006), p. 162.

서는 인권, 가치 등 중국이 민감하게 여기는 영역에까지 확대되고 있다. 미국은 대중국 압박의 효율성 제고를 위해 인도·태평양에서는 안보협의체 성격을 띠게 된 쿼드(Quad)로,[67] 대서양에서는 전통적 동맹인 NATO와 합동전선 구축에 심혈을 기울이고 있다.[68] 이처럼 미국이 동맹·파트너와 공동전선 구축에 힘을 쏟는 것은 조셉 나이(Joseph S. Nye)가 부상하는 중국으로부터 패권을 유지하기 위해서는 동맹과 함께 미국이 타국과 맺고 있는 네트워크의 활용이 중요하다고 주장한 바와 뜻을 같이한다.[69] 이에 대해 중국의 왕판은 미·중 충돌의 양상을 경제를 중심으로 한 양자 간의 경쟁에서 이제는 군사적 수단이 동원되는 수준에 이르게 되었다고 보았다.[70]

1. 미·중갈등: 경제에서 전 방면으로

1) 미·중갈등의 시발점: 경제

미국과 중국은 1979년 수교 이래 여러 차례 갈등을 빚었으나 오늘날 우발적 군사충돌마저 우려되는 극한 대립은 무역불균형에서 시발되었다. 1949

---

67 쿼드(Quad: Quadrilateral Security Dialogue)는 인도·태평양지역에서 미국, 일본, 인도, 호주 등 4개국이 구성한 다자 안보협의체이다. 쿼드는 미국이 주도하는 '자유롭고 열린 인도·태평양(Free and Open Indo-Pacific, FOIP)' 전략의 일환으로, 중국의 부상을 봉쇄하기 위한 전략적 성격이 짙다. 바이든 행정부는 더 많은 역내 파트너 국가를 포함하는 '쿼드 플러스'를 추진하고 있다.

68 나토는 2022년 6월 스페인 마드리드 정상회의에서 '러시아의 침략'과 '중국의 도전'을 우선 과제로 규정한 '2022년 전략개념'을 채택했다. 나토가 12년 만에 채택한 새로운 전략개념에는 "중국의 명시적인 야망과 강압적 정책으로 NATO의 이익과 안보가 도전받고 있다"고 강조하며 중국을 '구조적 도전(systemic challenge)'으로 표현했다.『중앙일보』2022년 7월 1일.

69 Joseph S. Nye, "The Future of American Power: Dominance and Decline in Perspective," *Foreign Affairs* Vol.89, No.6 (2010), p. 12.

70 王帆 (2021), p. 56.

년 신중국 수립 당시, 중국은 세계 최빈국 중 하나였다.[71] 1950년대의 대약진 운동과 60 · 70년대의 문화대혁명으로 폐허로 변한 국가 경제를 살리기 위해 1978년 제11기 3중전회에서 개혁개방 노선을 천명했고, 이후 경제개발에 적극 나서면서 반전을 맞이하게 되었다. 2010년 중국은 GDP에서 일본을 앞지르며 미국에 이은 세계 2위의 경제대국이 되었다. <표 4-5>에서 알 수 있듯, 중국은 1980년 GDP 1천 910억 달러에서 15년 후인 1995년 처음으로 G7 회원국 중 캐나다를 넘어섰고, 다시 불과 15년 만에 미국을 제외한 나머지 6개국들의 GDP를 추월했다. 세력전이이론에서는 잠재적 도전국가의 국력이 지배국가와 균형을 이를 때 세력전이의 가능성이 생긴다고 본다. 중국의 GDP는 2010년 기준 미국의 약 40%에 불과하였으나 2020년에 이르러 미국 20.9조 달러의 약 70% 수준인 14.7조 달러를 보였다.[72] 중국은 짧은 기간 내 미국을 제외한 G7 회원국들의 경제 규모를 넘어서고 본격적으로 미국과의 격차를 줄여 나가고 있다. 이제 여러 국내외 기관에서는 시기의 문제로 볼 뿐 중국 GDP의 미국 추월을 기정사실로 받아들이고 있다.[73] 이처럼 중국이 가파르게

---

71 1990년 International Dollar 기준, 1949년 당시 중국의 1인당 GDP는 439 달러로 인도(619 달러), 인도네시아 (840 달러)보다 낮은 수준이었다. Maddison Angus, *The World Economy: A Millennial Perspective* (Paris: OECD Publishing, 2001), p. 90.

72 미국의 GDP 대비 중국 수준: 1980년(6.7%), 1995년(9.6%), 2000년(11.8%), 2005년(17.5%), 2010년(40.6%), 2015년(60.7%), 2020년(70.3%). The World Bank (Last Updated: October 28, 2021).

73 미국의 JP모건에 따르면, 중국은 2030년 즈음 경제 규모에서 미국과 비등해질 것으로 전망했다. 영국 싱크탱크인 경제경영연구소(CEBR: Centre for Economics and Business Research)는 2028년 중국이 GDP 기준 미국을 넘어설 것으로 보았다. 브루킹스연구소(Brookings Institution)의 호미 카라스(Homi Kharas) 연구원도 2028년 중국이 미국을 추월할 것으로 전망했다. J. P. Morgan, "Three Questions About China's Economic Outlook," (May 11, 2021). https://www.jpmorgan.com/insights/research/china-economy-2021-en (검색일: 2021년 7월 18일). Centre for Economics and Business Research, *World Economic League Table 2021* (London: CEBR, 2020), pp. 11, 70-71. 『연합뉴스』, "중국, 코로나로

<표 4-5> 중국 대 G7의 GDP 비교(1980~2020)

단위:10억 달러, GDP in current USD

	1980	1995	2000	2005	2006	2007	2010	2015	2020
미국	2,857	7,640	10,252	13,037	13,815	14,452	14,992	18,238	**20,937**
중국	191	735	1,211	2,286	2,752	3,550	6,087	11,062	**14,723**
일본	1,105	5,446	4,968	4,831	4,602	4,580	5,759	4,445	4,975
독일	950	2,586	1,943	2,846	2,992	3,421	3,396	3,356	3,846
영국	565	1,342	1,658	2,533	2,706	3,093	2,482	2,933	2,708
프랑스	701	1,601	1,362	2,196	2,319	2,657	2,643	2,438	2,630
이탈리아	477	1,175	1,144	1,858	1,948	2,210	2,134	1,836	1,886
캐나다	274	604	745	1,173	1,319	1,469	1,617	1,557	1,644

출처: The World Bank (Last Updated: October 28, 2021).

미국을 따라잡자 이를 견제하기 위한 미국의 움직임도 활발해지면서 양자 간의 갈등이 표면화되었다.

세력전이이론에서는 도전국가의 국력 신장 속도에도 주목한다. 중국 경제는 빠른 속도로 미국을 따라붙고 있고 그 격차도 매년 급속히 좁혀지고 있다. 특히 2001년 중국이 WTO에 가입한 후 글로벌 경제망으로의 편승효과가 나타나면서 성장세는 더욱 빨라졌다. <그림 4-3>은 1990년부터 2020년까지 중국과 G7 회원국들의 GDP를 지수로 표현한 것이다. 1990년을 기준으로 국가별 상이한 GDP를 동일하게 지수 100으로 통일한 후 2020년까지의 변동을 살펴보았다. 이 기간에 중국의 경제는 급속한 성장을 보이며 기준 연도 대비 약 40배 성장했다.[74] OECD에 따르면 동 기간 연평균 실질 GDP 성장률

미국과 GDP 격차 좁혀…'2028년 추월' 관측도," 2021년 1월 18일. https://www.yna.co.kr/view/AKR20210118082800089?input=1195m (검색일: 2021년 8월 11일).

74 The World Bank (Last Updated: October 28, 2021) 활용.

<그림 4-3> 중국 대 G7의 GDP 성장추세 비교(1990~2020)

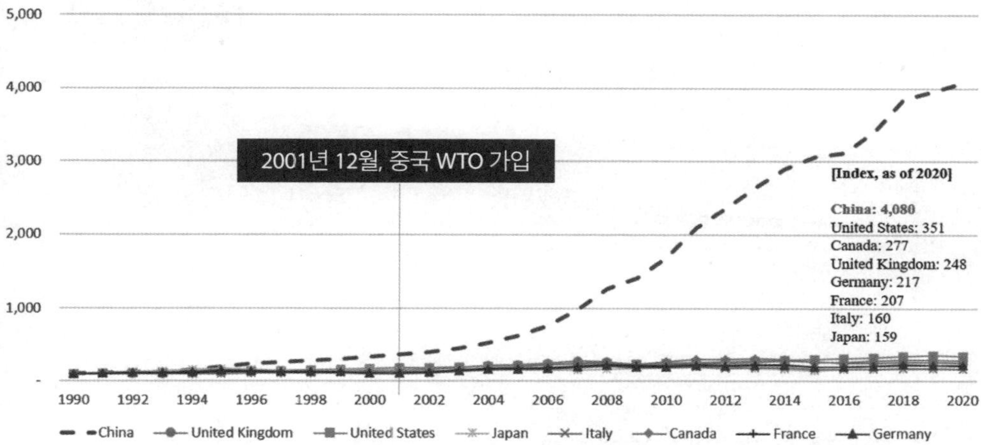

주: 1990년 = 100.

출처: The World Bank (Last Updated: October 28, 2021) 활용하여 지수화

은 9.1%를 보였다. 이는 G7 회원국들의 연평균 성장률 대비 매우 높은 수준이다(미국: 2.3%, 캐나다: 2.0%, 영국: 1.6%, 프랑스: 1.3%, 독일: 1.2%, 일본: 0.9%, 이탈리아: 0.4%).[75] 이처럼 중국의 빠른 경제성장은 중국을 세계 최빈국가에서 G2로 변모시키며 미·중갈등의 촉매가 되었다.

중국이 경제적으로 성장할수록 미국의 대중국 무역적자는 날로 증가하고 있다. <그림 4-4>는 미국의 대중국, 대세계 연간 무역적자의 변화를 상대적으로 파악하기 위해 1990년부터 2020년까지의 수치를 지수화한 것이다. 이를 통해 미국의 대중국 무역적자가 대세계 대비 팽창의 속도에서 월등히 빠르다

75 중국은 1993년부터 2020년, 독일은 1992년부터 2020년 기간의 자료임. OECD, "OECD Data: Real GDP Forecast," https://data.oecd.org/gdp/real-gdp-forecast.htm#indicator-chart (검색일: 2021년 12월 8일).

<그림 4-4> 미국의 대중국 및 대세계 무역적자 증가속도 추이 비교(1990~2020)

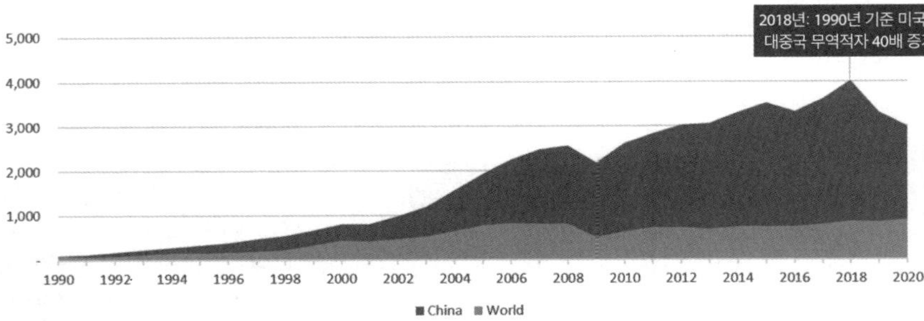

주: 1990년 = 100.

출처: The U.S. Census Bureau (검색일: 2021년 3월 26일) 활용하여 지수화

는 점을 알 수 있다. 2020년 기준 미국의 대중국 무역적자는 1990년 대비 30배 늘어난 3,108억 1백만 달러인 반면 대세계 무역적자는 상대적으로 낮은 9배 증가에 머물렀다.[76] 세력전이이론에 따르면 지배국가는 세력전이의 가능성 속에서 세력이동을 막기 위한 행보에 나서게 된다. 이러한 점에서 앞서 중국의 경제 부상과 빠른 성장세가 미 · 중갈등의 촉매로 작용했다면 대중국 무역수지 증가세는 미국이 중국을 견제할 수 있게 하는 실질적 명분이 되어 이후 대중국 무역제재 조치가 이어지게 된다.

이처럼 중국의 부상은 지배국가인 미국을 자극하여 중국과의 무역관계를 재조정하게 만들었고, 미국은 중국의 대미수출품에 대해 높은 수준의 관세를

76 ①1990년 대비 미국의 대중국 무역적자 수준(104억 3천 1백만 달러): 2000년 8배, 2010년 26배, 2020년 30배 (3108억 1백만 달러). ②1990년 대비 미국의 대세계 무역적자 수준(1010억 3천만 달러): 2000년 4배, 2010년 6배, 2020년 9배(9049억 5천 1백만 달러). U.S. Census Bureau, "Trade in Goods with China," https://www.census.gov/foreign-trade/balance/c5700.html (검색일: 2021년 3월 26일). U.S. Census Bureau, "Trade in Goods with the World," https://www.census.gov/foreign-trade/balance/c0004.html (검색일: 2021년 3월 26일).

적용하기 시작했다. 2021년 4월 기준 미국은 무역확장법(the Trade Expansion Act of 1962) 제232조로 중국산 철강 · 알루미늄에 대해 25%의 관세율을, 무역법(the Trade Act of 1974) 제301조로 중국 수입품 약 4분의 3에 최대 25%를 적용하고 있다.[77] 이러한 관세 기조는 바이든 행정부에서도 이어지고 있다. 캐서린 타이(Katherine Tai) 미국 무역대표부 대표는 당분간 중국에 대한 고관세 정책을 철회할 뜻이 없음을 분명히 밝혔다.[78] 관세 외 미국은 중국의 무분별한 지식재산권 탈취 방지, 첨단산업 기술 습득 방지 및 진입 차단 등을 목표로 중국의 첨단산업 첨병인 화웨이(华为), ZTE(中兴通讯), 푸젠진화(晋华集成电路) 및 SMIC(中芯国际) 등을 대상으로 한 핀셋 규제에 나서고 있다.[79]

2) 미 · 중갈등의 심화단계: 대만, 홍콩, 남중국해

미 · 중갈등은 이제 영토, 인권, 가치 등 경제 외 영역에서도 표면화되었다. 특히 이 중 다수가 중국이 주장하는 핵심이익과 연관되어 있다는 점에서 양자 간의 갈등 기조는 앞으로도 지속될 것으로 전망된다.

---

77 구글에서 'US China tariffs', 'US China tariff percentage' 등의 검색어로 검색. (검색일: 2021년 4월 6일).

78 The Wall Street Journal, "New Trade Representative Says U.S. Isn't Ready to Lift China Tariffs," (March 28, 2021). https://www.wsj.com/articles/new-trade-representative-says-u-s-isnt-ready-to-lift-china-tariffs-11616929200 (검색일: 2021년 3월 30일).

79 중국은 미·중갈등 속에서 반도체 기술 확보에 심혈을 기울여 왔다. 그러나 미국의 제재와 디커플링 시도의 여파로 중국 메모리 반도체 핵심 기업 중 하나였던 칭화유니(清华紫光), 핵심 반도체 기업으로 키우고자 했던 우한홍신반도체제조(HSMC)와 푸젠진화(晋华集成电路) 등은 심각한 타격을 받으며 사업 진행이 어렵게 되었다.

(가) 대만

중국에게 대만은 아직 해방되지 못한 미수복지이다. 이러한 연유로 중국은 대만을 주권국 대신 성(省)급 단위의 행정구역으로 본다.[80] 대외적으로도 수교와 원조의 선행조건으로 '하나의 중국 원칙'에 대한 수용과 대만과의 단교를 요구하고 있다. 이에 따라 지금껏 대다수 국가나 국제기구는 대만을 중국의 일부로 인정해 왔다. 미국 역시 '대만관계법', '6개 보장'(Six Points) 등을 통한 비공식적 관계만 유지해 왔다.[81] 그러나 트럼프 행정부 때부터 대만이 양자갈등의 중심으로 등장했다. 미국은 연이어서 '대만 동맹 보호법'(TAIPEI Act), '대만 보증법'(Taiwan Assurance Act) 등을 통과시키며 대만과의 관계를 강화해 나갔다.[82] 이 기조는 바이든 행정부에서도 이어지고 있다. 2021년 3월 미국이 대만과 단교한 이래 40여 년 만에 처음으로 미국 대사(주팔로우 미국대사)가 대만을 방문했다.[83]

중국은 미국의 지속적인 대만과의 관계 개선을 내정간섭으로 규정하면서 대만에 대한 군사적 압박 강도를 높이고 있다. 중국 전투기와 폭격기가 대만

---

80 중국 행정구획에서 가장 큰 단위는 성급 행정구이다. 성급 행정구는 성, 직할시, 자치구 및 특별행정구를 포괄한다. 현재 중국에는 23개의 성(대만 포함), 4개의 직할시(베이징, 상하이, 톈진, 충칭), 5개의 자치구(티베트, 신장, 닝샤, 광시, 네이멍구) 및 2개의 특별행정구(홍콩, 마카오)가 있다.

81 ① 대만관계법: 대만 자위에 필요한 무기와 군사기술 제공 등의 내용을 담고 있는 법안이다. ② 6개 보장: 미국과의 단교로 안보 불안에 시달리던 대만에게 미국이 제시한 약속으로 대만 주권의 사실상 인정과 함께 양자 간의 지속적인 군사협력 등을 명시하고 있다.

82 ① 대만 동맹 보호법: 현재 대만과 수교를 맺고 있는 나라가 향후 대만과 단교할 경우 이들에 대한 미국의 원조를 축소한다는 내용을 담고 있다. ②대만 보증법: 미국산 무기의 대만 판매 상시화를 명시하고 있다.

83 The Times, "US Envoy Joins Palau Delegation in Official Visit to Taiwan," (March 29, 2021). https://www.thetimes.co.uk/article/us-envoy-joins-palau-delegation-in-official-visit-to-taiwan-kx0z9c7w8 (검색일: 2021년 3월 30일).

방공식별구역에 수시로 진입하고 있고, 대만 상륙을 상정한 공개 군사훈련도 실시 중이다. 이에 대응하고자 대만도 미국의 우호적 협조 속에서 각종 첨단 무기 도입에 속도를 내고 있다.[84] 미국 역시 단독 혹은 연합 형태로 군함을 대만해협에 보내며 측면 지원하고 있다.

이처럼 대만이 미 · 중갈등의 변수로 부상한 배경을 세 가지 측면에서 살펴볼 수 있다. 첫째, 대만은 미 · 중에게 전략적 가치가 높다. 미국에게 대만은 인도 · 태평양 지역에서 중국의 팽창을 막는 방어선상에 위치하고, 괌에 있는 미군기지보다 지근거리에서 중국을 저지할 수 있는 전략적 요충지이다.[85] 반면 중국에게 대만은 미국과 동맹이 구축한 방어선을 뚫고 원해로 진출을 가능하게 해 주는 최적의 요새이다. 둘째, 미국에게 대만은 공통의 가치를 가진 나라이자 공산정권에 대항 중인 협력의 대상이다. 셋째, 중국에게 대만은 통일로

---

84 트럼프 행정부 때 F-16C/D 전투기 66대, M1A2T 아브라함 탱크 108대, 보잉사의 하푼 해안방어시스템 100대, 공격용 무인기인 MQ-9B 시 가디언 4대, 공격용 미사일인 AGM-84H SLAM-ER 공대지/함 미사일 및 다연장 로켓포인 하이마스에 대한 무기 수출이 승인되었다. 추가적으로 2021년 8월 4일 바이든 행정부는 대만에 7억 5000만 달러 규모의 무기 판매를 승인했다. 종합적으로 미국은 2010년 이후 지금까지 대만에 약 230억 달러 규모의 무기를 팔았다. CNN, "Trump Admin Formally Approves Fighter Jet Sale to Taiwan Amid China Trade fight," (August 21, 2019). https://edition.cnn.com/2019/08/20/politics/taiwan-fighter-jet-sales/index.html (검색일: 2021년 4월 29일). Reuters, "Timeline: U.S. Arms Sales to Taiwan in 2020 Total $5 Billion Amid China Tensions," (December 7, 2020). https://www.reuters.com/article/us-taiwan-security-usa-timeline-idUSKBN28I0BF (검색일: 2021년 4월 29일). Bloomberg, "First Taiwan Arms Sale in Biden Administration Is Approved," August 5, 2021. https://www.bloomberg.com/news/articles/2021-08-04/first-arms-sale-to-taiwan-by-biden-administration-is-approved (검색일: 2021년 8월 11일).

85 대만과 중국은 대만해협을 사이에 두고 가깝게는 약 120km 떨어져 있다. 중국에 인접한 대만의 진먼다오(金门岛)는 중국 샤먼(厦门)과 약 10km 떨어져 있다. 반면, 괌(Guam)과 상하이(上海)는 약 3,094km, 괌과 샤먼은 3,055km 떨어져 있다. 구글에서 'Distance from A to B' 조합으로 검색. (검색일: 2021년 3월 31일).

가는 마지막 퍼즐이다.

(나) 홍콩

근래 중국이 선거제 개편과 홍콩보안법 입법을 강행하면서 이를 반대하는 미국과 갈등이 증폭되었다. 중국은 '제13차 전인대 상무위원회 제27차 회의'를 통해 '홍콩선거제도수정안'을 통과시켰다. 수정안의 핵심은 두 가지다. 우선 공직선거(행정장관, 입법후보 등)에 출마하는 후보의 출마 자격을 심사할 수 있는 '자격심사위원회'가 신설되어 중앙정부 뜻대로 소위 '애국자의 홍콩통치(爱国者治港)'가 가능하게 되었다.[86] 다음으로 수정안을 통해 홍콩 수장인 행정장관을 선출하는 선거인단 중 구의원의 선거권을 박탈했다. 이는 2019년 홍콩 구의원 선거 당시 전체 의석의 85% 이상을 차지한 범민주진영의 영향을 저하시키기 위한 조치로 풀이된다. 2021년 9월 선거제 개편 이후 처음으로 홍콩 행정장관과 전체 입법회 의원 90명 중 40명을 선정할 수 있는 권한을 갖는 선거인단 선거가 치러졌다. 선거 결과 전체 선거인단 1,500명 중 99% 이상이 친중 인사로 채워졌고 야권 인사는 1명에 불과했다.[87] 선거제 개편으로 홍콩의 중국화 가속과 범민주진영의 타격이 불가피해졌다.

한편 학생을 대상으로 한 애국교육 강화, 질서 유지를 내세운 보안법 의결 강행으로 홍콩의 민주주의가 크게 훼손되면서 미국, 영국, 유럽연합 등에서

86 中国共产党新闻, ""修订香港基本法附件一附件二具有十分重要深远的意义"," 2021년 3월 31일. http://cpc.people.com.cn/n1/2021/0331/c64387-32065717.html (검색일: 2021년 4월 6일).

87 『연합뉴스』, "'중국이 설계한' 홍콩 선거인단 선거 99.7% 친중후보 당선(종합)," 2021년 9월 22일. https://www.yna.co.kr/view/AKR20210922035451074?section=search (검색일: 2021년 9월 22일).

중국 공산당에 대한 부정적 인식이 증대되었다.[88] 일례로 미국은 홍콩이 중국으로 반환되기 전인 1992년 홍콩에 특별지위를 부여했다. 그러나 홍콩 민주주의에 대한 훼손이 심화되자 트럼프, 바이든 행정부 모두 홍콩에 대한 특별지위를 심사하여 박탈하기에 이르렀다. 원래 특별지위로 홍콩뿐만 아니라 대륙기업들도 혜택을 받았다. 다수 대륙의 제조업체들이 대륙에서 생산된 반제품을 홍콩에서 완제품으로 가공하여 홍콩산으로 인정받게 되면서 대륙에서 수출하는 여타 제품 대비 혜택을 받았다. 게다가 알리바바(阿里巴巴), 샤오미(小米), 텅쉰(腾讯) 등 유수의 대륙기업들은 홍콩에서 기업공개(IPO)를 진행하여 자금조달과 선진 금융시스템으로의 접근이 용이했다. 하지만 금번 조치로 혜택이 줄어들게 되어 홍콩 전반에 걸친 경쟁력 감소와 함께 대륙기업의 기업활동도 부정적 영향을 받을 것이다.

(다) 남중국해

남중국해는 중국과 동남아시아 국가들을 아우르는 거대한 공해이자 대량의 석유와 천연가스 매장지이다.[89] 동시에 한국, 일본, 중국, 대만 등의 자원 운송로이자 제품 수출입로로 전략적 가치가 매우 높다. 남중국해 영유권을 둘러싼 갈등이 수면 위로 올라오게 된 계기는 1992년 남중국해 대부분을 중국 바

---

88 영국과 중국은 1980년대 '홍콩반환협정'에 합의한 이후 줄곧 양호한 관계를 유지해 왔다. 그러나 최근 홍콩에 대한 중국의 간섭이 심화되자 영국은 자국의 최신 항모를 아·태지역에 보내며 중국에 대한 불만을 표출했다.

89 현재 남중국해에는 약 190조 큐빅 피트의 천연가스와 약 110억 배럴의 원유가 매장되어 있다. 향후 추가탐사로 더욱 늘어날 것으로 보인다. Asia Maritime Transparency Initiative and CSIS, "South China Sea Energy Exploration and Development," https://amti.csis.org/south-china-sea-energy-exploration-and-development/ (검색일: 2021년 4월 6일).

다로 정한 중국의 '영해 및 접속해역법' 개정과 2010년대부터 본격적으로 추진되고 있는 중국의 남중국해 소재 산호초와 암초 점유, 인공섬화 및 군사기지화의 영향이 크다. 이에 따라 2013년 필리핀은 중국을 유엔해양법협약 중재재판에 회부했다. 2016년 중국 영유권 주장의 근거인 9단선은 근거가 없고, 중국이 건설한 인공섬은 불법이므로 중국의 배타적 경제수역은 성립되지 않는다는 판결을 받아냈다. 해당 판결에 대해 중국은 수용을 거부하며 지속적으로 남중국해에서의 영유권 강화조치를 진행하고 있다.[90]

중국은 동부 연안을 기준으로 서해에서 동중국해를 거쳐 남중국해에 이르는 거대한 바다와 접하고 있지만, 서해와 동중국해는 한반도, 일본, 대만에 의해 지근거리에서 막혀 있는 형세이다. 반면 남중국해는 거대한 공해로 동남아시아 국가들에게 둘러싸여 있지만 상대적으로 원해 진출에 유리하다. 이러한 이유로 중국이 원해로 진출하며 아·태지역 내 영향력 증대를 위해서는 남중국해에 대한 안정적인 관리와 통제가 필요하다. 현재 중국은 하이난다오(海南島)를 남중국해 진출의 전진기지로 삼고 있고, 이곳 싼야시 위린항에 핵추진 잠수함 및 항공모함의 모항을 신설하며 남중국해에 대한 통제 강화에 나서고 있다.

남중국해에서 중국의 행보는 남중국해의 영유권을 주장하는 다른 당사자들의 반발을 불러일으키고 있다. 일례로 베트남은 영유권을 주장하던 서사군

---

90 중국은 남중국해 영유권 강화조치 중 하나로 2021년 9월 1일부로 자국이 주장하는 영해에 진입하는 선박에 대한 사전 신고제 실행에 들어갔다. 중국의 '해상교통안전법'에 따르면 잠수함, 위험물질을 선적한 선박, 핵을 동력으로 삼는 함정은 영해에 진입하기 전 반드시 중국 당국의 허가를 받아야 한다. 中华人民共和国海事局, "中华人民共和国海上交通安全法," 2021년 4월 29일. https://www.msa.gov.cn/page/article.do?type=hsfg&articleId=bc74b6becf1848cd9688fe144a96576f (검색일: 2021년 9월 22일).

도를 중국에게 무력으로 빼앗겼고 남중국해에서 진행 중이던 원유탐사 활동도 중국으로부터 방해를 받게 되자 중국에게 불만을 표출하고 있다. 갈등의 격화 속에서 미국, 일본, 호주, 영국, 프랑스 등이 남중국해에서의 항해의 자유 수호를 위해 중국에 대한 군사적 시위에 나서면서 갈등은 지역갈등에서 강대국 간의 힘겨루기로 흐르는 양상이다.[91]

2. 미 · 중갈등과 한반도

1) 미 · 중갈등과 대북 접근법: 한국을 중심으로

문재인정부의 한반도정책은 북한과의 평화공존과 공동번영이라는 비전 아래 북한의 핵 · 미사일 문제를 다루고 있다. 이를 위해 남북한 간의 지속 가능한 발전과 한반도 신경제공동체 구현을 추진하고 있다.[92] 이처럼 문재인정부는 남북관계의 개선과 북한의 핵 · 미사일 문제를 동일 선상에서 병행 추진 중이다. 다만 현실적으로 북한의 핵 · 미사일 문제는 국제사회와의 협력이 수반되어야 한다는 점에서 미국과 함께 북한에 영향력을 행사할 수 있는 중국의 역할에 주목해 왔다. 그러나 문재인정부 중반 이후 남북관계의 교착상태가 길어지고 미 · 중갈등이 심화하면서 남북한의 주도적 노력과 함께 미 · 중의 협력

---

91 The Diplomat, "The Global South China Sea Issue. China's Actions in the South China Sea are No Longer Just a Regional Issue," (July 4, 2021). https://thediplomat.com/2021/07/the-global-south-china-sea-issue/ (검색일: 2021년 7월 15일). 미국이 남중국해를 둘러싼 대중 압박의 효율성 제고를 위해 동맹과 우군을 결집하는 것에 대해 쉬부 중국국제문제연구원(CIIS) 원장은 바이든 행정부가 남중국해에서의 항해의 자유를 명분으로 동맹을 결속시켜 대중 억제의 도구로 삼고 있다고 비판했다. 中国国际问题研究院, "徐步院长出席中美关系线上研讨会," 2021년 8월 26일. https://www.ciis.org.cn/xwdt/202108/t20210826_8104.html (검색일: 2021년 9월 23일).

92 통일부, 『문재인의 한반도정책: 평화와 번영의 한반도』 (서울: 통일부, 2017), pp. 11, 14-27.

을 동력 삼아 북한의 핵·미사일 문제 해소를 추진하고자 했던 문재인정부가 어려운 상황에 직면하게 되었다.

한국에게 미국과 중국은 북한 핵·미사일 문제를 다루는 데 있어서 핵심 국가들이다. 미국은 북핵문제가 국제사회 주요 현안으로 부상한 이래 북·미 양자 혹은 한반도 이해 당사자들의 참여로 형성된 다자협의체의 틀을 활용하여 직접 대응해 왔다. 일례로 제1차 북핵위기를 일달락시킨 '제네바합의(1994)', 2005년 6자회담을 통해 도출된 '9·19 공동성명' 및 2018년 북·미 싱가포르 정상회담에서 합의한 공동성명 등을 들 수 있다. 중국 역시 6대 핵심이익 중 국가안전, 지속적 경제발전의 보장, 사회안정 등을 이유로 북한 핵·미사일 문제 해소에 관심을 갖고 관여해 왔다.[93] 이처럼 미·중은 각자의 이해를 투영하면서 대체로 북한 핵·미사일 문제에서 직·간접적으로 상호 협력해 왔다. 그러나 트럼프 행정부 이후 미·중갈등이 심화되면서 북핵문제 해법을 둘러싼 양자 간의 힘겨루기도 심화하는 양상이다. 바이든 행정부는 출범 이래 북한 핵·미사일 문제에서 중국의 역할을 여러 차례 강조하고 있으나 짜오통(赵通) 카네기 칭화 국제정책센터 선임연구원은 미·중갈등의 여파로 북한 핵·미사일 문제에서의 미·중 협력 가능성을 회의적으로 보았다.[94] 한편 북한은 대북제재로 인한 경제적 어려움을 타파하고 대미 협상력을 높이기 위해 중국과 밀

---

93 중국의 6대 핵심이익: ①국가주권, ②국가안전, ③영토완정, ④국가통일, ⑤헌법이 확립된 국가 정치제도와 사회안정, ⑥경제사회의 지속적 발전을 위한 보장. 中华人民共和国国务院新闻办公室, "《中国的和平发展》白皮书（全文）," 2011년 9월 6일. http://www.scio.gov.cn/tt/Document/1011394/1011394.htm (검색일: 2021년 5월 1일).

94 South China Morning Post, "US-China Tensions Give North Korea an Opportunity to Strengthen Its Position in Nuclear Talks," (March 21, 2021). https://www.scmp.com/news/china/diplomacy/article/3126225/us-china-tensions-give-north-korea-opportunity-strengthen-its (검색일: 2021년 6월 25일).

착하는 모습을 보이고 있다. 이에 북한에 대한 중국의 영향력은 더욱 높아지게 되었고,[95] 결과적으로 북한의 핵 · 미사일 문제가 미 · 중갈등의 영향권에서 다뤄지게 되었다. 여기에 문재인정부는 북한을 자극하지 않는다는 명분으로 한 · 미연합훈련을 취소하거나 작은 규모로 진행했다.[96] 심지어 한 · 미연합훈련은 불가침 영역이 아니며 한 · 미연합훈련의 취소를 매개로 하여 북한을 대화로 유도해 내어야 한다는 주장이 제기되면서 미국의 불만을 야기하고 있다. 더불어 한국이 점증하는 미 · 중갈등 속 중국을 자극할 수 있는 논의에 조심스러운 입장을 견지하는 것도 미국으로서는 불만일 수밖에 없다. 또한 아군 확보에 심혈을 기울이는 중국으로부터도 필요 이상의 요구에 시달리게 되면서 미 · 중 양자 모두로부터 동시다발적 압박을 받는 상황이다.[97]

종합적으로 미 · 중갈등은 문재인정부의 한반도 평화정착구상을 어렵게 만들었다. 북한을 자극하지 않기 위한 행동이 한 · 미공조에 부정적 영향을 주고 있고, 중국도 한국의 미국 편중을 경계하며 지속적으로 경고의 목소리를 내고

---

95 중국 왕이 외교부장은 북경 칭화대학교에서 열린 세계평화포럼에서 "미국은 수십 년간 북한에 가해진 군사적 위협과 압박을 반성하고 북한의 합리적 관심을 직시하고 해결해야 한다"라고 주장했다. 나아가 한반도 문제를 '중국 문 앞의 일'(中国家门口的事)로 언급했다는 점에서 향후 북한문제에서 미국에 호락호락하지 않을 것임을 알 수 있다. 中华人民共和国外交部, "守护世界和平，推动人类进步——王毅国务委员在第九届世界和平论坛开幕式上的主旨演讲," 2021년 7월 4일. https://www.fmprc.gov.cn/web/wjbz_673089/zyjh_673099/t1889634.shtml (검색일: 2021년 7월 4일).

96 『연합뉴스』, "한미연합훈련 8~18일 시행…규모 축소·야외기동훈련 안해(종합)," 2021년 3월 7일. https://www.yna.co.kr/view/AKR20210307010900504?input=1195m (검색일: 2021년 6월 25일).

97 중국 왕이 외교부장은 한국 정의용 외교부장관과의 통화에서 미국의 인도·태평양 전략에 대한 반대의 뜻을 표명하면서 해당 전략이 냉전적 사고에 기반하고 있으므로 지역 평화유지에 도움이 되지 않는다고 주장했다. 동시에 한국과 올바른 정치적 공감대를 형성하고 싶다는 뜻을 전했다. 또한 대북제재 중 민생 관련 분야 완화의 필요성도 강조했다. 中华人民共和国外交部, "王毅同韩国外长郑义溶通电话," 2021년 6월 9일. https://www.fmprc.gov.cn/web/wjbz_673089/zyhd_673091/t1882635.shtml (검색일: 2021년 6월 25일).

있다. 이 와중에 북한은 대미, 대남 강경일변도로 나오면서 문재인정부의 한반도정책은 운신의 폭이 좁아진 상태이다.[98]

2) 미·중갈등과 북·중관계: 중국을 중심으로

미 · 중갈등은 북 · 중관계에도 변수이다. 중국과 북한은 국공내전 당시부터 뜻을 같이한 혈맹이다. 이는 지금도 양자 간에 유효한 '조 · 중 우호협력 및 상호원조조약' 제2조에 명시된 군사적 형태를 통해서도 확인 가능하다.[99] 북 · 중관계에 대해 중국의 시진핑은 "양자 공동의 보귀한 재산", "전통적 우호합작관계", "산과 물이 맞닿은 사회주의 우호국(山水相连的友好邻)" 등으로 칭해 왔고, 이에 화답하듯 북한은 "피로 맺어진 우호관계"로 부르고 있다.[100]

북 · 중 간의 전통적, 정치적 특수성 외에도 북한에게 중국은 경제적으로 매

---

98 북한은 2020년 6월 개성에 위치한 남북연락사무소를 폭파했고, 이후 한국의 대화와 각종 현안 논의 요구에도 불응하고 있다. 여기에 북한은 미국의 외교적 관여와 전제 조건 없는 대화 요구에 대해서도 자국을 향한 적대적 정책을 가리기 위한 허울이라며 비판했다. 오히려 2021년 9월을 기점으로 한동안 지양했던 미사일 도발을 재개하며 한반도 긴장 수위를 끌어올렸다. The New York Times, "'Power for Power': North Korea Returns to a Show of Force," (Updated September 15, 2021). https://www.nytimes.com/2021/03/25/world/asia/north-korea-ballistic-missiles.html (검색일: 2021년 9월 24일). BBC, "North Korea's Kim Jong-un Offers to Restore Inter-Korean Hotline," (September 30, 2021). https://www.bbc.com/news/world-asia-58744150 (검색일: 2021년 10월 1일).

99 제2조는 일방이 외부로부터 군사적 위협에 놓일 경우 다른 일방의 군사원조 제공을 명시하고 있다. 조약의 효력은 쌍방이 협의로 종료를 합의하지 않는 이상 지속된다. 다만 션즈화(沈志华) 중국 화동대학교 교수는 소위 북·중혈맹은 이미 존재하지 않으며, 현재 정치·경제·외교 등 여러 방면에서 양국 사이의 이해는 일치하지 않는다고 주장했다. 华东师范大学周边国家研究院, 冷战国际史研究中心, "沈志华：从中朝关系史的角度看"萨德"问题," 2017년 3월 22일. http://ccwihs.ecnu.edu.cn/5f/c9/c5469a90057/page.htm?from=timeline&isappinstalled=0 (검색일: 2021년 5월 18일). 중국은 2018년 북·중관계 '불변의 3원칙'을 제시했다: ①북·중관계의 공고화와 발전에 대한 확고한 입장, ②중국의 대북 우호와 우정, ③사회주의 북한에 대한지지 불변.

100 중국 바이두(百度)에서 '中朝关系', '中朝建交', '金正恩中朝' 등의 검색어로 검색. (검색일: 2021년 4월 2일).

우 중요한 교역대상이다. 특히 2000년 6월 평양에서 가진 제1차 남북정상회담 이후 활발히 진행된 여러 남북경협사업이 북한의 지속적인 핵·미사일 개발로 수포를 돌아가자, 중국은 북한이 유일하게 기댈 수 있는 교역 창구가 되고 있다. 북한의 무역액은 2011년 89억 6,600만 달러에서 2014년 97억 6,700만 달러로 증가하였으나 이후 핵·미사일 실험에 따른 국제사회의 대북제재가 영향을 발휘하면서 2019년에는 고점 대비 약 30% 수준인 29억 4,500만 달러에 머물렀다. 북한 무역에서 중국 비중은 2001년 17.3%에 불과하였으나, 2017년에는 90%를 넘었으며 2019년 기준 95.2%에 이르고 있다.[101]

이처럼 어느 때보다 북한에 대한 중국의 정치·경제적 영향이 크므로 미국의 정치·학술계를 중심으로 북한 핵·미사일 문제 해소를 위해서 중국에게 일정한 역할을 요구해야 한다는 의견이 지속적으로 표출되고 있다. 일례로 국제전략문제연구소(CSIS) 한국 담당 선임연구원인 수미 테리(Sue Mi Terry)는 중국은 북한의 주요 무역대상이자 파트너이므로 중국이 북한에 압박을 가하도록 미국이 중국에게 요구해야 한다는 뜻을 피력했다.[102]

중국은 북한을 다음의 네 가지 관점에서 바라본다. 첫째, 북한의 핵·미사일은 중국 안보에 위협이다. 둘째, 급격한 한반도 정세 변화는 중국 이익에 부합하지 않는다. 셋째, 북한은 미국 영향을 저지하는 마지노선이다. 끝으로 작금의 미·중갈등 속에서 북한은 대미용 활용카드이다. 이에 중국은 한반도 비핵

---

101 한국무역협회, "북한, 작년 중국 무역의존도 95.2%로 사상 최대," 2020년 5월 6일. https://www.kita.net/asocGuidance/nesDta/nesDtaDetail.do?sNo=9152 (검색일: 2021년 3월 7일).

102 CSIS, "CSIS Commission on the Korean Peninsula: Recommendations for the U.S.-Korea Alliance," (March 22, 2021). https://www.csis.org/analysis/csis-commission-korean-peninsula-recommendations-us-korea-alliance-0 (검색일: 2021년 4월 2일).

화는 외부세력보다 남북한 간의 대화를 통한 점진적 해결을 주장한다. 동시에 한반도 비핵화 전략으로 한반도에서 자국의 영향력은 유지하되 미국의 영향력 확대를 저지하기 위한 이해가 투영된 '쌍중단(双暂停)' 및 '쌍궤병진(双轨并进)'을 제시하고 있다.[103] 더불어 중국은 자신의 참여와 관여를 전제로 현재 북한에 가해져 있는 대북제재의 일부 완화와 함께 대화를 통한 공동의 노력을 강조한다.[104]

중국에게도 북한의 핵·미사일은 안보적 위협요인이다. 그러나 지나치게 북한을 압박하거나 운신할 수 없는 상황까지 몰아붙일 경우 ① 갑작스러운 북한 정권의 붕괴, ② 중국 동북 3성(지린성, 헤이룽장성, 랴오닝성)으로의 대규모 북한 난민 유입, ③ 한반도 전역으로 미국 영향력 확대 등이 발생할 가능성이 있다고 본다. 이는 중국에게 더욱 우려스러운 상황이다. 이러한 점에서 중국의 실질적인 운신의 폭은 자국의 이익을 해치지 않는 수준에서 국제사회와의 공조에 협조하는 것이다.

3. 소결

미·중은 1970년대 핑퐁외교와 닉슨(Richard Nixon) 대통령의 중국 방문으로 적대적 관계를 청산한 이후 서로의 필요에 부합하는 경제체제를 구축하여 협력을 이어 왔다. 그러나 1990년대, 2000년대를 거치면서 경제에서 중국이

---

103 쌍중단은 북·미 모두 상대에게 위협이 될 수 있는 군사적 긴장 고조 행위를 중단하자는 것이다. 구체적으로 북한의 핵·미사일 개발과 한·미연합훈련의 중단을 의미한다. 쌍궤병진은 북·미 간의 평화협상과 한반도 비핵화 프로세스를 병행 추진하자는 것이다.

104 中华人民共和国外交部, "2021年3月25日外交部发言人华春莹主持例行记者会," 2021년 3월 25일. https://www.fmprc.gov.cn/web/wjdt_674879/fyrbt_674889/t1864130.shtml (검색일: 2021년 3월 30일).

미국을 급격히 따라붙자 미국 정가를 중심으로 '중국위협론'이 확산되었다. 크리스토퍼 레인(Christopher Layne)은 "오늘날 팍스아메리카나(Pax Americana)를 가능하게 하는 군사 · 경제 · 제도 및 이념적 기둥이 중국으로부터 도전을 받고 있다"고 주장했다.[105]

세력전이이론을 계승 발전시킨 동맹전이모델에 따르면, 동맹은 국력 증대의 주요 변수 중 하나이다. 지배국가는 도전국가로의 세력이동을 저지하기 위해 동맹을 통한 세력 규합에 나서는 한편, 도전국가는 기존체제에 불만족하여 세력균등을 위한 행보에 나서게 된다. 오늘날 미국은 중국을 견제하기 위해 한국, 일본, 호주, 유럽연합 등과 동맹 · 파트너 복원에 집중하고 있다.[106] 중국은 러시아와의 관계를 강화해 나가는 동시에 일대일로, AIIB, RCEP 등 자국이 추진 중인 여러 프로젝트나 협의체를 활용한 우호세력 확보에 나서고 있다.[107] 북한도 북 · 미 정상 간의 만남에도 불구하고 기대와 달리 제재의 완화가

---

105 Christopher Layne, "The US-Chinese Power Shift and the End of the Pax Americana," *International Affairs* Vol.94, No.1 (2018), pp. 93-95.

106 2021년 9월 미국은 영국, 호주와 함께 새로운 안보협의체인 '오커스'(AUKUS)를 출범시켰다. 동시에 미국은 대중 견제를 위해 호주에게 자국의 핵잠수함 관련 기술을 제공하기로 했다. CNN, "Biden and UK to Help Australia Acquire Nuclear-Powered Submarines in New Pushback on China," (September 16, 2021). https://edition.cnn.com/2021/09/15/politics/us-uk-australia-nuclear-powered-submarines/index.html (검색일: 2021년 9월 17일).

107 2021년 9월 중국은 '포괄적·점진적 환태평양경제동반자협정'(CPTPP)에 대한 가입신청을 했다. 이를 통해 미국의 대중국 포위망을 와해시킴과 동시에 역내 영향력 확대를 꾀하고자 한다. 더불어 중국은 '상하이협력기구'를 자국을 향한 미국의 압력에 대항할 도구로 활용하고자 2021년 9월 이란을 정식 회원국으로 가입시키기로 했다. 中华人民共和国商务部, "中方正式提出申请加入《全面与进步跨太平洋伙伴关系协定》(CPTPP)," 2021년 9월 16일. https://www.fmprc.gov.cn/web/ziliao_674904/zyjh_674906/t1859110.shtml (검색일: 2021년 9월 17일). The Washington Institute for Near East Policy, "Iranian Membership in the Shanghai Cooperation Organization: Motivations and Implications," (September 15, 2021). https://www.washingtoninstitute.org/policy-analysis/iranian-

이뤄지지 않자 바이든 행정부의 비핵화 논의 요구에 응하지 않은 채 중국에 기우는 모습을 보이고 있다. 손씽지에(孙兴杰)가 미·중갈등은 양자만의 문제가 아니라 양자 모두와 긴밀한 관계를 맺고 있는 국가들에게도 분명한 영향을 미칠 수밖에 없다고 주장한 바처럼,[108] 작금의 미·중갈등은 진영 간의 대결로 확대되고 있다. 이로 인해 바이든 행정부의 대북정책도 미·중갈등 속에서 다뤄지게 되었다.

Ⅳ. 미국의 대북정책 전망

북한이 핵·미사일 개발을 지속하며 국제 안보·질서를 흔들자 미국의 관여도 불가피해졌다. 북한 핵·미사일 문제가 국제사회로부터 주목을 받기 시작한 이래 미국은 대화와 제재를 병행하며 대응 중이다. 미국의 대북정책을 '동맹'과 '확장성'을 중심으로 분석하고자 한다.

1. 한반도 문제의 심화와 바이든 행정부의 대북정책

바이든 행정부의 대북정책을 전망하기 전 미국 세계전략의 틀에 대해 살펴

membership-shanghai-cooperation-organization-motivations-and-implications (검색일: 2021년 9월 23일).

108 孙兴杰 (2021), p. 56. 중국은 러시아, 북한, 이란, 파키스탄 등 우방국가들과 전략적 협력관계를 더욱 강화해 나가기 시작했다. 정재흥, "중국 공산당 창당 100주년과 새로운 미중관계 도래," 세종연구소,『정세와 정책』 제27호 (2021년), p. 5. 미국의 Washington Post는 러시아, 중국, 북한, 이란이 '새로운 독재국 축(new axis of autocrats)'을 만들어 강력한 반서구 독재세력(anti-Western bloc of dictatorship)을 형성해서 미국을 위협하고 있다고 경고했다. The Washington Post (September 8, 2022).

볼 필요가 있다. 탈냉전 후 미국의 세계전략 목표는 초강대국으로서 미국 중심의 세계질서 구축과 유지에 있다. 이를 가능케 할 미국의 국가방어전략은 경쟁국이 미국과 동맹국에게 도전하는 것을 저지하여 미국의 경제력을 회복함과 동시에 이들로부터 현재의 국제질서가 균형을 잃지 않게 유지하는 것이다.[109] 이를 바탕으로 바이든 행정부가 설정한 국가 안보 우선순위는 ① 자국민의 안전 수호, ② 경제번영과 기회 확대, ③ 민주적 가치 실현 및 옹호이다. 이를 뒷받침하기 위하여 다음의 세 가지를 제시하고 있다. 첫째, 미국 힘의 근원인 국민 · 경제 · 국방 · 민주주의를 방어 및 육성한다. 둘째, 적대국이 자국이나 동맹국에 대해 직접적으로 위협을 가하거나 주요 지역의 지배를 시도할 경우 이를 저지한다. 셋째, 국제체제가 강력한 민주동맹 · 파트너십 · 다자협의체 및 규칙에 의거하여 주도 · 유지되게 한다. 이를 달성하는 방안으로 동맹 · 파트너십 강화 및 활용을 제시하고 있다.[110]

위에서 살펴본 세계전략에 기반하여 미국은 북한이 지속적으로 게임체인저 능력과 관련 있는 기술을 추구하면서 역내 질서 유지와 안정에 부정적 요인으로 작용하는 것으로 판단하고 있다.[111] 북한이 핵 · 미사일에 집착하는 데는 여러 원인이 있겠지만 궁극적으로는 지역 강국으로 인정받기 위해서이다. 이를 가능케 하는 경제력을 확보하기 위해 북한은 핵을 지렛대로 여타 국가들로부터 경제적 이득을 얻고자 하며, 이러한 점에서 향후에도 핵 · 미사일 능

---

109 Jim Mattis, *Summary of the National Defense Strategy: Sharpening the American Military's Competitive Edge* (Washington, DC: Department of Defense, 2018), pp. 2-3.

110 Joe Biden, *Interim National Security Strategic Guidance* (Washington, DC: The White House, 2021), pp. 9-10.

111 Biden (2021), p. 8.

<그림 4-5> 북한의 핵·미사일 발사 실험 및 유엔 안보리결의안 채택 횟수(1994.1~2021.9)

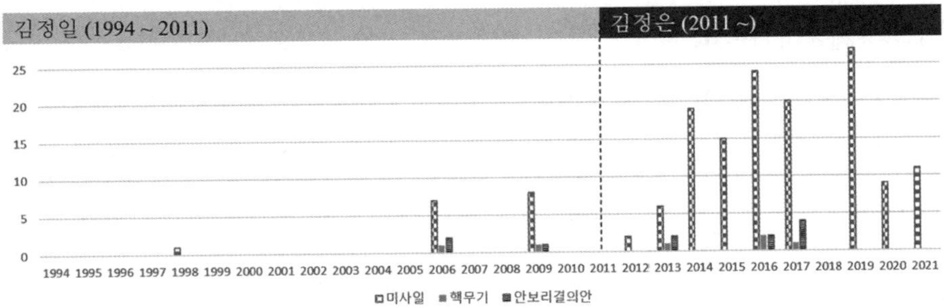

주: 1) 1994년에서 2020년: 사거리 300km, 탄두 중량 500kg 이상의 미사일 발사를 대상으로 함
2) 2021년: 특정 사거리, 탄두 중량과 무관하게 진행된 미사일 발사 일체를 대상으로 함

력 향상에 매진할 가능성이 높다.[112] 특히 북한의 핵 · 미사일 능력이 강화될수록 국제사회의 대북제재도 강화되는 추세이나 북한의 전향적 태도 변화는 없었다. <그림 4-5>는 1994년부터 2021년 사이 북한이 실시한 핵 · 미사일 발사 실험과 같은 기간 북한에 부과된 유엔 안보리결의안을 횟수로 정리한 것이다.[113] 북한은 제1차 북핵위기를 종식시킨 '제네바합의'가 유효함에도 1998년 장거리 미사일(대포동1호)을 발사했다. 6자회담 기간 동안에도 여러 번의 미사일 도발과 함께 최초의 핵무기 실험을 감행했다. 여기에 2018년과 2019년 개최된 북 · 미 정상회담 이후 논의가 교착상태에 빠지자 다시 미사일 도발로 긴장 수위를 높였다. 바이든 행정부 출범 이후에도 미국의 대화 제의에 불응한

112 아산정책연구원·랜드연구소 (2021), p. 6.

113 Nuclear Threat Initiative의 The CNS North Korea Missile Test Database와 구글에서 'North Korea's Missile Test', 'North Korea Missile Chronology', 및 네이버에서 '북한 미사일 일지' 등의 검색어로 관련 자료 취합 및 유엔 안전보장이사회 자료 중 북한 자료를 검색하여 활용. (검색일: 2021년 10월 1일).

채 미사일 도발을 지속하고 있다.[114] 이처럼 북한은 자신을 둘러싼 갈등이 도발과 대화로 심화 혹은 일부 완화되는 것과 무관하게 끊임없이 핵·미사일 개발에 매진했다. 특히 대북제재의 강화 속에서도 포기하지 않고 무기화에 심혈을 기울여 왔다.[115]

북한은 지금까지 총 여섯 번의 핵무기 실험을 통해 상당 수준의 무기화를 이룬 것으로 보인다. 북한의 핵 연구 지속 여부에 대해서 미국 전략국제문제연구소(CSIS)가 운용하는 북한 전문 사이트 '분단을 넘어'(Beyond Parallel)는 북한이 황해북도 평산에 위치한 우라늄 정관 생산시설을 통해 고농축우라늄(HEU: Highly Enriched Uranium) 생산을 지속하는 것으로 분석했다.[116] 국제원자력기구(IAEA: International Atomic Energy Agency)도 2021년 2월 중순부터 7월 초 사이 영변 핵시설 주변에 있는 폐연료봉 재처리시설인 방사화학연구소의 가동 정황과 함께 7월부터는 5MW급 원자로의 가동과 일치하는 냉각수 방출 징후를 포착했다.[117] 더불어 아산정책연구원과 랜드연구소(RAND Corporation)에 따르면, 2020년 기준 북한은 약 67~116기의 핵무기를 보유한 것으로 추정

---

114 북한은 바이든 행정부 출범 이후 2021년 10월 1일까지 총 7회에 걸쳐 11발의 미사일(순항, 탄도, 극초음속 미사일 등) 도발을 감행했다. 특히 2021년 9월에만 총 4회에 걸쳐 각종 미사일 5발을 발사했다. 더불어 미국의 지속적인 대화 제의에도 여러 선결 조건을 내걸며 불응하고 있다. BBC (September 30, 2021).

115 북한은 김정일 재임 당시 핵실험과 미사일 발사 실험을 각각 2회와 16회 단행했다. 이러한 무력도발은 김정은 등장과 함께 급격히 늘어났으며 2021년 9월 30일 기준 각각 4회와 133회의 도발이 있었다. 이에 대해 유엔은 지금껏 총 12회에 걸쳐 안보리결의안을 채택하여 북한에 여러 제재를 부과했다.

116 Beyond Parallel and CSIS, "Nuclear Weapons: Recent Activity at the Pyongsan Uranium Concentrate Plant (Nam- chon Chemical Complex) and January Industrial Mine," (March 26, 2021). https://beyondparallel.csis.org/recent-activity-at-the-pyongsan-uranium-concentrate-plant-nam-chon-chemical-complex-and-january-industrial-mine/ (검색일: 2021년 4월 1일).

117 IAEA Director General, *Application of Safeguards in the Democratic People's Republic of Korea* (Vienna: IAEA, 2021), pp. 4-5.

되며 2027년에 이르러서 최소 151기에서 최대 242기의 핵무기를 보유할 것으로 전망했다.[118]

여기에 북한의 병력 규모는 2017년 기준 전체 국민 중 약 4.7%에 해당하는 118만 명이다. 병력만으로는 한반도 이해 당사국 중 중국(192만 명), 미국(131만 명) 다음이며, 인구 대비로는 가장 높은 수치이다.[119] 다만 군사비 지출은 비록 2014년 약 8억 2,400만 달러에서 2018년 약 2배인 16억 400만 달러로 증가하였으나,[120] 한반도 이해 당사국들 대비 현저하게 낮은 수준이다.[121] 북한이 역내 안정에 불확실성을 더하는 행위를 지속하자, 바이든 행정부는 '싱가포르 합의' 등 기존에 북한과 맺은 합의를 부정하지 않은 채 외교와 동맹을 핵심카드로 한반도의 비핵화 목표 달성을 위한 행동에 나서기로 했다.[122]

바이든 행정부는 북한 핵 · 미사일 문제가 정권을 거치면서 더욱 심화된 것으로 평가하고 있다.[123] 심각성이 더해지는 문제의 해소를 위해 당장은 선택 가능한 옵션 중 군사적 행동이나 강압적 정권교체는 고려하지 않는 것으로 보

---

118 아산정책연구원·랜드연구소 (2021), p. 35.

119 인구 대비 병력규모: 중국(192만 명, 인구 대비: 0.14%), 미국(131만 명, 인구 대비: 0.40%), 러시아(87만 명, 인구 대비: 0.61%), 한국(64만 명, 인구 대비: 1.20%), 일본(24만 명, 인구 대비: 0.19%). U.S. Department of State (Released Online from January 20, 2017 to January 20, 2021) 활용.

120 SIPRI, "SIPRI Military Expenditure Database," https://www.sipri.org/databases/milex (검색일: 2021년 4월 1일).

121 북한의 군사비용지출 수준은 한반도 이해 당사자인 미국, 중국, 러시아, 일본, 한국 등과 비교했을 때 각각 0.2%, 0.7%, 2.6%, 3.4%, 3.7%이다. SIPRI (검색일: 2021년 4월 1일) 활용.

122 Washington Post, "Biden Administration Forges New Path on North Korea Crisis in Wake of Trump and Obama Failures," (May 1, 2021). https://www.washingtonpost.com/national-security/biden-administration-forges-new-path-on-north-korea-crisis-in-wake-of-trump-and-obama-failures/2021/04/30/c8bef4f2-a9a9-11eb-b166-174b63ea6007_story.html (검색일: 2021년 5월 3일).

123 The White House (February 1, 2021).

<표 4-6> 바이든 행정부와 역대 행정부의 대북정책 방향 비교

	오바마 행정부(후기)	트럼프 행정부	바이든 행정부
기조	전략적 인내	일괄 타결	실용적 접근
북한 비핵화 의지	자발적 비핵화 가능성 없음	자발적 혹은 압력에 의한 비핵화 가능성	가능성 낮지만 변화 유도 지향
동원 가능한 수단	단절 및 압박	외교 협상, 군사 옵션 동시	외교 무게
북한 체제 안전보장	별도 고려하지 않음	제재 일부 해제 연합훈련 연기	제재 일부 해제 인권문제 제기
북한 비핵화 조치	북한 체제변환으로 비핵화 유도	일괄 타결 (비핵화 로드맵, 검증장치)	단계별 접근
북·미 관계 개선	북한 중대한 변화 없는 한 불가	비핵화와 연계하되, 정상 차원 관계는 분리 접근	비핵화와 연계하여 접근

출처: 차두현 (2021년), p. 5.

이며,[124] 대신 동맹 · 파트너와 함께 적절한 외교적 인센티브 활용에 초점을 맞추고 있다.[125] 2021년 3월 바이든 대통령은 취임 후 가진 첫 기자회견에서 북한 핵 · 미사일 문제의 진전에 따라 일정 형태의 외교가 고려될 수 있다고 언급했다.[126] 2021년 9월 북한의 순항 · 탄도미사일 도발 직후 열린 제76차 유엔 총회에서 바이든 대통령은 한반도의 완전한 비핵화를 목표로 진지하고 지속적인 외교를 추구할 것임을 재차 밝혔다.[127] 이러한 점에서 당장은 외교적 해

124 Financial Times, "Blinken Disavows 'Costly Military Interventions' to Promote Democracy," (March 4, 2021). https://www.ft.com/content/1ccbc461-28e1-431b-8109-8bfe21779350 (검색일: 2021년 3월 7일).

125 The White House (February 1, 2021).

126 The White House (March 25, 2021).

127 The White House, "Remarks by President Biden Before the 76th Session of the United Nations General Assembly," (September 21, 2021). https://www.whitehouse.gov/briefing-room/speeches-remarks/2021/09/21/remarks-by-president-biden-before-the-76th-session-of-the-united-nations-general-assembly/ (검색일: 2021년 9월 22일).

법 찾기에 나설 것으로 전망되며 비핵화 논의의 진척 속에서 일부 제재 완화를 위한 논의도 가능할 것으로 보인다.[128] 그러나 북한의 국지적 도발이 지속될 경우 유엔 안보리제재의 유지 속에서 동맹 · 파트너와 함께 북한을 비핵화 논의로 끌어내기 위한 압박을 가할 것으로 보인다. 특히 '국가안보전략 중간 지침서(Interim National Security Strategic Guidance)'에서 동맹 · 파트너 협력방안에 대해 "우리는 동맹국들과 협력하며 각자에게 일정한 책임을 공평하게 분담시킬 것이며, 동맹국들이 각자 현재와 미래의 위협에 대해 비교 우위를 점할 수 있도록 일정한 투자를 유도할 것이다"라고 명시했듯,[129] 동맹 · 파트너에게 일정 수준의 역할과 책임을 요구할 것으로 보인다. 더불어 현시점에서 북 · 미 정상 간의 만남은 고려 대상이 아니라는 점에서 실무적 협의를 통한 상향식 접근에 집중할 것으로 전망된다.[130] 이처럼 바이든 대통령은 북한 핵 · 미사일 문제의 실질적 해소를 위해 신중하게 조정(calibrate)된 실용적 외교(practical diplomacy)를 추구하고 있다.[131] 바이든 행정부의 대북정책은 트럼프 행정부의 대북정책 방향과 상이하며, 향후 바이든 행정부에서는 한 · 미동맹, 미 · 일동맹 및 한 · 미 · 일 3국 협의체가 한반도 비핵화 목표 달성을 위해 중요한 역할을 담당할 것으로 전망된다.

---

128 Washington Post (May 1, 2021). 가용한 인센티브로 한·미연합훈련 축소, 제재 완화, 북·미관계 개선 등이 있다. 차두현, "바이든 행정부의 대북정책 전망: 쟁점, 북한의 대응, 그리고 한국의 과제," 아산정책연구원, 『이슈브리프』 2021-17 (2021), p. 7.

129 Biden (2021), pp. 9-10.

130 The White House, "Press Briefing by Press Secretary Jen Psaki, March 29, 2021," (March 29, 2021). https://www.whitehouse.gov/briefing-room/press-briefings/2021/03/29/press-briefing-by-press-secretary-jen-psaki-march-29-2021/ (검색일: 2021년 3월 30일).

131 Washington Post (May 1, 2021).

2. 대북정책의 전제조건: 동맹복원

바이든 행정부는 동맹 · 파트너와 함께 북한의 핵 · 미사일 문제에 적극 관여하겠다는 뜻을 강조했다. 여기에서 말하는 동맹 · 파트너에는 한 · 미동맹, 미 · 일동맹과 함께 쿼드, NATO, G7 등의 다자협의체나 파트너도 해당된다고 볼 수 있다. 다만 핵심은 한 · 미 · 일 3국을 중심으로 형성된 관계로, 본 연구는 한국과 한 · 일관계를 변수로 잡고 분석하고자 한다.

우선 한국이 변수이다. 2021년 3월 토니 블링컨(Antony J. Blinken) 국무장관과 로이드 오스틴(Lloyd Austin) 국방장관이 첫 해외순방지로 일본과 한국을 찾았다. 이는 양국이 미국의 대북, 대중전략에서 중요한 위치를 차지하고 있음을 대변해 준다.[132] 다만 밀착하는 미 · 일동맹과 달리 한 · 미는 대중협력과 대북 공조에서 다소 다른 입장을 보이고 있다. 문재인정부는 바이든 행정부가 전임 트럼프 행정부 대북정책의 성과를 바탕으로 북한과 핵 협의에 임하기를 바라고 있다. 핵 논의 간 양보와 보상이 동시적이어야 할 뿐 아니라 논의 자체가 점진적이고 단계별로 이뤄져야 한다고 본다.[133] 특히 핵 · 미사일 협상의 성과 도출을 위해 일부 제재 완화가 불가피하다고 인식하고 있다는 점에서 바이든 행정부의 입장과 차이가 있다. 문재인정부의 한반도정책은 북한과의 관계 개선을 통한 남북한의 평화 정착에 주안점을 두고 있다. 이에 따라 북핵문

---

132 바이든 대통령은 취임 후 처음으로 2021년 4월 일본의 스가 요시히데 총리와 미국에서 대면 정상회담을 가졌고, 두 번째로 2021년 5월 한국의 문재인 대통령과 정상회담을 가졌다.

133 문재인정부는 북한이 단지 몇 번의 협의로 미국을 상대할 수 있는 가장 큰 협상카드인 핵·미사일을 포기하지 않으리라고 여기고 있다. 이러한 이유로 현 단계에서는 단계별 접근이 가장 효과적이라고 본다. The New York Times, “After Trump ‘Failed,’ South Korean Leader Hopes Biden Can Salvage Nuclear Deal,” (April 21, 2021). https://www.nytimes.com/2021/04/21/world/asia/biden-north-korea-nuclear-deal-president-moon.html (검색일: 2021년 5월 6일).

<표 4-7> 한반도 비핵화를 둘러싼 한·미 간의 인식 차이

입장	미국	한국
비핵화	• 비핵화를 바라나 이에 대한 북한의 자발적 의지와 평가는 부정적[135]	• 비핵화 논의가 진행되면 협의로 비핵화 달성이 가능할 것으로 인식
단계별 접근	• 기본입장: 비선호 [136] • 단계별 접근에 대한 이해: 최종목표를 정한 후 이를 달성하기 위한 방법으로 단계별 접근을 이해[137]	• 기본입장: 선호 • 단계별 접근에 대한 이해: 비핵화 논의 과정을 진행하면서 차후 최종목표를 정하는 것
교착상태 돌파구	• 비핵화 실현이 어렵다면 대안으로 자국에 대한 위협제거에 나서야[138]	• 대북제재 일부 완화 및 평화 정착을 위한 남북 간의 경협 필요

제 해결 및 한반도 평화 정착과 지속 가능한 남북 발전을 당면 과제로 삼고 있다.[134]

반면 바이든 행정부는 세계전략의 틀 안에서 대북정책을 설정하여 한반도 비핵화라는 목표 달성을 위해 대북제재의 유지 속에서 동맹 · 파트너와 함께 외교를 통한 단계적이고 실무적 논의를 기반으로 한 상향식 접근을 추구하고 있다. 더불어 북한 정부에 의해 자행되는 인권탄압을 문제 삼으며 압박 수단으로 활용하고 있다.

이를 통해 다음의 두 가지를 유추해 볼 수 있다. 첫째, 미국이 북한 핵 · 미사일 문제 해소에 역량을 집중하는 반면 문재인정부는 남북관계 발전이 한반도 비핵화의 동력이라는 인식하에서 지속 가능한 남북 발전을 함께 추구하고 있다. 이는 한국이 내심 대북제재 완화를 바라는 여러 배경 중 하나라고 볼 수 있

134 통일부 (2017), p. 11.

다. 둘째, 미국이 북한의 인권 개선에 관심을 보이는 것과 달리 문재인정부는 북한 정권을 자극하지 않기 위해 이를 외면하고 있다. 대표적인 사례로 '대북전단살포금지법'이나 유엔 인권이사회의 북한인권결의안 공동제안국 불참을 들 수 있다.

더욱이 위 <표 4-7>에서 알 수 있듯, 한·미는 근본적으로 ① 북한의 비핵화가 북한과의 협의로 달성될지 여부, ② 단계별 접근에 대한 근본적 이해, ③ 북한과의 비핵화 논의가 진척이 없거나 교착상태에 빠질 경우 선택 가능한 돌파카드 등에서 확연한 이견을 보이고 있다. 특히 한국의 의사와 무관하게 미국이 교착상태 돌파 카드로 당장의 완전한 비핵화보다 미국을 향한 위협제거로 선회할 경우, 북한을 사실상의 핵보유국으로 방치한다는 것을 의미한다. 이는 한국에게 사실상의 핵보유국으로 인정받은 북한과의 공존을 의미하므로 최악의 상황이 될 것이다.

종합적으로 미국은 한국의 의사와 무관하게 자국이 수립한 대북정책의 실효성을 높이기 위해 현재 문재인정부가 한반도 비핵화의 동력으로 삼고 있는

---

135 차두현 (2021년), pp. 2-3. 우정엽, "바이든 정부의 대북정책 전망," 세종연구소, 『정세와 정책』 제15호 (2021년), p. 3.

136 단계별 접근은 장기적으로 북한의 핵무기 보유를 용인해 주는 위험성을 안고 있다고 여긴다. 차두현 (2021년), pp. 6-7.

137 미국은 시간이 걸리더라도 단계적으로 북한의 핵 능력을 저하시키는 방법으로 북한의 비핵화를 달성하고자 할 것이며, 이러한 점에서 북한의 비핵화를 최종 목표로 하고 북한의 영변 핵 시설 동결을 시발점으로 한 비핵화 절차를 밟고자 할 것이다. 차두현 (2021년), p. 7.

138 Eric Brewer and Sue Mi Terry, "It Is Time for a Realistic Bargain With North Korea: Denuclearization Is Probably Out of Reach for Now but It Might Be Possible to Reduce the Nuclear Threat," (March 25, 2021). https://www.foreignaffairs.com/articles/north-korea/2021-03-25/it-time-realistic-bargain-north-korea (검색일: 2021년 7월 1일).

지속 가능한 남북관계 발전 목표에 대한 속도 조절을 요구할 것이다. 동시에 문재인정부가 주장하는 대북제재 완화에도 부정적 입장을 견지할 것으로 전망된다. 나아가 단계별 접근에서 '선 만남, 후 목표 설정'을 배제한 채 최종목표인 완전한 비핵화를 위해 미국이 각 단계마다 정한 소목표 달성을 위한 한국의 적극적인 협조를 요구할 것이다. 여기에 인권을 매개로 한 북한 압박 노력에 대한 한국의 협조를 지속 요구할 것으로 전망된다.[139] 이를 통해 북한에 대한 한·미 간의 이해를 일치시켜 궁극적으로 대북정책의 실효성을 최적화할 것으로 보인다.[140]

한·일관계는 또 다른 변수이다. 현재 한·일관계는 정상 궤도를 벗어난 채 악화 일로를 걷고 있다. 양국 사이에서 이를 해결할 수 있는 특단의 방책도 보이지 않는다. 이러한 점에서 2021년 3월 블링컨 국무장관과 오스틴 국방장관이 취임 후 첫 해외 순방지로 일본과 한국을 찾은 것도 대북정책의 시급성 속에서 한·일관계의 개선을 위한 암묵적인 사전작업의 일환으로 이해할 수 있다. 기본적으로 미국은 일본을 인도·태평양 지역의 코너스톤(cornerstone)으로, 한국을 린치핀(linchpin)이라는 외교적 용어로 표현하고 있다. 엄밀히 말해

---

139 미국은 북한 인권 개선에 미온적 태도를 견지 중인 문재인정부에 불만이다. Wilson Center, "Human Rights Will Continue to Polarize Washington and Seoul on North Korea," (March 30, 2021). https://www.wilsoncenter.org/blog-post/human-rights-will-continue-polarize-washington-and-seoul-north-korea (검색일: 2021년 5월 8일).

140 2021년 5월 한·미 정상은 대북제재 결의안의 완전한 이행을 촉구했다. 동시에 서로의 대북 접근법이 완전히 일치되도록 향후 조율해 나가기로 합의했다. 외교부, "한미 정상 공동성명," 2021년 5월 22일. https://www.mofa.go.kr/www/brd/m_20053/view.do?seq=368162&srchFr=&srchTo=&srchWord=&srchTp=&multi_itm_seq=0&itm_seq_1=0&itm_seq_2=0&company_cd=&company_nm=&page=1 (검색일: 2021년 5월 22일).

한·일 간에는 동맹으로 간주할 수 있는 행태의 명시적 협약은 존재하지 않으나 미국이 중심이 되어 양자 간 안보 분야의 협력을 강화해 왔다. 한·일은 1965년 수교 이래 과거사를 둘러싼 갈등이 표면화된 적이 있었지만 지금처럼 양국 관계를 후퇴시킬 만큼 악화된 적은 없었다.

미국은 현재 한·일관계를 '차가운 교착상태'(chilly impasse)로 보며 그 영향으로 한·미·일 3자 간의 협력 전망이 어둡게 되었다고 평가한다. 특히 한국이 '한·일군사정보보호협정'(GSOMIA)을 일본에 대항하는 카드로 사용한 것에 주목하면서 갈등의 심화는 북한 핵·미사일 위협 대처에도 부정적으로 본다.[141] 이에 바이든 행정부는 직면한 북한 핵·미사일 문제 해소를 위해 건설적 한·일관계 구축과 한·미·일 3자 협력의 중요성을 강조하고 있다.

현재 미국은 악화된 한·일관계 개선을 위해 직접적으로 양자에게 압박을 가하거나 화해를 독려하기보다는 북한 핵·미사일 문제 공조를 위한 한·미·일 3자 협의체를 가동하여 이를 통해 한·일 각자가 양자 사이의 문제를 풀게끔 유도하고 있다. 이러한 미국의 중재 노력은 바이든 행정부가 출범한 이래 외교·국방·안보 등 다양한 영역에서의 3자 고위급 만남이 연이어 이어지고 이 속에서 한·일 양자 간의 만남도 가능하게 되었다는 점에서 알 수 있다.[142]

---

141 Congressional Research Service, "Japan-U.S. Relations: Issues for Congress," *CSR Report* (2021), p. 5.

142 바이든 행정부 출범 이후 한·미·일 고위급 관계자 만남 현황: ①2021년 2월 한국의 한반도 평화교섭본부장, 미국의 국무부 동아태 차관보 대행 및 일본의 외무성 아시아·대양주 국장 간 외교 현안 논의. ②2021년 4월 미국에서 한·미·일 안보실장 간 북한 핵·미사일 문제 논의. ③2021년 5월 영국에서 한·미·일 외교장관 회의 개최. ④2021년 5월 일본에서 한·미·일 정보기관 수장 간 협의 진행. ⑤2021년 6월 한·미·일 북핵 수석대표 간 북한 핵·미사일 문제 공조를 위한 협의 진행. ⑥2021년 6월 일본에서 제8차 한·미·일 외교차관협의회 개최. ⑦2021년 9월 일본에서 한·미·일 북핵수석대표 간 북한에 대한 인도적 지원과 북한 핵·미사일 관련 협의 진행. ⑧2021년 9월 유엔총회를 계기로 미국에서 한·미·일 외교장관회의 진

2021년 4월 G7 외교 · 개발 장관 회의 당시 한 · 일 외교장관 회의가 1년 3개월 만에 한 · 미 · 일 외교장관 회의 직후 열렸다. 2021년 5월에는 한 · 미 · 일 안보실장 회의 참석을 위해 일본 도쿄를 방문했던 박지원 국가정보원장이 회의에 앞서 스가 일본 총리와 면담을 진행했다. 한 · 일갈등이 심화된 이래 고위급 인사 차원의 만남이 단절되다시피 했다는 점에서 바이든 행정부 들어서 이뤄진 일련의 만남은 양자 갈등을 풀 수 있게 하는 촉매가 되고 있다.

여기에 미국이 한 · 미 · 일 대북 공조로 정책의 실효성을 높이고자 하는 것만큼 한국과 일본 역시 각자가 처한 안보위기를 해소하기 위해 미국에 협력적이다. 이는 한 · 일 모두 미국과의 협력을 통해 얻는 안보불안 감소의 이익이 여타 방안보다 높기 때문이다. 문재인정부는 안보분야 국정목표인 '평화와 번영의 한반도' 달성을 위해 '북핵문제의 평화적 해결 및 항구적 평화정착'을 국가안보 목표 중 하나로 삼고 있다. 이를 실현하는 방안으로 ① 국제사회와의 공조, ② 남북 간 신뢰 구축 및 군비통제 추진, ③ 한 · 미동맹을 기반으로 한 한국군의 국방역량 강화 등이 있다.[143] 2019년 베트남 하노이에서의 북 · 미 정상 간 만남이 성과없이 종료되고, 여파로 남북관계도 경색 국면을 벗어나지 못하고 있다. 특히 북한은 2021년 7월 일방적으로 끊었던 한국과의 통신연락선 복원에 동의한 직후 김여정 노동당 부부장이 직접 나서 한 · 미연합훈련의 재고를 요구하면서 남남갈등과 함께 한 · 미동맹의 와해를 부추겼

행. ⑨2021년 10월 서울에서 한·미·일 정보수장 간 대북문제 협의 진행. ⑩2021년 11월 미국에서 한·미·일 외교 당국자 간 '제9차 외교차관협의회' 진행.

143 국방부, 『국방백서』 (서울: 대한민국 국방부, 2020), pp. 34-35.

다.[144] 이러한 북한의 주장은 중국의 '쌍중단'과 일치하는 것으로, 한반도에서 미국의 영향력을 저하시키기 위한 북 · 중 간 외교목표의 상관관계가 높음을 알 수 있다.[145] 여기에 미 · 중갈등 속에서 미국의 세력이동 저지를 위한 대중국 압박이 더욱 강화되면서, 중국의 현상변경국가화가 심화되는 추세이며 대북문제가 미 · 중협력 속에서 다뤄지기를 바라는 한국의 바람이 더욱 어렵게 되었다.

일본은 '일본에게 바람직한 안보환경 창출' 등의 방위기본방침을 달성하기 위해 '일본의 독자적 방위체제'와 '미 · 일동맹 및 안전보장협력 강화'를 내세우고 있다.[146] 특히 독자적 방위체제라는 측면에서 일본은 2015년 '미 · 일방위협력지침'의 개정과 '안보법제' 정비를 통해 상대의 공세적 행위가 위협으로 판단될 경우 자위권 발동이 가능하게 되었다.[147] 일본은 중국과 영토 분쟁을

---

144 북한의 요구와 달리 2021년 8월 한·미연합훈련이 개시되자 북한은 남북공동연락사무소와 군 통신선을 일방적으로 다시 끊었다. 『연합뉴스』, "김여정 "한미군사연습, 남북관계 앞길 흐리게 해…南결정 주시"(종합)," https://www.yna.co.kr/view/AKR20210801060951504?section=nk/news/all 2021년 8월 1일. (검색일: 2021년 8월 2일). 『연합뉴스』, "북한, 연락사무소·군 통신선 정기통화 이틀째 응답 없어(종합)," 2021년 8월 11일. https://www.yna.co.kr/view/AKR20210811045351504?section=search (검색일: 2021년 9월 30일).

145 북·중 모두 기본적으로 한반도에서의 미국 영향력 저하를 바라고 있다. 2021년 9월 북한의 김정은은 남북, 북·미관계 발전을 위해서는 자국에 대한 적대적 정책과 이중적 태도 철회가 선행되어야 한다고 밝혔다. 향후 ①한·미연합훈련, ②자위권 행사에 대한 비판 및 ③한반도 내 첨단무기 배치 및 전개 등에 대한 중단이 선결되어야 긴장 완화를 위한 움직임에 나설 수 있다는 뜻을 피력한 것이다. 중국 역시 한반도에서의 긴장 완화를 위해서는 북한에 대한 미국의 군사적 위협 중단이 필요하다는 입장이다. 중국의 왕이 외교부장은 2021년 7월 열린 세계평화포럼에서 한반도 긴장 완화를 위해 북한에 위협이 되는 군사정책의 철회가 필요하다는 뜻을 피력했다. BBC (September 30, 2021). 中华人民共和国外交部 (2021년 7월 4일).

146 일본자위대, 『방위백서 (다이제스트)』 (동경: 일본자위대, 2020), p. 11.

147 국방부 (2020), pp. 16-17. 일본의 기시다 후미오는 탄도미사일을 상대국 영역 내에서 저지하는 '적 기지 반격 능력' 보유에 대해 "국민의 생명과 생활을 지키기 위한 유력한 선택 사항이다" 라고 언급했고, 동시에 1% 미만으로 유지되어 왔던 방위비 수준도 필요에 따라 그 이상의 증액도 필요하다는 입장이다. 東京

위시한 여러 분야에서 갈등을 빚고 있고 북한으로부터는 핵 · 미사일 위협에 시달리고 있다. 그러나 위기관리 차원에서 일본에게 중국과 북한은 서로 다른 입장에 있다. 일본은 중국과 여러 문제로 갈등을 빚고 있으나 외교를 위시한 공식 · 비공식 채널로 소통이 가능하다.[148] 반면 북한과는 접촉 가능한 채널이 극히 제한적이다.[149] 게다가 한반도 이해 당사자가 평창올림픽을 계기로 북한과 관계 개선을 위한 협의가 진행될 때 일본은 북한에게 외면당했다. 이러한 연유로 일본이 핵 · 미사일 위협에 대처함과 동시에 북한에게 자국의 의사를 타진할 수 있는 실효적인 방안은 미국과의 공조이다.

종합적으로 미국은 한 · 일과의 대북공조 강화 속에서 한 · 일관계 개선을 위한 중재 노력을 보이고 있고, 한 · 일도 당면한 안보위기 해소를 위해 한 · 미 · 일 협의체에 적극적일 수밖에 없다. 이는 바이든 행정부의 대북정책이 실효성을 발휘하는 데 긍정적으로 작용할 것으로 전망된다.

新聞, "岸田文雄氏　敵基地攻撃能力「有力な選択肢だ」　中期防見直しで「防衛費増」にも意欲," 2021년 9월 13일. https://www.tokyo-np.co.jp/article/130624 (검색일: 2021년 10월 1일).

148 작금의 중·일은 센카쿠 열도(중국명 댜오위다오), 남중국해 등 여러 영역에서 갈등을 빚고 있다. 이에 중·일은 만에 하나 발생 가능한 우발적 충돌을 방지하고자 핫라인 구축에 나서기로 합의했다. 日本経済新聞, "尖閣問題、自制促す　日中防衛相が協議," 2020년 12월 14일. https://www.nikkei.com/article/DGXZQODE142R90U0A211C2000000/ (검색일: 2021년 10월 1일).

149 일본은 북한 핵·미사일 문제와 납치자 문제 등 양국 간의 현안을 해결하기 위해 북한에 상주 대사관이 있는 중국, 스웨덴 등을 지렛대로 북한과 접촉해 왔다. 이외에도 적십자, 아세안지역안보포럼 외교장관회의 및 울란바토르 대화 등을 공식, 비공식 채널로 활용했다. 문재인정부 초반 남북, 북·미관계가 해빙기를 맞게 되자 당시 일본의 아베 신조 총리는 북한과의 조건 없는 간담을 추구했다. 그러나 이후 남북, 북·미관계가 틀어지고 북한의 일본 외면이 장기화되면서 기존 채널의 가동이 어렵게 되었다.

3. 대북정책의 확장성: 중국과 유엔

바이든 행정부의 대북정책은 동맹을 중심축으로 하되 접근법은 다양할 것으로 전망된다. 이에 유용한 자원을 시의적절하게 활용할 것으로 보이며 중국과 유엔이 바로 그 대상일 것이다. 우선 대북정책 확장성의 일환으로 중국에게 일정한 역할을 요구할 것이다. 바이든은 민주당 대통령 후보 당시 현재의 미 · 중갈등과 무관하게 한반도 비핵화를 목표로 중국과 북한 핵 · 미사일 문제에서 협력하겠다는 뜻을 피력했다.[150] 블링컨 국무장관도 예전부터 북한의 급작스러운 붕괴 혹은 레짐 체인지 가능성 속에서 핵 · 미사일을 확보해야 한다며 북한 핵 · 미사일 문제에서의 중국 역할을 강조해 왔다.[151] 미국이 중국으로

<표 4-8> 미·중 이익에서 북한의 위치

중국		미국	
핵심이익[152]	북한 위치	북한 위치	국가 안보 순위[153]
국가주권			
국가안전	핵·미사일 개발로 인한 위기국면 확대는 국가안전에 위협임	핵·미사일은 자국을 향한 직접적인 위협이자 도전임	자국민 수호
영토완정			
국가통일			
헌법이 확립된 국가 정치제도와 사회안정	한반도에서의 급격한 변화는 안정을 해침	북한 내 인권탄압은 인권에 대한 근본적 가치의 위반임	민주적 가치 실현 및 옹호
경제사회의 지속적 발전을 위한 보장	한반도의 안정은 지속적인 경제발전을 위한 선제조건임		경제번영과 기회 확대

150 Joe Biden, "Why America Must Lead Again: Rescuing US Foreign Policy after Trump," (March/April 2020). https://www.foreignaffairs.com/articles/united-states/2020-01-23/why-america-must-lead-again (검색일: 2021년 4월 15일).

151 The New York Times, "The Best Model for a Nuclear Deal with North Korea? Iran," (June 11, 2018).

부터 협조를 얻을 수 있는 방안은 총 세 가지가 있다. 첫째, 미국과 중국의 합의로 중국의 협력을 얻는 경우이다. 둘째, 미국의 상대적 국력이 압도적이어서 중국이 협력하지 않을 때 크게 피해를 입는 경우이다. 셋째, 미국이 북핵문제의 군사적 해결을 고려할 경우이다.

우선 미 · 중 간의 외교적 합의가 성립되기 위해서는 각자의 이익이 상대방 이익과 교집합을 이뤄야 한다. <표 4-8>은 미 · 중 각자의 국가이익 중 서로 유사한 것을 동일선상에 놓은 후 북한에 대해 각자가 갖는 이해를 이미 놓인 국가이익에 맞추어 배치한 것이다. 이를 통해 알 수 있는 것은 미 · 중 모두 안보 관점에서 북한에 이해를 갖는다는 점이다. 다만 미국이 북한을 핵 · 미사일을 통한 게임체인저 능력을 확보 중인 직접적인 위협으로 보는 것과 달리 중국은 북한의 붕괴와 함께 핵 · 미사일로 인한 위기국면 확대 등이 중국에 끼칠 부정적 측면에서 북한을 인식하고 있다. 따라서 중국은 급진적 변화보다는 북한에 대한 자국의 영향력 유지와 함께 현상유지를 바라고 있다는 점에서 미국과 차이를 보인다. 여기에 중국은 지속적인 경제발전을 위해서도 북한이라는 외부적 불안요인이 자국 경제발전에 끼칠 부정적 영향을 경계하고 있음을 알 수 있다. 또한 미국이 북한 인권 개선에 관심이 있는 것과 달리 중국은 외부세력의 인권문제 제기를 내정불간섭 원칙의 위반으로 본다는 점에서 북한 인권에 대한 미 · 중의 이해는 상충한다. 이러한 점에서 북한이 향후 도발로 갈등국면

---

www.nytimes.com/2018/06/11/opinion/trump-north-korea-iran-nuclear-deal.html (검색일: 2021년 4월 13일).

152 中华人民共和国国务院新闻办公室 (2011년 9월 6일).

153 Biden (2021), p. 9.

을 증폭시키지 않는 한 외교적 협의로 중국의 협조를 얻기란 어려울 것이다.

다음은 미국이 압도적 국력을 바탕으로 직접 중국을 강하게 압박하는 방안이다.[154] 오늘날 미 · 중갈등은 경제에서 시작하여 전 방위로 확산일로에 있다. 양자 간의 갈등이 격화되기 전 미국은 중국이 자신과 상이한 통치체제와 이념을 가진 나라임에도 직접 갈등을 유발하기보다는 갈등이 일정 수준을 넘지 않게 조절해 왔다. 미국은 줄곧 중국의 인권 상황에 대한 우려를 직 · 간접적으로 표명했으나 행정부 차원에서 중국 공산당이나 상이한 통치체제에 대한 직접적인 비판은 지양했다. 더불어 양자 갈등 영역 중 하나인 대만에 있어서도 일방적으로 대만을 지지하기보다는 중국이 주장하는 '하나의 중국' 원칙을 존중하며 그 속에서 중국과의 갈등 수위를 조정해 왔다. 그러나 양자 갈등이 표면화된 이래 직접적으로 중국 공산당을 비판하기 시작했고, 한동안 지양되었던 대만에 대한 무기 수출도 재개되었으며, 동시에 '하나의 중국 원칙'에 벗어나는 조치들을 취하는 등 한층 공세적인 태도를 보이고 있다.[155] 이러한 일련의 행보를 보았을 때 미국이 중국을 한층 강력하게 몰아붙여 북한 핵 · 미사일 문제에서 협조를 쟁취할 가능성이 있으며, 이때 유력한 가용 수단 중 하나가

---

154 트럼프 대통령은 취임 초기 전임 대통령들이 북한의 핵무기를 막기 위해 왜 중국을 압박하지 않았냐고 분노했다. 실제로 트럼프 대통령은 2017년 북한의 핵·미사일 도발에 중국 등 유엔안보리 이사국들을 움직여 강력한 대북제재 결의안을 통과시켰다.

155 미국 관리들의 대만 방문과 대만 정부 관계자 접촉 허용: 2021년 6월 미국 상원의원인 태미 덕워스(Tammy Duckworth), 댄 설리번(Dan Sullivan), 크리스토퍼 쿤스(Chris Coons) 등 3인은 대만에 COVID-19 백신을 지원하고자 미국이 대만과 단교한 이래 처음으로 미국 군용기를 타고 대만을 방문하여 대만 총통 차이잉원(蔡英文)과 대면 면담을 진행했다. 『연합뉴스』, "이번엔 미국 상원의원들이 보란 듯이 대만 방문," 2021년 6월 6일. https://www.yna.co.kr/view/AKR20210606026500009 (검색일: 2021년 7월 16일).

세컨더리 보이콧(Secondary Boycott)이다. 미국은 이미 세컨더리 보이콧을 압박 수단으로 북한 · 이란에 적용한 적이 있다. 2005년 미국은 북한 위조달러 유통 등 불법자금 세탁 방조에 대해 '애국법'(USA Patriot Act)에 따라 마카오 소재 방코델타아시아(Banco Delta Asia)를 '주요 자금세탁 우려대상'으로 지정했다. 이로 인해 북한은 해당 계좌에서의 자금 인출이 불가능해지면서 상당한 타격을 입었다. 이외 2010년 미국은 '이란제재법'을 통해 제3국이 이란과 거래할 경우 미국과 거래하지 못하게 했고 이 여파로 이란 경제는 급속도로 악화되었다.[156] 앞선 두 사례 외에도 미국은 이미 세컨더리 보이콧에 준하는 제재를 중국에 제한적으로 적용 중이다. 바이든 행정부는 중국 중앙정부와 홍콩 고위관리들에 의해서 홍콩의 자치권이 훼손되었다는 명분으로 이들의 미국 금융기관 거래를 금지시킨 바가 있다.[157] 이러한 관점에서 미국이 강력한 국제금융시장 통제권을 바탕으로 세컨더리 보이콧을 보다 확대 적용하여 중국의 협력을 이끌어낼 가능성이 있다. 다만 미국이 중국을 얼마나 강력하게 압박할 수 있는가가 관건이다.

세 번째로 미국이 직접적으로 북한에 대한 군사적 행동을 고려하는 경우이다. 이는 미국이 북한 핵 · 미사일 위협 제거를 위한 군사행동에 나서는 것을 의미하며 실질적으로 다양한 방법으로 검토된 적이 있다. 앞서 2003년 6자회담 형성 직전 부시 대통령은 중국에게 북한에 대한 군사적 공습 가능성을 언

156 미국의 조치로 한국은 아직도 이란에 지불해야 되는 원유대금(약 70억 달러)를 주지 못하고 있다.

157 The Wall Street Journal, "Biden Imposes His First Sanctions on Chinese Officials Ahead of Bilateral Meeting," (March 17, 2021). https://www.wsj.com/articles/biden-imposes-his-first-sanctions-on-chinese-officials-ahead-of-bilateral-meeting-11615976219 (검색일: 2021년 5월 3일).

급했고,[158] 불과 몇 달 후 6자회담을 통한 중국의 협조와 관여를 이끌어낼 수 있었다. 근래 들어서 트럼프 대통령도 2017년 8월 북한이 미국 괌에 대한 공격 위협에 나서자 북한에 대한 군사행동 가능성을 공개적으로 언급한 바가 있다.[159] 이처럼 중국은 북한에 대한 미국의 군사적 행동 가능성이 지속 제기되자 북한에 대한 자신의 영향력 감소와 이익 변화의 우려로 미국 대북정책에 협조적인 자세를 보였다. 실제 중국은 2017년과 2018년 북한 핵 · 미사일을 둘러싼 북 · 미갈등이 고조되었을 때 두 차례에 걸쳐 쑹타오(宋涛) 중국 중앙연락부 부장을 단장으로 한 특사를 북한에 파견하여 북한의 김정은 위원장과 최룡해 노동당 정치국 상무위원을 만나는 등 갈등 해소에 협조적이었다.[160] 다만 바이든 행정부가 당장은 대화에 초점을 두고 있다는 점에서 유력한 방안은 아니다.

현재 중국은 기존 국제질서에 대한 불만족 속에서 강력한 국력을 바탕으로 현상변경을 심화시키고 있다. 북한 핵 · 미사일 문제 해소 방안에서도 미국 정책과 상충되는 '쌍중단' 및 '쌍궤병진'을 제시하고 있다. 나아가 중국은 지금껏

---

158 『연합뉴스』, "부시, "북한 공습 가능성 중국에 경고했다"," 2010년 11월 10일. https://www.ytn.co.kr/_ln/0104_201011100431445438 (검색일: 2021년 4월 12일).

159 CNBC, "Trump Warns North Korea Threats 'Will be Met with Fire and Fury'," (August 8, 2017). https://www.cnbc.com/2017/08/08/trump-warns-north-korea-threats-will-be-met-with-fire-and-fury.html (검색일: 2021년 4월 19일).

160 쑹타오는 중국특사로 북한을 두 차례 방문했다. 다만 1차와 2차 방문목적 간에는 차이가 있었다. 첫 번째 방문이 미국의 압박에 따른 중국의 위기관리 차원이었다면, 두 번째 방문은 평창올림픽을 계기로 북·미 간의 대화가 활발히 진행될 때 북한문제에서의 '차이나패싱'을 사전에 방지하려는 목적이 더 컸다고 볼 수 있다. 央广网, "习近平总书记特使宋涛访问朝鲜通报中共十九大情况," 2017년 11월 20일. http://news.cnr.cn/native/gd/20171120/t20171120_524033092.shtml (검색일: 2021년 5월 2일). 新华社, "金正恩会见中联部部长、中国艺术团团长宋涛," 2018년 4월 15일. http://www.xinhuanet.com/world/2018-04/15/c_1122685316.htm (검색일: 2021년 5월 2일).

비핵화를 위해 북한이 취한 조처를 참작하여 현재 북한에 가해져 있는 제재 중 민생과 관련된 부분은 일부 완화해야 한다고 주장한다.[161] 이와 같은 일련의 행보를 보았을 때, 바이든 행정부의 기대와 달리 북한 핵 · 미사일 문제에서 미국이 원하는 방식대로 중국의 협력을 얻기란 사실상 쉽지 않을 것이다.

중국 다음으로 활용 가능한 파트너는 유엔이다. 실제 미국은 유엔과 함께 북한 핵 · 미사일 문제에 공동으로 대응해 왔다. 1990년대 초반 북한의 핵무기 개발이 국제사회의 주목을 받은 이후 지금까지 유엔은 북한 핵 · 미사일 문제에 관여해 왔다. 특히 북한이 2006년 제1차 핵실험을 단행한 직후 발효된 유엔 안보리결의안 제1718호를 시작으로 핵 도발 때마다 대응해 왔다.[162] 안보리결의안을 통해 북한이 핵 · 미사일 개발을 하지 못하게끔 다양한 경제제재를 가해서 결과적으로 북한의 달러 조달이 어렵게 만들었다.[163]

---

161 中华人民共和国外交部 (2021년 7월 4일).

162 ① 유엔 결의안 825호: 북한 핵 도발 관련 첫번째 결의안. 북한의 NPT 탈퇴 선언 재고 촉구. ② 유엔 결의안 1718호: 북한에 대한 사치품 수출금지, 대량살상무기 지원이 의심되는 개인·단체에 대한 금융제재 등의 내용을 담고 있음. ③ 유엔 결의안 1874호: 경무기를 제외한 사실상 모든 무기에 대한 북한 수출금지. 대량살상무기 등 금지품목 적재가 의심되는 북한 선박에 대해 공해상에서의 검문이 가능해짐. ④ 유엔 결의안 2094호: 핵 프로그램 혹은 안보리 결의가 금지하고 있는 여타 활동에 도움이 되는 금융서비스 제공과 대량 현금을 포함한 금융, 기타 자산, 재원의 이전 금지를 의무화함. ⑤ 유엔 결의안 제2270호: 민생 목적이 아닌 대량살상무기와 연관된 석탄, 철광석의 수출을 금지함. ⑥ 유엔결의안 제2321호: 북한의 주 수입원인 석탄 수출에 대해 상한선을 설정함. United Nations, "Security Council Committee Established Pursuant to Resolution 1718 (2006)," https://www.un.org/securitycouncil/sanctions/1718 (검색일: 2021년 4월 10일).

163 북한의 주요 수출품인 석탄과 경공업 제품이 제재로 수출길이 막히자 북한 경제는 어려움에 직면하게 되었다. 게다가 코로나 사태로 북한 경제는 한층 더 어려워졌다. 코로나 사태로 국경이 봉쇄되면서 주요 외화벌이 수단이던 중국 관광객의 북한 방문이 막히게 되었고, 북한 경제의 한 측면을 담당해 온 사경제 영역마저 타격을 입으면서 북한의 경제 사정이 더 어려워졌다. Jae Hwan Hong, "Coronavirus-Bound Shock and North Korea's Economy," *KINU Online Serious* CO 20-18 (2020), pp. 2-8.

현시점에서 미국은 두 가지 측면에서 유엔과 협력하며 북한 핵·미사일 문제를 관장해 나갈 것으로 전망된다. 첫째, 미국은 북한과의 핵·미사일 협의와 함께 북한 정권의 자국민 인권탄압 개선을 위해 유엔과 함께 북한을 강하게 압박할 것이다. 둘째, 미국은 유엔 안보리제재의 유지 속에서 핵·미사일 협상의 진척 여부에 따라 일정 수준 제재 조정 가능성을 열어 두면서 북한과의 외교적 협의에 나설 것으로 전망된다.

우선 바이든 행정부는 민주적 가치 실현 및 옹호를 바탕으로 인권을 대외정책의 한 축으로 다루고 있다.[164] 실제 중국의 신장 위구르족 인권 실태, 홍콩 보안법을 둘러싼 인권탄압 가능성 등을 거론하며 중국을 강력하게 압박 중이다.[165] 북한에 대해서도 향후 핵·미사일 문제와 인권침해 문제에 대해 미국의 직접적인 압박과 함께 유엔을 통한 국제사회의 압박을 병행할 것으로 전망된다.[166] 여기에 바이든 행정부의 비핵화 논의 제의에 미온적 태도를 보이는 북한을 협의의 장으로 이끌어낼 다양한 압박수단 중 하나로 북한의 인권문제를 지속 거론할 것으로 전망된다. 이미 미국은 유엔의 '북한인권결의안'을 통해

---

164 바이든 대통령은 집권 후 3가지 영역에서의 개선을 위해 역량을 집중하겠다고 언급했다. ① 권위주의 확산 저지, ② 부정부패 방지, ③ 인권 증진이다. Biden (March/April 2020).

165 미국은 국내법인 '인권책임법'을 통해 위구르족을 대상으로 자행되는 것으로 의심되는 중국의 각종 인권탄압에 대해 제재를 가하게 되었다. 이에 따라 인권탄압 가담자 중 일부는 미국 내 금융 자산동결, 여행 제한 등의 제재를 받게 되었다. U.S. Department of the Treasury, "Treasury Sanctions Chinese Government Officials in Connection with Serious Human Rights Abuse in Xinjiang," (March 22, 2021). https://home.treasury.gov/news/press-releases/jy0070 (검색일: 2021년 9월 26일).

166 블링컨 국무장관은 2021년 3월 방한하여 가진 기자회견에서 북한 정권에 의해 자행되고 있는 심각한 인권탄압을 강하게 비판했다. Bloomberg, "Blinken Slams North Korea Over Human Rights in Debut Asia Trip," (March 17, 2021). https://www.bloomberg.com/news/articles/2021-03-17/blinken-slams-north-korea-over-human-rights-in-debut-asia-trip (검색일: 2021년 5월 4일).

북한 정권의 자국민에 대한 인권탄압을 강력하게 규탄해 오고 있다. 미국 역대 행정부에서도 북한을 테러지원국으로 지정하여 압력을 가한 바가 있다.[167] <표 4-9>는 클린턴 행정부부터 현재까지 북한과의 핵 · 미사일 논의과정에서 북한 인권이 어떻게 다루어졌는지를 정리한 것이다. 바이든 행정부는 역대 어느 행정부보다 북한 인권문제를 핵 · 미사일 문제와 함께 전면에 내세우며 북한을 압박할 것으로 전망된다.

<표 4-9> 미국 역대 행정부의 북한 인권에 대한 접근 방법[168]

행정부	북한 인권에 대한 태도	직접적인 압박	유엔을 통한 압박
클린턴	소극적	테러지원국	무
부시	다소 적극적	테러지원국	북한인권결의안
오바마	소극적	무	북한인권결의안
트럼프	적극적	테러지원국 재지정	북한인권결의안
바이든	적극적 개입 전망	테러지원국 유지+인권문제 주요 의제로 부상 전망	북한인권결의안 찬성 전망

167 북한은 1987년 KAL기 폭파 사건을 계기로 1989년부터 미국에 의해 테러지원국으로 지정되었다. 이후 2008년 부시 행정부 때 해제되었으나 2017년 김정남 피살 사건을 계기로 다시 테러지원국으로 지정되었다.

168 ① 부시 행정부는 북한인권법안과 함께 북한을 테러지원국(2008년 해제)으로 매년 지정하며 북한 인권에 관심을 가졌다. ② 오바마 행정부는 북한 인권 실태에 대해 대통령 본인이 몇 차례 비판적 시각을 드러내는 수준에 머물렀다. ③ 트럼프 행정부는 오토 웜비어(Otto F. Warmbier) 등 북한이 억류하고 있던 자국민들을 미국으로 송환했다. 또한 김정남 피살사건을 계기로 북한을 다시 테러지원국으로 지정했다. 그러나 재임 기간에 이루어진 북한과의 핵·미사일 협상에서 북한 인권을 주요 의제로 삼지 않았다. ④ 바이든 행정부는 취임 초부터 동맹·파트너와 함께 북한의 인권 침해에 깊은 우려를 표명하고 있다. 일례로 2021년 G7 외교장관 회의에서 채택된 공동성명을 통해 참석국들은 북한이 인권 관련 유엔 기구들과 협조하여 자국민의 인권 상황을 개선해야 한다는 데 뜻을 같이했다. 실질적으로 2021년 12월 바이든 행정부는 북한의 불공정한 법 집행과 이에 따른 북한 주민들의 자유와 인권 탄압을 이유로 북한의 리영길 국방상, 중앙감찰소 등에 대한 첫 제재 조치를 단행했다.

다음으로 미국이 북한과의 협상 진척에 따라 단계별로 대북제재의 강도를 조정하는 방안이다. 이는 앞서 유엔 안전보장이사회 5개 상임이사국과 독일이 이란 핵문제를 해결하기 위해 이란과 맺은 포괄적공동행동계획(JCPOA: Joint Comprehensive Plan of Action)과 일부 유사성을 띤다.[169] 핵으로 국제사회와 극심한 갈등을 빚던 이란이 핵합의에 나설 수밖에 없던 여러 요인 중 하나는 이란에 대한 강력한 경제제재였다. 이러한 점에서 현재 미국의 독자적인 제재와 함께 유엔 및 국제사회가 북한에 부과 중인 여러 제재는 바이든 행정부에서도 당분간 유지될 것으로 보인다. 다만 바이든 대통령이 대북정책에서 일정 형태의 외교가 고려의 대상임을 직접 밝혔듯, 북한과의 비핵화 논의에 진척이 있다면 제재에 대한 일부 완화도 가능할 것으로 전망된다. 그러나 지금껏 북한이 핵을 개발하는 유인에 비해서 대북제재의 강도가 상대적으로 약하여 북한의 지속적인 핵 · 미사일 개발을 막지 못했다는 점에서 제재 완화에는 신중을 기할 것이다.

---

169 이란의 핵무기 프로그램은 2002년 8월 이란 반정부 단체인 국민저항위원회(National Council of Resistance)의 이란 중부 나탄즈(Natanz) 지역의 비밀 우라늄 농축 시설에 대한 폭로로 국제사회의 쟁점으로 부상했다. 이후 국제사회는 이란에 대한 봉쇄정책 및 경제제재 등 강경한 조치를 취하게 되었다. 2015년에 이르러 유엔 안전보장이사회 5개 상임이사국과 독일, 이란의 합의로 핵 협상이 타결되었다. 종합적으로 이란은 IAEA의 검증 속에서 자국에 부과된 경제제재를 해제하거나 유지하기로 상대와 합의했다. 김재희·남궁 영, "북한과 이란의 핵전략 비교연구: 비핀 나랭의 핵전략 이론을 중심으로," 『세계지역연구논총』 제36집 4호 (2018), p. 97.

4. 소결

<표 4-10> 미국 역대 행정부의 대북제재 대응

행정부	대화	대북제재	핵보유 방치	정권교체[1]	군사행동[1]
클린턴	제네바합의	제재 결의	불가	?	검토[170]
부시	3자, 6자회담	제재 유지	불가	?	가능성 시사[171]
오바마	윤달합의	제재 강화	불가/방임	암살 검토[172]	검토[173]
트럼프	정상회담	제재 강화	불가	?	가능성 시사[174]
바이든	실용적 외교	제재 유지	불가	?	없음

주: 1. 대통령이 실제 언급을 했거나 혹은 정부기관에서 가능성을 검토한 경우만 해당.

북한의 핵 · 미사일 문제가 한반도 질서와 안보에 대한 불확실성으로 자리 잡은 지 오랜 시간이 지나면서 한반도를 넘어 국제체제의 안정을 위협하는

---

170 클린턴 대통령은 1994년 9월 항공모함 2척과 전함 33척을 원산 인근 동해에 집결시켜 영변 폭격을 강행하려는 군사 옵션을 고려했다. National Security Archive, "Engaging North Korea II: Evidence from the Clinton Administration," (December 8, 2017). https://nsarchive.gwu.edu/briefing-book/korea/2017-12-08/engaging-north-korea-ii-evidence-clinton-administration (검색일: 2021년 4월 12일).

171 부시 대통령은 재임 당시 중국 장쩌민 국가주석과 만난 자리에서 북핵문제에 대한 외교적 해소가 불가할 경우 대안으로 군사적 공격도 고려할 수 있음을 언급했다. 『연합뉴스』 2010년 11월 10일.

172 오바마 행정부 당시 CIA 국장이던 존 브레넌(John Brennan)은 정권교체 대안으로 암살(Man Change)을 검토했다. Bob Woodward, *Fear: Trump in the White House* (New York: Simon and Schuster, 2018), pp. 182-183.

173 오바마 대통령은 재임 시절 국가안보회의 참모들에게 북한 핵·디사일 위협을 제거하기 위한 예방적 대북 군사 공격 가능성에 대한 검토를 지시했다. 검토 결과 북한 핵·미사일 전체에 대한 제거가 불가능할 뿐 아니라 한국 수도권에 사는 사람들에 대한 완벽한 보호가 불가능하다는 점(수도권을 향한 북한 반격 중 약 85%만 타격 가능)에서 북한에 대한 예방공격을 재고했다. Woodward (2018), pp. 91-95.

174 트럼프 대통령은 미국을 겨냥한 북한의 핵·미사일 도발이 지속되자 "유례없는 불길과 분노가 닥칠 것이다"고 말하며 선제공격 가능성을 시사했다. 실제 트럼프 행정부 시기인 2017년 10월 17일부터 19일까지 미국 미주리주 오자크(Ozarks)에서 공군을 동원한 예상 폭격 시나리오를 수행하기도 했다. CNBC (August 8, 2017). Woodward (2018), pp. 183-184, 282-283.

요소가 되었다. 미국이 북한의 핵 · 미사일 문제를 대할 때 선택할 수 있는 방안은 ① 대화, ② 대북제재, ③ 핵보유 방치, ④ 비밀공작에 의한 정권교체, 및 ⑤ 군사행동이다.[175] 이를 바이든 행정부를 포함하여 역대 행정부에 적용해 보면 <표 4-10>과 같다. 이를 통해 알 수 있는 것은 세 가지이다. 첫째, 북한을 핵보유국으로 용납하지 않겠다. 둘째, 대화의 노력을 하겠다. 셋째, 대화 중에도 대북제재는 유지하겠다.

바이든 행정부도 기본적으로 북한의 핵보유를 용납하지 않은 채 대화와 제재를 병행하며 북한 핵 · 미사일 문제에 대응하고자 한다. 현시점에서 위험부담이 높은 정권교체나 군사적 행동은 고려하지 않고 있는 것으로 여겨진다.[176] 동맹은 바이든 행정부 대북정책의 핵심 중 하나이다. 현재 인도 · 태평양 지역에서 미국이 실질적으로 군사적 형태의 동맹을 맺고 있는 나라는 한국과 일본이다. 비록 한 · 일은 동맹관계를 맺고 있지 않으나, 미국에 의해 지금껏 준동맹적 행태를 보이며 미국을 중심으로 한 한 · 미 · 일 삼각 협력관계를 구축해 왔다.

바이든 행정부가 대북정책에서 동맹을 동력으로 삼고자 한다는 점에서 한국과 한 · 일관계는 변수이다. 특히 바이든 행정부는 한 · 미 간 상이한 대북 접근법으로 생긴 공백을 메꾸고자 한국이 자신의 대북정책과 궤를 같이하도록 직 · 간접적으로 압박할 것으로 전망된다. 동맹 복원이 본 궤도에 오르면 동맹과 함께 북한 핵 · 미사일 문제에 관여할 것이다. 이후 대응의 실효성을 높이기

---

175 남궁 영, 『분단 한반도의 정치경제: 남한, 북한, 미국의 삼각퍼즐』 (서울: 도서출판 오름, 2013), p. 97.

176 Financial Times (March 4, 2021).

위해 할 수만 있다면 중국과 유엔을 활용하고자 할 것이다. 다만 기존 국제질서에 불만을 표하며 현상변경국가의 행태를 보이고 있는 중국이 북한 핵·미사일 문제에서 바이든 행정부가 기대하는 만큼의 협력을 할지 여부는 미지수이다.

V. 맺는말

바이든 행정부는 조정되고 실용적인 접근을 기반으로 한 새로운 대북정책을 결정했다. 새 대북정책은 한반도 비핵화 목표 달성을 위해 동맹·파트너와 공동으로 외교를 통한 실무적 협의의 상향식 접근법을 기초로 한다. 특히 '동맹과 함께'라는 측면에서 한국과 일본을 중요 협력 대상으로 볼 수 있다. 이를 위해서 미국은 한국과 함께 한·일관계 변수가 대북정책에 부정적 영향을 끼치지 않게 대처할 것으로 보인다. 여기에 대북정책의 실효성을 높이기 위해 중국에게 협조를 구할 것으로 전망된다. 북한 핵·미사일 문제에서 중국의 협조가 미진하다고 판단될 경우 중국을 직·간접적으로 압박하는 방법으로 중국의 협조를 이끌어낼 것이다. 유엔도 대북정책의 확장성이라는 측면에서 바이든 행정부에서 중요한 협력 파트너로 활용될 것으로 보이며 인권과 제재를 병행 활용할 것으로 여겨된다.

북한 핵·미사일 위협은 날로 심화되고 있다. 북한을 실제적으로 움직일 수 있는 나라는 역시 미국이다. 한국은 이러한 미국의 대북 인식과 접근법을 명확하게 이해하고 이를 토대로 북한 핵·미사일 위협제거에 나서야 한다. 한국은 바이든 행정부와의 북한 핵 · 미사일에 대한 대응 방법의 차이에서 발생하는 양국 사이의 공백이 향후 북한위협 대처에서 불확실 요소로 자리잡지 않게 세 가지 측면에서 공조 작업에 힘을 기울여야 한다.

첫째, 한국에게 북한의 핵 · 미사일은 상존하는 최대 위협으로 이를 대처하기 위해 미국과의 공조 강화에 나서야 한다. 현재 미국에서 북한 비핵화 가능 여부를 놓고 회의적 시각이 점차 늘고 있다.[177] 여기에 향후 북한과의 대화를 통해서도 당장의 비핵화 실현이 어렵다면 현실적 대처로 미국 본토를 향한 위협제거에 나서야 한다는 주장도 제기되고 있다. 이러한 시각들은 한국에게 매우 우려스러운 것이다. 한국은 북한 핵 · 미사일 문제의 완전한 해소를 바라는 한국의 입장이 지속해서 미국의 대북정책에 투영될 수 있게 가용한 노력을 다해야 한다.[178] 이러한 점에서 일본이 바이든 행정부 출범 이후 다방 면에서 접촉을 늘리며 북한의 핵 · 미사일 문제와 함께 납치자 문제까지 대북정책에 투영될 수 있도록 노력하는 것은 한국에게 시사하는 바가 크다.[179] 나아가 미국

---

177 Carnegie Endowment for International Peace, "South Korea Is Caught Between China and the United States," (October 21, 2020). https://carnegieendowment.org/2020/10/21/south-korea-is-caught-between-china-and-united-states-pub-83019 (검색일: 2021년 6월 25일).

178 남궁 영, 『강대국 정치와 한반도: 미중의 패권경쟁』 (서울: 도서출판 오름, 2016), pp. 150-153.

179 일본은 자국인 납치자 문제가 북한과의 직접 접촉 불발로 해소될 기미가 보이지 않자 한반도 이해 당사자를 위시한 국제사회와 함께 공동 대응하기를 바라고 있다. 특히 바이든 행정부가 한반도 비핵화와 함께 북한 인권 개선에도 적극성을 보인다는 점에서 일본은 자국인 납치자 문제가 북한 정권에 의해 자행된 인권 유린이라는 사실이 바이든 행정부에 투영되기를 바라며 기회가 될 때마다 접촉을 늘리고 있다. 이러한 노력의 일환으로 2021년 4월 일본 스가 총리는 방미하여 납치 문제의 즉각적인 해결에 대한 미국의 지지 약속을 재확인 받을 수 있었다. The White House, "U.S.-Japan Joint Leaders' Statement: U.S.-Japan Global Partnership for a New Era," (April 16, 2021). https://www.whitehouse.gov/briefing-room/statements-releases/2021/04/16/u-s-japan-joint-leaders-statement-u-s-japan-global-partnership-for-a-new-era/ (검색일: 2021년 5월 11일).

이 북한의 비핵화를 최종 목표로 삼고 있는 것처럼, 한국도 단계별 접근 때부터 완전한 비핵화를 담보로 하는 만남에 보조를 맞춰야 한다. 완전한 비핵화가 담보되지 않은 단계별 접근은 결국 북한을 핵무기 보유국으로 인정해 주는 과정에 불과하다.

둘째, 현시점에서 대북제재 완화는 북한을 사실상 핵보유국으로 인정해 주는 것이 될 수 있으므로 지양해야 한다. 지금껏 북한은 국가적 차원에서 핵·미사일 개발에 공을 들여 왔고 국제사회는 유엔과 각국의 독자적 대북제재로 대응해 왔다. 북한의 핵·미사일 도발이 강화될수록 대북제재도 강화되었지만, 북한은 대북제재의 영향 속에서도 주기적으로 핵·미사일 도발을 감행하여 사실상(de facto)의 핵보유국 위치에 이르게 되었다. 이러한 점에서 성급한 대북제재 완화는 북한을 대화로 끌어낼 수 있는 압박 수단을 스스로 포기하는 것이나 다름이 없다. 오히려 현재 북한에 가해져 있는 제재를 지속해서 유지하고 북한이 핵·미사일을 개발하는 유인보다 더욱 강력한 제재로 북한의 핵무기 개발 환경을 어렵게 만들어야 한다.

셋째, 한국의 북한 인권문제 외면은 한반도 비핵화 목표 달성에 부정적 요소이다. 바이든 행정부는 북한의 핵·미사일 문제 해소를 위한 노력과 함께 북한 인권 상황 개선에 나설 것임을 분명히 밝혔다. 국제사회도 북한 정권의 자국민에 대한 심각한 인권 침해에 우려를 표하며 '북한인권결의안' 등 공동전선을 구축하고 있다.[180] 반면 문재인정부는 북한 인권 상황 개선을 위한 노력

---

180 유럽연합은 북한 정권의 자국민 인권 유린(예: 정치범수용소, 노동수용소)에 관여한 기관과 개인을 대상으로 독자적인 제재를 발표했다. 세부 명단: OJ L 99 I, 22.3.2021. https://eur-lex.europa.eu/legal-content/EN/TXT/PDF/?uri=OJ:L:2021:099I:FULL&from=EN (검색일: 2021년 5월 21일).

과 일정한 거리를 두고 있다. 이로 인해 미국으로부터 비판의 대상이 되고 있다.[181] 세계 주요 인권단체들은 문재인 대통령에게 보낸 서한을 통해 한국의 북한인권결의안 공동제안국 미참여를 비판하면서 남북교류만으로는 북한 인권문제가 개선되지 않는다고 지적하고 있다.[182] 한반도 비핵화는 국제사회의 지지와 함께 공동의 노력이 수반되어야 한다는 점에서 북한 인권문제에 대한 문재인정부의 소극적 태도는 북한 정권에 의해 자행되는 인권 유린에 면죄부를 주는 행위일 뿐 아니라 비핵화에도 부정적이다. 한국은 북한 인권 개선을 위한 기존 국제사회의 노력과 보조를 맞춰야 한다.

---

181 정치경제학자인 니콜라스 에버슈타드(Nicholas Eberstadt)는 뉴욕타임스(The New York Times) 기고문을 통해 문재인정부가 북한 인권 개선을 위해 일하는 한국 인권운동가들을 탄압하고 있다며 강도 높게 비판했다. The New York Times, "Opinion: Guest Essay. Biden and Moon Are Getting North Korea Wrong," (May 26, 2021). Opinion | Biden and Moon Jae-in Get the North Korea Nuclear Crisis Wrong - The New York Times (nytimes.com) (검색일: 2021년 5월 27일).

182 비핵화 논의에 인권 문제가 반드시 포함되어야 한다고 지적했다. Human Rights Watch, "Letter to President Moon Jae-in RE: ROK's Stance on Human Rights in North Korea," (December 16, 2019). https://www.hrw.org/news/2019/12/16/letter-president-moon-jae-re-roks-stance-human-rights-north-korea (검색일: 2021년 5월 9일).

참고문헌

국방부. 『국방백서』 서울: 대한민국 국방부, 2020.

김재희 · 남궁 영. "북한과 이란의 핵전략 비교연구: 비핀 나랭의 핵전략 이론을 중심으로." 『세계지역연구논총』 제36집 4호 (2018).

남궁 영. 『분단 한반도의 정치경제: 남한, 북한, 미국의 삼각퍼즐』 서울: 도서출판 오름, 2013.

_____. 『강대국 정치와 한반도: 미중의 패권경쟁』 서울: 도서출판 오름, 2016.

아산정책연구원 · 랜드연구소. 『북핵 위협, 어떻게 대응할 것인가』 서울: 아산정책연구소, 2021.

『연합뉴스』. "부시, "북한 공습 가능성 중국에 경고했다"." 2010년 11월 10일. https://www.ytn.co.kr/_ln/0104_201011100431445438

_____. "중국, 코로나로 미국과 GDP 격차 좁혀…'2028년 추월' 관측도." 2021년 1월 18일. https://www.yna.co.kr/view/AKR20210118082800089?input=1195m

_____. "한미연합훈련 8~18일 시행…규모 축소 · 야외기동훈련 안해(종합)." 2021년 3월 7일. https://www.yna.co.kr/view/AKR20210307010900504?input=1195m

_____. "북한, 유엔인권이사회서 "중국에 대한 내정간섭 중지해야." 2021년 3월 20일. https://www.yna.co.kr/view/AKR20210320050900504?input=1195m

_____. "이번엔 미국 상원의원들이 보란 듯이 대만 방문." 2021년 6월 6일. https://www.yna.co.kr/view/AKR20210606026500009

_____. "北, 북중우호조약 60주년 보름전 부각…"복잡다단 정세 속 단결"." 2021년 6월 26일. https://www.yna.co.kr/view/AKR20210626052300504

_____. "김여정 "한미군사연습, 남북관계 앞길 흐리게 해…南결정 주시"(종합)." 2021년 8월 1일. https://www.yna.co.kr/view/AKR20210801060951504?

section=nk/news/all
______. "북한, 연락사무소 · 군 통신선 정기통화 이틀째 응답 없어(종합)." 2021년 8월 11일. https://www.yna.co.kr/view/AKR20210811045351504?section=search
______. "'중국이 설계한' 홍콩 선거인단 선거 99.7% 친중후보 당선(종합)." 2021년 9월 22일. https://www.yna.co.kr/view/AKR20210922035451074?section=search
외교부. "한미 정상 공동성명." 2021년 5월 22일. https://www.mofa.go.kr/www/brd/m_20053/view.do?seq=368162&srchFr=&srchTo=&srchWord=&srchTp=&multi_itm_seq=0&itm_seq_1=0&itm_seq_2=0&company_cd=&company_nm=&page=1
우정엽. "바이든 정부의 대북정책 전망." 세종연구소. 『정세와 정책』 제15호 (2021).
이상우. 『국제관계이론』 서울: 박영사, 2006.
일본자위대. 『방위백서 (다이제스트)』 동경: 일본자위대, 2020.
정성철. "세력균형이론과 세력전이이론." 박건영 · 신욱희 편. 『국제정치이론』 서울: 사회평론아카데미, 2021.
정재흥. "중국 공산당 창당 100주년과 새로운 미중관계 도래." 세종연구소. 『정세와 정책』 제27호 (2021년).
차두현. "바이든 행정부의 대북정책 전망: 쟁점, 북한의 대응, 그리고 한국의 과제." 아산정책연구원. 『이슈브리프』 2021-17 (2021).
통일부. 『문재인의 한반도정책: 평화와 번영의 한반도』 서울: 통일부, 2017.
한국무역협회. ""북한, 작년 중국 무역의존도 95.2%로 사상 최대"." 2020년 5월 6일. https://www.kita.net/asocGuidance/nesDta/nesDtaDetail.do?sNo=9152
Allison, Graham. *Destined for War: Can America and China Escape Thucydides's Trap?*. New York: Houghton Mifflin Harcourt, 2017.
Angus, M. *The World Economy: A Millennial Perspective*. Paris: OECD Publishing, 2001.
Asia Maritime Transparency Initiative and CSIS. "South China Sea Energy

Exploration and Development." https://amti.csis.org/south-china-sea-energy-exploration-and-development/

BBC. "North Korea's Kim Jong-un Offers to Restore Inter-Korean Hotline." (September 30, 2021). https://www.bbc.com/news/world-asia-58744150

Beyond Parallel and CSIS. "Nuclear Weapons: Recent Activity at the Pyongsan Uranium Concentrate Plant (Nam-chon Chemical Complex) and January Industrial Mine." (March 26, 2021). https://beyondparallel.csis.org/recent-activity-at-the-pyongsan-uranium-concentrate-plant-nam-chon-chemical-complex-and-january-industrial-mine/

Biden Jr, J. R. "Why America Must Lead Again: Rescuing US Foreign Policy after Trump." (March/April 2020). https://www.foreignaffairs.com/articles/united-states/2020-01-23/why-america-must-lead-again

_____. *Interim National Security Strategic Guidance*. Washington, DC: The White House, 2021.

Bloomberg. "Blinken Slams North Korea Over Human Rights in Debut Asia Trip." (March 17, 2021). https://www.bloomberg.com/news/articles/2021-03-17/blinken-slams-north-korea-over-human-rights-in-debut-asia-trip

_____. "First Taiwan Arms Sale in Biden Administration Is Approved." (August 5, 2021). https://www.bloomberg.com/news/articles/2021-08-04/first-arms-sale-to-taiwan-by-biden-administration-is-approved

Brewer Eric and Terry Sue Mi. "It Is Time for a Realistic Bargain With North Korea: Denuclearization Is Probably Out of Reach for Now but It Might Be Possible to Reduce the Nuclear Threat." (March 25, 2021). https://www.foreignaffairs.com/articles/north-korea/2021-03-25/it-time-realistic-bargain-north-korea

Carnegie Endowment for International Peace. "South Korea Is Caught Between China and the United States." (October 21, 2000). https://

carnegieendowment.org/2020/10/21/south-korea-is-caught-between-china-and-united-states-pub-83019

Centre for Economics and Business Research. *World Economic League Table 2021*. London: CEBR, 2020.

CIA. "China - The World Factbook." Last Page Updated: September 9, 2021. https://www.cia.gov/the-world-factbook/countries/china/

_____. "Korea, North – The World Factbook," Last Page Updated: August 25, 2021. https://www.cia.gov/the-world-factbook/countries/korea-north/

CNBC. "Trump Warns North Korea Threats 'Will be Met with Fire and Fury'." (August 8, 2017). https://www.cnbc.com/2017/08/08/trump-warns-north-korea-threats-will-be-met-with-fire-and-fury.html

CNN. "Trump Admin Formally Approves Fighter Jet Sale to Taiwan Amid China Trade Fight." (August 21, 2019). https://edition.cnn.com/2019/08/20/politics/taiwan-fighter-jet-sales/index.html

_____. "Biden and UK to Help Australia Acquire Nuclear-Powered Submarines in New Pushback on China." (September 16, 2021). https://edition.cnn.com/2021/09/15/politics/us-uk-australia-nuclear-powered-submarines/index.html

Congressional Research Service. "Japan-U.S. Relations: Issues for Congress." *CSR Report* (2021).

CSIS. "CSIS Commission on the Korean Peninsula: Recommendations for the U.S.-Korea Alliance." (March 22, 2021). https://www.csis.org/analysis/csis-commission-korean-peninsula-recommendations-us-korea-alliance-0

DiCicco, J. M. and Levy, J. S. "Power Shifts and Problem Shifts: The Evolution of the Power Transition Research Program." *Journal of Conflict Resolution* Vol.43, No.6 (1999).

_____. "The Power Transition Research Program." In Colin Elman & Michael Jensen(Eds.), *The Realism Reader*. New York: Routledge, 2014.

Financial Times. "Blinken Disavows 'Costly Military Interventions' to Promote Democracy." (March 4, 2021). https://www.ft.com/content/1ccbc461-28e1-431b-8109-8bfe21779350

Gilpin, R. *The Political Economy of International Relations*. Princeton: Princeton University Press, 2016.

Global Firepower. "2021 Military Strength Ranking." https://www.globalfirepower.com/countries-listing.php

Hong, J. H. "Coronavirus-Bound Shock and North Korea's Economy." *KINU Online Serious* CO 20-18 (2020).

Human Rights Watch. "Letter to President Moon Jae-in RE: ROK's Stance on Human Rights in North Korea." (December 16, 2019). https://www.hrw.org/news/2019/12/16/letter-president-moon-jae-re-roks-stance-human-rights-north-korea

IAEA General Director. *Application of Safeguards in the Democratic People's Republic of Korea*. Vienna: IAEA, 2021.

J. P. Morgan. "Three Questions About China's Economic Outlook." (May 11, 2021). https://www.jpmorgan.com/insights/research/china-economy-2021-en

Kim, Woosang. "Power, Alliance, and Major Wars, 1816-1975." *The Journal of Conflict Resolution* Vo1.33, No.2 (1989).

_____. "Alliance Transitions and Great Power War." *American Journal of Political Science* Vol.35, No.4 (1991).

Kim, W. and Gates, S. "Power Transition Theory and the Rise of China." *International Area Studies Review* Vol.18, No.3 (2015).

Kristensen, H. M. and Norris, R. S. "North Korean Nuclear Capabilities, 2018." Bulletin of the Atomic Scientists Vol.74, No.1 (2018). https://www.tandfonline.com/doi/full/10.1080/00963402.2017.1413062?scroll=top&needAccess=true

Layne, C. "The US-Chinese Power Shift and the End of the Pax Americana."

International Affairs Vol.94, No.1 (2018).
Levy, Jack S. "Declining Power and the Preventive Motivaion for War." *World Politics* Vol.40, No.1 (1987).
Mattis, J. *Summary of the National Defense Strategy: Sharpening the American Military's Competitive Edge*. Washington, DC: Department of Defense, 2018.
Mearsheimer, John J. *The Tragedy of Great Power Politics*. New York: W.W. Norton & Company, 2001.
_____. "China's Unpeaceful Rise." *Current History* Vol.105, Issue 690 (2006).
National Security Archive. "Engaging North Korea II: Evidence from the Clinton Administration." (December 8, 2017). https://nsarchive.gwu.edu/briefing-book/korea/2017-12-08/engaging-north-korea-ii-evidence-clinton-administration
Nuclear Threat Initiative. "The CNS North Korea Missile Test Database." (March 31, 2021). https://www.nti.org/analysis/articles/cns-north-korea-missile-test-database/#:~:text=The%20James%20Martin%20Center%20for,300%20kilometers%20(186.4%20miles)
Nye J. S. "The Future of American Power: Dominance and Decline in Perspective." *Foreign Affairs* Vol.89, No.6 (2010).
OECD. "OECD Data: Real GDP Forecast." https://data.oecd.org/gdp/real-gdp-forecast.htm#indicator-chart
Office of the Secretary of Defense. *Nuclear Posture Review*. Washington, DC: U.S. Department of Defense, 2018.
Organski, A. F. *World Politics*. New York: Alfred A. Knopf, 1958.
_____. "Power Transition." In Colin Elman & Michael Jensen(Eds.), *The Realism Reader*. New York: Routledge, 2014.
Organski, A. F. and Jacek Kugler. *The War Ledger*. Chicago: University of Chicago Press, 1981.
Reuters. "Timeline: U.S. Arms Sales to Taiwan in 2020 Total $5 Billion Amid

China Tensions." (December 7, 2020). https://www.reuters.com/article/us-taiwan-security-usa-timeline-idUSKBN28I0BF

SIPRI. "SIPRI Military Expenditure Database." https://www.sipri.org/databases/milex

South China Morning Post. "Mike Pompeo Rips into Beijing with a Litany of US Grievances." (May 21, 2020). https://www.scmp.com/news/world/united-states-canada/article/3085358/mike-pompeo-rips-beijing-litany-us-grievances

_____. "US-China Tensions Give North Korea an Opportunity to Strengthen Its Position in Nuclear Talks." (March 21, 2021). https://www.scmp.com/news/china/diplomacy/article/3126225/us-china-tensions-give-north-korea-opportunity-strengthen-its

The Diplomat. "The Global South China Sea Issue. China's Actions in the South China Sea are No Longer Just a Regional Issue." (July 4, 2021). https://thediplomat.com/2021/07/the-global-south-china-sea-issue/

The New York Times. "The Best Model for a Nuclear Deal with North Korea? Iran." (June 11, 2018). https://www.nytimes.com/2018/06/11/opinion/trump-north-korea-iran-nuclear-deal.html

_____. "North Korean Threat Forces Biden Into Balancing Act With China." (March 18, 2021). https://www.nytimes.com/2021/03/18/world/asia/biden-north-korea-china.html

_____. "After Trump 'Failed,' South Korean Leader Hopes Biden Can Salvage Nuclear Deal." (April 21, 2021). https://www.nytimes.com/2021/04/21/world/asia/biden-north-korea-nuclear-deal-president-moon.html

_____. "Opinion: Guest Essay. Biden and Moon Are Getting North Korea Wrong." (May 26, 2021). Opinion | Biden and Moon Jae-in Get the North Korea Nuclear Crisis Wrong - The New York Times (nytimes.com)

_____. "'Power for Power': North Korea Returns to a Show of Force." Updated

September 15, 2021. https://www.nytimes.com/2021/03/25/world/asia/north-korea-ballistic-missiles.html

The Times. "US Envoy Joins Palau Delegation in Official Visit to Taiwan." (March 29, 2021). https://www.thetimes.co.uk/article/us-envoy-joins-palau-delegation-in-official-visit-to-taiwan-kx0z9c7w8

The Wall Street Journal. "Biden Imposes His First Sanctions on Chinese Officials Ahead of Bilateral Meeting." (March 17, 2021). https://www.wsj.com/articles/biden-imposes-his-first-sanctions-on-chinese-officials-ahead-of-bilateral-meeting-11615976219

_____. "New Trade Representative Says U.S. Isn't Ready to Lift China Tariffs." (March 28, 2021). https://www.wsj.com/articles/new-trade-representative-says-u-s-isnt-ready-to-lift-china-tariffs-11616929200

The Washington Institute for Near East Policy. "Iranian Membership in the Shanghai Cooperation Organization: Motivations and Implications." (September 15, 2021). https://www.washingtoninstitute.org/policy-analysis/iranian-membership-shanghai-cooperation-organization-motivations-and-implications

The White House. "Secretary Antony J. Blinken With Andrea Mitchell of MSNBC Andrea Mitchell Reports." (February 1, 2021). https://www.state.gov/secretary-antony-j-blinken-with-andrea-mitchell-of-msnbc-andrea-mitchell-reports/

_____. "Remarks by President Biden in Press Conference." (March 25, 2021). https://www.whitehouse.gov/briefing-room/speeches-remarks/2021/03/25/remarks-by-president-biden-in-press-conference/

_____. "Press Briefing by Press Secretary Jen Psaki." (March 29, 2021). March 29, 2021. https://www.whitehouse.gov/briefing-room/press-briefings/2021/03/29/press-briefing-by-press-secretary-jen-psaki-march-29-2021/

______. "U.S.- Japan Joint Leaders' Statement: "U.S.-Japan Joint Leaders' Statement: "U.S.–Japan Global Partnership for a New Era." (April 16, 2021). https://www.whitehouse.gov/briefing-room/statements-releases/2021/04/16/u-s-japan-joint-leaders-statement-u-s-japan-global-partnership-for-a-new-era/

______. "Remarks by President Biden Before the 76th Session of the United Nations General Assembly." (September 21, 2021). https://www.whitehouse.gov/briefing-room/speeches-remarks/2021/09/21/remarks-by-president-biden-before-the-76th-session-of-the-united-nations-general-assembly/

The World Bank. "Databank. World Development Indicator." Last Updated: October 28, 2021. https://databank.worldbank.org/source/world-development-indicators

______. "Population, Total." Last Updated: October 28, 2021. https://data.worldbank.org/indicator/SP.POP.TOTL

Trading Economics. "North Korea GDP." Last Updated: August, 2021. https://tradingeconomics.com/north-korea/gdp#:~:text=GDP%20in%20North%20Korea%20averaged,4.85%20USD%20Billion%20in%201995

United Nations. "Security Council Committee Established Pursuant to Resolution 1718 (2006)." https://www.un.org/securitycouncil/sanctions/1718

______. *World Economic Situation and Prospects 2020*. New York: United Nations Press, 2020.

U.S. Census Bureau. "Trade in Goods with China." https://www.census.gov/foreign-trade/balance/c5700.html

______. "Trade in Goods with the World." https://www.census.gov/foreign-trade/balance/c0004.html

U.S. Department of State. "World Military Expenditures and Arms Transfers

2019." Released Online from January 20, 2017 to January 20, 2021. https://2017-2021.state.gov/world-military-expenditures-and-arms-transfers-2019/index.html

U.S. Department of the Treasury. "Treasury Sanctions Chinese Government Officials in Connection with Serious Human Rights Abuse in Xinjiang." (March 22, 2021). https://home.treasury.gov/news/press-releases/jy0070

Washington Post. "Biden Administration Forges New Path on North Korea Crisis in Wake of Trump and Obama Failures." (May 1, 2021). https://www.washingtonpost.com/national-security/biden-administration-forges-new-path-on-north-korea-crisis-in-wake-of-trump-and-obama-failures/2021/04/30/c8bef4f2-a9a9-11eb-b166-174b63ea6007_story.html

Wilson Center. "Human Rights Will Continue to Polarize Washington and Seoul on North Korea." (March 30, 2021). https://www.wilsoncenter.org/blog-post/human-rights-will-continue-polarize-washington-and-seoul-north-korea

Woodward, Bob. *Fear: Trump in the White House*. New York: Simon and Schuster, 2018.

华东师范大学周边国家研究院, 冷战国际史研究中心. "沈志华：从中朝关系史的角度看"萨德"问题." 2017년 3월 22일. http://ccwihs.ecnu.edu.cn/5f/c9/c5469a90057/page.htm?from=timeline&isappinstalled=0

孙兴杰. "美国战略收缩与中美关系演化." 国际问题研究 2021年第1期.

王帆. "中美关系的未来:走向"新冷战"抑或战略合作重启？." 国际问题研究 2021年第1期.

新华社. "金正恩会见中联部部长、中国艺术团团长宋涛." 2018년 4월 15일. http://www.xinhuanet.com/world/2018-04/15/c_1122685316.htm

央广网. "习近平总书记特使宋涛访问朝鲜通报中共十九大情况." 2017년 11월 20일. http://news.cnr.cn/native/gd/20171120/t20171120_524033092.shtml

中国共产党新闻. ""修订香港基本法附件一附件二具有十分重要深远的意义"." 2021년 3월 31일. http://cpc.people.com.cn/n1/2021/0331/c64387-

32065717.html
中国国际问题研究院. “徐步院长出席中美关系线上研讨会.” 2021년 8월 26일. https://www.ciis.org.cn/xwdt/202108/t20210826_8104.html
中华人民共和国国务院新闻办公室. “《中国的和平发展》白皮书（全文）.” 2011년 9월 6일. http://www.scio.gov.cn/tt/Document/1011394/1011394.htm
中华人民共和国海事局. “中华人民共和国海上交通安全法.” 2021년 4월 29일. https://www.msa.gov.cn/page/article.do?type=hsfg&articleId=bc74b6becf1848cd9688fe144a96576f
中华人民共和国商务部. “中方正式提出申请加入《全面与进步跨太平洋伙伴关系协定》（CPTPP）.” 2021년 9월 16일. https://www.fmprc.gov.cn/web/ziliao_674904/zyjh_674906/t1859110.shtml
中华人民共和国外交部. “习近平在第七十五届联合国大会一般性辩论上发表重要讲话.” 2020년 9월 22일. https://www.fmprc.gov.cn/web/zyxw/t1817094.shtml
_____. “2021年3月25日外交部发言人华春莹主持例行记者会.” 2021년 3월 25일. https://www.fmprc.gov.cn/web/wjdt_674879/fyrbt_674889/t1864130.shtml
_____. “王毅同韩国外长郑义溶通电话.” 2021년 6월 9일. https://www.fmprc.gov.cn/web/wjbz_673089/zyhd_673091/t1882635.shtml
_____. “守护世界和平，推动人类进步——王毅国务委员在第九届世界和平论坛开幕式上的主旨演讲.” 2021년 7월 4일. https://www.fmprc.gov.cn/web/wjbz_673089/zyjh_673099/t1889634.shtml
中央广播电视总台. “[中国共产党成立100周年庆祝大会]中共中央总书记、国家主席、中央军委主席习近平发表重要讲话.” 2021년 7월 2일. https://tv.cctv.com/2021/07/02/VIDEmOsgUvfgjh6LIXvJf0fI210702.shtml
日本経済新聞. “尖閣問題、自制促す　日中防衛相が協議.” 2020년 12월 14일. https://www.nikkei.com/article/DGXZQODE142R90U0A211C2000000/
東京新聞. “岸田文雄氏　敵基地攻撃能力「有力な選択肢だ」 中期防見直しで「防衛費増」にも意欲.” 2021년 9월 13일. https://www.tokyo-np.co.jp/article/130624

<부록 4-1> 중국 일대일로 프로젝트 현황(2018년 기준)

(단위 : 달러)

완료된 프로젝트	
헝가리 화웨이 물류센터	15억
이란 루드바르 라리스탄 수력 댐	5억 7800만
카자흐스탄 코르고스 내륙 항만	2억 4500만
파키스탄 과다르항 방파제	1억 2300만
스리랑카 함반토타 항구	13억
캄보디아 214번 국도, 스퉁트렝 메콩강 다리	1억 1700만
인도네시아 수마트라5 발전소	3억 1800만
북한 신압록강대교	3억 5000만

진행 중인 프로젝트	
방글라데시 페이라 발전소	16억 5000만
중국~라오스 철도	58억
이스라엘 하이파 항구	11억 6000만

협상 중인 프로젝트	
몽골 타반 콜고이 철도	10억
터키 제3 핵발전소	250억

〈자료: 미국 전략국제문제연구소(CSIS)〉

출처: 서울신문, 2018년 9월 7일 "시진핑 일대일로 5년… 1123조원 쓴 中·참여한 80개국 '파열음'" https://www.seoul.co.kr/news/newsView.php?id=20180907010012 (검색일: 2022년 6월 9일)

<부록 4-2> 인도태평양 지역 주요 경제협력체 비교

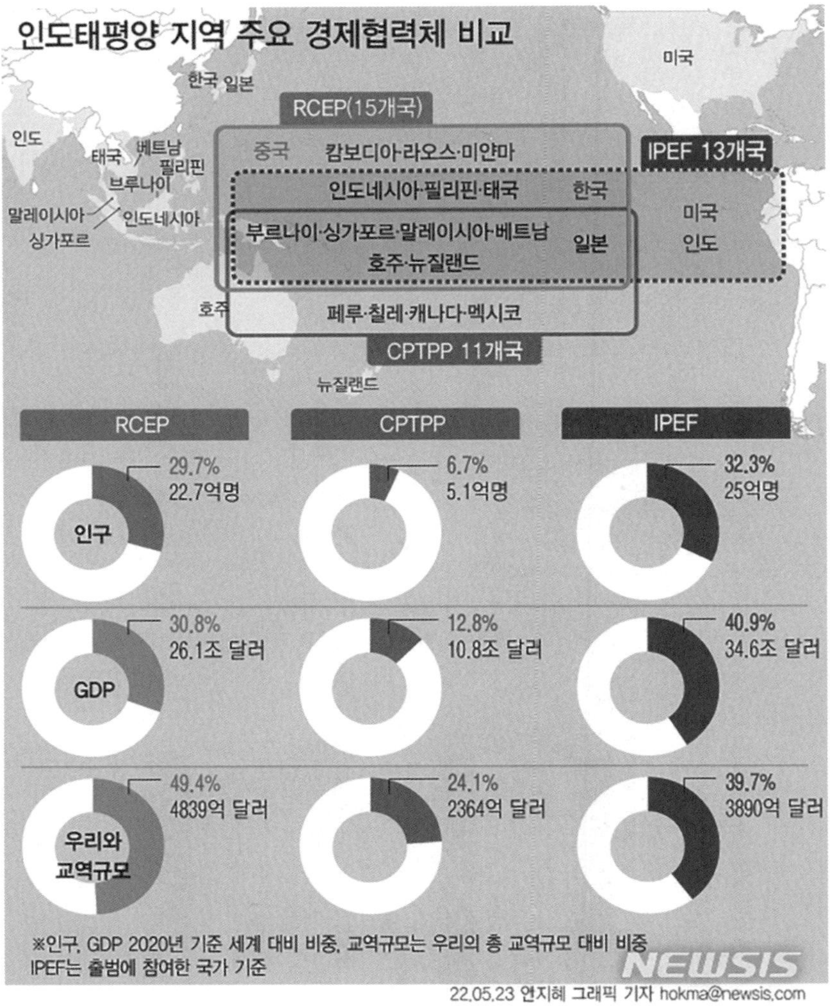

출처: 뉴시스, 2022년 5월 23일. "韓, 공급망·디지털 중심 IPEF 참여…13개국 '거대 경제협력체'"
https://mobile.newsis.com/view.html?ar_id=NISX20220523_0001881974 (검색일: 2022년 6월 10일)

<부록 4-3> 종합국력지수(CINC)에 따른 국가 비교(1990~2016)

단위: 지수

순위		1990	1995	2000	2005	2010	2015	2016
1	중국	0.11186	0.14295	0.16233	0.17196	0.20925	0.23118	0.23062
2	미국	0.14125	0.14037	0.14269	0.15630	0.14758	0.13304	0.13306
3	인도	0.05990	0.06513	0.06895	0.07586	0.07932	0.08523	0.08684
4	러시아	0.12953	0.06291	0.05147	0.04072	0.03909	0.03676	0.03647
5	일본	0.05076	0.05439	0.04988	0.04327	0.03693	0.03254	0.03297
6	한국	0.01786	0.02397	0.02339	0.02345	0.02248	0.02347	0.02326
7	브라질	0.02312	0.02505	0.02506	0.02471	0.02534	0.02364	0.02326
8	독일	0.02927	0.03119	0.02620	0.02311	0.01942	0.1650	0.01659
9	인도네시아	0.01292	0.01449	0.01424	0.01413	0.01429	0.01596	0.01622
10	이란	0.00916	0.01209	0.01287	0.01288	0.01378	0.01587	0.01535
11	파키스탄	0.01068	0.01240	0.01325	0.01407	0.01409	0.01493	0.01515
12	터키	0.01236	0.01536	0.01465	0.01467	0.01540	0.01449	0.01479
13	멕시코	0.01204	0.01336	0.01404	0.01534	0.01509	0.01473	0.01468
14	사우디	0.00978	0.00960	0.01119	0.01116	0.01260	0.01714	0.01448
15	북한	0.01196	0.01106	0.01030	0.01270	0.01211	0.01328	0.01344
16	영국	0.02515	0.02364	0.02218	0.01993	0.01560	0.01432	0.01342
17	프랑스	0.02017	0.02313	0.01883	0.01945	0.01595	0.01342	0.01338
18	이탈리아	0.01868	0.01930	0.01714	0.01780	0.01378	0.01125	0.01143
19	이집트	0.00806	0.00885	0.00957	0.01037	0.01008	0.01008	0.01006
20	베트남	0.00970	0.00839	0.00772	0.00825	0.00831	0.01047	0.00949
21	나이지리아	0.00621	0.00686	0.00641	0.00805	0.00870	0.00921	0.00940
22	태국	0.00570	0.00717	0.00725	0.00770	0.00770	0.00904	0.00909
23	캐나다	0.01102	0.01148	0.01129	0.01092	0.00966	0.00859	0.00841
24	방글라데시	0.00592	0.00624	0.00654	0.00704	0.00740	0.00763	0.00773
25	스페인	0.01090	0.01092	0.01001	0.01038	0.00851	0.00762	0.00751
26	우크라이나	-	0.01542	0.01487	0.01181	0.00878	0.00657	0.00717
27	콜롬비아	0.00443	0.00497	0.00542	0.00606	0.00717	0.00712	0.00710
28	호주	0.00721	0.00793	0.00712	0.00752	0.00736	0.00667	0.00685
29	대만	0.00832	0.01046	0.01169	0.00778	0.00694	0.00745	0.00681
30	남아공	0.00801	0.00818	0.00739	0.00772	0.00699	0.00659	0.00662

주: 종합국력지수(CINC: Composite Indicator of National Capability)는 세계 대비 한 국가의 인구(TPR), 도시 인구(UPR), 철강 생산량(ISPR), 에너지 소비량(ECR), 군사비 지출(MER), 군인(MPR) 등의 비율을 각각 계산한 뒤 이들의 합을 6으로 나눠서 평가한다.

$$\text{요소별 비율} = \frac{\text{국가}}{\text{세계}}, \quad \text{종합국력} = \frac{TPR+UPR+ISPR+ECR+MER+MPR}{6}$$

출처: The Correlates of War Project, "National Material Capabilities," 2021, National Material Capabilities (v6.0) — Correlates of War (검색일: 2022년 4월 6일).

<부록 4-4> 2020년 국방비 지출 상위 40개국

순위		국가명	국방비 (십억달러)	증감량(%)		GDP 대비 국방비 비중 (%)		전 세계 비중(%)
2020	2019		2020	2019-2020	2011-2020	2020	2011	2020
1	1	미국	778	4.4	-10	3.7	4.8	39
2	2	중국	[252]	1.9	76	[1.7]	[1.7]	[13]
3	3	인도	72.9	2.1	34	2.9	2.7	3.7
4	4	러시아	61.7	2.5	26	4.3	3.4	3.1
5	6	영국	59.2	2.9	-4.2	2.2	2.5	3.0
상위 5개국 총합			**1,224**	.	.	.	.	**62**
6	5	사우디	[57.5]	-10.0	2.3	[8.4]	[7.2]	[2.9]
7	8	독일	52.8	5.2	28	1.4	1.2	2.7
8	7	프랑스	52.7	2.9	9.8	2.1	1.9	2.7
9	9	일본	49.1	1.2	2.4	1.0	1.0	2.5
10	10	한국	45.7	4.9	41	2.8	2.5	2.3
상위 10개국 총합			**1,482**	.	.	.	.	**75**
11	11	이탈리아	28.9	7.5	-3.3	1.6	1.5	1.5
12	12	호주	27.5	5.9	33	2.1	1.8	1.4
13	14	캐나다	22.8	2.9	26	1.4	1.2	1.1
14	16	이스라엘	21.7	2.7	32	5.6	5.8	1.1
15	13	브라질	19.7	-3.1	2.1	1.4	1.4	1.0
상위 15개국 총합			**1,603**	.	.	.	.	**81**
16	15	터키	17.7	-5.0	77	2.8	2.0	0.9
17	17	스페인	17.4	-0.2	0.6	1.4	1.3	0.9
18	18	이란	15.8	-3.0	-23	2.2	2.4	0.8
19	20	폴란드	13.0	8.7	60	2.2	1.8	0.7
20	19	네덜란드	12.6	1.8	15	1.4	1.3	0.6
21	21	대만	12.2	5.5	12	1.9	2.1	0.6

순위		국가명	국방비 (십억달러)	증감량(%)		GDP 대비 국방비 비중 (%)		전 세계 비중(%)
2020	2019		2020	2019-2020	2011-2020	2020	2011	2020
22	22	싱가포르	10.9	3.4	23	3.2	3.2	0.6
23	23	파키스탄	10.4	-2.8	55	4.0	3.3	0.5
24	24	알제리	9.7	-3.4	30	6.7	4.3	0.5
25	26	인도네시아	9.4	5.4	83	0.9	0.7	0.5
26	25	콜롬비아	9.2	-0.3	28	3.4	3.1	0.5
27	30	태국	7.3	1.0	26	1.5	1.5	0.4
28	28	노르웨이	7.1	-0.1	37	1.9	1.5	0.4
29	27	이라크	(7.0)	-8.0	47	(4.1)	(2.3)	(0.4)
30	29	쿠웨이트	6.9	-5.9	17	6.5	3.5	0.3
31	32	오만	[6.7]	1.7	22	[11]	[7.4]	[0.3]
32	33	스웨덴	6.5	6.8	34	1.2	1.1	0.3
33	31	멕시코	6.1	-0.7	36	0.6	0.5	0.3
34	35	우크라이나	[5.9]	11.0	198	[4.1]	[1.5]	[0.3]
35	39	루마니아	5.7	21.0	178	2.3	1.3	0.3
36	37	스위스	5.7	6.1	23	0.8	0.7	0.3
37	38	벨기에	5.5	12.0	6.4	1.1	1.0	0.3
38	34	그리스	5.3	-4.3	-7.5	2.8	2.5	0.3
39	40	덴마크	5.0	6.2	24	1.4	1.3	0.3
40	45	모로코	4.8	29.0	54	4.3	3.3	0.2
상위 40개국 총합			**1,827**	.	.	.	.	**92**
World			**1,981**	**2.6**	**9.3**	**2.4**	**2.4**	**100**

주: 1) 국방비는 명목(Current) GDP, 증감량은 2019년 기준 실질(Constant) GDP로 산출. 변화량의 모든 수치는 반올림하여 기재함

2) ( ) 의 수치는 불확실한 예측치; [ ] 의 수치는 SIPRI의 예측치

3) 2019년 순위는 SIPRI의 수정판 Military Expenditure Database(2021)를 사용하여 수정하여 이전 출시된 SIPRI Yearbook 2020과 SIPRI의 다른 2020년 출판본의 수치와 다를 수 있음

출처: SIPRI, Military Expenditure Database (April 2021); IMF, World Economic Outlook Database (October 2020); IMF, International Financial Statistics Database (September 2020).

<부록 4-5> 세계 재래식 군사력 순위(2021)

순위	국가	국력수치
1	미국	0.0453
2	러시아	0.0501
3	중국	0.0511
4	인도	0.0979
5	일본	0.1195
6	한국	0.1261
7	프랑스	0.1283
8	영국	0.1382
9	파키스탄	0.1572
10	브라질	0.1695
11	이탈리아	0.1801
12	이집트	0.1869
13	터키	0.1961
14	이란	0.2104
15	인도네시아	0.2251
16	독일	0.2322
17	호주	0.2377
18	이스라엘	0.2621
19	스페인	0.2901
20	사우디아라비아	0.2966
21	대만	0.3215
22	우크라이나	0.3266
23	캐나다	0.3601
24	폴란드	0.4179
25	스웨덴	0.4231
26	남아프리카공화국	0.4276
27	그리스	0.4506
28	베트남	0.4521
29	태국	0.4581
30	북한	0.4621

주 1) 2011년 이래로 미국, 러시아, 중국, 인도의 군사력 순위는 각각 군사력 1위, 2위, 3위, 4위를 유지. 일본과 한국은 2020 년 이래로 5위와 6위를 유지.

2) 국력수치(PwrIndx: PowerIndex)는 비대칭전력을 제외한 수치로 Global Firepower가 인구 및 병력(Manpower), 공군력 (Airpower), 육군력(Land Forces), 해군력(Naval Forces), 천연자원(Natural Resources), 물류(Logistics), 재정 (Financials), 지리(Geography) 요소를 이용하여 산출한 결과로 국력수치가 낮을수록 더 큰 재래식 군사력을 보유하고 있음을 의미함. 각각의 요소별 세부적인 평가 요소는 다음과 같다.

<인구 및 병력>: 총 인구, 총 군사적 동원 가능한 인력(Available Military Manpower), 군사 복무 적합 인구 (Manpower Fit for Military Service), 연간 군복무 가능 연령 수(Population Reaching Military Age Annually) 총 병력 {현역병 수 + 예비역(Reserve Military Manpower) + 준군사조직(Paramilitary)}

<공군력>: 전투기/요격기(Fighters/Interceptors), 공격기(Attack aircraft), 수송기(Transports), 훈련기(Trainers), 특수임무항공기(Special-Mission), 공중급유기(Tanker Fleet), 헬기, 공격헬기

<육군력>: 탱크, 장갑차, 자주포, 견인포(Towed Artillery), 다연장로켓(Rocket Projector)

<해군력>: 항공모함, 헬기항모(Helicopter Carrier Fleet), 구축함(Destroyer), 호위함(Frigate), 초계함(Corvette), 잠수함, 경비정(Patrol Vessel), 기뢰전함대(Mine Warfare Fleet),

<천연자원>: 석유생산량, 석유소비량, 석유매장량

<물류>: 노동력, 상업선, 항구/터미널, 도로 연장(Roadway coverage), 철도 연장(Railway coverage), 공항(Airport)

<재정>: 국방비, 외채(External Dept), 외화보유량(Reserves of Foreign Exchange), 구매력(Purchasing Power Parity)

<지리>: 국토면적, 해안선 길이(Coastline coverage), 국경 길이(Shared border), 수로(Waterways)

출처: GLOBAL FIREPOWER 2022(GFP) https://www.globalfirepower.com/ (검색일 2022년 2월 21일)

<부록 4-6> Global Power Index 비교(1990~2022)

단위: 지수

구분		1990	1995	2000	2005	2010	2015	2020	2022
1	미국	26.011	27.072	27.865	27.155	25.347	24.291	22.296	22.257
2	중국	3.481	4.574	5.644	7.460	11.249	13.705	15.220	15.845
3	일본	7.844	8.040	7.242	6.482	6.288	5.860	5.264	4.972
4	독일	6.923	6.848	6.421	5.506	5.076	4.841	4.788	4.703
5	프랑스	6.922	6.768	6.139	6.070	5.329	4.905	4.492	4.429
6	러시아	9.158	4.479	4.066	4.123	4.147	3.846	4.077	4.039
7	영국	5.037	5.228	4.631	5.545	4.367	4.356	3.969	3.982
8	인도	1.345	1.606	2.183	1.904	2.488	3.096	3.500	3.582
9	브라질	2.254	2.405	2.321	2.018	2.496	2.445	2.106	2.062
10	이탈리아	3.952	3.912	3.667	3.185	2.554	2.207	1.932	1.900
11	캐나다	2.223	2.255	2.229	2.180	1.931	1.979	1.873	1.894
12	한국	0.889	1.196	1.319	1.420	1.504	1.576	1.661	1.701
13	호주	1.428	1.510	1.480	1.393	1.530	1.531	1.645	1.638
14	사우디	1.105	1.150	1.252	1.121	1.250	1.390	1.458	1.388
15	스페인	1.620	1.595	1.762	1.783	1.818	1.574	1.342	1.333
16	네덜란드	1.317	1.331	1.273	1.454	1.265	1.305	1.235	1.181
17	터키	0.579	0.743	0.815	0.716	0.756	0.796	1.078	1.129
18	인도네시아	0.608	0.792	0.724	0.652	0.737	0.823	1.038	1.023
19	멕시코	0.975	0.980	1.093	0.987	0.946	0.973	0.973	0.984
20	이스라엘	0.777	0.900	0.876	0.849	0.806	0.819	0.828	0.844
21	파키스탄	0.249	0.306	0.562	0.629	0.676	0.751	0.797	0.800
22	스웨덴	0.691	0.680	0.687	0.818	0.683	0.716	0.758	0.764
23	노르웨이	0.663	0.756	0.769	0.839	0.816	0.717	0.740	0.744
24	스위스	0.819	0.738	0.666	0.651	0.670	0.655	0.754	0.734
25	이란	0.584	0.668	0.709	0.770	0.798	0.651	0.701	0.714
26	벨기에	0.776	0.699	0.726	0.801	0.950	0.682	0.619	0.649
27	폴란드	0.541	0.537	0.577	0.587	0.613	0.588	0.641	0.634
28	아랍에미리트	0.289	0.329	0.394	0.384	0.441	0.619	0.598	0.565
29	싱가포르	0.213	0.295	0.334	0.490	0.593	0.559	0.509	0.521

구분		1990	1995	2000	2005	2010	2015	2020	2022
30	아일랜드	0.144	0.172	0.218	0.391	0.346	0.278	0.492	0.486
31	대만	0.393	0.505	0.495	0.409	0.414	0.399	0.443	0.439
32	북한	0.147	0.135	0.064	0.074	0.195	0.181	0.405	0.437
33	덴마크	0.481	0.510	0.457	0.504	0.418	0.392	0.416	0.410
34	콜롬비아	0.254	0.335	0.330	0.349	0.370	0.403	0.417	0.407
35	태국	0.281	0.389	0.341	0.392	0.410	0.395	0.414	0.400
36	말레이시아	0.200	0.305	0.304	0.366	0.361	0.397	0.407	0.400
37	오스트리아	0.472	0.481	0.474	0.766	0.413	0.414	0.379	0.382
38	남아프리카	0.489	0.465	0.435	0.401	0.389	0.391	0.370	0.365
39	홍콩	-	-	-	-	-	-	0.317	0.352
40	아르헨티나	0.374	0.487	0.466	0.415	0.445	0.428	0.348	0.349

주: 1) Global Power Index (GPI)는 국가별 ①GDP, ②인구 규모, ③국방예산, ④기술력, ⑤보건(health),⑥교육(education), ⑦ 지배구조(governance) 등에 기초하여 산출한다.
기존에는 GDP, 인구 규모, 국방예산, 기술력을 기반하여 산출했으나, 이후 국력 평가에 대한 객관성을 확보하고자 보건, 교육, 지배구조 등이 새롭게 추가되었다. The National Intelligence Council, "Global Trends 2030: Alternative Worlds," December 2012, GlobalTrends_2030.pdf (dni.gov) (검색일: 2022년 7월 2일).

2) 미국 덴버대학교의 Frederick S. Pardee Center for International Futures는 1960년부터 2100년까지의 186개 국의 GPI 자료를 1980년 자체 개발한 International Futures Platform(IFs)를 통해 제공하고 있다. 현재 IFs를 통해 공개되는 GPI는 2014년에 국가별 최신 정보를 반영하여 수정된 자료이다.

출처:Frederick S. Pardee Center for International Futures, "Power Measure, Global Power Index, History and Forecast", Graphical Display (du.edu) (검색일: 2022년 7월 1일).

<부록 4-7> Global Power Index 비교(1960~2040)

구분		1960	1965	1970	1975	1980	1985	1990	1995
1	미국	33.302	30.695	29.425	24.817	24.685	26.796	26.011	27.072
2	중국	1.360	1.848	3.140	3.692	3.710	3.952	3.481	4.574
3	일본	3.552	4.303	5.202	5.524	5.736	6.095	7.844	8.040
4	독일	6.222	6.978	6.306	6.162	6.421	5.551	6.923	6.848
5	프랑스	5.794	7.138	6.812	6.852	6.972	6.874	6.922	6.768
6	러시아	12.628	12.070	11.596	10.444	10.596	10.366	9.158	4.479
7	영국	9.170	8.212	7.255	6.629	6.264	5.857	5.037	5.228
8	인도	0.814	0.820	0.802	0.911	0.977	1.141	1.345	1.606
9	브라질	1.123	1.194	1.254	1.588	1.741	1.701	2.254	2.405
10	이탈리아	3.664	3.745	3.750	3.551	3.548	3.406	3.952	3.912
11	캐나다	2.047	1.953	1.894	2.067	2.029	2.062	2.223	2.255
12	한국	0.174	0.193	0.264	0.387	0.554	0.657	0.889	1.196
13	호주	1.312	1.469	1.368	1.301	1.247	1.303	1.428	1.510
14	사우디	0.361	0.383	0.616	1.778	1.953	1.508	1.105	1.150
15	스페인	1.133	1.316	1.521	1.549	1.389	1.336	1.620	1.595
16	네덜란드	1.595	1.518	1.494	1.459	1.358	1.240	1.317	1.331
17	튀르키예	0.275	0.361	0.369	0.495	0.431	0.454	0.579	0.743
18	인도네시아	0.253	0.202	0.272	0.422	0.508	0.519	0.608	0.792
19	멕시코	0.462	0.505	0.540	0.675	0.839	0.897	0.975	0.980
20	이스라엘	0.121	0.188	1.022	1.282	1.385	1.293	0.777	0.900

단위: 지수

2000	2005	2010	2015	2020	2022	2025	2030	2036	2040
27.865	27.155	25.347	24.291	22.296	22.257	21.777	20.881	19.982	19.590
5.644	7.460	11.249	13.705	15.220	15.845	16.896	18.556	20.146	20.925
7.242	6.482	6.288	5.860	5.264	4.972	4.707	4.283	3.758	3.420
6.421	5.506	5.076	4.841	4.788	4.703	4.549	4.221	3.855	3.688
6.139	6.070	5.329	4.905	4.492	4.429	4.258	4.010	3.711	3.526
4.066	4.123	4.147	3.846	4.077	4.039	3.946	3.830	3.684	3.576
4.631	5.545	4.367	4.356	3.969	3.982	3.859	3.707	3.525	3.421
2.183	1.904	2.488	3.096	3.500	3.582	3.887	4.234	4.679	4.982
2.321	2.018	2.496	2.445	2.106	2.062	1.984	1.938	1.903	1.903
3.667	3.185	2.554	2.207	1.932	1.900	1.805	1.655	1.462	1.352
2.229	2.180	1.931	1.979	1.873	1.894	1.890	1.844	1.779	1.750
1.319	1.420	1.504	1.576	1.661	1.701	1.717	1.715	1.682	1.608
1.480	1.393	1.530	1.531	1.645	1.638	1.642	1.664	1.685	1.698
1.252	1.121	1.250	1.390	1.458	1.388	1.345	1.244	1.237	1.221
1.762	1.783	1.818	1.574	1.342	1.333	1.282	1.162	1.021	0.931
1.273	1.454	1.265	1.305	1.235	1.181	1.116	1.033	0.953	0.904
0.815	0.716	0.756	0.796	1.078	1.129	1.154	1.231	1.313	1.350
0.724	0.652	0.737	0.823	1.038	1.023	1.075	1.136	1.226	1.275
1.093	0.987	0.946	0.973	0.973	0.984	0.960	0.950	0.956	0.957
0.876	0.849	0.806	0.819	0.828	0.844	0.873	1.058	1.306	1.476

주: 순위는 2022년 기준. 해당 자료에 따르면 2036년을 기점으로 중국이 미국을 국력 면에서 추월할 것으로 분석했다.

출처: Frederick S. Pardee Center for International Futures, "Power Measure, Global Power Index, History and Forecast", Graphical Display (du.edu) (검색일: 2022년 7월 1일).

<부록 4-8> Net Indicator를 통한 국가별 경제력 비교(2020)

GDP ①			GDP per Capita ②	Net Indicator ①x②		
(순위)	(국가)	(10억 달러)	(달러)	(1조 달러)	(Index, US=100)	(순위)
1	미국	20,953	63,207	1,324,368	100.00	1
2	중국	14,723	10,435	153,628	11.60	4
3	일본	5,058	40,193	203,288	15.35	2
4	독일	3,846	46,253	177,907	13.43	3
5	영국	2,760	41,059	113,315	8.56	5
6	인도	2,660	1,928	5,128	0.39	30
7	프랑스	2,630	39,037	102,680	7.75	6
8	이탈리아	1,889	31,770	60,004	4.53	10
9	캐나다	1,645	43,258	71,178	5.37	7
10	한국	1,638	31,598	51,753	3.91	11
11	러시아	1,483	10,127	15,023	1.13	23
12	브라질	1,445	6,797	9,820	0.74	26
13	호주	1,328	51,680	68,623	5.18	8
14	스페인	1,281	27,056	34,672	2.62	14
15	멕시코	1,074	8,329	8,945	0.68	28
16	인도네시아	1,058	3,870	4,096	0.31	31
17	네덜란드	914	52,396	47,883	3.62	12
18	스위스	752	87,100	65,521	4.95	9
19	터키	720	8,536	6,146	0.46	29
20	사우디	700	20,110	14,080	1.06	24
21	폴란드	597	15,742	9,392	0.71	27
22	스웨덴	541	52,274	28,292	2.14	15
23	벨기에	522	45,205	23,591	1.78	17
24	태국	502	7,187	3,605	0.27	32
25	오스트리아	433	48,589	21,051	1.59	19

GDP ①			GDP per Capita ②	Net Indicator ①x②		
(순위)	(국가)	(10억 달러)	(달러)	(1조 달러)	(Index, US=100)	(순위)
26	나이지리아	432	2,097	907	0.07	39
27	아일랜드	426	85,423	36,381	2.75	13
28	이스라엘	407	44,178	17,985	1.36	21
29	아르헨티나	389	8,579	3,340	0.25	34
30	이집트	365	3,569	1,304	0.10	37
31	노르웨이	362	67,330	24,387	1.84	16
32	필리핀	361	3,299	1,192	0.09	38
33	UAE	359	36,285	13,021	0.98	25
34	덴마크	356	61,063	21,744	1.64	18
35	홍콩	347	46,324	16,055	1.21	22
36	싱가포르	340	59,798	20,331	1.54	20
37	말레이시아	337	10,412	3,509	0.26	33
38	남아공	335	5,656	1,897	0.14	35
39	방글라데시	323	1,962	634	0.05	40
40	콜롬비아	271	5,335	1,448	0.11	36

출처: World Bank, "World Development Indicators: GDP (Current US$)," Last Updated: April 27, 2022, https://databank.worldbank.org/source/world-development-indicators (검색일: 2022년 4월 28일). World Bank, "World Development Indicators: GDP per Capita (Current US$)," Last Updated: April 27, 2022, https://databank.worldbank.org/source/world-development-indicators (검색일: 2022년 4월 28일).

<부록 4-9> Net Indicator(PPP)를 통한 국가별 경제력 비교(2020)

GDP(PPP) ①			GDP per Capita (PPP) ②	Net Indicator ①x②		
(순위)	(국가)	(10억 달러)	(달러)	(1조 달러)	(Index, US=100)	(순위)
1	중국	24,283	17,211	417,932	31.56	2
2	미국	20,953	63,207	1,324,368	100.00	1
3	인도	8,975	6,504	58,376	4.41	16
4	일본	5,334	42,390	226,120	17.07	4
5	독일	4,561	54,845	250,142	18.89	3
6	러시아	4,367	29,812	130,199	9.83	7
7	인도네시아	3,302	12,073	39,866	3.01	23
8	프랑스	3,166	46,991	148,786	11.23	5
9	브라질	3,153	14,835	46,782	3.53	18
10	영국	3,124	46,483	145,229	10.97	6
11	이탈리아	2,491	41,902	104,381	7.88	9
12	멕시코	2,378	18,444	43,861	3.31	22
13	한국	2,344	45,226	106,025	8.01	8
14	터키	2,297	27,235	62,560	4.72	14
15	스페인	1,788	37,756	67,519	5.10	13
16	캐나다	1,771	46,572	82,501	6.23	10
17	사우디	1,628	46,760	76,119	5.75	11
18	호주	1,370	53,317	73,038	5.51	12
19	폴란드	1,299	34,287	44,554	3.36	19
20	이집트	1,290	12,607	16,265	1.23	30
21	태국	1,273	18,233	23,204	1.75	27
22	이란	1,120	13,338	14,943	1.13	31
23	나이지리아	1,069	5,186	5,545	0.42	38
24	파키스탄	1,063	4,813	5,117	0.39	39
25	네덜란드	1,034	59,267	61,264	4.63	15

GDP(PPP) ①			GDP per Capita (PPP) ②	Net Indicator ①x②		
(순위)	(국가)	(10억 달러)	(달러)	(1조 달러)	(Index, US=100)	(순위)
26	아르헨티나	943	20,771	19,577	1.48	29
27	필리핀	919	8,390	7,713	0.58	35
28	말레이시아	904	27,924	25,237	1.91	26
29	방글라데시	846	5,139	4,349	0.33	40
30	베트남	842	8,650	7,283	0.55	36
31	남아공	792	13,361	10,587	0.80	34
32	콜롬비아	760	14,931	11,344	0.86	33
33	UAE	669	66,771	44,096	3.33	21
34	스위스	620	71,745	44,456	3.36	20
35	루마니아	618	32,099	19,842	1.50	28
36	벨기에	613	53,089	32,537	2.46	24
37	스웨덴	570	55,038	31,362	2.37	25
38	싱가포르	560	98,520	55,188	4.17	17
39	우크라이나	545	13,055	7,115	0.54	37
40	카자흐스탄	502	26,754	13,424	1.01	32

출처: World Bank, "World Development Indicators: GDP, PPP (Current International $)," Last Updated: April 27, 2022, https://databank.worldbank.org/source/world-development-indicators (검색일: 2022년 4월 28일). World Bank, "World Development Indicators: GDP per Capita, PPP (Current International $)," Last Updated: April 27, 2022, https://databank.worldbank.org/source/world-development-indicators (검색일: 2022년 4월 28일).

<부록 4-10> 북대서양조약기구(NATO) 회원국 현황(2022)

<표> 북대서양조약기구의 외연 확대: 30개국

구분	일자	국가	비고
창설국 (12개국)	1949.04.04 (Signing of the Washington Treaty)	미국	· 'Five Eyes' 멤버(with 호주, 뉴질랜드)
		캐나다	
		영국	
		네덜란드	
		룩셈부르크	
		벨기에	· 현재 NATO 본부 브뤼셀에 위치
		프랑스	· 과거 NATO 본부 파리 위치(1949년~1966년) · 핵무기 개발을 둘러싼 미국과의 갈등으로 1966년 탈퇴, 이후 1996년 복귀
		포르투갈	
		이탈리아	
		노르웨이	
		덴마크	
		아이슬란드	
1차 확대	1952.02.18	그리스	· 터키의 키프로스 침공에 대한 불만 표시로 1974년 탈퇴, 이후 1980년 복귀
		터키	
2차 확대	1955.05.28	독일(서독)	· 동독①: 1990년 편입
3차 확대	1982.05.30	스페인	
4차 확대 (NATO의 동진: 1차)	1999.03.12	체코①	· 냉전 당시 국가 명칭: 체코슬로바키아
		폴란드①	
		헝가리①	
5차 확대 (NATO의 동진: 2차)	2004.03.29	라트비아②	· 과거 소비에트 연방 일원
		리투아니아②	
		에스토니아②	
		루마니아①	
		불가리아①	
		슬로바키아①	· 냉전 당시 국가 명칭: 체코슬로바키아
		슬로베니아	· 과거 유고슬라비아 연방 일원
6차 확대 (NATO의 동진: 3차)	2009.04.01	알바니아①	· 소련의 체코슬로바키아 군사 개입에 대한 항의 표시로 1969년 바르샤바조약기구 탈퇴
		크로아티아	· 과거 유고슬라비아 연방 일원
7차 확대 (NATO의 동진: 4차)	2017.06.05	몬테네그로	· 과거 유고슬라비아 연방 일원
8차 확대 (NATO의 동진: 5차)	2020.03.27	북마케도니아	· 과거 유고슬라비아 연방 일원

* ①: 과거 바르샤바조약기구(1955-1991) 회원국 ②: 과거 소련 연방 구성원

* 핀란드, 스웨덴은 나토와 가입 절차를 진행하고 있음. 우크라이나, 조지아, 몰도바는 나토 가입을 희망했거나 추진하고 있음.

<부록 4-11> 상하이협력기구(SCO) 회원국 현황(2022)

<표> 상하이협력기구 정회원국, 준회원국, 대화 파트너

<table>
<tr><th>구분</th><th>일자</th><th>국가</th><th>비고</th></tr>
<tr><td rowspan="9">정회원국
Member States
(9개국)</td><td rowspan="5">1996.04.26</td><td>중국</td><td rowspan="5">상하이 5국 출범
(SCO의 전신)</td></tr>
<tr><td>러시아</td></tr>
<tr><td>카자흐스탄</td></tr>
<tr><td>키르기스스탄</td></tr>
<tr><td>타지키스탄</td></tr>
<tr><td>2001.06.15</td><td>우즈베키스탄</td><td>상하이협력기구 출범</td></tr>
<tr><td rowspan="2">2017.06.09</td><td>파키스탄</td><td rowspan="2">제1차 확대</td></tr>
<tr><td>인도</td></tr>
<tr><td>2021.09.17</td><td>이란</td><td>제2차 확대</td></tr>
<tr><td rowspan="3">준회원국
Observer States
(3개국)</td><td>2004.06.17</td><td>몽골</td><td>정회원국 가입 미신청</td></tr>
<tr><td>2010.04.28</td><td>벨라루스</td><td></td></tr>
<tr><td>2012.06.07</td><td>아프가니스탄</td><td>정회원국 가입 원함</td></tr>
<tr><td rowspan="9">대화 파트너
Dialogue Partners
(9개국)
2008년 형성</td><td>2009.06.16</td><td>스리랑카</td><td>2010.05.06 승인</td></tr>
<tr><td>2012.06.07</td><td>터키</td><td>2013.04.26 승인</td></tr>
<tr><td>2015.07.10</td><td>캄보디아</td><td>2015.09.24 승인</td></tr>
<tr><td>2015.07.10</td><td>아제르바이잔</td><td>2016.03.16 승인</td></tr>
<tr><td>2015.07.10</td><td>네팔</td><td>2016.03.22 승인</td></tr>
<tr><td>2015.07.10</td><td>아르메니아</td><td>2016.04.16 승인</td></tr>
<tr><td>2021.09.17</td><td>이집트</td><td rowspan="3">대화 파트너로의 승인 대기 중</td></tr>
<tr><td>2021.09.17</td><td>사우디아라비아</td></tr>
<tr><td>2021.09.17</td><td>카타르</td></tr>
<tr><td rowspan="2">초청 국가 및 기구
Guest Attendances
(1개국, 3개 기구)</td><td rowspan="2"></td><td>투르크메니스탄</td><td>중앙아시아 내 중립국 표방.
CIS 준회원국이며, SCO와도
협력적 관계를 유지하고 있음</td></tr>
<tr><td>ASEAN, CIS, UN</td><td></td></tr>
</table>

* 회색: 중국과 국경을 맞댄 국가. 중국과 국경을 맞댄 국가는 14개국으로, 이 가운데 9개국이 SCO와 협력적 관계를 맺고 있음. 현재 SCO와 관계를 맺지 않은 국가는 북한, 베트남, 부탄, 라오스, 미얀마임.

* 이스라엘, 바레인, 시리아, 몰디브, 동티모르, 우크라이나, 베네수엘라 등은 SCO에 관심을 표명한 바 있음.

* SCO와 CIS 동시 회원인 국가: [정회원국] 러시아, 카자흐스탄, 키르기스스탄, 타지키스탄, 우즈베키스탄, [기타] 아르메니아, 아제르바이잔, 벨라루스, 투르크메니스탄, 아프가니스탄, 몽골

제5장

북한의 핵전략

이란과의 비교

I. 머리말

현대 국제정치사에서 가장 중요한 사건은 베를린 장벽이 무너지고 소련 공산주의가 붕괴한 냉전의 종식이라 할 수 있다. 1980년대 말에 불어 닥친 국제질서의 변혁은 강대국인 소련· 중국에까지 영향을 주었고 위성 국가들 역시 하나둘씩 독립하거나 개방했다. 이념적 대립으로 이분화되어 있던 세계가 탈냉전이 되면서 국가들은 제각기 자신의 소리를 내게 되었고 강대국의 전유물이었던 핵무기는 핵의 평화적 이용이라는 명분으로 중소국가들에까지 기술이 이전되어 핵확산 시대가 되었다. 냉전의 종식 이후 핵무기 획득에 성공한 나라들로는 파키스탄(1998년)과 북한(2006년)이 있다. 이 외에 핵무기 획득을 시도한 국가들로 이라크, 이란, 리비아 등이 있다. 이라크와 리비아는 핵개발 프로그램을 사실상 폐지한 상태이고 이란과 북한은 핵무기 포기를 위한 협상 중

---

* 이 글은 김재희·남궁영, "북한과 이란의 핵전략 비교연구: 비핀 나랭의 핵전략 이론을 중심으로" 『세계지역연구논총』제36집 4호(2018)를 수정·보완한 것이다.

에 있다. 석유산업을 통해 지역 세력을 키워 오던 이란은 1980년 이란-이라크 전쟁 이후 본격적인 핵개발에 돌입하였고 2002년 핵시설이 노출되기 전까지 핵 무장화를 시도했다. 핵무기 보유를 통해 지역 패권국 지위를 획득하고 핵을 보유한 이스라엘, 파키스탄과 재래식 전력이 막강한 사우디아라비아 등 주변 적대국들보다 우세한 전력을 가지려 하였다. 북한은 탈냉전기의 시대적 흐름을 따르는 대신 독자노선을 선택하여 국제사회로부터 더욱 고립되었다. 베를린 장벽이 붕괴되기 2달 전인 1990년 8월 프랑스 상업위성 SPOT 2호에 의해 영변의 비밀 핵시설이 폭로되었지만 냉전의 종식으로 세계가 평화의 분위기 속에 취한 동안 북한은 고립된 채 핵개발을 진행해 왔다. 1950년 한국전쟁 당시 핵무기 보유의 필요성을 절감한 김일성에 의해 시작된 북한의 핵무기 개발 프로그램은 이후 김정일 정권에 의해 본격적으로 개발되었고 2017년 6차 핵실험을 통해 실제적인(de facto) 핵무기 보유 국가의 반열에 올라서게 되었다.

핵무기 추구국가들은 핵무기를 개발하기에 앞서 '왜 핵무기를 만들어야 하는가'라는 질문을 통해 핵무기 보유에 대한 당위성을 찾고 '어떻게 핵무기를 획득할 것인가', '어떻게 핵무기를 운용할 것인가'에 대한 전략을 수립하게 된다. 1차 핵 시대 강대국들의 핵전략은 대동소이했다. 국가 간 동맹과 대립관계가 명확했고 적의 핵무기 보유 수와 파괴력을 능가하는 것이 전략의 기본 전제였다. 강대국들의 핵무기 경쟁을 완화해 줄 중재자나 이를 감시하고 제재할 수단도 없었다. 2차 핵 시대로 명명되는 오늘날의 잠재적 핵 획득국가들은 강대국과는 다른 환경에 처해 있다. 상대해야 할 적국들의 수가 많아지고 특히 강대국들의 압박을 견뎌내야 한다. 국제사회의 제재와 감시가 있고 개방 사회일 경우 핵개발을 위한 국내적 합의 또한 필요하다. 이러한 여건 속에서 국가가 핵을 보유하고 운용하기 위해서는 자국의 여건과 상황에 따른 차별화된 전략이 필요하다. 또한 국제사회가 잠재적 핵 획득국가와의 성공적인 핵 협상을 통해 핵개발을 저지하기 위해서는 이들 국가들의 핵 획득 및 운용전략을 파악해야 한다.

II. 핵무기 획득전략

핵무기에 대한 국가의 욕구와 핵무기를 보유할 수 있는 능력은 별개의 문제이다. 국가 또는 지도자가 핵무기 획득에 대한 야망을 가지고 있다 할지라도 이를 소유할 수 있는 능력이 부재하면 핵무기 획득에 실패하게 된다. 마찬가지로 핵무기 프로그램과 재정적 지원이 충분하다 할지라도 핵무기 보유에 대한 국가적 합의가 이루어지지 않는다면 핵무기 보유는 가능하지 않다. 따라서 핵무기에 대한 요구(수요)와 능력(공급)을 내재화시키는 것이 핵무기 획득전략이 된다.[1] 핵무기에 대한 국가적 차원의 요구는 주로 안보와 관련이 있다. 그러나 핵무기 개발을 유도 · 촉진 · 억제하는 동기들은 국가들마다 처한 지정학적, 국내적, 국제정치적 상황에 따라 상이하다. 즉, 국가들의 핵 획득전략은 안보 상황에 대처한다는 기본적인 동기와 함께 개별 국가들의 상황에 따라 달리

1 Vipin Narang, "Strategies of Nuclear Proliferation," *International Security* Vol.41, No.3 (Winter 2016/17), p. 112.

수립된다. 특히 2차 핵 시대의 잠재적 핵 획득국가들은 국제사회의 핵비확산(NPT: Non-Proliferation Treaty) 레짐의 감시와 압력을 받기 때문에 기존의 핵 보유국가들이 세웠던 전략을 답습하기보다는 새로운 전략을 세워나간다. 한편 이들 국가들의 핵 획득전략의 행태는 국제사회의 핵 획득 방지에도 영향을 끼칠 수 있다. 국가가 선택하는 전략의 이유와 기능, 즉 전략의 역동성에 따라 주변 국가들과 국제사회는 핵 확산을 저지할 수 있는 나름의 방안을 마련할 수 있기 때문에 세계 안보에 결정적인 요소가 된다.[2] 핵 획득 및 운용전략과 관련한 연구로 주목받고 있는 비핀 나랭(Vipin Narang)은 2차 핵 시대의 잠재적 핵 추구국가들의 획득전략을 네 가지로 소개하고 있다: 위험회피전략(Hedging), 전력질주전략(Sprinting), 은폐전략(Hiding), 방호벽추구전략(Sheltered Pursuit).[3] 아래에서는 나랭 교수의 전략들을 소개하고 북한과 이란이 핵 획득 과정에서 선택하게 되는 전략에 대해 분석하고자 한다.

1. 핵무기 획득전략 이론

위험회피전략(Hedging)은 핵에너지 프로그램을 시행하면서 핵무기화에 대한 역량을 키우는 전략이다. 민간 에너지 프로그램을 통해 핵분열 물질 또는 무기급 우라늄과 플루토늄을 추출할 수 있는 재처리 시설을 갖추지만 실제 핵무기화는 자제하는 전략이다. 즉, 국가가 선택하는 시점에 핵무기화되도록 사전에 핵무기 계획을 수립한다. 따라서 이 전략에서 중요한 것은 핵무기 획득

2 Narang (2016/17), p. 110.

3 Narang (2016/17), pp. 110-150.

여부보다는 핵프로그램의 시기 · 방법 · 이유 등이다. 나랭의 네 가지 전략 중 유일하게 핵무기 개발을 유보하는 전략이다.

위험회피전략은 핵무기화를 대비하고 근접하는 정도에 따라 기술헤징, 보험헤징, 하드헤징으로 설명할 수 있다. 첫째, 기술헤징(technical hedging)은 핵분열 물질은 보유하지만 운송수단(미사일 등)과 핵무기 관리 조직은 갖지 않는다. 명시적으로는 지금 핵무기화를 추진하지 않지만(explicitly not now) 함축적으로 절대 부정은 하지 않는(implicitly not never) 전략이다. 나랭이 분석한 29개국에 대한 연구에 따르면 노르웨이(1946-1962년), 인도(1948-1964년), 브라질(1953-1976년), 아르헨티나(1968-1976년), 남아프리카공화국(1969-1974년), 리비아(1970-1981년), 이란(1974-1978년)이 기술헤징전략을 채택하였다.[4] 둘째, 보험헤징(insurance hedging)은 기술헤징과 마찬가지로 핵분열 물질을 생산하는 단계에서 무기화를 추구하지 않지만 잠재적으로는 무기 등급의 핵분열성 물질을 제한적으로 생산한다. 보험헤징전략은 국가가 심각한 안보 상황에 처하거나 동맹국과의 관계가 파괴되었을 때 잠재적으로 생산해 둔 무기 등급의 물질을 사용하여 핵무기를 개발하는 데 시간을 단축시킨다. 보험헤징은 핵무기화가 필요한 상황이 발생할 경우 명시적으로 이를 밝힌다(explicitly if X happens). 대표적인 국가로는 프랑스(1945-1954년), 일본(1954-현재), 이탈리아(1955-1959년), 서독(1956-1969년), 오스트레일리아(1956-1973년), 대만(1967-1974년), 한국(1975-현재) 등이 있다. 마지막으로 하드헤징(hard hedging)은 핵무기에 대한 잠재적 강력한 수요가 있

4 본 연구에서는 핵 획득전략의 포괄적인 소개에 중점을 두므로 개별 국가들의 구체적인 전략채택 이유와 과정에 대해서는 생략하기로 한다.

지만 무기화 단계까지는 자제한다. 다만 앞의 두 전략과는 달리 하드헤징은 무기 등급의 핵물질을 생산할 수 있는 능력을 구비하여 임계 핵 상태에 이르는 목표를 세운다. 핵무기화 의도를 밝히는 데 있어서도 절대 부정하지 않는다(explicitly not never). 하드헤징을 선택한 사례로는 이스라엘(1949-1955년), 파키스탄(1954-1971년), 이집트(1955-1980년), 인도(1964-1973년), 이라크(1973-1981년), 이란(2003-현재) 등이 있다.[5]

<표 5-1> 위험회피전략의 세 가지 종류

	기술헤징	보험헤징	하드헤징
핵분열 물질생산	비무기화 등급	비무기화 등급 (무기 등급 생산의 잠재적 작업)	무기 등급 생산을 위한 능력구비
무기화 작업	없음	가능한 제한된 이론적 작업	이론적 작업 완료 물리적 작업 안함
의도	명시적으로 지금은 아닌 (Explicitly not now)	상황이 발생할 경우 명시적으로 밝힘 (Explicitly if X happens)	명시적으로 절대 부정은 아닌 (Explicitly not never)

출처: Narang (2016/17), p. 119을 참조하여 재구성함.

두 번째로 살펴볼 핵 획득전략은 전력질주전략(Sprinting)이다. 빠른 시일 내에 핵개발을 완성하는 전략으로 주로 1차 핵 시대의 강대국들이 선택한 전략이다. 전력질주전략을 채택하기 위해서는 핵무기 개발에 대한 국가적 차원의

5 하드헤징전략을 선택한 국가들 중 인도(1974년), 이스라엘(1976년 추정), 파키스탄(1998년)은 이후 핵 무기화에 성공했다. 초기 핵개발 과정에서 강대국과 국제사회의 감시를 받게 될 때 국가들은 위험회피전략으로 핵무기 보유를 자제했다가 이후 핵 무기화 전략으로 전환시켰다. 따라서 잠재적 핵 야망국가들에게 위험회피전략은 일시적인 전략으로 기능하며 적극적인 핵무기 획득을 원할 경우 다른 핵 획득전략을 선택하게 된다.

지원과 국제사회와 주변 국가들의 압박에 견딜 수 있는 힘이 있어야 한다. 사례 국가들 역시 미국(1940-1945년), 소련(1945-1949년), 영국(1945-1952년), 프랑스(1954-1960년), 중국(1958-1964년), 인도(1974-1998)로 1차 핵 시대에 핵무기를 보유한 핵 강국들이 여기에 해당된다. 전력질주전략은 핵 무기화 완성 이전의 생산시설과 활동을 보호하기 위해 일부 은폐하기도 하지만 핵무기 개발 의도나 능력을 숨기려는 시도는 없다. 무기 등급의 핵분열 물질을 생산하고 핵 운송 수단과 핵무기 관리 조직에 대해서도 공개한다.[6] 반면 2차 핵 시대의 잠재적 핵 획득국가들이 전력질주전략을 채택하기는 쉽지 않다. 독재정권이 아닌 이상 국가적 차원의 합의가 있어야 하며 기존의 핵 보유국으로부터 기술이전 없이 핵무기 기술을 축적하는 데에는 상당한 시간이 걸리기 때문이다. 또한 국제사회와 주변 국가들의 핵 무기화 저지를 위한 감시와 압박도 전력질주전략 채택의 방해 요소가 된다.

세 번째 전략은 은폐전략(Hiding)이다. 은폐전략은 핵무기 프로그램이 국제사회에 발각되기 전 핵무기 보유국 지위의 기정사실 제시가 목표이다. 핵무기 개발 활동이 외부에 노출될 경우 주변 국가들이나 적대적 관계에 있는 국가들의 압박과 감시, 그리고 안보 상황이 더 심각할 경우 선제공격이 예상되기 때문이다. 또한 핵무기 개발이 주변국들에게는 안보위협 요인으로 작용하여 핵개발 도미노 현상이 일어날 수 있다. 전력질주전략이 핵개발 속도에 중점을 두어 핵개발 과정이 공개되는 것을 꺼리지 않는 반면, 은폐전략은 핵개발 자

---

6 Narang (2016/17), p. 120.

체를 비밀로 하기 위해 속도는 물론 효율성을 희생하기도 한다.[7] 은폐전략이 성공할 경우 핵억지력의 이익을 모두 가질 수 있기 때문에 보상은 크다 할 수 있다. 그러나 핵무기 개발이 완성되기 전 핵시설이 발각되면 핵무기 프로그램의 폐기뿐만 아니라 국제사회의 신뢰를 잃는 등 더 큰 희생을 치르게 된다. 2003년 핵시설이 폭로되어 핵개발이 무산되고 협상을 시작한 이란(1987-2002년)이 대표적이며 그 밖에 한국(1970-1974년), 파키스탄(1972-1979년), 남아프리카공화국(1974-1979년), 이라크(1981-1991년), 리비아(1981-2003년), 북한(1992-2006년), 시리아(2000-2007년) 등이 있다.

네 번째 핵 획득전략은 방호벽추구전략(Sheltered Pursuit)이다. 강대국의 비호를 받아 핵무기를 구성하는 전략으로 핵 획득전략 중 비교적 용이하게 핵무기화에 성공할 수 있는 전략이다. 방호벽을 제공하는 국가들은 냉전시기 미국과 소련이었으며 중국도 포함될 수 있다. 기존 핵 보유국가들은 국제질서에서 강대국이며 이들은 핵을 보유하지 않은 동맹국들을 선호한다. 다만 동맹국의 주요 적대국이나 주변 국가가 비확산 체제를 위반하고 핵무기를 개발할 경우 암묵적으로 핵개발을 용인하여 잠재적 핵 획득국가가 핵무기를 보유할 수 있는 기회를 제공해 준다. 방호벽추구전략을 채택한 국가는 후원국가의 지원이 철회되기 전 핵무기 능력을 갖추는 것이 목표이다. 이스라엘(1956-1967년)이 미국의 암묵적 동의하에 핵무기를 개발하는 데 성공한 사례이다.

한 국가가 핵 무기화에 접근할 경우 군사 분쟁이나 제재 등 국제사회의 압

---

7 David Albright and Corey Gay, "Taiwan: Nuclear Nightmare Averted," *Bulletin of the Atomic Scientists* Vol.54 No.1 (January/February 1998), pp. 54-60.

<표 5-2> 핵무기 획득전략의 유형

<table>
<tr><th>전략</th><th>의도된 결과</th><th colspan="2">사례 국가</th></tr>
<tr><td rowspan="3">위험회피전략</td><td rowspan="3">핵프로그램은 시작
핵무기화는 유보</td><td>기술헤징</td><td>노르웨이(1946-1962), 인도(1948-1964), 브라질(1953-1976), 아르헨티나(1968-1976), 남아프리카공화국(1969-1974), 리비아(1970-1981), 이란(1974-1978)</td></tr>
<tr><td>보험헤징</td><td>프랑스(1945-1954), 일본(1954-현재), 이탈리아(1955-1959), 서독(1956-1969), 오스트레일리아(1956-1973), 대만(1967-1974), 한국(1975-현재)</td></tr>
<tr><td>하드헤징</td><td>이스라엘(1949-1955), 파키스탄(1954-1971), 이집트(1955-1980), 인도(1964-1973), 이라크(1973-1981), 이란(2003-현재)</td></tr>
<tr><td>전력질주전략</td><td>가능한 한 빠른
시일 내에 무기화</td><td colspan="2">미국(1940-1945), 소련(1945-1949), 영국(1945-1952), 프랑스(1954-1960), 중국(1958-1964), 인도(1974-1998)</td></tr>
<tr><td>은폐전략</td><td>핵시설 공개 없이
무기화</td><td colspan="2">한국(1970-1974), 파키스탄(1972-1979), 남아프리카공화국(1974-1979), 이라크(1981-1991), 리비아(1981-2003), 이란(1987-2002), 북한(1992-2006), 시리아(2000-2007)</td></tr>
<tr><td>방호벽추구전략</td><td>후원국이 보호철회
하기 전 무기화</td><td colspan="2">이스라엘(1956-1967)</td></tr>
</table>

출처: Narang (2016/17), p. 134를 참조하여 재구성함.

력이 발생한다. 핵무기를 포기하지 않고 핵개발을 더욱 촉진할 경우 국제사회와 주변 국가들은 초기 핵 능력을 파괴하려고 시도한다. 역사적 경험을 통해 볼 때, 대부분의 국가들은 핵무기 개발을 포기 또는 유보했지만 일부 국가들은 더욱 대담해져 제한된 능력에 의존하여 핵개발을 계속 진행해 왔다. 핵무기 개발을 유보한 국가들은 위험회피전략을 통해 심각한 안보 위협에 직면할 경우를 대비하게 된다. 그러나 핵개발을 선택한 국가들은 적극적 전략을 취하게 되고 안전보장 장치가 부재할 경우, 국가적 지원이 가능하다면 전력질주전략을 세워 빠른 시일 내에 핵무기 보유국이 되려 한다. 국내적 합의가 이루어졌지만 군사 또는 경제적으로 취약한 국가는 은폐전략을 통해 효율성을 포기하는 대신 국제사회의 감시를 피할 수 있다. 핵무기 보유 전략 중 가장 성공적이라 할 수 있는 방호벽추구전략은 강대국의 면책특권을 이용하여 핵 무기화에 접근하려는 것이다.

2. 이란의 핵무기 획득전략

이란 핵개발 프로그램은 1953년 미국 아이젠하워 대통령의 '평화를 위한 핵(Atoms for Peace)' 선언과 국제원자력기구(IAEA: International Atomic Energy Agency) 창설이 계기가 되어 시작되었다. 미국뿐만 아니라 러시아, 독일, 영국 등 이란의 석유산업에 이해관계를 가진 국가들이 이란의 핵프로그램 설치에 도움을 주었다. 당시 팔레비 정권은 미국의 우방국으로서 심각한 안보위협 상황은 없었지만 1967년의 아랍-이스라엘 전쟁, 1984년과 1986~1987년의 인도-파키스탄 전쟁에서 이스라엘과 인도가 각각 시리아와 파키스탄의 우라늄 농축시설을 목표로 전쟁을 수행하였다는 것을 목도하였기에 핵 무기화에 대한 명시보다는 핵에너지 개발이라는 명목으로 핵 프로그램을 수행했다.[8] 팔레비 국왕의 의중이 핵의 무기화 단계까지 이르는 것이라 해도 우선 기술축적이 선행되어야 하기에, 초기 핵개발 시기는 비무기화 등급의 핵분열 물질은

---

8 Narang (2016/17), pp. 113-114.

<그림 5-1> 핵무기 획득전략

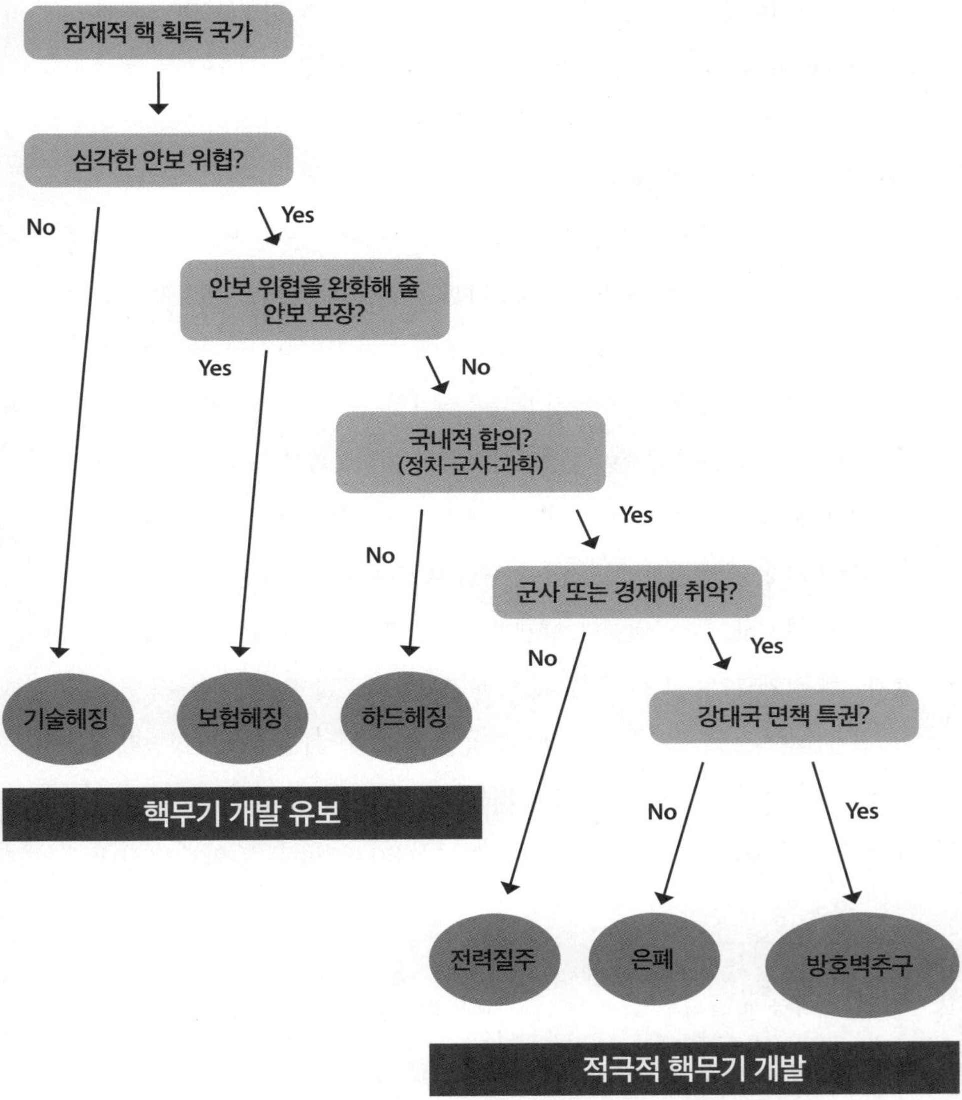

출처: Narang (2016/17), p. 126을 참조하여 재구성함.

보유하되 운송수단과 핵무기 관리 조직은 설치하지 않는 기술헤징(technical hedging) 단계라 볼 수 있다. 1974년 신설된 이란 원자력기구(AEOI: Atomic Energy Organization of Iran)가 핵 관련 제반 사항들을 관리한 것과 1975년 미국과 맺은 핵협정으로 약 60억 달러의 미국 원자력 에너지 장비를 구입한 것도 기술헤징전략의 일부라 할 수 있다.

팔레비 왕조는 미국 및 서방 세력들과 우호적인 관계를 유지했고 중동 지역 내 분쟁에서도 중심에서 벗어나 있었기 때문에 심각한 안보 상황은 발생하지 않았다.[9] 그렇지만 아랍 세력들과의 전쟁에서 이스라엘이 잇달아 승리하고 미국 CIA가 이스라엘의 핵무기 보유를 발표하자 팔레비 정권은 이스라엘을 중동 내 세력균형이 필요한 견제대상으로 보기 시작했다.[10] 이때 팔레비 국왕은 불안한 주변 정세와 우방국가인 미국의 지지가 철회될 경우를 대비하여 1994년까지 23개의 원자력 발전소 건립을 발표하는 등 필요한 시점에 핵의 무기화가 가능하도록 준비했다. 핵개발 초기의 기술헤징전략에서 보험헤징전략으로 전환되었다고 볼 수 있다. 즉, 무기화와 핵폭발에 관한 이론적 연구를 하며 잠재적으로 무기 등급의 핵분열성 물질을 생산해 둔 보험헤징전략을 선택했다. 1979년 이슬람혁명으로 팔레비 정권이 붕괴되기 전까지 이란의 핵개발 수준이 물리적 작업까지 마치고 운송수단까지 마련하는 등 임계 핵 상태

---

9 이 시기 중동 분쟁은 이스라엘-아랍연합군(제1차 중동전쟁, 1948년), 이스라엘-이집트(제2차 중동전쟁, 1956년), 이스라엘-시리아·요르단·이집트·레바논(제3차 중동전쟁, 1967년), 이스라엘-이집트·시리아의 욤키푸르전쟁(제4차 중동전쟁, 1973년) 등이 있었다. 이란은 이들 분쟁에서 제외되어 있었다.

10 Arthur Kranish, "CIA: Israel Has 10-20 A-Weapons," *The Washington Post* (March 15, 1976), p. 2; David Binder, "Information Abstracts," *The New York Times* (March 16, 1976), p. 1. 이로써 이스라엘의 핵무기 보유는 기정사실화되었다.

에 이르지 못했기 때문에 하드헤징전략은 불가능했다. 혁명이 성공하지 않았더라면 팔레비 왕조의 핵전략은 하드헤징전략으로 발전되었을 것이며 핵 무기화에 좀 더 일찍 접근하였을 것으로 판단된다.

1979년 이슬람혁명을 성공적으로 이끈 호메이니(Ayatollah Ruhollah Khomeini)는 집권 초기 핵 프로그램의 전면 폐지를 선언했다. 핵개발이 이슬람 교리와 상응하지 않는다는 근본적인 이유 이외에도 원자력 건설계약 등 팔레비 국왕과 관련된 모든 핵 관련 프로그램들을 부적절한 것으로 여겨 폐기했다. 또한 해외로부터 유입된 자금과 기술 원조도 거부했다. 이로써 미국을 비롯한 서방 세력과의 모든 무기 거래는 중단되었고 340억 달러 규모의 민간 발전 프로젝트도 취소되었다.[11] 또한 1979년 미 대사관 인질 사건은 이후 이란과 미국의 관계에서 보여 주듯이 양국이 적대적인 관계로 고착되는 계기가 되었고, 미국의 후원을 받아 진행되어 온 원자력 개발은 더 이상 진행될 수 없었다.

이란 핵개발이 재개된 이유는 두 가지를 들 수 있다. 첫째, 1980년 이라크의 침공으로 시작된 이란-이라크 전쟁이다. 이슬람 수니파의 이라크와 시아파인 이란의 종파 간 갈등에서 비롯된 전쟁이었다. 8년간 지속된 전쟁에서 이란은 이라크가 핵무기를 개발하고 있었다는 사실을 알게 되었다. 두 번째로, 종교와 관련된 지역 내 패권 경쟁이다. 중동 지역 내 시아파의 종주국인 이란과 수니파 종주국인 사우디아라비아는 종교적 지위와 위신을 두고 경쟁 관계에 있

---

11 William Branigin, "Iran Set to Scrap $34 Billion Worth of Civilian Projects," *The Washington Post* (May 30, 1979), p. 22; Chris Quillen, "Iranian Nuclear Weapons Policy: Past, Present, and Possible Future," *Middle East Review of International Affairs* Vol.6, No.2 (June, 2002), p. 19.

다. 이슬람 세력끼리의 다툼뿐만 아니라 기독교 국가인 이스라엘과도 지역 패권을 두고 경쟁해야만 했다. 미국의 핵우산을 제공받는 사우디아라비아와 핵무기를 보유하고 있는 이스라엘과 대등한 대결 구도를 형성하기 위해서 이란은 핵무기가 필요했다.

1995년 이란과 러시아는 부셰르 원자력 발전소 건설을 위한 경수로 공급 계약을 체결했다. 이란은 사용한 핵연료봉을 러시아에 넘겨주고 러시아는 이를 재처리했다. 따라서 이란은 자체적으로 우라늄을 농축할 필요가 없었다. 그러나 핵확산금지조약 가입국가로서 우라늄 농축의 권리가 있다고 주장했다. 또한 원자로를 외국의 자본과 기술에 의존하지 않고 독자적으로 건설할 계획을 선언하기도 하였다.[12] 이 시기는 핵의 무기화 단계로 진입하는 때로 자체 원자로를 건설하고 무기 등급의 물질을 개발하려는 등 핵개발 의도를 부정하지 않는 하드헤징전략의 특징들을 보이고 있으며 이와 동시에 주변 세력들과 국제사회의 감시를 피하기 위해 은폐전략을 채택한 것으로 판단된다. 그 증거로 2002년 나탄즈(Natanz) 지역의 비밀 우라늄 농축 핵시설이 발각되었을 뿐만 아니라 2010년 중반까지 이란은 IAEA가 요구하는 사찰에 응하지 않았다.

심각한 안보위협과 이를 완화해 줄 후원국가가 부재할 경우, 잠재적 핵 획득국가는 적극적인 핵무기 개발에 돌입하게 된다. 이란-이라크 전쟁 이후 달라진 이란의 안보 상황을 살펴보면 지역 내 패권 경쟁국들인 이라크 · 사우디

12 Shahram Chubin, "The Politics of Iran's Nuclear Program," in Robin Wright, *The Iran Primer: Power, Politics, and U.S. Policy* (Washington, D.C.: U.S. Institute of Peace Press, 2010), pp. 2-3.

아라비아 · 이스라엘을 상대해야 하고 국경을 맞대고 있는 러시아와 파키스탄, 적대관계에 있는 미국은 모두 핵 보유국가들이다. 이란이 이들 중 어느 한 국가로부터 공격을 받을 경우 핵우산이 되어 줄 강대국이 부재했으며 지역 패권국의 지위 다툼에서도 미국의 핵우산을 제공받는 사우디아라비아와 이스라엘을 상대하기에는 전력이 약했다. 이란의 국내정치적 상황은 핵개발을 진행하는 데 유리하게 작용했다. 우선 최고지도자의 핵개발 의지가 강했고 핵무기 조직관리에 있어서도 최고지도자의 독단적 관리가 가능했다. 그러나 이란-이라크 전쟁 당시 미국이 이란을 국제테러조직 지원국가로 지목함으로써 미국을 중심으로 한 국제사회의 제재를 받게 되는 등 경제적 취약성으로 전력질주전략은 불가능했다고 여겨진다. 핵개발 초기 팔레비 정권을 지지하던 미국과 원자로 건설을 지원해 주던 러시아가 이슬람혁명 이후 국제사회에서 이란의 지위 실추로 후원을 철회한 것을 볼 때, 방호벽추구전략도 가능하지 않았다. 국제사회에서의 고립화가 심화될수록 이란은 더욱 적극적으로 핵무기를 개발하고 최선의 선택으로 은폐전략을 취할 수밖에 없었다.

3. 북한의 핵무기 획득전략

북한 핵개발 계획은 한국전쟁 당시 미국의 핵무기 사용 가능성이 제기되자 시작되었다. 1950년 12월 중공군의 개입으로 전세가 역전되자 UN군 최고사령관인 맥아더는 트루먼 대통령에게 핵무기 사용 재량권을 요구했다.[13] 정

---

13 맥아더 장군은 트루먼 대통령에게 26개의 원자폭탄 사용을 요구하는 '저지 목표물 목록(List of Retardation Targets)'과 '침략군에 사용될 원자탄과 적 공군의 집중지역에 사용될 4개의 원자탄'을 요구하였다. Conrad C. Crane, "To Avert Impending Disaster American Military Plans to Use Atomic

전협정 당시 아이젠하워 대통령은 협정체결이 난항을 겪자 원자탄을 사용할 수도 있다는 위협을 가하였다. 전쟁 기간 중의 핵무기 사용 위협과 정전협정에서의 핵 위협을 통해 김일성은 핵무기가 적국의 공습과 침략을 막을 수 있는 절대적인 무기일 뿐만 아니라 무력통일의 수단이 될 것이라 여겼다.[14] 한국전쟁 휴전 전후 북한은 자체 핵무기 개발을 위한 토대를 마련하기 시작했다.[15] 전쟁 중인 1952년 과학원을 설립했고 1955년 김일성종합대학 물리학부에 핵물리 강좌를 개설했으며 이듬해 과학원 수학물리연구소에 핵물리실험실을 설치했다.[16] 또한 1956년 12월 당중앙위원회 전원회의를 통해 숙청작업을 마무리한 후 김일성 독재체제가 출범했고 '중공업 우선발전, 경공업 · 농업 동시발전'이라는 국가 전략이 수립되었다.[17] 중공업 우선 정책은 핵무기 개발에 있어 국가 차원의 지원을 가능하게 했고, 독재정권 최고지도자의 의지는 핵 기

Weapons During the Korean War," *The Journal of Strategic Studies* Vol.23, No.2 (2000), p. 79.

14 이재봉, "북한 핵무기, 언제부터 왜 만들었는가," 『프레시안』 2014년 8월 8일.

15 Michael J. Mazarr, "Going Just a Little Nuclear: Nonproliferation Lessons from North Korea," *International Security* Vol.20, No.2 (Fall, 1995), pp. 15-21; 이춘근,『북한 핵의 문제: 발단, 협상과정, 전망』(서울: 세종연구소, 1995), p. 183.

16 이춘근,『북한의 과학기술』(서울: 한울아카데미, 2005), p. 100.

17 1956년 6월 1일부터 7월 19일까지 김일성은 소련과 동구 9개국을 순방했다. 해외 체류 동안 연안파(중국계) 간부들이 김일성 우상화와 독재 기반이 강화되는 것에 불만을 갖고 비판했다. 8월 30-31일 이틀간에 걸쳐 해외 방문 보고를 위한 당 중앙위원회 전원회의가 소집되었고 이 자리에서 연안파의 몇몇 간부들이 소련파들의 도움을 받아 김일성을 비판했다. 특히 중공업 우선 정책이 주민들을 고통스럽게 하고 있으니 경공업 우선 정책을 제안했고 한반도 중립화를 위해 공산주의 체제를 포기할 것을 주장했다. 그러나 당 중앙위원회에 김일성 지지자들이 다수였기에 이들의 주장은 결국 연안파와 소련계의 숙청으로 이어지고 김일성의 1인 우상화가 공고해졌으며 중공업 우선 정책이 채택되는 결과를 낳았다. 강준만,『한국현대사 산책 1950년대편 3: 6·25 전쟁에서 4·19 전야까지』(서울: 인물과 사상사, 2004), pp. 89-91; 김일성은 북한 국가건설 및 공산당 건설에 있어서 국내파와 만주 빨치산파, 연안파, 박헌영을 비롯한 남로당계, 소련 국적의 공산당원들 등 제거해야 할 대상들이 많았다. 백학순, "북한의 국가형성에 있어서 김일성의 자율성 문제," 『한국정치학회보』28권 2호 (1995), p. 388.

술 축적에서부터 개발에 이르기까지 핵 프로그램을 시행하는 데 유리하게 작용했다.

1948년 얄타회담의 결정으로 북한에 주둔하게 된 소련군은 휴전 이후 북한 정권 수립과 사회 건설에도 깊이 관여했다. 소련이 북한의 핵무기 보유에는 반대했지만 초기 핵개발 시설 구축에는 도움을 주었다. 북한은 1956년 2월 '연합핵연구소 조직에 관한 협정'과 3월의 '원자력연구소 설치에 관한 협정'을 소련 및 중국과 체결했다. 같은 해 겨울에는 사회주의 국가들의 합동핵연구소에 가입하여 북한의 핵과학자들이 소련의 연구소에서 훈련받도록 했다. 1959년에는 '원자력의 평화적 이용에 관한 협정'을 소련과 체결했다.[18] 초기 김일성이 선택한 핵 획득전략은 소련의 후원을 받아 핵개발에 착수하고 기술축적을 쌓는 것이었다. 냉전기는 강대국들이 핵 경쟁을 하던 시기이므로 북한의 핵개발은 국제사회의 주류 관심에서 벗어나 있었다. 따라서 김일성은 핵무기 개발에 대해 위험회피전략 대신 핵 무기화 의지를 밝히고 소련의 후원을 받는 방호벽추구전략을 구사했다고 본다.

1960년 바르샤바조약기구 회의에서 소련의 평화공존론을 중국 대표가 공격함으로써 벌어진 중소분쟁으로 공산 진영이 분열되기 시작했고, 1962년의 쿠바 미사일 위기를 통해 공산권에서는 소련의 핵우산에 대한 의심이 생겨났다. 1990년대 초 냉전의 해체로 북한은 더 이상 소련의 후원국 역할을 기대할 수 없게 되었다. 이처럼 1960년부터 1990년대까지 소련과 관련된 일련의 사건들은 북한으로 하여금 더 이상 방호벽추구전략을 세워나갈 수 없게 했

---

18 이춘근 (2005), pp. 458-461; 엄호건,『북한의 핵무기 개발』(서울: 백산자료원, 2009), p. 153.

<그림 5-2> 북한 3대 세습 정권의 핵개발 주기 및 핵 획득전략

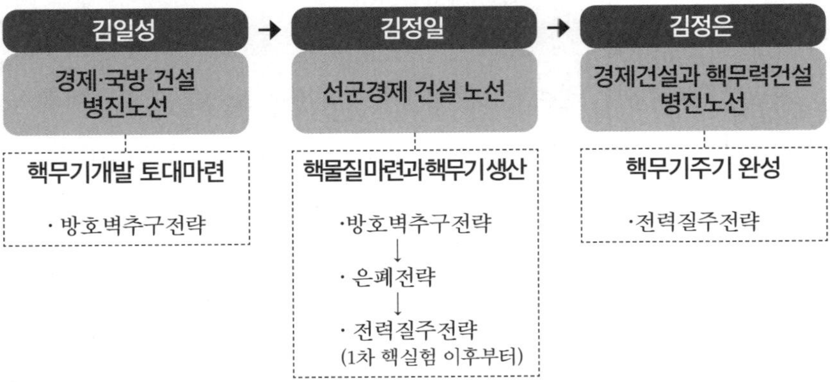

다. 이후 북한은 독자적으로 핵무기를 개발해 나갔다. 탈냉전의 분위기 속에서 북한의 고립화는 더욱 가속화되었다. 1993년 1차 북핵위기에 따른 국제사회의 제재로 1990년대 중반 경제적 고난을 겪으면서 북한은 은폐전략을 통해 핵무기 개발을 추진해 나갔다. 2006년 1차 핵실험 이후 전력질주전략으로 2017년 6차 핵실험까지 10여 년 동안 북한은 핵무기의 완성도를 높여 왔다. 특히 김정은 정권 이후 4차례의 핵실험은 북한 핵정책이 국가 중심정책임을 보여 준다. 국가적 역량을 핵무기 개발에 쏟아부으면서 북한은 21세기 들어 첫 핵무기 보유국가로 자리매김하게 되었다. 국제사회가 북한의 핵무기 완성이 임박했음을 인지하고 경제제재와 압박을 가하게 되자 더 이상의 은폐전략은 무의미해졌으며, 전력질주전략을 통해 핵무기 주기 완성을 앞당겼다고 판단된다.

2차 핵 시대의 잠재적 핵 획득국가들이 초기 핵개발 동기로 핵에너지의 평화적 이용으로 시작하여 점차 핵 무기화로 접근한 반면, 북한은 핵무기를 염두에 두고 시작했다. 냉전시기 이데올로기 대립의 최전방에서 강대국(소련)의 후원으로 핵개발을 시작했고 이후 탈냉전기의 변화 속에서도 고립된 채 핵 무기화를 완성했다. 북한이 60여 년에 걸쳐 핵무장을 할 수 있었던 가장 큰 요인은 김일성가(家)의 1인 독재체제이다. 김일성에서부터 김정은에 이르기까지 3대에 걸쳐 북한의 주요 정책은 핵무기 보유에 초점을 맞추고 있다. 핵무기를 통해 북한이 누릴 수 있는 최대의 이점은 미국의 핵우산을 제공받고 있는 한국과의 대결 구도에서 우월한 전력을 갖는 것이며 이를 통해 체제 생존보장과 핵 보유국으로서의 지위 인정, 한반도에서의 주도권 확보이다.

III. 핵무기 운용전략

1. 핵무기 운용전략의 개념

핵무기 운용전략은 한 국가가 정치·군사적 목적으로 핵무기를 전략화하고 이를 사용하기 위한 것이다. 즉, 핵무기를 획득한 후 사용 방법과 원칙 등을 규정하는 것이다. 핵전략은 핵무기를 수단으로 간주하며 군사적 사용에 초점을 두는 핵태세(nuclear posture)와 핵무기의 역할과 사용원칙을 제시하며 정치적 해석을 중시하는 핵교리(nuclear doctrine)로 분류된다.[19] 냉전기 강대국의 핵

---

19 전봉근, "북한 핵전략의 유형과 특징 평가: 선언적 핵전략을 중심으로," 정선 국제정치학회 발표문 (2016), p. 2. 본 연구에서는 핵태세와 핵교리를 구분하지 않고 핵 운용전략으로 통합하여 설명한다. 앞선 핵무기 획득전략이 핵의 무기화 또는 완성화에 집중하는 전략이라면, 핵 운용전략은 핵무기의 사용전략에 초점을 맞춘 것이다.

운용전략은 핵무기 수와 파괴력을 중심으로 핵전력을 증강시키는 데 중점을 두었다.[20] 핵공격뿐만 아니라 핵공격을 받아도 이를 막아 낸 후 2차 보복 능력을 구비하여 적국에게 심각한 피해를 입힐 수 있다는 논거가 핵억지전략이론이다.[21] 즉, 핵무기 보유가 핵억지를 가져와 결과적으로 평화를 가져온다는 것이다.[22]

2차 핵 시대의 잠재적 핵 획득국가들은 강대국과는 다른 핵 운용전략을 취한다. 우선 이들 국가들은 강대국에 비해 소규모의 핵무기를 보유하고 있고 국제적 규범에 따른 제약이 있으며 불안정한 지역 안보환경 속에 있다. 그러므로 이들 국가들은 획일적인 강대국의 핵 운용전략을 추구하기보다는 자신들의 상황에 최적화된 전략을 선택한다. 나랭은 선택의 기준이 되는 변수들로 ① 후원 강대국의 존재 유무, ② 적국과의 재래식 전력의 대칭 정도, ③ 독단적

---

20 냉전 시대 초강대국들은 핵무기의 수와 파괴력을 앞세워 핵전략을 구축했다. 유연 반응(flexible response), 대량 보복(massive retaliation), 확증 파괴(assured destruction), 그리고 피해 제한(damage limitation) 등과 같은 전략들은 핵무기의 1차 공격력(first-use capabilities)과 2차 보복 능력(sufficient retaliatory forces)과 같은 맥락이며 초강대국들의 핵무기가 증가하면서 전략도 함께 발전했다. Vipin Narang, "Nuclear Strategies of Emerging Nuclear Powers: North Korea and Iran," *The Washington Quarterly* Vol.38, No.1 (Spring 2015), p. 75.

21 함형필, "북한의 핵전략 구상과 전략적 딜레마 고찰," 『국방정책연구』 제25권 2호 (2009), p. 94; 김태현, "억지의 실패와 강압외교," 『국제정치논총』 제52집 1호 (2012), p. 61.

22 Scott D. Sagan and Kenneth N. Waltz, *The Spread of Nuclear Weapons: A Debate Renewed* (New York: W. W. Norton & Company, 2003), pp. 3-9. 왈츠 이외에 핵무기 존재만으로도 핵억지력이 발휘될 수 있다고 주장한 학자들은 로버트 저비스, 마크 트라첸버그, 존 미어샤이머, 매튜 크로닉 등이 있다. Robert Jervis, "The Political Effects of Nuclear Weapons: A Comment," *International Security* Vol.13, No.2 (Autumn 1988), pp. 80-81; Marc Trachtenberg, "The Influence of Nuclear Weapons in the Cuban Missile Crisis," *International Security* Vol.10, No.1 (Summer 1985), p. 139; John J. Mearsheimer, *The Tragedy of Great Power Politics* (New York: W. W. Norton, 2001), p. 129; Matthew H. Kroenig, "Time to Attack Iran: Why a Strike is the Least Bad Option," *Foreign Affairs* (January/February 2012), pp. 76-85.

(assertive) 혹은 위임형(delegative)의 민-군 관계, ④ 자원 접근성의 용이함 등을 제시하였다.[23] 이 외에 주요 변수들로 국토의 크기와 핵무기 보유 규모를 들 수 있다.[24]

나랭은 잠재적 핵 획득국가들이 선택할 수 있는 핵 운용전략을 세 가지로 제시한다. 첫째, 촉매형(Catalytic) 전략이다. 핵무기 수량이 상대적으로 적은 국가가 국가생존의 위협을 받을 경우 제3국 특히 강대국의 지지를 이끌어 내기 위해 핵무기를 사용할 것이라는 선언적 전략이다. 실제 핵무기 사용보다는 위협을 통해 전쟁 발발을 억지하려는 전략이라 할 수 있다. 국가가 촉매형 전략을 선택하려면 분쟁에 개입하여 조정해 줄 제3의 후원국가가 충분히 존재해야 한다. 또한 후원국가의 도움에 상응하는 대가를 지불할 능력이 있어야 한

---

23 Narang (2015), pp. 72-79. 나랭이 제시한 변수들 가운데 민-군 관계는 핵무기를 관리하는 두 집단인 정치지도부와 군사기관에 관한 것이다. 외부 위협을 방어하기 위해 군사기관으로 양도된 권한이 클수록 군기관이 국내정치를 장악할 수 있는 잠재적 힘도 커진다. 따라서 정치지도부가 군사기관을 어떻게 관리하느냐에 따라 국가가 외부적·내부적 위험을 관리하는 능력이 결정된다. 국가가 재래식 전력에 의한 군사공격을 받을 경우 군부에 핵무기 선제공격권을 위임할 수 있는 경우는 비대칭확전형 전략을 구사할 수 있다. 반면 핵사용권을 군사기관에게 넘겨주지 않고 민간 차원의 정부가 중앙통제하에 관리한다면 핵공격을 받은 후 최고지도자가 군부에 핵사용을 명령함으로써 핵을 사용하게 되는 확증보복형 전략이 된다. 자원 접근성의 용이함은 적국으로부터 예상되는 위협에 대처할 때 사용 가능한 자원에 관한 것이다. 선제 핵사용을 주요 구상으로 삼는 비대칭확전형 전략은 다른 운용전략들보다 더 많은 자원을 필요로 한다. 자원이 부족한 국가가 주변국들에 비해 무기 경쟁에서 열등하다는 사실을 깨닫고 비대칭확전형을 선택하기 위해 국가가 모든 노력을 공세와 방어에 집중하게 된다면 파산에 이르게 될 것이다. 그러나 적국에 비해 자본과 기술력이 뒤처지지 않고 심각한 안보환경에 처한다면 국가는 비대칭확전형을 선택하여 우세한 전력을 가지려 할 것이다. 비핀 나랭 저, 권태욱·김용범 역,『현대핵전략』(서울: 국방대학교 국가안전보장문제연구소, 2016), pp. 45-52.

24 나랭이 제시하지 않은 변수들로 본 연구에서는 국토의 크기와 핵무기 보유 규모를 추가했다. 선제 핵공격을 당한 후 생존 가능한 2차 타격력을 발휘할 수 있는 국가는 국토 면적이 커야 한다. 실제로 확증보복형 전략을 선택한 국가들은 중국과 인도로 국토 면적이 큰 나라들이었다. 핵무기 보유량도 핵공격을 받은 후 2차 보복을 단행하는데 결정적인 조건이 된다.

다. 이 전략은 선제공격을 받을 경우 생존할 수 있는 2차 공격력이 없으며 핵 전력에 대해 모호한 태도로 일관하기 때문에 핵억지력도 상대 국가에게 제대로 전달되지 않을 수 있다. 그러나 소수의 핵무기라도 극단적인 경우 최후의 수단으로 사용될 수 있기 때문에 후원국가를 분쟁에 개입시켜 간접적인 핵억지력을 발휘한다. 촉매형 전략을 사용하는 국가들은 후원국들과 동맹관계 또는 우호적인 관계에 있으며 후원국 역시 이들 국가의 안보에 이해관계가 있을 때 분쟁에 개입하게 된다. 이스라엘은 초기 핵 보유 시기(1966-1990년) 모호한 핵전력과 미국과의 우방 관계를 이용하여 촉매형 전략을 선택한 대표적인 사례이다. 일례로 1973년 욤키푸르 전쟁에서 이스라엘은 모호성 전략(policy of ambiguity)을 내세워 핵억지력을 발휘했다. 사실 시리아-이집트 연합군을 상대로 펼친 전략이라기보다 미국에 핵 사용 가능성을 알리고 미국이 분쟁에 개입해 주기를 염두에 둔 것이었다. 결국 미국은 이스라엘에 전쟁 물자를 지원하여 주었다.[25] 초기 촉매형 전략을 선택하여 핵 보유 선언을 하지 않은 이스라엘은 핵확산방지조약 가입국이 아니었기 때문에 국제사회의 제재를 피할 수 있었고 주변 국가들의 핵 도미노 현상도 방지할 수 있었다.[26] 이 외에 남아프리카공화국(1979-1991년)도 미국을 후원국가로 촉매형 전략을 선택했다.

둘째, 확증보복형(Assured Retaliation) 전략이다. 이 전략을 채택하기 위해서는 1차적으로 핵공격을 받고도 생존한 후 그에 상응하는 규모의 2차 보복 공격을 감행할 수 있는 능력이 구비되어 있어야 한다. 보복 능력이 충분한지를

---

25 김태우, "이스라엘의 국가생존 역사와 전략," 『국방정책연구』 제53권 (2001), pp. 126-128.

26 Vipin Narang, *Nuclear Strategy in the Modern Era: Regional Powers and International Conflict* (Princeton: Princeton University Press, 2014), pp. 180-181.

적국에게 보일 수 있을 정도로 핵무기 보유에 대한 투명성이 요구된다. 그러나 무기 배치와 같은 군사적 전술은 적의 타격으로부터 보호하기 위해 불투명하게 유지한다. 확증보복형 전략은 핵 무력 사용을 전제로 하기 때문에 공격을 받을 경우 핵무기 사용을 제한할 대안이 거의 없지만, 사전에 엄격하게 마련된 중앙 통제 시스템과 절차가 신중한 핵사용을 유도한다.[27] 대표적인 국가로는 중국과 인도를 들 수 있다. 중국은 1964년 핵무기 보유를 선언한 이후 '핵 일차불사용(no-first-use)' 원칙을 고수하고 있다. 적국이 공격해 오기 전 중국이 먼저 공격을 하지 않는다는 최소억제전략이다. 인도 역시 이 원칙을 지키고 있다. 인도 핵 운용전략의 세 가지 큰 축은 '선제공격 불허', '확실한 대량보복', '어떠한 상황에서도 무기 사용은 관례를 따를 것'이다.[28] 인도는 다른 핵 보유국가들과는 달리 상대적으로 안전한 안보 상황에 놓여 있고 선제공격을 받을 시 확실한 보복 공격에 전략의 초점을 맞추고 있으며 매우 독단적인 민-군 관계를 형성하고 있기에 핵무기에 대한 통제를 강조하는 확증보복전략을 선택한다.[29] 이 전략은 강력한 후원국이 존재하는 촉매형 전략과는 달리 신뢰할 수 있는 후원국이 없지만 적국의 재래식 군사력이 우세하지 않고 다소 여유로운 안보 환경 속에서 정치지도부가 핵 무장력을 군부로부터 장악하고 있을 때 선택된다.

마지막으로 비대칭확전형(Asymmetric Escalation) 전략이다. 믿을 만한 후원

---

27 Narang (2014), pp. 121-138.

28 Narang (2014), p. 94. 나랭은 인도 전략사령부의 총사령관인 비제이 샨커(Vijay Shankar)와의 인터뷰를 통해 인도 핵전략의 세 가지 축을 밝혔다.

29 비핀 나랭 (2016), p. 117.

국이 없으며 적국의 재래식 무장력이 우세할 경우 신속한 선제 핵공격을 할 수 있는 능력을 마련하는 전략이다. 비대칭확전형 전략을 채택하려면 충분한 재정과 조직이 정비되어 있어야 하며 평화시 무기사용은 중앙 통제하에 있지만 군사 공격을 받는 등 위급 상황일 경우 국가의 지도자는 핵무기 선제공격권을 전장의 최종 결정자에게 위임하여 신속한 사용 결정을 내리게 한다. 그러나 핵무기의 우발적인 사용 위험성이 제기되므로 지도자와 군부와의 긴장된 관계가 지속된다. 또한 보유한 핵무기의 수량이 적으며 적국이나 주변 국가들과 대치상태에 있다면 국가는 비대칭확전형과 같은 매우 공격적인 핵전략을 취할 가능성이 높다. 핵무기의 실전 배치와 사용 가능성이 높기 때문에 가장 공격적인 핵 운용전략이다. 프랑스는 냉전 시기 대서양까지 진출하려는 소련을 막아야 했고 영국과의 관계가 돈독한 미국의 상대적인 방기로부터 오는 불안감으로 비대칭확전형 전략을 채택했다.[30]

나랭은 그의 논문에서 중소 핵 보유국들의 핵 운용전략을 분석하여 어떠한 전략이 핵억지에 성공하였는지 밝히고 있다. 그 결과 촉매형과 확증보복형에 비해 비대칭확전형을 선택한 국가들의 안보 위기 상황이 감소한 것을 발견했다. 이는 핵무기의 선제사용을 제시할 때 상대 국가들이 이를 두려워하고 공격하지 않았다는 것이다. 강대국의 핵 운용전략이었던 억지이론의 기본 신념을 뒤집는 결과이며 억지의 성공요인은 핵의 존재와 수량 여부가 아닌 핵 운용전략에 있다는 것을 보여주는 것이다. 다시 말해 핵 운용전략은 보편적인

---

30 Narang (2014), p. 8. 실제 1952년 인도차이나 디엔비엔푸에서 프랑스군이 포위당했을 때 미국 공군을 개입시켜 줄 것을 요청했으나 거절당했고, 1954년 수에즈 사태에서도 샤를 드골 대통령이 지원을 요청했지만 미국은 이를 거절했다. 이에 프랑스는 미국으로부터 독자적인 핵억지력을 추구하게 되었다.

억지 효과가 아닌 지역 안보 환경에 따른 차별화된 억지 효과를 일으키는 변수이며 국제 분쟁의 빈도와 강도에 영향을 주는 요인이다.[31]

<표 5-3> 핵무기 운용전략의 유형과 특징

구분	촉매형 (Catalytic)	확증보복형 (Assured Retaliation)	비대칭확전형 (Asymmetric Escalation)
주요 구상	후원국 도움을 가속화 할 수 있는 능력	심각한 피해 후 핵 보복 능력	선제 핵사용, 재래식 전력을 활용한 억제
능력	소수의 핵무기를 제조할 수 있는 능력	생존 가능한 2차 타격력	1차 사용능력
관리	느슨하고 불투명 (recessed and opaque)	독단적인 정치 통제 (assertive political control)	군부에 위임적 (delegative to military forces)
투명성 수준	능력과 배치의 모호성	확실한 능력, 모호한 배치	능력과 배치의 확실성
경험적 사례	· 이스라엘(1966-1990) · 남아공(1979-1991) · 파키스탄(1986-1990)	· 중국(1964-현재) · 인도(1974-현재)	· 프랑스(1960-현재) · 이스라엘(1991-현재) · 파키스탄(1991-현재)

출처: Narang (2014), p. 22을 참조하여 재구성함.

2. 이란의 핵무기 운용전략

이란의 반정부 단체인 국민저항위원회(NCRI: National Council of Resistance)는 2002년 8월 중부 나탄즈(Natanz) 지역의 비밀 우라늄 농축시설을 폭로했다. 은폐전략으로 핵무기를 개발해 오던 이란은 국제원자력기구의 사찰과 미국 및 UN 주도의 경제제재 등 압박으로 2013년 10월 제네바에서 주요 6개국과 첫

31 Narang (2014), pp. 11-12.

<그림 5-3> 핵무기 운용전략

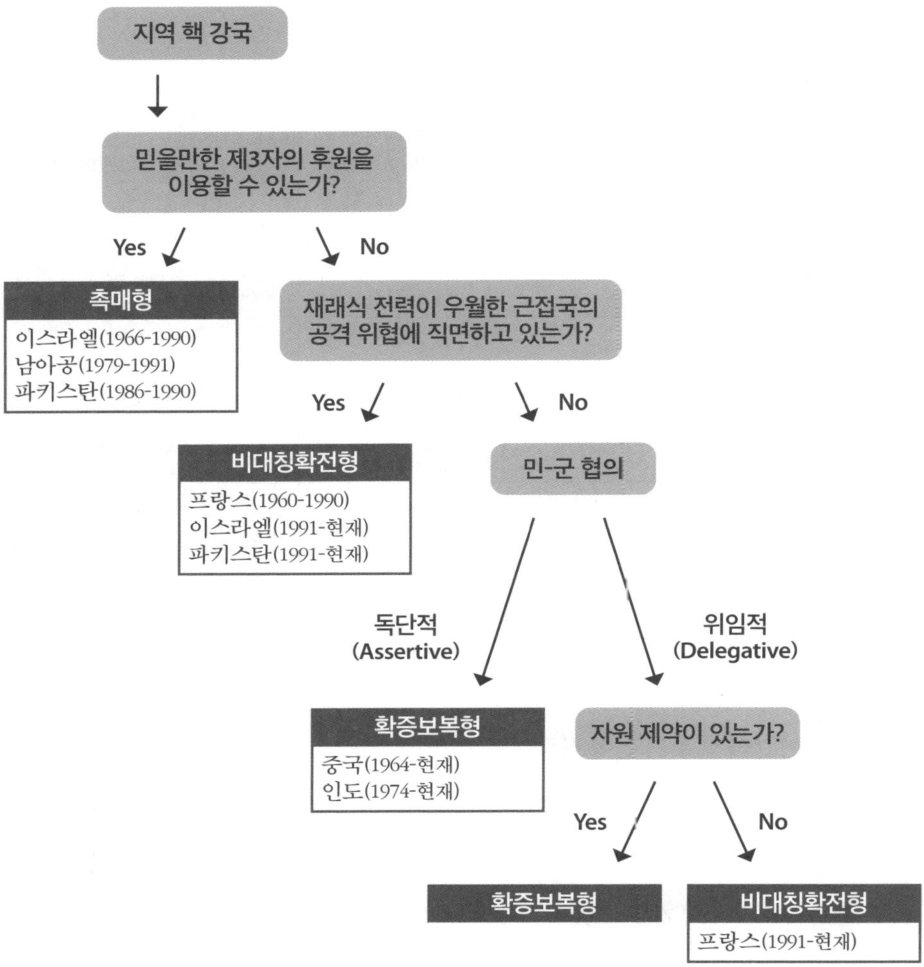

출처: Narang (2014), p. 53을 참조하여 재구성함.

핵 협상을 시작하여 2015년 7월 14일 합의에 이르렀다.[32] 그러나 순조롭게 진행될 줄 알았던 이란 핵 협상은 2018년 5월 미국의 협정 탈퇴로 난항을 겪고 있다.[33] 이란의 핵 개발 단계가 임계 전 핵실험 단계까지 진행된 것으로 볼 때, 협상이 무산될 경우 이란의 핵무기 보유를 위한 진행은 불투명한 상황이 될 것이다.[34] 따라서 이란이 과거에 취했던 핵 운용전략과 향후 핵무기 주기를 완성할 경우 선택할 수 있는 전략을 예측해 보는 것은 불안한 중동정세의 예방 차원에서 필요하다.[35]

핵 개발 과정에서 이란이 초기에 선택한 운용전략은 촉매형이었다. 소련과

---

32 주요 6개국은 유엔 안전보장이사회 5개 상임이사국인 미국, 영국, 프랑스, 러시아, 중국과 독일이다. 이란 핵협정서(JCPOA: Joint Comprehensive Plan of Action)의 핵무기 관련 주요 내용은 다음과 같다. ① 우라늄 농축 관련 활동은 처음 8년간 특정 연구 및 개발에 일정한 제한을 둔다. ② 이란은 10년 안에 IR-1 원심 분리기를 단계적으로 폐기한다. ③ 이란은 농축 우라늄을 축적하지 않는 방식으로 농축 연구 개발을 계속 수행할 수 있다. 이란의 우라늄 농축 연구 개발은 10년 동안 IR-4, IR-5, IR-6, IR-8 원심 분리기만을 포함할 것이며 우라늄 농축을 위한 다른 동위원소 분리 기술에 관여하지 않을 것이다. ④ 이란은 IR-1 원심 분리기를 단계적으로 폐지할 것이며 다른 원심 분리기를 제조하거나 조립하지 않을 것이다. 이란은 JCPOA에 명시된 목적을 위해서만 고급 원심 분리기를 제조할 것이다. ⑤ 이란은 장기 계획에 따라 15년 동안 나탄즈 농축시설에서만 연구 개발을 포함하여 우라늄 농축 관련 활동을 수행하고 우라늄 농축 수준을 3.67%까지 유지하며 포르도 시설은 우라늄 농축 및 연구 개발을 자제하고 핵 물질을 보유하는 것을 삼간다. ⑥ 이란은 포르도 시설을 원자력, 물리 기술 센터로 전환할 것이다. ⑦ 이란이 주요 조치들을 완수했음을 IAEA가 검증하면 대이란 경제제재를 해제한다. 그러나 협정 위반이 발견될 때에는 제재는 다시 효력을 발생한다. U.S. Department of State, "Joint Comprhensive Plan of Action," https://www.state.gov/e/eb/tfs/spi/iran/jcpoa/ (검색일: 2018년 11월 15일).

33 2017년 집권한 트럼프 대통령은 이란과의 핵합의를 '역대 최악의 결정'이라고 비판했다. 특히 합의 내용 중 '일몰조항(sunset clause)', 즉 일정 기간이 지나면 자동으로 폐지되는 부분을 문제 삼았다. 원래 합의에는 '2025년부터 이란의 핵활동 제한을 단계적으로 풀어준다'는 내용이 있는데 이를 용납할 수 없다는 것이다.

34 이란은 미국의 핵협정 파기 1년 후인 2019년 5월 우라늄 농도 제한 상한(3.67%)를 초과한 4.5% 농축을 시작했으며, 2021년 4월에는 이를 60%로 대폭 높였다. 통상 우라늄 농축 수준이 85~90%에 이르면 핵무기 제조가 가능하다. 『동아일보』2021년 4월 24일.

35 폴 브래큰 저·이시은 역,『제2차 핵시대』(서울: 아산정책연구원, 2014), p. 190.

중국의 후원을 받은 북한과는 달리 이란은 명확한 후원국가가 존재하지 않지만 이란의 핵 개발 과정에 가장 많이 관여한 나라는 러시아이다. 이란-이라크 전쟁 이후 본격적인 핵 개발에 착수했을 때, 러시아는 부셰르 원전의 완공에 도움을 주었고 실험용 원자로 공급 및 사용 후 핵연료의 재처리 시설, 핵 기술자 양성까지 상당한 협조를 했다. 이러한 러시아의 지원은 대내외적 경제 이해관계에 따른 것이다. 소련 연방이 해체된 후 러시아는 세계 시장에서 유일하게 경쟁력을 가졌던 분야가 핵에너지와 군사 관련 과학기술이었다. 이란의 부셰르 원전이 성공적으로 완공된다면 비군사용 핵시설까지 기술력을 인정받는 결과를 가져오기에 해외 핵시설 수주를 받을 수 있을 것으로 기대했다.[36] 러시아에게 이란은 경제적으로는 석유산업, 무기 수출, 원자력 발전소 건설의 이해관계를 가지며 지정학적으로는 중동 지역에 대한 미국의 영향력 확대를 견제할 수 있는 협력관계에 있었다.

이란이 은폐전략을 시행하며 후원국가로 러시아를 염두에 둔 반면, 러시아는 평화적 목적의 핵에너지 개발을 돕는 것으로 보았다. 2002년 이란 핵시설이 민간용이 아닌 핵무기 시설이라는 것이 폭로되자 러시아는 이란의 핵무기 개발 포기를 촉구했다. 이란의 핵무기 보유는 중동 지역의 핵 도미노 현상을 불러일으켜 러시아의 중동정책에 위협 요소가 되기 때문이다. 이란의 핵무기와 미사일 개발에 대한 러시아의 입장은 대량살상무기 확산은 반대하지만 핵의 평화적 이용은 찬성하며 정치적 · 외교적 다자주의 해결방안 모색 등 평화

36 Vladimir A. Orlov and Alexander Vinnikov, "The Great Guessing Game: Russia and the Iranian Nuclear Issue," *The Washington Quarterly* Vol.28, No.2 (Spring 2005), p. 51.

적 협상을 통한 타결을 내세웠다. 실제 미국이 경제적 압박의 수위를 높이려 할 때, 러시아는 수차례 이를 제지하기도 했다. 대이란 제재의 수위가 높아지면 러시아의 경제적 · 전략적 이익에 손해를 보기 때문이다. 그러나 이란의 핵 의혹이 계속되자 2009년 이후부터는 대이란 제재를 반대하지 않았다. 러시아의 후원국 역할은 국제정세의 흐름에 따라 변할 가능성이 있다. 러시아와 유럽 및 미국과의 관계가 악화되면 이란에 대한 후원을 강화할 수도 있다. 반면 서방 세력들과의 협력관계가 공고해지면 이란에 대한 지지를 철회할 수도 있다. 이란이 촉매형 전략을 채택할 경우 후원국으로서 러시아를 지목한다면 국제정세의 여러 변수들을 염두에 두어야 할 것이다.

폴 브래큰(Paul Bracken)은 이란이 핵을 보유하게 된다면 핵무기를 ① 최소 억지력 ② 방어적 억지력 ③ 공격적 억지력 ④ 극단적 도발 ⑤ 핵 긴장 유지 ⑥ 정치적 무기로 사용할 것이라 보았다.[37] 이란은 지정학적으로 안보위협에 노출되어 있다. 페르시아만을 사이에 두고 미국의 우방국인 사우디아라비아가 있고 동쪽과 서쪽에는 이라크와 아프가니스탄이 국경을 접하고 있다. 오랜 갈등 관계를 지속하고 있는 이스라엘은 핵보유국이다. 적대관계는 아니지만 핵보유국인 파키스탄과도 국경을 맞대고 있다. 이란이 핵무기를 보유한다면 미국이나 인접한 지상군의 실제적 위협이 발생할 경우 비대칭확전형 전략을 선택하여 선제 핵 사용을 통해 전쟁에서의 선제권을 잡으려 할 것이다. 그러나 이라크와 아프가니스탄에서의 미군 철수와 이스라엘에 대한 중동 내 다른 국가들의 완충 역할은 이란의 안보 상황을 완화시켜 주었고, 선제공격을 가할

37 폴 브래큰 (2014), p. 192.

수 있는 핵무기가 현재로서는 획득이 불가능하기 때문에 비대칭확전형 전략을 취하기는 어려울 것이다.[38]

한편 이란이 확증보복형 전략을 선택할 가능성은 몇 가지로 요약할 수 있다. 첫째, 이란의 현 안보 상황과 민-군 관계를 고려해 볼 때 군부에 핵 사용권을 위임하는 비대칭확전형 전략보다는 확증보복형 전략이 더 우세하다. 핵무기에 대한 최고지도자의 독단적 통제가 가능할 때 사용할 수 있는 확증보복형 전략은 이란의 상황에 따라 적용될 수 있다.[39] 이란 군부는 독특한 이중구조로 구성되어 있다. 통상 이란 군부라 불리는 이슬람 공화국군과 이슬람 혁명수비대로 나뉘어져 있다. 이슬람 혁명수비대가 이슬람 성직자들의 비호하에 성장하여 미사일 관리권을 부여받았지만 카타미 정권 이후 최고지도자의 독단적인 통제하에 운영되고 있다.[40] 국내적으로 이슬람 공화국군과 관료적 경쟁 관계에 놓여 있기에 핵무기에 대한 최종 결정권을 갖기란 쉽지 않을 것이다. 또한 쿠데타 성공으로 정권을 장악한 국가는 군의 관리가 필수적이다. 따라서

---

38 Narang (2015), pp. 86-87.

39 Javed Ali, "Chemical Weapons and the Iran-Iraq War: A Case Study in Noncompliance," *The Nonproliferation Review* Vol.8, No.1 (2001), p. 51.

40 이슬람 혁명수비대(IRGC: Islamic Revolutionary Guard Corps)는 이란 혁명 이후 1만 명 정도의 자원봉사자들로 구성되어 새로운 정권의 핵심 인물들을 보호하고 공공질서를 유지하는 일을 하였다. 이후 정권이 공고화되면서 혁명수비대의 영향력이 확대되었다. 이란-이라크 전쟁을 겪으면서 군대로 확장·재편되어 육군, 해군, 공군을 보유하게 되었고 이란 군부와 균형을 맞추게 되었다. 1980년의 1만 명에서 1983년에는 150,000명, 1985년은 250,000명, 1987년에는 450,000명으로 확장되었다. 또한 이란의 지대공 미사일에 대한 통제권을 부여받았다. 그러나 카타미 대통령 정권 시절 이슬람 혁명수비대 사령관이 주축이 되어 1999년과 2000년의 학생 폭동을 카타미 대통령의 자유주의 정책의 결과라 비난했다. 이 사건으로 이슬람 혁명수비대 장교단은 발언 철회 요구와 이란 군부의 질책을 받게 되었고 대통령에 대한 충성 서약을 다시 하게 되었다. 한종훈, "관료정치모델에 기초한 이란 핵개발 동기에 대한 연구," 『글로벌정치연구』제25권 2호 (2012), p. 152.

군부에 핵무기 사용권을 위임할 수 있는 비대칭확전형 전략보다는 중앙에서 최대로 통제하는 확증보복형 전략을 더 선호할 것이다. 둘째, 이란 핵 운용의 주요 목표는 적대 국가의 핵억지이며 이를 가장 잘 효율적으로 관리해 줄 전략은 확증보복형 전략이다. 셋째, 오랜 경제제재로 인한 자원 제약에 따라 확증보복형 전략을 선택할 것이다. 넷째, 지속적인 후원을 자처할 강대국이 존재하지 않기 때문에 촉매형보다는 확증보복형 전략으로 핵무기의 확실한 능력을 내세워 억지력을 발휘하려 할 것이다.[41] 마지막으로, 국토의 규모가 크기 때문에 핵 공격을 받더라도 핵무기 보유량이 증가한다면 생존 가능한 2차 타격력을 단행할 수 있는 확증보복형 전략을 선택할 것이다.

3. 북한의 핵무기 운용전략

1980년대 말부터 시작된 소련과 동유럽 사회주의 국가들의 붕괴 위기로 김일성의 핵무기에 대한 태도가 점차 바뀌었다. 이전까지는 핵무기를 억제력과 무력 통일의 수단으로 여겼다. 한국전쟁 당시 북한이 핵무기를 보유했다면 미국의 핵 위협에 핵무기로 반응하여 한반도를 통일할 수 있을 것이라고 생각했고 미국이 더 이상 한국을 쉽게 도와주려 참전하지 않을 것으로 여겼다. 한국보다 자국 병사들의 안위가 먼저일 것이라고 생각한 것이다. 그러나 휴전 후 30여 년의 시간 동안, 한국 경제가 빠른 속도로 성장하고 한·미상호방위조약으로 한·미동맹은 공고해졌다. 또한 탈냉전으로 러시아와 중국이 한국 정부와 차례로 정식 외교관계를 맺자 북한의 고립화는 가속화되었다. 이처

41 Narang (2015), pp. 87-88.

럼 1980년대 후반부터 불어닥친 공산권의 개방 물결에 북한은 위기감을 느끼게 되었고 핵무기를 억제력뿐만 아니라 체제생존의 수단으로 여겨 핵 개발에 더욱 박차를 가하였다.[42] 따라서 북한 핵 운용전략의 주요 목표는 독재체제 생존, 핵억지력, 북한의 한반도 주도권 장악 등이라 할 수 있다.

북한의 핵 운용전략은 초기 강대국의 후원을 바탕으로 하는 촉매형 전략이었다. 이후 3차 핵실험을 성공한 후 '자위적 핵보유국의 지위를 공고히 할 데 대한 법'(2013년 4월)을 통해 북한의 공식적인 핵전략인 확증보복형 전략을 선언했다. 그리고 미국 및 한국과 대치 상황이 발생할 때마다 핵 선제공격을 언급하여 비대칭확전형 전략을 보이기도 했다. 북한은 나랭이 제시한 세 가지 핵 운용전략을 모두 추구한 것으로 볼 수 있다.

우선, 북한은 핵 운용 초기 러시아와 중국을 후원국으로 두는 촉매형 전략을 추구했다. 2차 세계대전이 가져온 이데올로기의 대립은 한반도에도 어김없이 적용되어 38선을 경계로 북쪽은 소련의 점령하에 들어갔고 남쪽은 미군정이 실시되었다. 소련에서 훈련받은 김일성은 북한에 사회주의 정권을 수립하고 소련을 후원자로 두었다. 한편 한국전쟁에서 중국이 북한을 지원함으로써 북한은 소련 이외에 또 하나의 우방국을 갖게 되었다. 냉전의 해체로 소련이 붕괴되기 전까지 소련을 후원국으로 삼아 핵무기를 개발 및 운용했고 이후 핵실험 단계에 이른 김정일-김정은 정권에서는 후원자로 중국을 이용하여 핵무기 운용전략을 수립했다고 볼 수 있다. 그러나 냉전이 종식된 후 러시아와 중국은 북한의 후원자 역할을 적극적으로 수행하지 않고 있다.

---

42 장롄구이, "조선 핵무기가 남북관계에 미치는 영향," 제8회 세계한민족포럼 (2007), pp. 49-59.

탈냉전기에 러시아가 북핵 문제와 관련하여 더 이상 북한의 후원자 역할을 수행하지 않는 근거로 러시아의 대북정책을 살펴보면 알 수 있다. 러시아의 대북정책 기조를 보면 첫째, 강대국 지위 확보를 위한 현실주의적 실용주의 노선을 선택하고 있다. 미국의 일방주의를 견제하기 위해 다자적 방식으로 접근하려 한다. 둘째, 러시아는 동아시아에서 미국의 영향력을 견제하고 이 지역의 조정자 또는 세력균형자로서의 위상을 높이려 함과 동시에 경제적 이해관계에 따라 극동지역 개발을 염두에 두고 있다. 이를 위해 아시아의 안전보장공동체를 구축하는 것이 목표이기도 하다. 셋째, 남북한 균형외교 정책을 통해 동북아시아의 영향력 있는 강국으로 자리매김하려 한다. 마지막으로 북한과의 관계 개선이다. 이전의 이데올로기적 동질성에 따른 동맹관계에서 국가이익에 기반한 탈이데올로기적 · 실용주의적 관계를 형성하려 한다.[43] 러시아의 자국 이익에 기초한 실용주의적 외교정책에 따라 북한은 러시아의 후원을 기대할 수 없게 되었다.

북한은 핵 개발 프로그램이 완성되기 전까지 중국이 국제사회의 제재에 바람막이 역할을 해 줄 것으로 기대했다. 실제로 중국은 유엔 안보리 제재 과정에서 북한의 입장을 대변하기도 했다. 또한 북 · 중 접경 지역에서는 제재와는 아랑곳없이 경제활동이 계속되기도 했다. 중국은 1차, 2차 북핵 위기 당시 한반도 비핵화를 주장하는 한편 대북 제재는 반대하며 평화적 해결 방법을 강구하려 했다. 이는 중국이 북한의 '공세적 핵 외교'를 차단하는 것과 동시에 북한

43 박정민, "푸틴 이후 러시아의 대외정책과 대북정책," 『북한연구학회보』14권 1호 (2010), pp. 191-207.

과의 동맹관계를 유지하기 위한 것으로 해석된다.[44] 또한 중국은 자국의 국익에 유리한 방향으로 북핵문제 해결책을 모색하려 한다. 중국의 국익이 북한의 행동과 일치할 경우 중국은 영향력을 행사하는 대신 암묵적 또는 적극적 지지를 표방하고 있다. 반면 중국이 생각하는 외교적 목표와 북한의 정책이 상충할 경우 중국은 자국에 유리한 방향으로 북한의 정책을 변화시키려 할 것이다.[45] 이러한 중국의 대북정책은 북핵문제 해결보다는 북한에 대한 지속적인 영향력 행사와 동북아 지역에서의 패권 유지, 동북아시아에서 미국의 영향력을 약화시키려는 의도로 여겨진다. 따라서 북한이 중국을 후원자로 삼아 촉매형 전략을 세우는 것은 불안정한 전략이 된다. 실제로 북한은 3차 핵실험까지는 중국에 사전 통보했으나 이후 핵실험에서는 중국과 상의하지 않는 모습을 보여 왔다. 또한 6차 핵실험 이후 중국이 대북 제재에 동참하게 되자 더 이상 믿을 만한 제3자의 후원을 이용할 수 없게 되었다.

둘째, 2013년 4월 1일 최고인민회의에서 북한은 핵보유국임을 명시하며 핵전략에 대해 구체적으로 밝혔다. '자위적 핵보유국의 지위를 공고히 할데 대한 법'에서 "조선민주주의인민공화국은 그 어떤 침략 세력도 일격에 물리치고 사회주의제도를 굳건히 보위하며 인민들의 행복한 생활을 확고히 담보할 수 있는 당당한 핵보유국"이라 선언했다. 북한은 미국의 대북 적대시 정책에 대한 정당한 방위수단으로 핵무기를 보유한다(1조)고 주장하며 북한에 대

44 박홍서, "북핵위기시 중국의 대북 동맹안보딜레마 관리 연구: 대미관계의 변화를 주요 동인으로," 『국제정치논총』제46권 1호 (2006), p. 109.

45 박병광, "김정은 방중과 비핵화 그리고 북중관계: 중국은 한반도 평화 정착에 우군 될까," 『북한』통권 557호 (2018), pp. 42-49; 전병곤, "중국의 북핵 해결 전략과 대북 영향력 평가," 『국방연구』제54권 1호 (2011), pp. 26-27.

한 재래식 및 핵무기 공격에 맞서 억제, 격퇴하며 보복타격을 실시한다(2조)고 밝혔다. 이는 핵무기의 방어적 성격을 강조한 것이라 할 수 있다. 또한 핵무기 최종 사용 결정권이 군부에 위임되지 않고 조선인민군 최고사령관에게 있음(4조)을 분명히 밝혀 신중한 핵전략을 수립하였음을 공언했다. 이는 핵전략 중 적의 공격에 맞서 생존하여 2차 타격을 가하는 확증보복형 전략에 해당되는 내용이다. 북한이 자국의 핵전략으로 명시한 확증보복형 전략은 현재 북한의 핵무기 보유량과 국제사회의 제재 및 감시 등을 통해 볼 때 실제로 운용될 가능성이 희박하다. 1차 핵 공격을 당한 후 2차 타격으로 발휘하는 전략을 수행하기에는 북한의 국토 규모와 핵무기 보유량, 그리고 핵무기 관리 체계 등 전략 수행을 뒷받침해 줄 자원이 부족하다. 확증보복형 전략을 북한 핵전략으로 명시함으로써 국제사회로부터 신중한 핵전략을 추구한다는 이미지와 핵보유국으로서의 지위 획득 또는 비난을 회피하고자 하는 의도라고 볼 수 있다.

셋째, 2013년 3차 핵실험으로 북한에 대한 국제사회의 제재가 강화되고 2016년 4차 핵실험 이후 한·미연합군사훈련이 재개되자 북한은 각종 성명을 통해 핵 선제공격의 가능성을 언급했다. 북한은 2013년 3월 인민군최고사령부 명의의 성명을 통해 "군사적 행동은 우리의 자주권 수호를 위한 강력한 핵 선제타격을 포함한다"고 주장했다. 또 2016년 3월 7일 국방위원회의 성명과 같은 날 북한 외무성의 성명을 통해 핵 선제타격권을 주장했다.[46] 이는 불

---

46 2016년 3월 7일 북한 국방위원회는 "적들이 강행하는 합동군사연습이 우리 공화국의 자주권에 대한 가장 노골적인 핵전쟁 도발로 간주된 이상 그에 따른 우리의 군사적 대응조치도 보다 선제적이고 보다 공격적인 핵타격전으로 될 것이다"는 성명을 발표했다. 북한,「국방위원회 성명」 2016년 3월 7일. 같은 날 북한 외무성은 "미국이 핵전쟁의 도화선에 불을 지피려고 하는 이상 우리 혁명무력은 나라의 최고리익을 수호하기 위하여 침략자들의 본거지들에 대한 핵 선제타격권리를 행사하게 될 것이다"고 핵 선제타

안해진 한반도 상황에서 재개된 한·미연합군사훈련을 빌미로 선제 핵 공격이 북한의 실질적인 핵전략임을 드러낸 것이다.[47] 다시 말해 북한은 핵 운용전략 중 매우 공격적이며 위험한 핵의 선제공격을 지향하고 있는 비대칭확전형을 실제적인 핵전략으로 운용하고 있음을 여러 매체를 통해 선언했다.[48]

나랭의 핵 운용전략 중 비대칭확전형이 가장 위험한 전략인 이유는 핵의 선제공격과 군부에 핵의 최종사용권이 위임되기 때문이다. 군부에 최종사용권이 위임될 경우 신속한 공격은 가능하지만 신중한 핵무기 관리는 불투명해진다. 그러나 북한의 경우 북한 독재체제의 성격상 김정은이 핵의 최종 사용을 결정할 것이다. 북한과 같이 김정은이 절대적 권력을 갖고 있는 수령체제에서는 핵무기 사용 결정이 제도적 절차에 따르기보다는 김정은 개인의 자의적 결정이 될 가능성이 높아 군부에 위임하는 방식보다 더 위험할 수도 있다.

격을 주장했다. 북한,「외무성대변인 성명」 2016년 3월 7일.

47 전봉근 (2016), pp. 16-18; 김성철, "북한의 핵전략과 억제," 서울대 통일평화연구원 제51차 통일정책포럼, 2016년 1월 12일, p. 4.

48 북한은 2022년 9월 8일 최고인민회의에서 핵포기 불가 선언과 핵 선제적 사용을 담은 핵전략을 법제화했다. 새 법령은 핵무기 사용의 5가지 조건을 제시했다: ①북한에 대한 핵무기 또는 기타 대량살상무기 공격 감행 또는 임박, ②국가지도부 등에 대한 핵 및 비핵 공격 또는 임박, ③국가의 중요 전략적 대상에 대한 군사적 공격 감행 또는 임박, ④유사시 전쟁 주도권 장악 등 작전상 필요, ⑤국가 존립과 인민의 생명에 파국적 위기 초래 등이다. 공격 '임박징후' 만으로도 핵을 선제적으로 쓸 수 있도록 한 것이다. 황일도, "북한 핵무력정책법 분석: 핵전력 용도 및 지휘통제 조항을 중심으로" 국립외교원 외교안보연구소, IFANS FOCUS (September 14, 2022) 참조.

IV. 북한과 이란의 핵문제 비교

이란과 북한의 핵 개발 동기는 대부분의 잠재적 핵 획득국가들과 마찬가지로 안보문제이다.[49] 이란은 핵을 가졌거나 재래식 전력이 비등한 적대 국가들이 주변에 포진하고 있어서 지역 강국으로서 지역패권 경쟁 의미의 안보문제라면, 북한은 체제생존과 직결된 안보문제라 하겠다. 이란의 경우 세력경쟁 관계에 있는 사우디아라비아 · 이스라엘이 미국의 우방국이며, 북한은 한국 · 일본이 미국과 동맹관계에 있어 핵우산을 제공받고 있다. 이러한 안보 상황에서 이란과 북한이 취할 수 있는 전략은 핵무기 획득을 통해 자력으로 국방을 지키는 것이다. 이란과 북한이 핵 개발 전개 과정에서 보여주는 또 다른 공통점은 미국의 강경한 대이란 · 대북한 정책이다. 미국을 중심으로 한 국제사회의 경제제재와 압박은 두 국가 모두 협상테이블로 이끈 원동력이 되었다.

이란과 북한이 핵 획득과 운용전략을 세우는 데 있어 기본적으로 차이를 보이는 상황과 조건들이 있다. 첫째, 가장 중요하며 큰 차이점은 핵무기 보유와 후원국의 존재 유무, 그리고 군사력에 있다. 이란은 핵무기를 가지고 있지 않을 뿐만 아니라, 명확한 후원국도 보이지 않는다. 중동 지역에는 지역 패권을 두고 다투는 국가들 중에 핵무기를 가진 국가도 있으며 재래식 전력에서도 이란보다 우세한 국가들이 있다. 반면 북한은 6차례의 핵실험(<표 5-4>참조)

49 세이건은 핵무기 개발 동기를 ①안보 위협에 따라 핵무장을 한다는 안보모델, ②지도자나 관료가 국내정치적으로 영향력을 강화하기 위해 핵개발을 추진한다는 국내정치모델, ③국가 정체성의 규범적 상징으로 핵무기를 개발한다는 규범모델로 설명하고 있다. Scott D. Sagan, "Why Do States Build Nuclear Weapon? Three Models in Search of the Bomb," *International Security* Vol.21, No.3 (1996/97), p. 55.

<표 5-4> 북한의 핵실험 현황

구분	1차	2차	3차	4차	5차	6차
일시	2006.10.9	2009.5.25	2013.2.12	2016.1.6	2016.9.9	2017.9.3
한국추정 위력	0.8kt (진도 3.9)	3~4kt (진도 4.5)	6~7kt (진도 4.9)	6kt (진도 4.8)	10kt (진도 5.0)	50kt (진도 5.7)
해외추정 위력	2kt (진도 4.2) BGR	13kt (진도 4.8) BGR	40kt (진도 5.2) BGR	6~12kt (진도 5.1) EMSC	30kt (진도 5.3) EMSC	100~200kt (진도 6.3) USGS
北 발표	100% 우리 지혜와 기술로 핵실험 성공	핵억제력 강화 / 폭발력과 조정기술 향상	소형화, 경량화된 원자탄 사용, 다종화 성능 과시	첫 수소탄 실험 / 소형화된 수소탄 위력 증명	핵탄두 폭발 시험 / 핵탄두 표준화, 규격화 달성	대륙간탄도로케트 장착용 수소탄 시험 성공

주: BGR(독일 연방지질자원연구소), EMSC(유럽·지중해 지질센터), USGS(미국 지질조사국)

을 통해 핵무기 보유가 기정사실화되었고, 중국이 후원국으로 존재하고 있다. 또한 상당한 재래식 군사력도 가지고 있다. 두 국가의 이러한 차이는 결과적으로 미국이 핵문제를 해결하는 방법으로 군사적 옵션을 염두에 둘 때, 이란의 경우 가능성이 높고 북한의 경우는 상대적으로 낮다. 두 번째 차이점은, 이란은 석유 수출산업국으로 개방경제 국가이며 국내 정치구조는 최고지도자가 존재하는 독재정치 체제임에도 대통령과 의회는 선거로 선출되는 이원적 구조이다. 따라서 국민의 의견이 어느 정도 반영된다고 볼 수 있다. 그러나 북한은 폐쇄경제 체제에 여론이 전혀 정치 전반에 반영되지 않는 독재국가이다. 그 결과 국제사회의 경제제재에 이란은 민감하게 반응하지만, 북한은 영향을 크게 받지 않는다. 마지막으로 핵 협상 과정에서 드러나는 차이로 이란의 석유산업과 밀접한 이해관계를 갖고 있는 유럽연합은 이란 핵문제 해결에 적극적으로 나서고 있다. 이란과 적대적인 관계에 있는 이스라엘은 이란 핵 폐기

<표 5-5> 북한과 이란의 핵문제 비교

	이란	북한
핵무기보유 여부	X	○
후원국 존재	없음	중국
군사력	주변국보다 약함	강함
미국의 군사적 방법 가능성	높음	낮음
경제개방성	개방 (석유수출)	폐쇄
독재정치 (국민요구에 대한 반영 유무)	△ (어느 정도 반영)	○ (전무)
국제사회의 경제제재 영향	높음	낮음
상대국가의 적극성	이스라엘 적극적 유럽 적극적	한국 소극적 (남북관계 개선 > 핵무기 해결)
미국의 해결 이니셔티브 (핵 협상 성공가능성)	높음	낮음

가 안보와 직결되는 문제이기 때문에 이란 핵문제 해결에 매우 공격적인 접근을 하려 한다. 북한의 경우에는 북핵문제 해결에 있어 한국 정부가 북핵에 대한 피해 당사자이기보다는 중재자 역할을 자처하고 있으며 오히려 남북관계 개선에 무게 중심을 두고 있다. 중국은 미 · 중 패권 경쟁의 연장선상에서 북핵문제를 바라보고 있다. 따라서 핵 협상 과정에서 이란 핵 협상은 상대 국가들이 적극적으로 나서는 반면, 북한 핵 협상은 상대적으로 소극적이라 하겠다.

이란은 2015년 서구 세력들과 핵 협상을 타결했다. 이란 핵 획득 및 운용전략 수립과정에서 나타나는 상황과 조건들이 핵 협상 결과에도 영향을 주었다. 핵무기 주기를 완성하지 못한 상태에서 핵 협상을 시작했고 주변 적대 국가들의 적극적인 핵 협상 관여로 이란과의 핵 협상은 타결되었다. 트럼프 행정부의 핵협정 탈퇴로 현재 지체되는 과정에 있으나 이란의 국내 · 국제정치적 상황을 고려해 볼 때 성공적인 핵 협상을 기대해 볼 수 있다. 반면 북한은 한국 및 미국과의 정상회담으로 핵 협상을 시작했지만 북한의 비핵화를 이끌어 내는 핵 협상의 성공 가능성은 낮다. 첫 번째 이유로 북한 비핵화는 핵무기, 핵물질, 핵시설, 핵 지식을 완전 폐기할 때 성립된다. 북한은 시기와 절차 등을 협상한 후 사찰을 허용하겠다는 일반사찰을 주장하지만 '완전하고 검증 가능하며 돌이킬 수 없는 폐기(CVID: Complete, Verifiable, Irreversible Dismantlement)'를 위해서는 임의사찰이 필요하다. 북한 정권이 임의사찰을 허용할 가능성은 매우 낮다. 북한 핵 협상이 어려운 두 번째 이유는 '분단국 상황'이다. 핵을 보유한 북한은 군사력 우위로 인하여 경제력에서 월등한 한국과 세력균형의 지위를 갖게 되지만 비핵화를 할 경우 재래식 군사력과 경제력에서 한국에 많이 뒤져서 남북 사이의 전략적 균형이 무너지게 된다. 북한 정권이 비핵화를 할 경우 한반도의 주도권을 한국 정부에 넘겨줘야 할 상황도 고려해야 하기에 비핵화를 결정내리기란 쉽지 않다. 따라서 이란과 달리 북한의 핵 협상은 난항을 겪을 것으로 보인다.

V. 맺는말

이란과 북한이 국제사회에서 대표적인 불량국가(rogue state)로 명명된 배경에는 반미국가인 동시에 핵무기 개발과 핵 기술의 불법적 유통이 가장 큰 요인이었다. 2015년 서방 세력들과의 극적인 핵 협상을 타결한 이란은 협상을 시작했고 진전이 있었다는 점에서 일단 핵 포기 단계로 넘어섰다고 할 수 있다. 핵 협상 과정에서 완전한 핵 포기를 명시하기 위한 미국의 탈퇴로 인해 앞으로 이란의 행보가 주목된다. 이란 핵 개발의 주요 획득전략이 은폐전략이었음을 상기해 볼 때 핵 기술과 시설을 갖고 있는 이란이 과연 완전하고 검증 가능한 핵 포기를 선언할지, 아니면 국제적 감시와 제재를 피해 핵 무기화를 추구할지 불분명하다. 먼저 이란이 다시 핵무기 개발을 시도하게 된다면 전력질주전략을 채택할 것이다. 임계 전 핵실험 단계에서 핵 시설이 노출되었기 때문에 국가적 차원의 핵무장화를 시도한다면 전력질주전략을 취할 가능성이 높다. 핵 무기화에 완성한다면 중동 지역의 안보는 심각한 상황에 놓이게 되므로 핵 운용전략은 촉매형보다는 핵무기 수를 증대하여 2차 공격 능력을 갖는 확증보복형 전략을 선택할 것이다. 기존의 핵무기를 보유한 국가들은 이란의 핵시설을 파괴하기 위해 선제공격을 감행할 가능성이 있으며 이 경우 이란은 심각한 피해를 받더라도 넓은 영토 덕분에 생존하여 2차 타격을 가할 수 있다. 또한 군부에 핵 사용권을 위임하지 않고 중앙에서 최고지도자가 관리하기 때문에 일률적인 지휘체제로 핵무기를 사용할 수 있다. 확증보복형 전략을 취할 경우 이점은 핵무기의 확실한 능력을 명시하기 때문에 주변 국가들이 섣불리 선제 핵 공격을 하지 못한다는 것이다. 그러나 이란이 핵 무장화에 성공할 가능성은 적다. 이란은 개방경제 사회이며 여론이 선거를 통해 국내정치에 영향을 줄 수 있다. 이란이 핵무기 개발을 포기하고 핵 협상에 나선 것도 오랜 기간 국제사회의 제재에 극심한 경제난을 겪었던 이란 국민의 의견이 대통령 선거에 표출된 결과라 할 수 있다. 또한 이란의 석유산업에 이해관계를 갖고 있는 유럽연합과 중동 지역의 세력균형을 유지하고자 하는 미국과 러시아의 영향력이 이란의 핵 무장화를 포기하게 만들 것이다.

2017년까지 핵실험을 통해 핵 무장화를 선언하였던 북한이 돌연 2018년 한국 및 미국과의 정상회담을 통해 핵 협상을 시작했다. 협상 초반 북핵문제가 30여 년 만에 해결되는가 싶더니 이후 남북 문화 및 체육 교류는 활발하게 진행되고 있지만 협상 진전은 더뎌지고 있다. 북한은 김일성 정권 시기 소련과 중국의 후원으로 방호벽추구전략과 촉대형을 선택하여 핵 개발을 시작했다. 이후 탈냉전으로 공산권이 붕괴되면서 북한은 은폐전략으로 핵 개발을 진행했다. 두 차례의 북핵 위기를 맞은 북한은 국제사회의 감시와 압박 강도가 높아지자 전력질주전략으로 핵 개발을 완성했다. 중국의 후원을 이용하여 촉매형 전략을 운용전략으로 채택했지만 중국의 후원이 철회될 경우 북한은 비대칭확전형 전략을 취할 가능성이 높다. 비대칭확전형 전략은 선제 핵 공격을 주요 구상으로 삼기 때문에 매우 위험하고 공격적인 전략이다.

이란과 북한의 핵전략은 지정학적 · 국내적 · 국제정치적 상황에 따라 선택되었기에 상이하다. 두 국가의 핵전략은 핵 협상에도 영향을 준다. 이란은 위험회피전략과 은폐전략을 사용하여 핵 획득을 시도하였으나 결국 실패했고, 운용전략으로는 촉매형을 취하려 했지만 러시아의 후원이 명확하지가 않았다. 이러한 이란의 핵 획득 및 운용전략은 핵 협상을 이끌어 낸 요인이 되었다. 은폐전략에 그친 핵 획득전략은 핵 무기화까지 이르지 못했고 분명한 후원국이 존재하지 않은 상황은 이란 핵 협상의 성공 가능성을 높여 주었다. 이에 더해 국내정치적으로 개방경제 사회일 뿐 아니라 국민의 요구가 정치적으로 반영되는 정치구조는 국제사회의 경제제재에 영향을 받을 수밖에 없었다. 이란이 핵 획득 및 운용전략에서 신중한 전략 선택을 한 배경에는 주변에 적대국이 많다는 것을 의미한다. 즉, 위험회피전략과 은폐전략, 촉매형을 선택하는 데에는 핵 개발이 드러날 경우 지역 내 핵 도미노 현상과 같은 심각한 안보위협 상황을 불러올 수 있기 때문이다. 따라서 이란의 핵시설이 노출되었을 때, 이란은 국제사회로부터의 신뢰를 잃음과 동시에 이란을 적극적으로 방어해줄 후원국이 없었고 오히려 주변 지역 국가들의 적극적인 핵 폐기 요구가 있었다. 이러한 연유로 이란의 핵 협상은 성공적인 타결에까지 이를 수 있었다. 반면 북한은 처음부터 강대국의 후원을 배경으로 핵 개발을 시작했고 은폐전략과 전력질주전략을 통해 핵 무기화에 성공했다. 핵 운용전략에 있어서도 초기에는 러시아와 중국을 후원국으로 삼는 촉매형 전략을 구사했으나 2016년 4차 핵실험 이후 핵 선제공격을 주장하는 비대칭확전형 전략의 면모를 보이고 있다. 또한 국제사회의 경제제재에 영향을 크게 받지 않는 폐쇄형 경제체제를 갖고 있을뿐더러 국민의 요구가 전혀 반영되지 않는 독재국가이다. 따라서 북한과의 성공적인 핵 협상을 위해서는 북한 후원국들의 후원 철회 내지 적극적인 대북제재 동참과 함께 국제사회의 일관된 대북정책에서의 공조가 있어야 할 것이다.

참고문헌

강준만. 『한국현대사 산책 1950년대편 3: 6 · 25 전쟁에서 4 · 19 전야까지』 서울: 인물과 사상사, 2004.

김성철. "북한의 핵전략과 억제," 서울대 통일평화연구원 제51차 통일정책포럼. 2016년 1월 12일.

김태우. "이스라엘의 국가생존 역사와 전략." 『국방정책연구』 제53권 (2001).

김태현. "억지의 실패와 강압외교." 『국제정치논총』 제52집 1호 (2012).

박병광. "김정은 방중과 비핵화 그리고 북중관계: 중국은 한반도 평화 정착에 우군 될까," 『북한』 통권 557권 (2018).

박정민. "푸틴 이후 러시아의 대외정책과 대북정책." 『북한연구학회보』 14권 1호 (2010).

북한. 「국방위원회 성명」 2016년 3월 7일.

_____. 「외무성대변인 성명」 2016년 3월 7일.

박홍서. "북핵위기시 중국의 대북 동맹안보딜레마 관리 연구: 대미관계의 변화를 주요 동인으로." 『국제정치논총』 제46권 1호 (2006).

백학순. "북한의 국가형성에 있어서 김일성의 자율성 문제." 『한국정치학회보』 28권 2호 (1995).

비핀 나랭. 『현대핵전략』, 권태욱 · 김용범 역. 서울: 국방대학교 국가안전보장문제연구소, 2016.

엄호건. 『북한의 핵무기 개발』 서울: 백산자료원, 2009.

이재봉. "북한 핵무기, 언제부터 왜 만들었는가." 『프레시안』 2014년 8월 8일.

이춘근. 『북한 핵의 문제: 발단, 협상과정, 전망』 서울: 세종연구소, 1995.

이춘근. 『북한의 과학기술』 서울: 한울아카데미, 2005.

장롄구이. "조선 핵무기가 남북관계에 미치는 영향," 제8회 세계한민족포럼 (2007).

전병곤. "중국의 북핵 해결 전략과 대북 영향력 평가." 『국방연구』 제54권 1호 (2011).

전봉근. "북한 핵전략의 유형과 특징 평가: 선언적 핵전략을 중심으로." 정선 국제정치학회 발표논문 (2016).

폴 브래큰. 『제2차 핵시대』, 이시은 역. 서울: 아산정책연구원, 2014.

한종훈. "관료정치모델에 기초한 이란 핵개발 동기에 대한 연구." 『글로벌정치연구』 제25권 2호 (2012).

함형필. "북한의 핵전략 구상과 전략적 딜레마 고찰." 『국방정책연구』 제25권 2호 (2009).

황일도. "북한 핵무력정책법 분석: 핵전력 용도 및 지휘통제 조항을 중심으로" 국립외교원 외교안보연구소, IFANS FOCUS (September 14, 2022).

Albright, David and Corey Gay. "Taiwan: Nuclear Nightmare Averted." *Bulletin of the Atomic Scientists* Vol.54, No.1 (January/February 1998).

Ali, Javed. "Chemical Weapons and the Iran-Iraq War: A Case Study in Noncompliance." *The Nonproliferation Review* Vol.8, No.1 (2001).

Binder, David. "Information Abstracts." *The New York Times* (March 16, 1976).

Branigin, William. "Iran Set to Scrap $34 Billion Worth of Civilian Projects." *The Washington Post* (May 30, 1979).

Chubin, Shahram. "The Politics of Iran's Nuclear Program." in Robin Wright, *The Iran Primer: Power, Politics, and U. S. Policy*. Washington, D. C. : U. S. Institute of Peace Press, 2010.

Crane, Conrad C. "To Avert Impending Disaster American Military Plans to Use Atomic Weapons During the Korean War." *The Journal of Strategic Studies* Vol.23, No.2 (2000).

Jervis, Robert. "The Political Effects of Nuclear Weapons: A Comment." *International Security* Vol.13, No.2 (Autumn 1988).

Kranish, Arthur. "CIA: Israel Has 10-20 A-Weapons." *The Washington Post* (March 15, 1976).

Kroenig, Matthew H. "Time to Attack Iran: Why a Strike is the Least Bad Option." *Foreign Affairs* (January/February 2012).

Mazarr, Michael J. "Going Just a Little Nuclear: Nonproliferation Lessons from North Korea." *International Security* Vol.20, No.2 (Fall, 1995).

Mearsheimer, John J. *The Tragedy of Great Power Politics*. New York: W. W. Norton, 2001.

Narang, Vipin. *Nuclear Strategy in the Modern Era: Regional Powers and International Conflict*. Princeton: Princeton University Press, 2014.

_____. "Nuclear Strategies of Emerging Nuclear Powers: North Korea and Iran." *The Washington Quarterly* Vol.38, No.1 (Spring 2015).

_____. "Strategies of Nuclear Proliferation." *International Security* Vol.41, No.3 (Winter 2016/17).

Orlov, Vladimir A. and Alexander Vinnikov. "The Great Guessing Game: Russia and the Iranian Nuclear Issue." *The Washington Quarterly* Vol.28, No.2 (Spring 2005).

Quillen, Chris. "Iranian Nuclear Weapons Policy: Past, Present, and Possible Future." *Middle East Review of International Affairs* Vol.6, No.2 (June, 2002).

Sagan, Scott D. "Why Do States Build Nuclear Weapons?" *International Security* Vol.21, No.3 (Winter 1996/97).

Sagan, Scott D. and Kenneth N. Waltz. *The Spread of Nuclear Weapons: A Debate Renewed*. New York: W. W. Norton & Company, 2003.

Trachtenberg, Marc. "The Influence of Nuclear Weapons in the Cuban Missile Crisis." *International Security* Vol.10, No.1 (Summer 1985).

U.S. Department of State, "Joint Comprehensive Plan of Action," https://www.state.gov/e/eb/tfs/spi/iran/jcpoa/

<부록 5-1> 북한의 핵 능력에 대한 기관 및 전문가 평가

출처	핵탄두수	기타 관련 사항
미국 국방정보국(DIA)[1] (2017)	60개	-
조명균 전 통일부장관[2] (2018.10)	20~60개 추정	• Pu 보유량: 50여 kg • HEU 보유량: 상당한 양 (국방백서 2020)
미국 핵분열성 물질에 관한 국제패널[2] (2020.5)	10~20개 (2019.1)	• Pu 보유량: 40kg • HEU 보유량: 100kg (2018.12)
지그프리드 헤커 박사[3] (2021.4)	20~60개 추정 (45개일 가능성 가장 높음)	• 매년 Pu 6kg, HEU 175kg 생산 능력 보유
SIPRI Yearbook 2021[4] (2021.6)	40~50개 추정	-
아산정책연구원 • RAND[5] (2021)	67~116개	2027년까지 151~242개 보유 전망
데이비드 올브라이트[6] 과학국제안보연구소(ISIS) 소장 (2022.4)	20~60개	북한 핵무기의 위력을 30~50Kt 으로 추산
Federation of American Scientist(FAS)[7] (2022)	20개	-
일본 나가사키대 핵무기폐기연구센터[8] (2022.6)	40개 (2020년에는 35개로 추정)	• Pu 보유량: 40kg • HEU 보유량: 450kg (2018.12)

출처 1) 미국 의회조사국 보고서, North Korea's Nuclear and Missile Programs (2021.01.15.). 함형필, "북한의 핵전략 변화 고찰: 전술핵 개발의 전략적 함의"『국방정책연구』 2021년 가을, 통권 133호, p.18에서 재인용

2) 김보미, "8차 당대회 이후 북한 핵전략의 변화 가능성: 최소억제에서 공세적 핵전략으로의 전환 여부" 국가안보전략연구원 『INSS 전략보고』 No.148 (December 2021), p.4에서 재인용.

3) 38 North, "Estimating North Korea's Nuclear Stockpiles: An Interview with Siegfried Hecker," 38 North (April 30, 2021), https://www.38north.org/2021/04/estimating-north-koreas-nuclear-stockpiles-an-interview-with-siegfried-hecker/ (검색일:2021년 9월 20일)

4) SIPRI, SIPRI Yearbook 2021, https://www.sipri.org/sites/default/files/2021-06/yb21_10_wnf_210613. (검색일: 2021년 9월 20일)

5) 아산정책연구원·랜드연구소, 『북핵 위협, 어떻게 대응할 것인가』 (서울: 아산정책연구원, 2021)

6) "북, 우라늄 적게 쓰는 2단계 수소폭탄 실험 가능성" 『중앙일보』 2022년 4월 7일.

7) https://fas.org/issues/nuclear-weapons/status-world-nuclear-forces/(검색일: 2022년 5월 1일)

8) 일본 나가사키대학 핵무기폐기연구센터(RECNA), '2022년판 세계의 핵물질 데이터' (2022. 6)

<부록 5-2> 핵탄두·운반수단 보유 현황(2020)

국가	보유연도	핵탄두	Delivery System		
			ICBM	SSBN/SLBM	전략폭격기
미국	1945	5,550	400	14/280	66
러시아	1949	6,255	336	11/160	76
중국	1964	350	104	6/72	4
영국	1952	225	0	4/48	0
프랑스	1960	290	0	4/48	0
인도	1974	156	some	1/12	0
파키스탄	1998	165	0	0	0
이스라엘	?	90	0	0	0
북한	2006	40~50	8+	0	0

주 : 핵 보유연도는 최초의 핵실험 연도를 기준으로 함
이스라엘의 경우, 공식적인 핵실험은 미상 (1976년 추정)
SSBN은 핵미사일(SLBM)을 발사할 수 있는 핵추진 전략잠수함임
전략폭격기란 핵무기 장착이 가능하고, 공중급유 없이 장거리 폭격이 가능한 폭격기임

출처: 핵탄두 및 SLBM 개수는 Stockholm International Peace Research Institute(SIPRI), SIPRI Yearbook 2021; World Nuclear Forces, 2020 https://www.sipri.org/sites/default/files/YB20%2010%20WNF.pdf (검색일: 2022년 5월 31일). Delivery System은 International Institute for Strategic Studies(IISS), The Military Balance 2021(London: Routledge, 2021)을 참고하여 작성.

* **핵탄두 위력의 확대**
① 1945년, 최초의 원자폭탄(리틀보이, 히로시마 투하): 15Kt(미국)
② 1954년, 최초의 수소폭탄(캐슬브라보): 15Mt, 히로시마 투하 폭탄의 1,000배 (미국)
③ 1961년, Tsar Bomba(황제폭탄): 50Mt, 히로시마 투하 폭탄의 3,333배 (소련)

** 2022년 4월 20일 러시아가 차세대 대륙간탄도미사일(ICBM) 'RS-28 사르맛'의 시험발사에 성공했다. 이 미사일은 메가톤급 핵탄두 10개 이상(15개까지 탑재 가능 추정) 탑재할 수 있어 위력이 제2차 세계대전 당시 일본 히로시마에 투하된 원자폭탄의 2,000배(30Mt)에 이를 것으로 평가된다.
러시아는 이 미사일이 미국 텍사스주나, 프랑스 정도의 면적을 완전히 파괴할 수 있다고 주장한다. 『중앙일보』 2022년 4월 22일.

*** 일본은 핵탄두 7천 683기 분량인 비군사용 분리 플루토늄 46.1t (46,100kg)을 보유한 것으로 평가된다. 일본 나가사키대학 핵무기폐기연구센터(RECNA), '2022년판 세계의 핵물질 데이터' (2022. 6)

<부록 5-3> 미국과 러시아의 핵무기 현황(2020)

● 미국의 핵무기 현황(2020)

운반체		발사체	대수	유효거리(Km)	탄두수	탄두위력(Kt)
전략 핵무기	ICBM	Minuteman III	400	13,000	800	1-3 W78 x 335 (MIRV) 1 W87 x 300
	SLBM	Trident II	280	-	1,920	1-8 W76-1 x 90 (MIRV) 1-2 W76-2 x 8 (MIRV) 1-8 W88 x 455 (MIRV)
	전략 폭격기	B-52H	46	16,000	528	ALCM/W80-1 x 5~150
		B-2A	20	11,000	322	B61-7x0~360/-11x400 B83-1 x low~1,200
전술 핵무기	중력 폭탄	F-15E, F-16 DCA	n/a		230	1-5 B61-3/-4 bombs x 0.3~170
합계(Total Stockpile)					3,800	

주: 핵탄두 합계 3,800개는 Stockpile[Deployed(1,800)+Reserve(2,000)] 기준임
Total Inventory (해체되었거나 해체 대기 중인 핵탄두 포함, 1,750개)는 5,550개임

출처: Hans M. Kristensen & Matt Korda, "United States nuclear weapons, 2021," Bulletin of the Atomic Scientists, Vol. 77, (26 January 2021)

● 러시아의 핵무기 현황(2020)

운반체		발사체	대수	탄두수	탄두위력(Kt)
전략 핵무기	ICBM	SS-18,19,25,27	310	1,189	10x500~800(MIRV) 6X400(MIRV) 4x100(MIRV) 10x500(MIRV)
	SLBM	SS-N-18,23,32	176	816	3x50(MIRV) 4x100(MIRV) 6x100(MIRV)
	전략 폭격기	Tu-95	55	448	6-16xAS-15A ALCMs or 14xAS-23B ALCMs
		Tu-160M	13	132	12xAS-15B ALCMs or AS-23B ALCM, bombs
전술 핵무기	ABM/Air Land-based air Ground-based Naval	SS-300/S-400 등 Tu-22M3/Su-24M/Su-34 SS-26 Stone SSM Submarines/surface ships	886 ~300 164 -	1,912	1 x 10~350 ASMs, ALBM, bombs 1 x 10~100 LACM, SLCM, ASW, SAM
합계(Total Stockpile)				4,497	

주 : 핵탄두 합계 4,497개는 Stockpile[Deployed(1,600)+Reserve(2,897)] 기준임
Total Inventory (해체되었거나 해체 대기 중인 핵탄두 포함, 1,760개)는 6,257개임

출처: Hans M. Kristensen & Matt Korda, "Russia nuclear weapons, 2021," Bulletin of the Atomic Scientists, Vol. 77, No. 2 (2021)

제6장

북한의 군사도발과 환경적 요인

I. 머리말

북한은 2016년 '핵보유국'임을 대내외에 선전하면서 1월 6일 4차 핵실험을 시작으로 이틀 뒤 잠수함 발사 탄도미사일(SLBM: Submarine Launched Ballistic Missile) 시험 발사를 공개했다. 이후 한 달여 만에 평안북도 철산군 동창리에서 장거리 미사일인 대포동 2호를 발사하는 등 군사도발을 지속해 왔다. 이어서 4차 핵실험 이후 불과 8개월이 지난 동년 9월 9일 북한 정권수립일에 맞춰 5차 핵실험을 단행했다. 이전까지 북한의 핵실험들이 2년에서 3년 정도의 시간적 공백을 두고 발생했다는 점을 고려할 때, 5차 핵실험은 공백이 상대적으로 크게 단축되었다는 점에서 다른 핵실험 사례들과 차별성을 가진다. 이 차별성이 국제사회로부터 북핵문제에 대한 위기감 고조와 시급한 사안이라는 분위기를 조성함에 따라 무기금수, 화물검색, 금융제재 등 대북제재의 압박

* 이 글은 남궁영·박신영, "북한의 군사도발과 환경적 요인 연구" 『세계지역연구논총』 제37집 1호 (2019)를 수정·보완한 것이다.

수준이 더욱 강력하게 변화하고 있다.

5차 핵실험을 배경으로 채택된 국제연합(UN) 안전보장이사회(이하 안보리) 대북제재 결의 제2321호는 중국의 협력을 동반하는 내용을 포함함으로써, 기존의 대북제재보다 확대되고 강력해진 조치라고 평가되었다. 그러나 북핵 문제를 해결하기 위해 국제사회로부터의 대북제재 수위가 높아지고 있음에도 불구하고, 북한은 지속적인 미사일도발을 감행하면서 동시에 소형무인기, GPS(Global Positioning System) 전파교란, 사이버 해킹 등 새로운 방식의 도발 유형으로 진화하는 움직임을 보이고 있다. 북한은 2017년 9월 6차 핵실험을 감행했으며, 11월에는 장거리 미사일(화성 15형)을 시험 발사했다. 김정은은 2018년 '신년사'에서 핵무력 완성을 공표했다. 북한은 이제 실질적인(de facto) 핵무기보유국으로 한반도 안보에 위협을 가하고 있으며 그 영향은 동북아는 물론 전 세계로 범위를 넓히고 있다.

본 연구는 이러한 북한 핵무기 개발의 위기 속에서 북한이 국가적 차원에서 시행하는 군사도발 행위를 연구대상으로 삼고, 어떤 환경에서 북한이 군사도발을 하는가를 발견하는 것을 목적으로 한다. 즉, 실제 북한의 군사도발이 발생하는 환경적 요인을 밝힘으로써, '왜 북한은 도발하고 있는가'의 물음에 대한 접근을 시도하고자 한다. 이를 위해서 본 연구에서는 단편적인 사례연구와 통계자료를 인용한 것이 대부분인 기존의 북한 도발 관련 연구에서 벗어나, 원자료(raw data)를 통하여 북한의 군사도발 현황과 추이를 분석함으로써 도발 유형의 변화와 도발 발생 상황에서의 환경적 요인을 파악하고자 한다.

본 연구는 북한의 군사도발 관련 통계자료의 한계점을 극복하고자 국방부와 통일부에서 제공하는 일지자료를 통하여 북한의 군사도발 사례를 정리하여 데이터 테이블을 작성했다.[1](<부록6-1> 참조) 그러나 국방부와 통일부에서 제공되고 있는 일지자료의 한계로 인하여 연구의 시간적 범위를 2003년에서 2017년까지로 설정한다. 이 자료를 바탕으로 ① 북한의 주요 군사도발 유형과 변화, ② 북한의 군사도발과 연관성을 가지는 환경적 요인을 분석하고자 한다.

북한의 주요 군사도발 유형과 변화는 국방부의 『국방백서』와 통일부의 "남북관계주요일지"를 자료로 2003~2017년 기간 동안 발생한 모든 북한의 군사도발 행위를 정리하여 데이터 테이블을 만들어 시계열상의 변화양상을 검토한다. 군사도발은 침투도발, 국지(육상 · 해상 · 영공)도발, 핵실험, 미사일도발로 분류한다.[2]

북한의 군사도발과 연관성을 갖는 환경적 요인을 파악하기 위해서는 북한이 체제위험 상황으로 인식할 수 있는 환경적 요인과 군사도발 행위 양상을 비교 분석한다. 이를 위해 북한의 국가체제에 대한 대내외적 특수성을 고려하여, '독재국가'라는 국내적 특수성과 '불량국가'라는 대외적 특수성에 기반을 두고 환경적 요인을 검토한다. '독재국가'라는 국내적 특수성에 따라서는 ①

1 본 연구 과정을 통해서 작성된 북한의 군사도발 데이터 테이블과 『국방백서』를 비교하였을 때, NLL침범과 관련한 도발 집계가 다른 도발 유형 대비 크게 차이가 나타났다. 그 이유는 상선과 어선 등 일부 침범 행위자에 대한 도발 적용기준에서 차이가 있기 때문이다. 『국방백서』에서는 상선과 어선의 NLL침범을 '국지도발' 행위로 구분했다. 예를 들어 『2016 국방백서』 기준 '접적해역 도발'에 2010~2014년 188로 기록된 반면, 본 연구에서 작성한 북한의 군사도발 데이터 테이블 상에서는 '해상국지도발'은 2010년 3건, 2011년 7건, 2012년 4건, 2013년 8건, 2014년 12건으로(2010~2014년 34건) 기록되었다. 추가로 여기에는 『국방백서』의 도발 행위 수와 도발 사건 수 간의 계산 오류가 내재하여 있는 것으로 추정된다.

2 미사일 관련 데이터의 경우 군사도발의 목적 외에도 실험 혹은 개발에 목적을 두고 발생할 수 있는데 이 점에 관해서는 북한의 정확한 의도를 파악하기 힘들다는 한계에 따라서 모든 미사일 관련 이슈들을 통합하여 분석했다.

국내 경제위기, ② 국가 최고지도자의 교체를 환경적 요인으로 설정하고, '불량국가'라는 대외적 특수성에 따라서는 ① 국제기구로부터의 대북제재, ② 군사적 대외압력을 환경적 요인으로 설정했다.

II. 북한의 군사도발 현황과 추이

1. 군사도발 현황

국방부의 『국방백서』와 통일부의 "남북관계주요일지"를 원자료로 분석한 결과, 2003년부터 2017년까지 발생한 북한의 군사도발 발생 건수는 202건이다. 도발 유형을 침투 · 국지도발(침투도발, 육상국지도발, 해상국지도발, 영공국지도발)과 핵 · 미사일도발(핵실험, 미사일도발)로 구분하여 연도별 발생 건수를 정리하면 <표 6-1>과 같다.

연도별로 살펴보면, 2005년부터 2008년 사이에 북한의 군사도발은 연 0건에서 2건 사이에 그쳤지만, 2009년부터 발생 건수가 크게 증가하여 2014년에 45건으로 가장 많이 발생했다. 그러나 2005년부터 2008년 사이에 발생한 북한의 군사도발은 장거리 미사일도발, 1차 핵실험, 금강산 관광객 피격 사망사건 등 도발 수준에 있어서 남북관계에 심각한 위기를 조성했다.

도발 유형별로 살펴보면, 침투 · 국지도발이 109건, 핵 · 미사일도발이 93건으로 침투 · 국지도발이 더 많이 발생했다. 단편적으로 보면 침투 · 국지도발이 북한의 주요 도발 유형인 것처럼 보일 수 있으나, 도발 유형을 보다 세부적인 분류를 통하여 살펴보면 미사일도발이 87건으로 가장 많이 발생한 도발 유형이라는 것을 확인할 수 있다. 해상국지도발이 59건으로 미사일도발 다음으로 많이 발생했으며, 미사일도발과 해상국지도발이 2003년부터 2017년 사이에 발생한 북한의 군사도발의 72%를 차지한다.

집권 정부별로 구분하여 살펴보면, 노무현 정부 시기(2003~2007) 14건, 이명박 정부 시기(2008~2012) 45건, 박근혜 정부 시기(2013~2016) 127건으로 발생 건수가 증가하고 있다. 가장 많이 발생한 도발 유형으로는 노무현 정부 시기에는 해상국지도발이 8건으로 집권 시기에 발생한 군사도발의 57%를 차지한다. 이명박 정부 시기에는 침투도발이 16건으로 36%를 차지하고, 박근혜 정부 시기에는 미사일도발이 58건으로 46%를 차지한다. 즉, 집권 정부가 교체될 때마다 북한의 주요 군사도발이 국지도발 → 침투도발 → 미사일도발로 변화하는 양상이 나타나고 있다. 문재인 정부 집권 첫해인 2017년에 핵 · 미사일도발만 발생하였다는 점을 감안한다면 이러한 추세는 현재진행형이다.

전반적으로 침투 · 국지도발과 핵 · 미사일도발은 2010년대 초부터 비슷하게 증가하는 추세지만, 분단 이후 북한의 침투 및 국지도발과 2003년부터 2017년 사이 발생한 침투 · 국지도발의 발생 건수를 비교하면 양적으로 감소한 것을 확인할 수 있다.[3] 반면에 상대적으로 재래식 도발 유형인 침투 · 국지도발과는 달리 핵 · 미사일도발은 현대화된 무기 개발 기술을 필요로 하는 만큼 침투 · 국지도발보다 뒤늦게 시도되기 시작했다. 핵 · 미사일도발이 침투 · 국지도발보다 반세기 정도 늦게 발생하기 시작한 점을 고려하면, 핵 · 미사일도발의 증가추세가 상당히 가파르다고 볼 수 있다. 이처럼 본 연구의 시간적

3 국방부, 『2016 국방백서』 (서울: 국방부, 2016)

<표 6-1> 2003~2017년 연도별·유형별 군사도발 발생 건수 (단위: 건)

			2003	2004	2005	2006	2007	2008	2009	2010	2011	2012	2013	2014	2015	2016	2017	합계
침투·국지도발	침투도발		0	0	0	0	0	0	0	0	13	3	4	4	0	4	0	28
	국지도발	육상	1	0	0	0	0	1	0	1	0	0	0	6	4	0	0	13
		해상	1	7	0	0	0	0	1	3	7	4	8	12	13	3	0	59
		영공	1	0	0	0	0	0	0	0	0	0	0	4	3	1	0	9
	합계		3	7	0	0	0	1	1	4	20	7	12	26	20	8	0	109
핵·미사일도발	핵실험		0	0	0	1	0	0	1	0	0	0	1	0	0	2	1	6
	미사일도발		2	0	0	1	0	0	8	0	0	3	1	19	11	27	15	87
	합계		2	0	0	2	0	0	9	0	0	3	2	19	11	29	16	93
			5	7	0	2	0	1	10	4	20	10	14	45	31	37	16	202

출처: 국방부 『국방백서』와 통일부 "남북관계주요일지"를 활용하여 재구성.

범주 내에 발생한 북한의 군사도발 현상을 분석해 보았을 때, 군사도발 행위의 변화에 있어서 가장 큰 특징은 북한의 군사도발 행위의 중심이 침투 · 국지도발에서 핵 · 미사일도발로 변화했다는 점이다.

<그림 6-1>은 북한의 군사도발 행위가 크게 증가한 2009년부터 2016년까지의 도발 발생 건수를 분기별로 핵 · 미사일도발과 침투 · 국지도발로 구분하여 정리한 그래프이다. 그래프에서 보는 바와 같이 핵 · 미사일도발이 2009년과 같이 한때 침투 · 국지도발보다 많이 발생하던 시기가 있었지만, 주요 군사도발 행위로 이어지기 시작한 것은 2014년 1분기부터이다. 2009년에 2분기부터 4분기까지 발생한 미사일도발은 4월에 1건, 5월에 4건, 7월에 2건, 10월에 1건이다. 그 중 특히 많이 발생한 5월은 2차 핵실험이 발생한 시기이다.

북한의 주요 군사도발 행위가 침투 · 국지도발에서 핵 · 미사일도발로 이동하기 시작한 시기는 2014년 1분기이다. 이때 북한에서 특별하게 발생한 대내

<그림 6-1> 2009~2016년 분기별 군사도발 발생 건수 추이 (단위: 건)

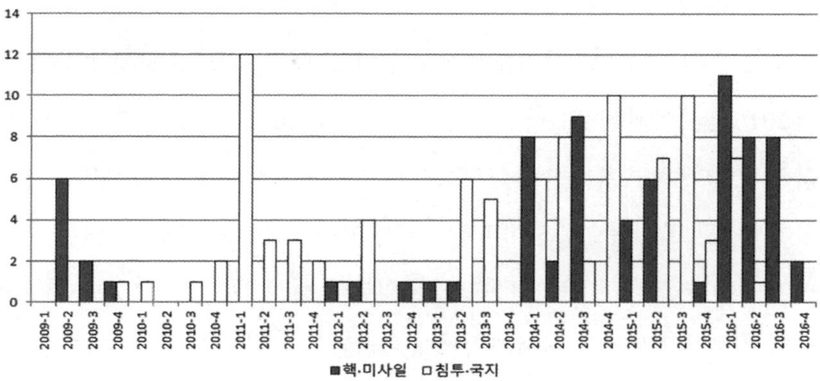

주: 2012년 비공개된 침투도발(간첩) 1건 제외.

출처: 국방부 『국방백서』와 통일부 "남북관계주요일지"를 활용하여 재구성.

외적 상황을 살펴보면 2013년 12월 김정은의 고모부인 조선노동당 행정부장 장성택이 처형되었고, 2014년 3월에서 4월 사이 최고인민회의 제13기 제1차 회의를 통해서 김정은이 국방위원회 제1위원장으로 선출되었다. 요컨대 2014년 1분기 전후 상황은 2011년 12월 17일 김정일 사후 김정은이 북한의 국가 최고지도자로서 권력 기반을 쌓고 안정화하는 시기였다. 북한의 주요 군사도발 행위의 변화가 나타나기 시작한 시점과 김정은의 권력 공고화 과정이 시작된 시점이 시기적으로 겹친다는 점을 미루어보았을 때 두 사건 간에 연관성이 있을 가능성이 있다.

2. 침투 · 국지도발 추이 분석

1) 침투도발

2003년부터 2017년 사이에 발생한 침투도발은 28건으로 모두 2011년부터 2016년 사이에 발생했다. 연도별로 살펴보면 2011년에 13건으로 가장 많이 발생했다. 침투 유형별로 살펴보면 GPS 전파교란 도발이 12건으로 가장 많이 발생했고, 다음으로 사이버 해킹 도발이 9건, 간첩 도발이 7건이다.[4]

GPS 전파교란 도발은 2011년 3월 4일부터 14일까지, 그리고 2016년 3월 31일에 걸쳐 발생했다. 이에 대응하여 한국과 미국은 다음 해인 2012년 6월 14일 양국의 외교 · 국방장관회담을 통하여 북한의 GPS 전파교란 행위를 도발로 인정하고 이에 대한 강력한 경고와 응징에 합의했다. 하지만 그럼에도 불구하고 북한은 2016년에도 GPS 전파교란 도발을 최대출력으로 감행했다. 이에 한국은 수도권과 강원지역에 GPS 위기대응 '주의' 단계를 발령하고 북한에 경고 성명을 발표했다.

사이버 해킹 도발도 GPS 전파교란 도발과 마찬가지로 전통적인 도발수단에서 발전하여 보다 간접적으로 타격을 입힐 수 있도록 활용되기 시작한 도발 유형이다. 본 연구의 시간적 범주 내에서 발생한 첫 번째 사이버 해킹 도발은 2011년 4월 12일에 발생한 농협 전산망 해킹으로 동년 5월 3일에 검찰 수사 결과 발표를 통하여 북한의 사이버 공격임을 확인했다. 2013년 6월 25일에

---

4 북한은 2011년 3월 4일부터 14일까지 11일에 걸쳐 GPS 전파교란 도발을 지속해서 발생시켰다. 이에 본 연구에서는 2011년 3월 4일부터 14일까지 발생된 GPS 전파교란 도발을 하루에 침투도발 1건으로 추산하여 총 11건으로 계산했다. 같은 방식으로 한국수력원자력 원전해킹 도발(2015.12.9.~2015.12.12.)은 4건, 경찰청장과 청와대 사칭 e-메일 발송 도발(2016.1.13.~2016.1.14.)은 2건으로 계산했다.

는 정부기관, 정당, 언론사 등 다수의 기관이 해킹당했으며, 동년 7월 16일 정부에서 북한의 사이버 공격이었음을 발표했다. 2014년에는 12월 9일부터 12일까지 4일간 매일 4차례에 걸쳐 한국수력원자력 직원 3,571명을 대상으로 악성코드가 첨부된 e-메일을 발송하여 한국수력원자력 원전이 해킹당했다. 이후 북한은 동년 12월 15일, 12월 18일, 12월 19일, 12월 21일, 12월 23일, 2015년 3월 12일까지 6차례에 걸쳐 한국수력원자력 자료공개를 통해 금전적 협박을 했다.

이후 한국수력원자력 해킹 도발 사례와 같이 국가 및 공공기관과 연관된 다수의 직원을 대상으로 한 무작위 해킹 방식이 계속되었다. 2016년 1월 13일부터 14일까지 경찰청장과 청와대를 사칭한 e-메일이 발송되었는데 한국수력원자력 해킹 때와 동일한 계정이 사용되었음을 확인함으로써 북한의 소행임이 밝혀졌다. 동년 3월 8일에도 북한에서 외교 · 안보 라인 주요 인사 수십 명의 스마트폰을 해킹한 사실이 발견되었다.

이처럼 북한은 기존의 사이버 도발 수단으로 감행한 디도스 공격이나 서버, 컴퓨터를 대상으로 하는 것이 아닌 모바일 쪽으로 사이버 위협을 확대하고 있다[5] 북한은 이와 같은 사이버 해킹 도발에 대해서 인정이나 사과를 하지 않고 오히려 남한의 의도에서 비롯된 자작극 혹은 모략이라며 대응했다. 농협 전산망 해킹 도발 사례에서 북한은 국방위원회 검열단 진상 공개장을 통해 농협 해킹은 남한의 모략극이라고 발표하며, 2010년 발생한 천안함 침몰 사건과

---

5 정구연·이기태, "과학기술발전과 북한의 새로운 위협: 사이버 위협과 무인기 침투" 『통일연구원 연구총서』 (2016).

같은 날조극이라고 주장했다. 간첩 도발은 북한에서 전통적으로 사용해 온 침투도발 유형으로 『2014 국방백서』에 따르면 1950년대부터 2014년까지 '해외를 통한 침투' 153건, '탈북자 가장 침투' 15건, '월북군인 간첩 남파' 14건, '납북어부 간첩 남파' 25건으로 꾸준히 발생되었다.[6] 본 연구의 시간적 범주 내에서 발생한 12건의 간첩 도발은 모두 탈북자로 위장한 간첩들에 의해서 발생되었다. 2011년에 4건, 2012년에 5건, 2013년 3건 발생했다.

<표 6-2> 연대별·유형별 간첩 도발 세부 현황

	해외를 통한 침투	탈북자 가장 침투	월북군인 간첩 남파	납북어부 간첩 남파
1950년대	0	0	2	3
1960년대	0	0	12	9
1970년대	0	0	0	11
1980년대	126	1	0	2
1990년대	13	0	0	0
2000년대	14	2	0	0
2010년	0	0	0	0
2011년	0	4	0	0
2012년	0	5	0	0
2013년	0	3	0	0
2014년	0	0	0	0
계	153	15	14	25

출처: 『2014 국방백서』

6 『2014 국방백서』에서 제공하는 숫자가 정확히 사건 수를 의미하는지, 파악된 간첩 수를 의미하는지 등 정확한 계산 방식이 파악되지 않는다. 본 연구에서는 분단 이후부터 북한의 간첩 도발이 꾸준히 발생하여 왔음을 확인하는 참고자료로 활용된다.

<그림 6-2> 2003~2017년 유형별 침투도발 발생 건수 추이

(단위: 건)

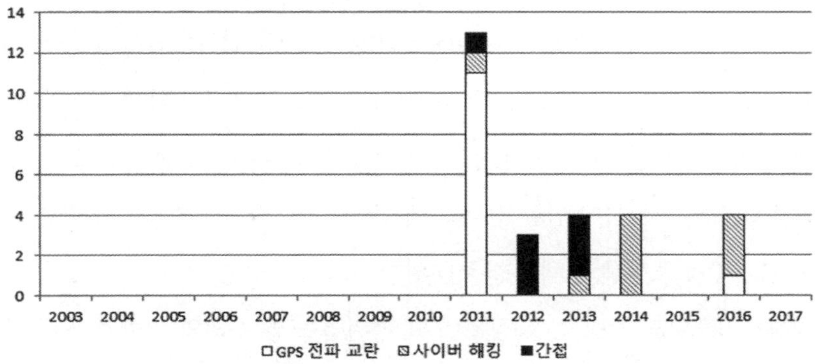

출처: 국방부『국방백서』와 통일부 "남북관계주요일지"를 활용하여 재구성.

침투도발과 관련한 가장 큰 변화는 간첩 도발과 같은 전통적 방식의 침투도발 유형에서 GPS 전파교란 도발과 사이버 해킹 도발과 같은 기술력을 동반한 간접적이고 파급력 높은 침투도발 유형으로 다양화되고 있다는 점이다. <그림 6-2>에서 볼 수 있는 바와 같이 간첩 도발의 경우 2013년 이후 발생한 사례가 없는 반면에, GPS 전파교란과 사이버 해킹 도발은 2016년까지 발생했다.

2) 국지도발

2003년부터 2017년 사이에 발생한 국지도발 행위는 81건이다. 연도별로는 2014년에 22건으로 가장 많이 발생했고, 도발 유형별로는 해상국지도발이 59건으로 가장 많이 발생했다. 육상국지도발, 해상국지도발, 영공국지도발로 나누어 분석해 보면, 육상국지도발은 주로 비무장지대(DMZ: Demilitarized Zone) 내 군사분계선(MDL: Military Demarcation Line) 침범 등의 형태로 발생했으며, 2014년에 6건으로 가장 많이 발생했다.

해상국지도발은 전체 국지도발의 약 70%를 차지한다. 주로 북한의 경비정, 단속정 등이 북방한계선(NLL: Northern Limit Line)을 침범하면서 발생했다. 2013년에 8건, 2014년에 12건, 2015년에 13건으로 큰 폭으로 발생 건수가 증가했다. 이러한 해상국지도발의 잦은 시도는 NLL의 무효화를 시도하고, 서해해역을 분쟁 수역화하여 남한 정부의 대북정책을 전환시키고, 대미평화협정 채택, 남남갈등 조성, 북한체제 결속을 위한 다목적 도발행위이다.[7]

해상국지도발의 가장 큰 특징은 도발 행위별 도발 수위의 편차가 크다는 점이다. 대다수의 해상국지도발은 북한의 선박이 단속과정에서 NLL을 침범했다가 자발적으로 퇴각하거나, 혹은 남한의 경고 방송이나 경고사격으로 퇴각하는 수준에서 그친다. 그러나 천안함 피격사건(2010. 3)과 연평도 포격(2010. 11) 도발에서와 같이 군사도발이 군사 분쟁의 수준으로 확장되는 사례가 발생하기도 한다.

영공국지도발은 주로 소형무인기를 이용하여 영공을 통해 남한에 침범하는 방식으로 발생했다. 일반적으로 무인기는 투자 대비 효용이 높다고 평가받고 있기에 그 활용의 폭이 점차 증가하고 있다. 위험하거나 작전 수행이 어려운 지역으로 접근하여 소기의 목적을 달성할 수 있다는 점에서 특히 전장에서의 효용성이 매우 높다고 평가받는다.[8] 소형무인기를 이용한 영공국지도발은 다른 유형의 도발 대비 자주 사용되지는 않지만 비교적 최근인 2014년에 4건,

---

7 한관수, "탈냉전기 북한 대남도발의 전략적 의도와 행태" 『전략연구』 제19집 1호 (2012), pp. 33-64.

8 정구연·이기태 (2016)

<그림 6-3> 2003~2017년 유형별 국지도발 발생 건수 추이

(단위: 건)

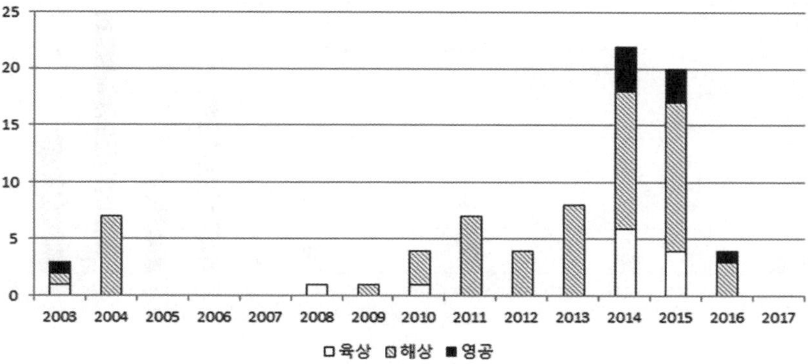

출처: 국방부 『국방백서』와 통일부 "남북관계주요일지"를 활용하여 재구성.

2015년에 3건 발견되었으므로 앞으로도 증가할 가능성이 높은 도발 유형이라고 볼 수 있다.

3. 핵·미사일도발 추이 분석

2003년부터 2017년 사이에 발생한 핵실험은 총 6차례이며, 약 2년에서 3년 정도의 잠복기를 갖고 발생해 왔으나 2010년대 후반에 들어서 2016년에 2건, 2017년에 1건으로 연간 발생 건수가 증가하고 잠복기가 크게 줄어들었다. 미사일도발도 마찬가지로 2012년을 기점으로 도발 건수가 크게 증가하기 이전까지는 2003년, 2006년, 2009년, 2012년으로 약 3년간의 잠복기를 사이에 두고 발생했다. 해당 연도에 발생한 핵·미사일도발의 상황을 자세히 살펴보면, 2003년에는 1월 10일 북한이 NPT 탈퇴를 선언하고 핵시설 재가동이 언급되는 등 북한의 핵 개발이 활성화되었던 시기이다. 2006년에는 1차 핵실험

<그림 6-4> 2003~2017년 유형별 핵·미사일도발 발생 건수 추이

(단위: 건)

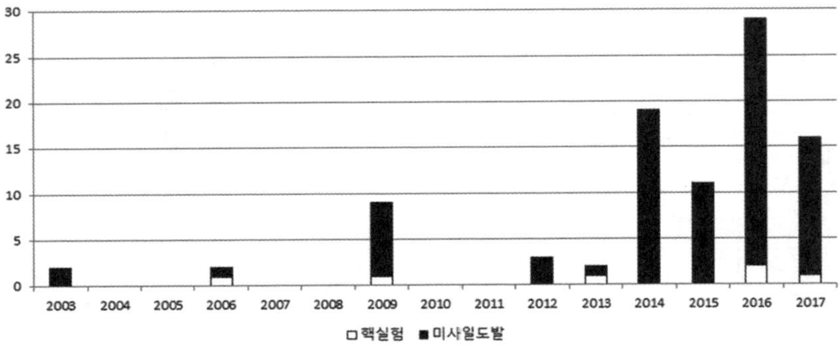

출처: 국방부 『국방백서』와 통일부 "남북관계주요일지"를 활용하여 재구성.

이 감행되었고, 2009년에는 2차 핵실험이 발생했다. 2012년 말에 발생한 장거리 미사일도발이 개량형 대포동 2호였고, 이후 2개월여 만에 3차 핵실험이 발생했다는 점을 본다면 미사일도발과 핵실험 간의 높은 상관성이 있음을 생각해 볼 수 있다. <그림 6-4>를 보면 핵실험이 발생한 시기를 중심으로 미사일도발이 자주 발생하였다는 점을 확인할 수 있다.

북한의 핵실험 직전에는 대부분 위협 수준이 높은 미사일도발이 선행됐다. 2006년 7월 5일 장거리 미사일(대포동 2호)도발이 발생하고 약 3개월 뒤인 동년 10월 9일에 1차 핵실험이 발생했으며, 2009년 4월 5일 장거리 미사일(개량형 대포동 2호)도발이 발생하고 약 2개월 뒤인 동년 5월 25일에 2차 핵실험이 감행되었다. 3차 핵실험도 마찬가지로 2012년 12월 12일 장거리 미사일(개량형 대포동 2호)도발이 발생하고 2개월 뒤인 2013년 2월 12일에 실행되었다. 1차 핵실험 감행 이후 10년이 지나면서 핵무기 개발기술도 발전하여 2016년 8월

25일에는 SLBM 미사일도발이 발생하고 보름만인 9월 9일에 5차 핵실험이 이루어졌다. 2017년 7월 28일에는 대륙간탄도미사일(ICBM: Inter-Continental Ballistic Missile)급 미사일도발이 발생하고 약 1개월 만에 6차 핵실험이 감행되었다. 즉, 주로 타격 범위가 장거리인 탄도미사일 도발이 발생한 직후 북한의 핵실험이 시도되었다.

<그림 6-5> 2003~2017년 핵실험과 미사일도발의 시계열 분포

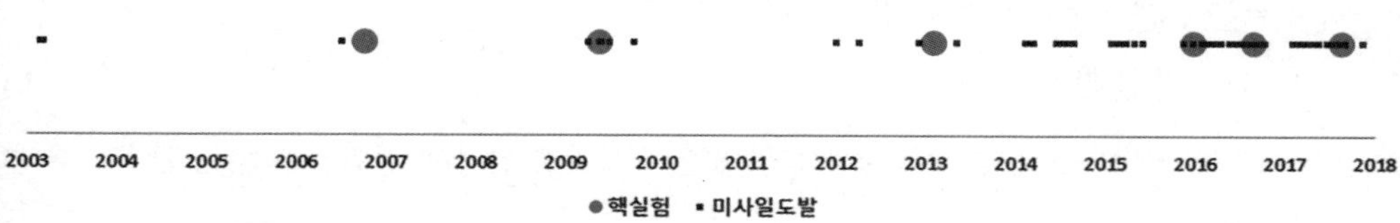

출처: 국방부 『국방백서』와 통일부 "남북관계주요일지"를 활용하여 재구성.

6차례 핵실험 중에서 특별한 사례가 4차 핵실험이다. 4차 핵실험도 마찬가지로 발생 약 1개월 전인 2015년 11월 28일에 SLBM 시험 발사가 있었다. 시험 발사에 실패했으나 4차 핵실험 이틀 후인 1월 8일에 다시 SLBM을 시험 발사하여 성공했다. 요컨대 4차 핵실험 외의 5건의 핵실험들은 모두 핵실험 직전에 고도화된 미사일 시험발사 성공을 경험한 뒤 발생한 반면에, 4차 핵실험은 핵실험 직전 미사일 시험 발사가 실패했음에도 핵실험이 진행되었고 그 이후 다시 미사일 시험 발사를 시도하여 성공했다.

Ⅲ. 북한 군사도발의 환경적 요인

북한의 군사도발과 연관성을 갖는 환경적 요인을 파악하기 위해 '독재국가'라는 국내적 특수성에 따라서 ① 국내 경제위기와 ② 국가 최고지도자의 교체를, '불량국가'라는 대외적 특수성에 따라서 ① 국제기구로부터의 대북제재와 ② 군사적 대외압력을 환경적 변수로 설정했다.

1. 국내적 특수성(독재국가)에 따른 환경적 요인

1) 국내 경제위기

독재국가라는 국내적 특수성에 근거한 체제위험 상황에 영향을 미치는 환경적 요인을 살펴보면, 첫째로 국내 경제위기를 들 수 있다. 북한체제의 위기가 '고난의 행군'으로 표현되는 경제위기로부터 시작되었다는 것은 널리 알려진 사실이다. 북한이 식량문제와 전력난을 동시에 겪은 2000년대 초에 발생한 군사도발은 경제난에 따른 주민들의 불만이나 동요를 막고 체제를 단속하는 방법이자, 내부 경제 자원 고갈로 가용 자원이 없는 상황에서 외부세계에서 그들의 가치를 인정받으려는 방편으로 사용되었다.[9] 그리고 경제위기로 인한 북한의 체제위기는 이후 시장화의 확산에 영향을 미치게 되면서 체제 정체성의 변화가 불가피해지는 정체성의 위기까지 이어졌다.[10]

---

9 이미숙, "군사협상과 군사도발 병행 행태를 통해 본 북한의 대남전략" 『통일정책연구』제20집 2호(2011), pp. 125-158.

10 윤철기, "북한체제 위기관리의 동학: 김정일 시대, 체제위기의 양상과 수준에 관한 평가" 『한국정치외교사논총』제36집 2호 (2015), pp. 95-135.

<그림 6-6> 2003~2016년 북한의 경제성장률

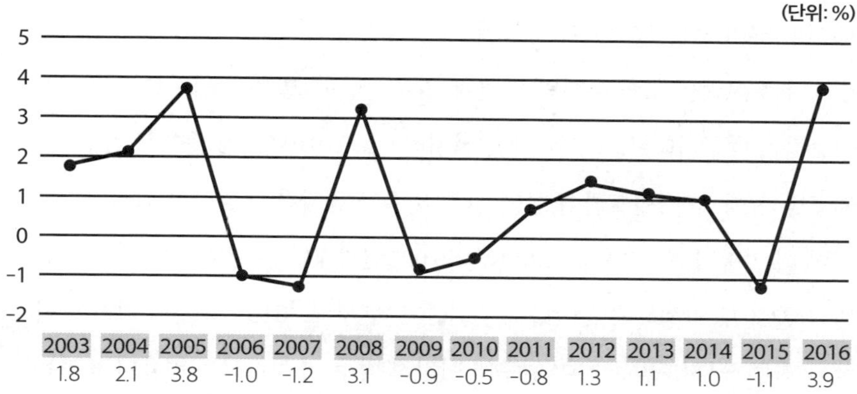

출처: 한국은행 "북한 경제성장률 추정 결과" 각 년도

2003년부터 2016년 사이 북한의 경제성장률을 살펴보면 경제적 어려움이 나타나는 시기는 2006~2007년, 2009~2011년, 그리고 2013년부터 2015년의 기간이다. 2006~2007년 기간 동안 발생한 북한의 군사도발을 살펴보면, 2006년에 미사일도발 1건과 약 3개월 후 발생한 1차 핵실험이 전부이며 2007년에는 군사도발이 발생하지 않았다. 반면에 2009~2011년 기간 동안에는 국지도발 25건, 2차 핵실험과 미사일 도발 8건이 발생했다. 2013~2015년 기간 동안 발생한 북한의 군사도발을 살펴보면 침투도발 8건, 국지도발 50건, 3차 핵실험, 미사일도발 31건이었다. 연도별로 살펴보면 2006년 2건, 2007년 0건, 2009년 10건, 2010년 4건, 2011년 20건, 2013년 14건, 2014년 45건, 2015년 31건으로 큰 편차가 나타난다. 결과적으로 북한의 군사도발 추이와 국내경제 상황 간에 상당한 연관성이 있다고 보기는 어렵다.

다만 2006년부터 2007년까지의 기간과 2013년부터 2015년까지의 기간

간에 차이점으로 고려해볼 수 있는 점은 침투·국지도발 발생의 변화이다. 핵·미사일도발은 체제위기 상황에 대한 불만을 표출하기 위해 단기적으로 수행하기 어려운 도발 유형인 반면에, 침투·국지도발은 단기적으로 수행이 가능하기 때문이다. 물론 여기에는 시기적으로 2010년대에 들어서 침투·국지도발과 핵·미사일도발이 함께 발생 건수가 증가하는 양상이 나타났다는 것이 더 설명력을 갖지만, 2006년부터 2007년까지의 기간에는 침투·국지도발이 한 건도 발생하지 않았다는 점과 2013년부터 2015년까지의 기간에 발생한 침투·국지도발(58건)이 연구의 시간적 범주 내 차지하는 비율이 높다는 점을 감안하면 국내경제 상황이 북한의 침투·국지도발에 영향을 주었을 가능성을 배재하기 어렵다. 예를 들어 2003~2017년 기간 동안 총 9건 발생한 영공국지도발은 이 기간에 7건이 발생하였는데, 영공국지도발의 주요 수단인 소형무인기 수준의 도발이라면 단기적으로 수행할 수 있다. 이 외에도 육상국지도발의 주요 수단인 MDL 침범이나 해상국지도발의 주요 수단인 NLL 침범도 마찬가지로 단기적으로 행할 수 있는 도발 유형이다. 실제로 육상국지도발의 경우 전체 연구의 시간적 범주 내 발생한 13건 중 10건이 이 기간에 일어났고, 해상국지도발의 경우 연구의 시간적 범주 내 발생한 59건 중 33건이 이 기간에 발생했다.

2) 국가 최고지도자의 교체

독재국가라는 국내적 특수성에 따른 북한 군사도발의 두 번째 요인으로는 국가 최고지도자의 교체를 들 수 있다. 북한과 같이 후진국이고, 국가 규모가 작으며, 폐쇄적 성격의 독재국가에서 지도자라는 개인 변수는 대외정책에서 가장 중요한 변수로 작용한다.[11] 즉, 북한은 모든 것이 최고지도자에 의해서 결정되는 사회라는 점에서 최고지도자의 안정성이 체제안정에서도 크게 영향을 미친다는 것이다. 이에 따라 김정일 시대의 체제위기가 김일성 사망(1994. 7)이라는 정권위기를 통해서 나타났다. 마찬가지로 김정일 사망(2011. 12) 이후에도 김정은 정권의 권력 기반에 대한 지속성과 안정성이 최근 북한 대남도발의 환경적 요소로 제기되고 있다.[12]

앞서 북한의 주요 군사도발 행위가 2014년 1분기를 기점으로 침투 · 국지도발에서 핵 · 미사일도발로 이동하고 있다는 점을 확인했다. 흥미롭게도 이 시기는 북한의 국가 최고지도자로서의 김정은의 권력 기반이 공고화된 시기와 맞물린다. 2009년과 2010년은 후계자 승계작업 과정에서 김정은이 자신의 정치적 권력 안정을 위해서 군사적 대담함과 재능을 확인시키는 작업이 필요하다고 인식하고 군사도발에 대한 강한 동기를 느낀 시기이다.[13] 따라서 2010년 3월 26일 발생한 천안함 피격사건과 함께 2010년도에 발생한 군사도발들은 김정은의 리더십을 부각시키는 기회로 활용되었다. 이를 통해 김정은에 대한 우상화 작업이 본격적으로 시작됨으로써, 2010년 초 이후부터 대남도발에 대한 김정은의 영향력이 실질적으로 발휘되기 시작했다.[14]

실제 북한의 군사도발 추이를 살펴보았을 때도 이 시기에 북한의 국가 최

---

11 James N. Rosenau, "Pre-theories and Theories of Foreign Policy" in *Approaches to Comparative and International Politics 27.* (Evanston: Northwestern University Press, 1966)

12 한관수(2012)

13 정재욱, "북한의 군사도발과 '적극적 억지전략'의 구현 방향" 『국제정치논총』제52집 1호 (2012), pp. 137-159.

14 김재철, "김정은 정권의 도발요인 분석과 재도발 억제전략: 핵미사일 도발과 국지 무력도발을 중심으로" 『한국동북아논총』제21집 2호 (2016), pp. 111-130.

고지도자가 김정일에서 김정은으로 교체되면서 군사도발의 움직임이 커지는 것을 확인할 수 있다. 먼저 <표 6-1>을 살펴보면 김정일 집권 시기보다 김정은 집권 시기에 발생한 군사도발 발생 건수가 많다. 특히 2010년대에 들어 본격적으로 발생하기 시작한 핵·미사일도발 뿐만이 아닌 침투·국지도발 발생 건수도 함께 크게 증가했다는 점에서, 핵무력을 통한 국제사회를 대상으로 한 도발 의도 외에 남한을 대상으로 한 도발 의도도 함께 갖고 있다는 점을 알 수 있다. 결과적으로 김정일 집권 시기보다 김정은 집권 시기에 북한의 군사도발이 전반적으로 활발하게 발생하였음을 확인할 수 있다. 또한 북한의 주요 군사도발 행위가 침투·국지도발에서 핵·미사일도발로 이동하기 시작한 2014년 1분기 시점에 장성택의 처형과 김정은의 국방위원회 제1위원장 선출 등 김정은이 북한의 국가 최고지도자가 되기 위한 권력 기반이 쌓여가는 과정이라는 점에서 시기적으로 일치한다.

2. 대외적 특수성(불량국가)에 따른 환경적 요인

대외적으로 살펴보면 북한은 핵무기를 가진 불량국가이며, 국제사회에서 이는 곧 국제적 고립이 뒤따르게 됨을 의미한다.[15] 미국과 같은 강대국과 UN과 같은 국제기구의 북한 체제를 부정하는 공식성명이나 대북제재 행위는 국제사회로부터 불량국가로 인식된 북한이 체제위험을 느끼고 도발 행위를 발생시킬 수 있는 요인으로 작용할 수 있다.

---

15 박상현, "북한 대외정책의 합리성에 관한 고찰: 약소국 전략적 상호작용과 인지심리학적 함의를 중심으로" 『통일정책연구』 제18집 1호 (2009), pp. 33-61.

1) 국제기구로부터의 대북제재

북한이 핵무기 개발을 시작함과 동시에 현재까지 적극적으로 대북제재 활동에 참여하고 있는 국제기구는 UN이다. UN 헌장 7장에서는 평화에 대한 위협, 평화의 파괴 및 침략 행위에 대한 UN 안보리의 대응과 관련한 조치를 담고 있다. 그중에서도 7장 41조에서는 UN 안보리가 어떠한 형태의 비군사적인 제재를 가할 것인가에 관해서 결정할 수 있으며, 이에 대한 실행을 회원국들에도 요구할 수 있음을 명시하고 있다. 여기서 언급한 비군사적인 제재는 완전하거나 부분적인 경제관계 중단과 철도 · 항해 · 항공 · 우편 · 전신 · 무선통신 등의 중단, 외교관계 단절 등을 포함한다.[16]

2006년 7월 15일 채택된 UN 안보리 대북제재 결의 1695호는 동년 7월 5일에 발생한 북한의 장거리 미사일도발 행위에서 비롯되었다. 2017년까지를 기준으로 마지막으로 채택된 대북제재 결의 2397호도 마찬가지로 2017년 11월 29일 발생한 장거리 탄도미사일(화성 15형) 발사 도발 행위에서 비롯되어 동년 12월 22일에 채택되었다. 이처럼 2006년부터 2017년 동안 채택된 10개의 대북제재 결의안은 6차례 시행된 북한의 핵실험과 장거리 미사일도발 행위에서 비롯되었다.

<표 6-3>을 보면 북한의 핵실험이나 장거리 미사일 발사에서 대북제재 결의안 채택까지의 기간이 짧게는 일주일에서 길게는 100일 안팎으로 짧은 시간적 공백을 보여주므로, 시기 발생적으로 핵실험과 장거리 미사일도발 행위

---

16 유엔 헌장. www.un.org/en/sections/un-charter/un-charter-full-text/index.html (검색일: 2018년 3월 18일).

<표 6-3> UN 안보리 대북제재 결의안의 배경과 채택 후 첫 군사도발

배경	UN 안보리 대북제재 결의안 채택일	채택 후 첫 군사도발
장거리 미사일 발사 (2006.7.5.)	1695호 (2006.7.15.)	1차 핵실험 (2006.10.9.)
1차 핵실험 (2006.10.9.)	1718호 (2006.10.14.)	금강산 관광객 피격 사망사건 (2008.7.11.)
2차 핵실험 (2009.5.25.)	1874호 (2009.6.12.)	단거리 미사일 발사 (2009.7.2.)
장거리 미사일 발사 (2012.12.12.)	2087호 (2013.1.22.)	3차 핵실험 (2013.2.12.)
3차 핵실험 (2013.2.12.)	2094호 (2013.3.7.)	신형 방사포 발사 (2013.5.18.)
4차 핵실험 (2016.1.6.) 장거리 미사일 발사 (2016.2.7.)	2270호 (2016.3.2.)	단거리 미사일 발사 (2016.3.3.)
5차 핵실험 (2016.9.9.)	2321호 (2016.11.30.)	탄도미사일 발사 (2017.2.12.)
장거리 미사일 발사 (2017.7.28.)	2371호 (2017.8.5.)	탄도미사일 발사 (2017.8.26.)
6차 핵실험 (2017.9.3.)	2375호 (2017.9.11.)	탄도미사일 발사 (2017.9.15.)
장거리 미사일 발사 (2017.11.29.)	2397호 (2017.12.22.)	

주: 2397호 결의안 채택 후 2017년 이내 발생한 북한의 군사도발 행위는 없었음.

출처: 국방부 『국방백서』와 통일부 "남북관계주요일지", "월간북한동향"을 활용하여 재구성.

가 대북제재 결의안 채택에 큰 영향력을 행사한다는 근거가 된다.

그러나 중요한 것은 이렇게 채택된 대북제재 결의안이 북한에 대외적 압력으로 작용하여 체제위협 상황에 영향을 미치는 환경적 요인으로 인식하게 함으로써 군사도발 행위로 이어지는지에 대한 여부이다. <표 6-3>에서 보는 바와 같이 북한은 10번의 UN 안보리 대북제재 결의안 결정의 경우, 5번은 1개월 이내에 3번은 3개월 이내에 군사적 도발을 감행했다.

결과적으로 북한의 군사도발 행위와 UN 안보리 대북제재 결의안 간의 상관성을 살펴보면, 핵실험과 장거리 미사일도발이 UN 안보리 대북제재 결의안을 채택하는 데 큰 영향을 주었을 뿐만 아니라 대북제재 수준에 있어서도 강화된 조항으로 발전되는 원인으로 작용했다. UN 안보리 대북제재 결의안이 채택된 이후 북한의 군사도발을 살펴보면 10번 중 8번의 결의안 채택 후 1개월에서 3개월 이내에 첫 군사도발이 나타남에 따라 UN 안보리 대북제재 결의안 채택으로 인해 북한이 반발의 의미로서 군사도발을 감행하고 있다는 것을 알 수 있다.

2) 군사적 대외압력

미국과 같은 최고의 강대국과 함께 한국이 참여하는 한 · 미 연합군사훈련은 북한이 체제위험 상황으로 인식하게 만들 수 있는 강력한 환경적 요인으로 작용할 수 있다. 현재까지 진행되고 있는 대표적인 한 · 미 연합군사훈련으로는 키리졸브/독수리(KR: Key Resolve/ FE: Foal Eagle)훈련과 을지프리덤가디언(UFG: Ulchi-Freedom Guardian)연습이 있다.[17] 지휘소에서 컴퓨터 시뮬레이션으

17 정확한 명칭은 키리졸브 연습, 독수리 훈련, 을지프리덤가디언 연습이다. 합동참모본부의 군사용어해설에 따르면 '연습(exercise)'은 "작전기획, 준비, 시행을 포함 모의된 전시작전이나 군사기동, 즉 작전계획 시행훈련으로서, 연습은 전투, 전투지원, 전투 근무지원 절차와 교리를 적용하여 최대한 실제와 같도록 실시함."으로 정의되어 있다. '훈련(training)'은 "개인 및 부대가 부여된 임무를 효과적으로 수행할 수 있도록 기술적 지식과 행동을 체득하는 조직적 숙달 과정으로서 개인훈련과 집체훈련으로 구분함."으로 정의되어 있다. 본 연구에서는 이해의 편의를 위해 '훈련'으로 통일한다. 합동참모본부. http://medcmd.mil.kr/user/indexMain.action?siteId=jcs (검색일: 2018년 6월 20일).

(15%), 해상국지도발 59건 중 17건(28%), 영공국지도발 9건 중 6건(67%), 핵실험 6건 중 0건(0%), 미사일도발 87건 중 37건(43%)으로 나타나 침투도발, 영공국지도발, 미사일도발 순으로 한·미 연합군사훈련 기간에 차지하는 도발 발생 비율이 높은 것으로 나타났다.

IV. 맺는말

본 연구는 '왜 북한은 군사도발을 하는가?'를 확인하기 위하여 '어떤 환경에서 북한이 군사도발을 하는가?'라는 연구 문제를 밝히는 것을 목적으로 한다. 북한이 체제위험 상황으로 인식할 것으로 예상되는 환경적 요인들을 독립변수로 설정하여 종속변수인 북한의 군사도발 행위와의 상관성을 검토했다.

환경적 요인으로는 북한이 갖고 있는 독재국가라는 국내적 특수성에 따라서 국내경제 위기와 국가 최고지도자의 교체를 변수로 설정했다. 또한 핵무기를 가진 불량국가라는 대외적 특수성에 따라서 UN 안보리의 대북제재와 미국의 군사적 압력을 반영한 한·미 연합군사훈련을 변수로 설정했다.

종속변수인 북한의 군사도발 행위를 도발 유형에 따라서 구분하여 분석한 결과, 2014년 1분기를 기준으로 주요 군사도발 행위가 침투·국지도발에서 핵·미사일도발로 옮겨갔다는 사실이 확인되었다. 2014년 1분기를 전후로 특

발(간첩) 1건을 제외하여 23회로 계산했다. 이 23회 중 11회는 2011년 3월 4일부터 14일까지 일별로 총 11번 카운트된 GPS 전파교란 도발이 포함되어 있다.

수한 북한 내 사건을 고려할 때 김정은 정권의 권력 공고화 과정이 원인으로 작용한 것으로 추정된다.

북한의 대내외적 특수성을 고려한 환경변수와 군사도발 간의 상관성을 분석한 결과, 독재국가의 특수성에 따라서는 장기적인 경제위기와 국가 최고지도자의 교체로 인한 권력 공고화 시도가 군사도발에 영향을 미치는 것으로 나타났다. 보다 구체적으로는 장기적인 경제위기는 국지도발과 같은 단기적으로 큰 비용 없이 수행 가능한 군사도발을 발생시킬 가능성이 높고, 국가 최고지도자 교체로 인한 권력 공고화 과정에서는 핵 · 미사일도발과 같은 대량살상무기를 활용한 군사도발이 자행될 가능성이 높은 것으로 나타났다.

북한의 불량국가로서의 특수성에 따라서는 국제기구 즉, UN 안전보장이사회를 통한 대북제재와 한 · 미 연합군사훈련이 북한의 군사도발에 영향을 주는 것으로 나타났다. 한 · 미 연합군사훈련은 모든 환경변수들 중 가장 북한의 군사도발을 야기시킬 수 있는 요인으로 나타났으며, 특히 침투도발과 국지영공도발, 미사일도발에서 주요하게 나타났다.

북한 연구의 특성상 많은 원자료의 분석과정에서 데이터의 한계성이 제시될 가능성이 내재해 있다. 그러나 본 연구를 통하여 일관성 있는 정의와 분류기준을 설계해 제한적으로나마 북한의 도발 행위에 관한 패턴화를 시도한다면, 북한의 군사도발 유형과 발생 양상에 대한 변화를 확인할 수 있는 연구 자료로써 추후 북한의 도발에 대응하는 데 도움이 될 수 있을 것으로 기대한다.

본 연구는 북한의 도발 관련 통계자료의 한계점을 극복하고자 국방부와 통일부에서 제공하는 일지자료를 통하여 북한의 군사도발 행위들을 추려서 데이터 테이블을 구현했다. 그러나 제공되고 있는 일지자료의 한계로 인하여 연구 기간이 2003년부터 2017년까지 15년에 그침에 따라 장기적인 변화와 추세를 확인하는 데에는 한계가 있다. 또한 정부가 교체됨에 따라 북한의 군사도발에 대응하는 중앙행정기관의 대응도 바뀌어 일부 누락된 도발 기록이 존재한다. 추후 보다 발전된 북한의 도발 연구를 위해서는 국가에서 제공하는 북한 관련 일지자료들이 시기적으로 확장되고, 내용 면에서 정확성과 일관성을 갖추어야 할 것이다.[21]

21 예들 들어 북한의 대남 침투·국지 도발에 대해서『2012 국방백서』와『2014 국방백서』에서는 1990년대 231, 2000년대 292로 기록한 반면,『2016 국방백서』에서는 1990년대 222, 2000년대 241로 기록했다. 또한 2011년의 경우『2012 국방백서』에서는 19로 기록한 반면,『2014 국방백서』에서는 22로 기록했다.

참고문헌

강창국. "6 · 25전쟁 이후 북한 대남도발 현황과 과제: 연대별 · 집권정부별 사례를 중심으로." 『군사』 통권 제75호 (2010).

_____. "북한 대남전략 차원의 도발과 한국의 대응방안." 『한국콘텐츠학회지』 제11집 4호 (2013).

개인정보범죄 정부합동수사단. 『한수원 사이버테러 사건 중간수사결과』. 2015.

국방부. 『2006 국방백서』 서울: 국방부, 2006.

국방부. 『2008 국방백서』 서울: 국방부, 2008.

국방부. 『2010 국방백서』 서울: 국방부, 2010.

국방부. 『2012 국방백서』 서울: 국방부, 2012.

국방부. 『2014 국방백서』 서울: 국방부, 2014.

국방부. 『2016 국방백서』 서울: 국방부, 2016.

김도태. "체제위기 관리 차원에서 본 북한의 핵미사일 정치: 광명성 3호 발사 및 3차 핵실험 가능성 분석." 『사회과학연구』 제29집 1호 (2012).

김동엽. "한미 연합군사훈련과 북한의 인식: 공포와 엄포 사이." 『현대북한연구』 제19집 2호 (2016).

김슬기. "국제사회의 대북 제재." 『KDI 북한경제리뷰』 제18집 2호 (2016).

김재철. "김정은 정권의 도발요인 분석과 재도발 억제전략: 핵 · 미사일 도발과 국지 무력도발을 중심으로." 『한국동북아논총』 제21집 2호 (2016).

김태현. "북한군 군사전략 변화에 대한 연구: '전략불균형'에 대한 '위험관리'를 중심으로." 『전략연구』 제22집 2호 (2015).

김학린, 임재형. "북한의 위기관리체제와 당 · 정 · 군 관계." 『한국정당학회보』 제6집 1호 (2007).

문성묵. “북한의 대남도발에 따른 대응전략과 정보기관의 역할.” 한국국가정보학회 학술대회 발표논문 (2011).

문성민. “북한 국민소득 통계 소개 및 소득수준 비교.” 한국은행 경제연구원 편. 『통계를 이용한 북한경제 이해』 서울: 한국은행, 2014.

박형중, 임강택, 조한범, 황병덕, 김태환, 송영훈, 장용석. “독재정권의 성격과 정치변동: 북한 관련 시사점.” 『통일연구원 연구총서』 (2012).

손용우. “신현실주의 관점에서 본 북한의 핵정책 고찰(1945~2009).” 『국제정치논총』 제52집 3호 (2012).

신종호, 이기현, 박주화, 김수암, 김석진, 정성윤, 김상기, 황태희. “대북제재 평가와 향후 정책 방향.” 『KINU 정책연구시리즈』(2016).

안광수. “북한의 국지 군사도발에 대한 쟁점과 정책방향.” 『전략연구』 제19집 3호 (2012).

유상범. “북한 국지도발의 성향분석과 동맹협력.” 『국방연구』 제57집 1호 (2014).

윤철기. “북한체제 위기관리의 동학: 김정일 시대, 체제위기의 양상과 수준에 관한 평가.” 『한국정치외교사논총』 제36집 2호 (2015).

이미숙. “군사협상과 군사도발 병행 형태를 통해 본 북한의 대남전략.” 『통일정책연구』 제20집 2호 (2011).

이윤규. “북한의 도발사례 분석.” 『군사』 통권 제91호 (2014).

정구연, 이기태. “과학기술발전과 북한의 새로운 위협: 사이버 위협과 무인기 침투.” 『통일연구원 연구총서』(2016).

정규섭. “김정일 정권의 천안함 도발동기 분석.” 『국방연구』 제53집 3호 (2010).

정성임, 김보라. “북한의 대남도발 유형과 한국의 위기관리.” 『통일연구』 제20집 1호 (2016).

정성철. “국내불안과 대외도발: 북한에 대한 적용 가능성 탐색.” 『KINU 정책연구시리즈』(2013).

정재욱. “북한의 군사도발과 ‘적극적 억지전략’의 구현 방향.” 『국제정치논총』 제52집 1호 (2012).

_____. “탈냉전기 북한의 군사도발 결정 매커니즘 고찰: 신고전적 현실주의 분석틀을

중심으로.” 『사회과학연구』 제39집 2호 (2015).

통일부. “남북관계주요일지.” 서울: 통일부, 2003.1a.~2017.12a.

_____. “월간북한동향.” 서울: 통일부, 2006.1b.~2017.12b.

하광희. “위기관리 차원의 북한 주요 도발 분석과 교훈.” 『국방정책연구』 제54집 5호 (2001).

한국은행. “북한 경제성장률 추정 결과.” 각 년도.

한관수. “탈냉전기 북한 대남도발의 전략적 의도와 행태: 사례분석과 전망.” 『전략연구』 제19집 1호 (2012).

Rosenau, James N. “Pre-theories and Theories of Foreign Policy.” in *Approaches to Comparative and International Politics 27.* Evanston: Northwestern University Press, 1966.

Sagan, Scott D. and Kenneth N. Waltz. *The Spread of Nuclear Weapons: A Debate Renewed.* New York: W. W. Norton & Co, 2003.

Scobell, Andrew. *Projecting Pyongyang: The Future of North Korea's Kim Jong Il Regime.* Strategic Studies Institute, 2008.

The White House. National Security Strategy of the United States of America (September 2002).

_____. National Security Strategy of the United States of America (December 2017).

국방부. http://www.mnd.go.kr/mbshome/mbs/mnd (검색일: 2018년 6월 20일).

통일부. http://www.unikorea.go.kr/unikorea (검색일: 2018년 6월 20일).

국제연합. http://www.un.org (검색일: 2018년 6월 20일).

국제연합 통계청. http://unstats.un.org (검색일: 2018년 6월 20일).

합동참모본부. http://medcmd.mil.kr/user/indexMain.action?siteId=jcs (검색일: 2018년 6월 20일).

_____. http://www.jcs.mil.kr/mbshome/mbs/jcs2 (검색일: 2018년 6월 20일).

UNCTAD, Statistics Data Center

<부록 6-1> 2003~2017년 북한의 군사도발

순번	일자	내용	소분류
1	2003-02-20	전투기 1대, 서해 연평도 인근 NLL 침범	국지(영공)도발
2	2003-02-24	동해상으로 미사일 1발 발사	미사일도발
3	2003-03-10	동해안으로 지대함 유도탄 미사일 발사	미사일도발
4	2003-07-10	경비정, 남쪽 0.3마일 해상까지 내려왔다가 해군 고속정 편대가 출동하자 NLL을 넘어 북상	국지(해상)도발
5	2003-07-17	연천 DMZ서 아군 GP 향해 총격	국지(육상)도발
6	2004-06-04	경비정, 서해 NLL 한때 월선	국지(해상)도발
7	2004-07-14	경비정 1척, 연평도 서방 15마일 해상에서 불법 조업 중이던 중국어선을 단속하는 과정에서 NLL 남방 0.7마일까지 침범	국지(해상)도발
8	2004-09-23	경비정 1척, 서해 연평도 동북방 NLL 침범	국지(해상)도발
9	2004-11-01	경비정 3척, 서해 소청도 및 연평도 인근 NLL 침범	국지(해상)도발
10	2004-11-09	경비정 1척, 서해 백령도 부근 NLL 침범	국지(해상)도발
11	2004-12-07	경비정 1척, 서해 NLL 침범	국지(해상)도발
12	2004-12-31	남북군함 서해 NLL서 1시간 대치	국지(해상)도발
13	2006-07-05	대포동 2호 1발 포함 미사일 7발 발사	미사일도발
14	2006-10-09	1차 핵실험	핵실험
15	2008-07-11	금강산 관광객 피격 사망사건	국지(육상)도발
16	2009-04-05	장거리 로켓(개량형 대포동 2호) 발사	미사일도발
17	2009-05-25	2차 핵실험	핵실험
18	2009-05-25	단거리 지대함 미사일 2발 발사	미사일도발
19	2009-05-26	단거리 지대함 미사일 2발, 단거리 지대공 미사일 1발 발사	미사일도발
20	2009-05-27	단거리 미사일 2발 발사	미사일도발
21	2009-05-29	단거리 지대공 미사일 1발 발사	미사일도발

22	2009-07-02	단거리 지대함 미사일 4발 발사	미사일도발
23	2009-07-04	노동 미사일 2발, SCUD 미사일 5발 발사	미사일도발
24	2009-10-12	단거리 미사일 5발 발사	미사일도발
25	2009-11-10	상해급 경비정 등산곶 383호, NLL 침범(대청해전)	국지(해상)도발
26	2010-03-26	천안함 피격사건	국지(해상)도발
27	2010-08-09	백령도와 연평도 인근 해상 NLL 남쪽으로 해안포 발사	국지(해상)도발
28	2010-10-29	중동부전선 GP에 총격	국지(육상)도발
29	2010-11-23	연평도 포격 도발	국지(해상)도발
30	2011-03-04	GPS 전파 교란	침투도발
31	2011-03-05	GPS 전파 교란	침투도발
32	2011-03-06	GPS 전파 교란	침투도발
33	2011-03-07	GPS 전파 교란	침투도발
34	2011-03-08	GPS 전파 교란	침투도발
35	2011-03-09	GPS 전파 교란	침투도발
36	2011-03-10	GPS 전파 교란	침투도발
37	2011-03-11	GPS 전파 교란	침투도발
38	2011-03-12	GPS 전파 교란	침투도발
39	2011-03-13	GPS 전파 교란	침투도발
40	2011-03-14	GPS 전파 교란	침투도발
41	2011-03-27	연안경비정 1척, 연평도 서북방 3마일 지점에서 북한 송환어선 인수과정에서 NLL 0.1마일 월선	국지(해상)도발
42	2011-04-06	연안경비정 1척, 백령도 동방 5.3마일 지점에서 중국어선 단속차 NLL 1.5마일 침범	국지(해상)도발
43	2011-04-12	남한의 농협 전산망 해킹	침투도발
44	2011-04-26	연안경비정 1척, 연평도 동방 7.5마일 지점에서 중국어선 단속차 NLL 0.4마일 침범	국지(해상)도발
45	2011-08-09	4군단 해안포, 용매도 근해 NLL 해상 포사격	국지(해상)도발
46	2011-08-10	NLL 인근 2차례 해안포 사격	국지(해상)도발
47	2011-09-06	남한의 보수단체 간부 대상 독침 테러 시도 목적, 북한 탈북자 위장 간첩 검거	침투도발
48	2011-10-04	단속정 1척, 연평도 서방 8마일 지점에서 중국 어선 식별차 NLL 0.7마일 침범	국지(해상)도발

49	2011-10-09	경비정 1척, 백령도 북방 5.3마일 지점에서 NLL 0.2마일 침범	국지(해상)도발
50	2012-01-11	동해로 단거리 탄도미사일 3발 발사	미사일도발
51	2012-02-14	보위사령부 지령을 받고 위장 탈북한 북한군 군관 출신 구속	침투도발
52	2012-04-13	동창리 발사장에서 남향으로 장거리 미사일 발사	미사일도발
53	2012-05-22	고속단속정 1척, 연평도 서북방 4.2마일 지점에서 중국 어선 식별차 NLL 0.7마일 침범	국지(해상)도발
54	2012-05-23	고속단속정 1척, 연평도 서북방 4.5마일 지점에서 중국 어선 식별차 NLL 0.7마일 침범	국지(해상)도발
55	2012-06-01	탈북자 위장 귀순 여성 공작원 검거	침투도발
56	2012-06-14	연안경비정 1척, 연평도 동방 7.8마일 지점에서 중국 어선 확인 및 단속차 NLL 1.7마일 침범	국지(해상)도발
57	2012-10-25	연안경비정 1척, 백령도 동방 5.3마일 지점에서 중국 어선 단속차 NLL 0.2마일 침범	국지(해상)도발
58	2012-12-12	평안북도 철산에서 동해상으로 장거리 미사일(개량형 대포동 2호) 1발 발사	미사일도발
59	2012-??-??	탈북자 가장 간첩 1명 검거(비공개)	침투도발
60	2013-02-12	3차 핵실험	핵실험
61	2013-03-04	기검거된 간첩의 소재 파악 임무를 받고 탈북자로 위장 입국한 북한 정찰총국 소속 여간첩 구속	침투도발
62	2013-05-18	동해안 일대에서 신형 단거리 방사포 6발 발사	미사일도발
63	2013-05-26	고속단속정 1척, 연평도 동북방 2.6마일 지점에서 NLL 1.1마일 침범	국지(해상)도발
64	2013-06-01	고속단속정 1척, 연평도 서방 6.9마일 지점에서 NLL 0.3마일 침범	국지(해상)도발
65	2013-06-09	고속단속정 1척, 연평도 서방 5.7마일 지점에서 NLL 1마일 침범 경비정 1척, 연평도 서방 7.7마일 지점에서 NLL 0.1마일 침범	국지(해상)도발
66	2013-06-25	고속단속정 1척, 연평도 동북방 3.9마일 지점에서 NLL 1마일 침범	국지(해상)도발
67	2013-06-25	청와대·국무조정실 등 정부기관, 정당, 언론사 등 해킹	침투도발

68	2013-06-25	탈북자의 국내 동향 파악 및 국정원 요원 중국 유인 임무를 받고 탈북자로 위장 입국한 북한 보위사령부 소속 간첩 7명 구속	침투도발
69	2013-07-15	중국 내 탈북자 가족들을 유인·강제 북송시키는 임무를 받고 탈북자로 위장 입국한 보위부 소속 간첩 구속	침투도발
70	2013-07-26	경비정 2척, 연평도 서방 6마일 지점에서 NLL 0.5마일 침범	국지(해상)도발
71	2013-08-03	고속단속정 1척, 연평도 서방 7.6마일 지점에서 NLL 0.2마일 침범	국지(해상)도발
72	2013-08-16	경비정 1척, 소청도 북방 14.4마일 지점에서 NLL 1마일 침범	국지(해상)도발
73	2013-09-08	고속단속정 1척, 연평도 서방 10.5마일 지점에서 NLL 0.3마일 침범	국지(해상)도발
74	2014-02-21	동해로 신형 방사포 4발 발사	미사일도발
75	2014-02-24	경비정 1척, 연평도 서북방 13.4마일 지점에서 NLL 2.2마일 침범	국지(해상)도발
76	2014-02-27	강원도 송전리 일대에서 동해로 SCUD 계열 미사일 2발 발사	미사일도발
77	2014-03-03	동배 법동, 호도반도에서 동해안으로 단거리 미사일 2발 발사	미사일도발
78	2014-03-04	동해로 신형 방사포 7발 발사	미사일도발
79	2014-03-16	동해로 Frog 로켓 25발 발사	미사일도발
80	2014-03-22	동해로 Frog 로켓 30발 발사	미사일도발
81	2014-03-23	동해로 Frog 로켓 16발 발사	미사일도발
82	2014-03-24	경기도 파주시 조리읍에서 청와대 등을 사진 촬영 후 북상하던 북한 소형무인기 1대 추락	국지(영공)도발
83	2014-03-25	고속단속정 1척, 연평도 서남방 15마일 지점에서 NLL 0.3마일 침범	국지(해상)도발
84	2014-03-26	평양 북방 숙천 일대에서 동해안으로 미사일 2발 발사	미사일도발
85	2014-03-27	경비정 3척, 연안경비정 1척, 백령도 동북방 11마일 지점에서 NLL 최대 1.2마일 침범	국지(해상)도발

86	2014-03-31	백령도 사곶해안 교회 인근 도로에서 백령도, 대·소청도 등을 사진 촬영 후 북상하던 소형무인기 1대 추락	국지(영공)도발
87	2014-03-31	서해 해상 사격훈련 실시(500여발 사격 중 100여발이 NLL 이남 우리측 지역 낙탄)	국지(해상)도발
88	2014-04-06	강원도 삼척시 청옥산에서 동해안 일대 군사시설을 사진 촬영 후 북상하다 추락한 북한 소형무인기 1대 사후 발견	국지(영공)도발
89	2014-04-16	연안경비정 1척, 연평도 동방 7.1마일 지점에서 NLL 1.4마일 침범	국지(해상)도발
90	2014-04-20	경비정 1척, 백령도 서북방 6.5마일 지점에서 NLL 0.1마일 침범	국지(해상)도발
91	2014-04-25	고속단속정 2척, 소청도 동방 18마일 지점에서 NLL 1마일 침범	국지(해상)도발
92	2014-05-20	단속정 1척, 연평도 서남방 12.4마일 지점에서 NLL 0.6마일 침범 경비정 2척, 연평도 서남방 12.4마일 지점에서 최대 NLL 0.7마일 침범	국지(해상)도발
93	2014-05-22	NLL 이남 연평도 서남방 지점에서 초계임무 중이던 남측 함정 근방에 2발 포격	국지(해상)도발
94	2014-06-12	강원도 화천 DMZ 내 금성천 일대 북한 무장군인 MDL 침범	국지(육상)도발
95	2014-06-19	경기도 파주 DMZ 내 북한 무장군인 귀순자 유도간판 절취 후 북상 복귀	국지(육상)도발
96	2014-06-26	동해로 신형 단거리 방사포 3발 발사	미사일도발
97	2014-06-29	강원도 원산 인근에서 동해상으로 단거리 탄도미사일 2발 발사	미사일도발
98	2014-07-02	동해로 신형 단거리 방사포 2발 발사	미사일도발
99	2014-07-09	황해남도 평산 일대에서 동해상으로 단거리 탄도미사일 2발 발사	미사일도발
100	2014-07-13	개성 북방에서 동해상으로 단거리 미사일 2발 발사	미사일도발
101	2014-07-14	고성 MDL 인근에서 방사프 및 해안포 100여발 동해로 발사	미사일도발
102	2014-07-26	서해 장산곶에서 동해상으로 단거리 미사일 1발 발사	미사일도발

103	2014-07-30	묘향산 일대에서 동해로 신형 단거리 방사포 4발 발사	미사일도발
104	2014-08-14	동해로 신형 단거리 미사일 5발 발사	미사일도발
105	2014-09-01	자강도에서 동해상으로 단거리 발사체 1발 발사	미사일도발
106	2014-09-06	원산에서 동해상으로 단거리 발사체 3발 발사	미사일도발
107	2014-09-15	소형무인기, 백령도 인근에서 발견	국지(영공)도발
108	2014-09-19	단속정 1척, 백령도 북방 7.6마일 지점에서 NLL 0.5마일 침범	국지(해상)도발
109	2014-10-07	경비정 1척, 연평도 서방 8.5마일 지점에서 NLL 0.7마일 침범	국지(해상)도발
110	2014-10-10	경기도 연천 일대 민간인 풍선에 조준사격	국지(육상)도발
111	2014-10-18	강원도 철원 DMZ 내 정찰활동 중 MDL 월선	국지(육상)도발
112	2014-10-19	경기도 파주 DMZ 내 정찰활동 중 남측 경고사격에 북측 GP에서 남측 GP로 2발 총격도발	국지(육상)도발
113	2014-11-10	경기도 파주 DMZ 내 정찰활동 중 MDL 월선	국지(육상)도발
114	2014-12-05	단속정, 서해 연평도 서방 NLL 침범	국지(해상)도발
115	2014-12-09	한국수력원자력 해킹	침투도발
116	2014-12-10	한국수력원자력 해킹	침투도발
117	2014-12-11	한국수력원자력 해킹	침투도발
118	2014-12-12	한국수력원자력 해킹	침투도발
119	2015-02-06	동해에서 함대함 미사일 4발 발사	미사일도발
120	2015-02-08	동해에서 단거리 미사일 5발 발사	미사일도발
121	2015-03-02	서해 남포지역에서 동해상으로 단거리 탄도미사일 2발 발사	미사일도발
122	2015-03-12	함경남도 선덕 일대에서 동해로 지대공 미사일 7발 발사	미사일도발
123	2015-04-02	단거리 탄도미사일 1발 발사	미사일도발
124	2015-04-03	서해에서 남쪽으로 단거리 탄도미사일 4발 발사	미사일도발
125	2015-04-07	평안남도 평원군 일대에서 단거리 미사일 2발 발사	미사일도발
126	2015-04-21	경비정, 서해 백령도 북방 NLL 침범	국지(해상)도발
127	2015-05-08	함경남도 신포 인근 동해상에서 SLBM 1발 발사	미사일도발
128	2015-05-09	동해에서 함대함 미사일 3발 발사	미사일도발
129	2015-05-16	경비정, 서해 연평도 북방 NLL 침범	국지(해상)도발

130	2015-06-11	경비정, 서해 백령도 북방 NLL 침범 경비정, 서해 소청도 동북방 NLL 침범	국지(해상)도발
131	2015-06-12	경비정, 서해 소청도 동남방 NLL 침범	국지(해상)도발
132	2015-06-14	동해로 단거리 미사일 3발 발사	미사일도발
133	2015-06-16	경비정, 서해 백령도 서북방 NLL 침범	국지(해상)도발
134	2015-06-23	단속정, 서해 백령도 서북방 NLL 침범	국지(해상)도발
135	2015-06-30	단속정 1척, 서해 NLL 침범 경비정, 서해 연평도 서방 NLL 침범	국지(해상)도발
136	2015-07-02	강원도 철원 지역 MDL 침범	국지(육상)도발
137	2015-07-11	강원도 철원 지역 MDL 침범	국지(육상)도발
138	2015-08-04	경기 파주 지역 DMZ에서 지뢰매설 도발	국지(육상)도발
139	2015-08-20	연천지역 MDL 이남 남측 대북확성기를 향해 곡사포 및 직사화기 사격	국지(육상)도발
140	2015-08-22	소형무인기, 화천 전방지역 MDL 2회 침범	국지(영공)도발
141	2015-08-23	소형무인기, 화천 전방지역 MDL 침범	국지(영공)도발
142	2015-08-24	소형무인기, 화천 전방지역 MDL 2회 침범	국지(영공)도발
143	2015-08-31	경비정, 서해 백령도 동북방 NLL 침범	국지(해상)도발
144	2015-09-08	단속정, 서해 소청도 동남방 NLL 침범	국지(해상)도발
145	2015-09-25	단속정, 서해 연평도 서방 NLL 침범	국지(해상)도발
146	2015-10-24	어선단속정 1척, 서해 연평도 동북방 NLL 침범	국지(해상)도발
147	2015-11-28	동해에서 SLBM 발사 시험	미사일도발
148	2015-11-30	경비정, 서해 소청도 동북방 NLL 침범	국지(해상)도발
149	2015-12-14	경비정, 서해 백령도 북방 NLL 침범	국지(해상)도발
150	2016-01-06	4차 핵실험	핵실험
151	2016-01-08	동해 해상에서 SLBM 1발 발사	미사일도발
152	2016-01-13	소형무인기, 경기 문산 저방지역 MDL 침범	국지(영공)도발
153	2016-01-13	청와대 사칭 e메일 발생	침투도발
154	2016-01-14	청와대 사칭 e메일 발생	침투도발
155	2016-02-07	동창리에서 장거리 미사일(대포동 2호) 1발 발사	미사일도발
156	2016-02-08	경비정 1척, 서해 소청도 동남방 NLL 침범	국지(해상)도발
157	2016-02-20	백령도 북방 장산곶에서 해안포 수발 사격 실시	국지(해상)도발
158	2016-03-03	강원도 원산 일대에서 동해로 단거리 미사일 6발 발사	미사일도발

159	2016-03-08	외교·안보라인 주요 인사 수십 명 스마트 폰 해킹	침투도발
160	2016-03-10	황해남도 삭간몰 일대에서 원산 동북 동해상으로 단거리 탄도미사일 2발 발사	미사일도발
161	2016-03-15	재진입 기술 모의 시험 공개	미사일도발
162	2016-03-18	평안남도 숙천 일대에서 동해상으로 중거리 탄도미사일 2발 발사	미사일도발
163	2016-03-21	함경남도 함흥 남쪽에서 동해로 단거리 미사일 5발 발사	미사일도발
164	2016-03-24	대출력 고체 로케트 엔진 지상분출 및 계단분리 시험	미사일도발
165	2016-03-25	고체로켓 엔진시험	미사일도발
166	2016-03-29	강원도 원산 일대에서 양강도 방향 내륙지방으로 단거리 미사일 1발 발사	미사일도발
167	2016-03-31	MDL 북방에서 GPS 교란 전파 최대 출력 발사	침투도발
168	2016-04-01	함경남도 선덕 일대에서 동해상으로 단거리 지대공 미사일 1발 발사	미사일도발
169	2016-04-09	동창리에서 신형 ICBM 엔진 지상분출 시험	미사일도발
170	2016-04-15	동해로 미사일 1발 발사	미사일도발
171	2016-04-24	동해 해상 신포 앞바다에서 SLBM 1발 발사	미사일도발
172	2016-04-28	원산 일대에서 무수단 미사일 2발 발사	미사일도발
173	2016-05-27	단속정 1척, 서해 NLL 침범	국지(해상)도발
174	2016-05-31	원산 일대에서 무수단 미사일 1발 발사	미사일도발
175	2016-06-22	강원도 원산 일대에서 동해로 무수단 미사일 2발 발사	미사일도발
176	2016-06-23	중장거리 전략탄도미사일(화성-10) 시험발사	미사일도발
177	2016-07-09	함경남도 신포 해상에서 SLBM 1발 발사	미사일도발
178	2016-07-19	황해북도 황주 일대에서 동해상으로 SCUD 미사일 1발, 노동 미사일 2발 발사	미사일도발
179	2016-07-20	전략군 화성포병부대 탄도미사일 발사훈련	미사일도발
180	2016-08-03	동해로 노동 미사일 2발 발사	미사일도발
181	2016-08-25	함경남도 신포 인근 해상에서 동해상으로 SLBM 1발 발사	미사일도발
182	2016-09-05	황해북도에서 동해상으로 탄도미사일 3발 발사	미사일도발
183	2016-09-09	5차 핵실험	핵실험

184	2016-09-20	동창리에서 신형 정지위성 운반 로켓용 대출력 엔진 시험	미사일도발
185	2016-10-15	평안북도 구성시 방현 비행장 인근에서 평안북도 동해로 미사일 1발 발사	미사일도발
186	2016-10-20	평안북도 구성시 방현 비행장 인근에서 평안북도 동해로 미사일 1발 발사	미사일도발
187	2017-02-12	평안북도 방현 일대에서 탄도미사일 1발 발사	미사일도발
188	2017-03-06	탄도미사일 4발 발사	미사일도발
189	2017-03-19	신형 고출력 로켓엔진 지상분출시험 실시	미사일도발
190	2017-04-05	탄도미사일 발사	미사일도발
191	2017-04-16	미사일 발사	미사일도발
192	2017-04-29	탄도미사일 발사	미사일도발
193	2017-05-14	탄도미사일 발사	미사일도발
194	2017-05-21	탄도미사일 발사	미사일도발
195	2017-05-29	탄도미사일 발사	미사일도발
196	2017-07-04	탄도미사일 발사	미사일도발
197	2017-07-28	ICBM 발사	미사일도발
198	2017-08-26	동해상으로 SRBM 수발 발사	미사일도발
199	2017-08-29	IRBM 발사	미사일도발
200	2017-09-03	6차 핵실험	핵실험
201	2017-09-15	동해로 탄도미사일(화성-12형) 1발 발사	미사일도발
202	2017-11-29	평안남도 평성에서 장거리 탄도미사일(화성-15형) 발사	미사일도발

출처: 국방부 「국방백서」와 통일부 "남북관계주요일지"를 활용하여 재구성.

제7장
북한 국가성격의 특징과 유형

I. 머리말

북한 문제는 한국 더 나아가 동북아시아의 미래에 지대한 영향을 미칠 수 있는 주요 변수 가운데 하나이다. 향후 북한이 어떤 경로를 선택하고 추진하는가에 따라 한반도의 평화는 물론 동북아시아의 안정도 영향을 받을 수밖에 없다. 특히 한국 내에서 북한 문제는 군사적 도발, 핵실험, 개혁 · 개방 가능성, 인권문제, 대북(통일)정책 등 여러 가지 이슈에서 진보 · 보수 간 갈등의 원인이 되고 있다. 북한이 어떤 국가[1]인가에 대한 인식과 시각의 편차에서 발생하는 갈등의 깊이는 해가 갈수록 더해 가고 있다. 따라서 북한이라는 국가가 어떤 성격을 갖고 있는지 분석하고 앞으로 어떻게 행동할지 예측하는 것은 대한

---

* 이 글은 남궁영·유성현, “북한의 국가성격 연구: 서지학적 접근” 『세계지역연구논총』제38집 3호(2020)를 수정·보완한 것이다.

1 대한민국 헌법 제1장 제3조에 따르면 ‘대한민국의 영토는 한반도와 그 부속 도서로 한다’고 규정되어 있으므로 헌법상으로는 북한을 일정한 영토와 국민, 그리고 주권을 가진 국가로 볼 수 없지만, 본 논문에서는 북한이 어떤 성격을 갖고 있는지 규명하는 것이 목적이므로 연구의 편의상 북한을 하나의 ‘국가’로 인식한다.

민국의 장래를 위해서 매우 중요한 일이다. 그러나 북한의 미래를 예측한다는 것은 그렇게 간단한 일이 아니다. 북한이 남북대화에 조금이라도 적극적인 모습을 보이면 북한이 곧 개혁·개방에 나설 것이라는 예측도 있었고, 미사일 발사와 핵실험 같은 북한의 도발이 전면전쟁으로 이어질 것이라는 예측도 있었으나 이런 예측은 그동안 번번이 빗나갔다. 김일성, 김정일 그리고 김정은으로 이어지는 3대 세습에 이르기까지 북한은 여전히 큰 변화 없이 존속하고 있다. 북한에 대한 예측이 좀 더 정확성을 가지려면 가장 먼저 본질적인 북한, 즉 북한의 국가성격에 대한 이해가 선행돼야 한다. 북한에서 발생하는 단편적인 사건 또는 일시적으로 취하는 행동에만 주목해서 북한을 분석·예측한다면 매번 북한에 대한 분석·예측 결과가 달라질 것이다.

북한 체제에 관한 다양한 해석이 대립하면서 북한 문제에 대한 갈등 국면이 더욱 확대되고 있는 것이다. 이런 갈등을 줄이고 한반도 평화와 성공적인 통일시대 그리고 동북아 안정을 도모하기 위해서는 북한의 국가성격에 대한 보다 일반적인 인식이 전제돼야 한다. 따라서 본 연구는 기존의 북한 국가성격 연구들이 주장하고 있는 북한의 국가 개념(유형), 그리고 북한의 주요 특징이 무엇인지 살펴보고 그 가운데 모든 연구에서 공통적으로 주장되고 있는 북한의 국가유형과 핵심적 특징을 선별하여 보다 일반적인 북한의 국가성격을 규명하고자 한다.

북한에 대한 연구는 그동안 연구자의 입장에 따라 매우 다르게 진행되어 왔다. 이는 연구자의 가치관과 이데올로기적 정향의 다름에서 비롯된 현상이다. 이데올로기적 편향성에서 기인하는 맹목적인 냉전 및 반공의식, 그리고 그 반작용으로 제기된 맹목적인 북한 편향 내지 환상적인 교조주의는 그동안 북한을 과도하게 왜곡시켜 왔다.[2] 즉 하나의 체제로서 북한을 이해해야 하면서도 남한의 북한 연구자들은 분단 이후 장기간에 걸쳐 고착된 냉전 문화로부터 자유롭지 못했다.[3] 이런 경향으로 인해 북한에 관한 연구에서 인식의 차이에 따른 '내재적 접근법'과 '외재적 접근법'이 대립하여 왔다. 내재적 접근법이라 함은 북한 사회가 설정 · 추구하는 이념, 목표 또는 논리에 따라 북한 사회를 분석 · 비판하는 것이다. 이와 달리 외재적 접근법은 북한 사회가 설정 · 추구하지 않은 외부의 논리나 이념 등을 잣대로 하여 분석 · 비판하는 것이다.[4] 이런 연구 시각의 차이가 북한의 국가성격에 대한 연구에 있어서는 보편성(외재적 접근)과 특수성(내재적 접근)의 두 가지 방법론으로 나타난다. 보편성이라 함은 북한의 사회주의적 보편성을 강조하는 것이고, 특수성은 북한 정치체제의 특성이 '북한'이라는 조건하에서 구체화되어 발현됐다고 보는, 소위 '북한적 현상'을 강조하는 것이다.[5] 특수성은 학자에 따라 '북한 특수주의'로 불리기도 한다.[6] 하지만 각각의 방법론은 모두 북한 사회 전체의 성격을 규명함에 있어 한계를 노출하고 있다. 먼저 보편성에 기초하여 북한 문제를 접근하면 북한이 가진 사회주의체제 구조를 설명하고 이데올로기와 정치체계

---

2 최완규, "북한연구 방법론 논쟁에 대한 성찰적 접근," 경남대학교 북한대학원 엮음, 『북한연구 방법론』(서울: 한울아카데미, 2003), p. 13.

3 조한범, "북한사회주의 체제의 이해: 비교사회주의론적 접근," 『비교사회』 통권 제5호(2003), p. 151.

4 강정인, "북한연구 방법론: 재론," 『현대북한연구』 창간호(1998), p. 9.

5 박형중, "북한정치 연구에서 '북한 특수성론'," 『통일문제연구』 통권 제27호(1997), p. 185.

6 "북한은 장기간 유일지배체제와 주체사상이라는 이데올로기의 마력이 지배하는 나라로 … (중략) … 북한이 자본주의뿐만 아니라 일반적인 사회주의 체제로부터도 떨어져 있는 특수한 사회로 보이게 만들었다. … (중략) … 오늘날 이는 '북한 특수주의'로 우리 학계에 지배적인 패러다임으로 자리 잡고 있다," 조한범, "북한 사회주의 체제의 성격연구: 비교사회주의론적 접근," 『통일정책연구』 제11권 2호(2002), pp. 118~119.

를 설명하는 데 유용하다는 장점이 있다.[7] 그러나 북한만의 특수한 현상을 해석하기 어렵다는 문제점이 있다는 지적도 있다.[8] 실제로 북한이 다른 사회주의국가들이 보여주었던 경향에서 벗어나 전문가들과 일반인들이 예견하기 어려운 행위를 수없이 보이면서 북한에 대한 연구가 특수한 시각에 기초해야 한다는 목소리가 높아진 것은 사실이다. 하지만 기존의 특수성 기반 연구들 역시 북한정치와 관련해서 나타나는 일련의 현상 가운데 사회주의국가들에서도 '공통적'으로 발견되는 것들을 북한만의 특수한 것으로 성급하게 단정하는 경우가 많았다.[9]

따라서 그동안 보편성과 특수성에 주목하여 북한의 국가성격을 규정한 기존 연구들, 즉 2차 문헌들을 분석하여 연구에서 공통적으로 인정하고 규정한 북한의 국가 개념(유형)과 특징을 추출할 것이다. 그리고 이런 북한의 국가성격을 이해함에 있어 무엇이 더 타당하고 과학적인 접근법인가를 밝히고 이를 통해 북한의 국가성격을 규명하고자 한다.

---

7 정성장, 『현대 북한의 정치: 역사·이념·권력체계』 (파주: 한울, 2011), p. 39.

8 "특정한 현상에 대해서 고찰을 하기 위해선 연구자의 객관성과 정밀성이 필수적으로 요청된다. 이 중에서 전자는 일반주의적, 후자는 특수주의적 연구방법이라고 할 것이다. 만약 지나치게 일반적인 연구를 한다면, 탐구대상의 외피 속에 숨겨져 있는 사항을 등한시하게 되고 그로 인하여 수박 겉핥기식의 추상적 결과만을 도출할 수밖에 없다," 김익성, "북한 사회주의에 대한 연구동향 분석: 북한 사회주의의 보편-특수적 이해," 『사회과학연구』 제27집 1호(2011), p. 175,

9 박형중(1997), p. 184.

II. 북한의 보편성에 주목한 국가성격 연구

1. 프리드리히-브레진스키 모델: 전체주의체제

오일환은 프리드리히(Carl J. Friedrich)와 브레진스키(Zbigniew K. Brzezinski)가 제시한 전체주의의 6가지 특성을 바탕으로 북한의 국가성격을 설명하고 있다.[10] 프리드리히와 브레진스키는 전체주의의 특성으로 ① 공식적 이데올로기의 독점, ② 단일대중정당의 존재, ③ 테러적 경찰통제체계, ④ 대중매체 수단들에 대한 독점, ⑤ 무장 전투수단에 대한 독점, ⑥ 전체 경제의 중앙통제와 지도까지 총 6가지를 제시하고 있다.[11]

먼저 프리드리히와 브레진스키가 규정하는 전체주의의 첫 번째 특징은 '체제 내에 속한 모든 사람들의 세계관과 가치관을 획일적으로 규제하며 배타적인 성격을 갖는' 공식적 이데올로기의 독점이다. 오일환은 주체사상을 제시하면서 이것이 첫 번째 특징에 부합하는 이유로, 주체사상이 조선노동당과 국가활동의 유일한 지도적 지침으로 자리 잡고 있다는 사실[12] 그리고 유일사상으로서의 주체사상이 북한 주민 개개인의 의식 속에 깊이 내면화되어 있다는 사

---

10 오일환, "김정일 시대의 북한체제 현황," 오일환 외,『현대북한체제론』(서울: 을유문화사, 2000), pp. 14~70.

11 Carl J. Friedrich and Zbigniew K. Brzezinski, *Totalitarian Dictatorship and Autocracy*, 2nd Edition. (Cambridge: Harvard University Press, 1965), pp. 9~10.

12 조선로동당 규약 전문에 "조선로동당은 오직 위대한 수령 김일성동지의 주체사상, 혁명사상에 의해 지도된다"고 되어 있고, 사회주의 헌법에서도 "조선민주주의인민공화국은 사람 중심의 세계관이며 인민대중의 자주성을 실현하기 위한 혁명사상인 주체사상을 자기 활동의 지도적 지침으로 삼는다"고 규정하고 있다(부록 I 참조).

실을 들고 있다.[13] 1990년대 이후에도 북한은 김정일을 중심으로 '우리식 사회주의', '조선민족제일주의', '붉은기 사상', '강성대국론' 등으로 주체사상의 내연과 외연을 확장·변용시켜왔다.[14] 두 번째 특징은 '온 국민을 일체화·조직화시키기 위해 1인 독재자에 의해 지도되고 소수의 사람들로 조직되는 단일대중정당의 존재'인데 수령과 조선노동당이 이에 해당한다. 사회주의 헌법에 조선민주주의인민공화국은 조선노동당의 영도 밑에 모든 활동을 진행한다고 명시하고 있으며 실제로 수령을 중심으로 하는 북한의 노동당은 모든 사람들의 조직생활을 장악하고 통제하며, 국가의 모든 대내외정책의 작성과 결정, 그리고 집행을 감독한다.[15] 세 번째는 '체제 반대자에 대한 염탐과 감시를 위해 근대 기술을 최대한 활용하는 테러적 경찰통제체계'의 존재이다. 북한에서는 공식적 경찰에 해당하는 사회안전성, 그리고 비밀경찰에 해당하는 안전보위부가 모든 단위에 배치되어 감시·감독·통제 기능을 하고 있다.[16] 네 번째 특징은 지도자와 당에 의한 일체의 효과적인 대중매체 수단들에 대한 독점으로써 북한에서는 당 중앙위원회 선전선동부의 당적 지도가 이런 역할을 수행하고 있다. 이어서 일체의 효과적인 무장 전투수단에 대한 독점이 다섯 번째 특징인데 북한에서는 조선노동당이 체제유지 장치로서의 조선인민군을 독점하고 있다. 조선노동당 규약에 따르면 인민군은 조선노동당의 혁명적 무장력이며 당과 수령, 조국과 인민을 위해서 서슴없이 생명을 바칠 수 있는 진

---

13 오일환(2000), pp. 21~23.

14 오일환(2000), p. 27.

15 오일환(2000), pp. 28~29.

16 황장엽, 『개인의 생명보다 귀중한 민족의 생명』 (서울: 시대정신, 1999), p. 88, 오일환(2000), p.35에서 재인용.

정한 혁명 전사가 될 것을 규정하고 있다. 마지막으로 여섯 번째 특징은 전체 경제의 중앙통제와 지도이다. 사회주의를 기본 바탕으로 하는 북한은 여타 사회주의국가들과 마찬가지로 생산수단의 국유화, 그리고 모든 경제활동이 국가의 계획에 의해 이뤄지는 중앙집권적 계획경제를 특징으로 한다. 다만 북한의 경제정책은 계획적 사회주의 경제체제와 주체사상의 결합으로 나타난다는 것이 독특한 점이다.[17]

<표 7-1> 프리드리히-브레진스키 전체주의 모델의 북한 적용

전체주의 모델	북한 체제에 대한 전체주의 모델의 적용과 설명	
	적용	설명
공식적 이데올로기의 독점	주체사상	• 조선노동당과 국가 활동의 유일한 지도적 지침 (당 규약, 사회주의헌법 명시) • 북한 전반에 걸쳐 내면화돼 있는 유일사상
1인독재자중심 단일대중정당의 존재	수령중심 조선노동당	• 북한은 당의 영도 아래 모든 활동 진행(헌법 명시) • 북한 정치, 경제, 군사, 사회 전반에 대한 당적 통제
테러적 경찰통제체계	경찰조직과 정치범수용소	• 사회안전성과 안전보위부의 감시·감독·통제 기능 수행
대중매체 독점	대중매체의 당적 장악	• 언론매체에 대한 당 중앙위원회 선전선동부의 당적 지도
무장 전투수단에 대한 독점	조선인민군	• 인민군은 조선노동당의 혁명적 무장력(당 규약에 명시)
경제의 중앙통제와 지도	중앙집권적 계획경제	• 사회주의 체제의 중앙집권적 계획경제 운용(주체사상이 첨가된 특수계획경제)

17 오일환(2000), pp. 45~70.

2. 샤피로 모델: 스탈린식 전체주의체제 + 술탄체제

최완규는 프리드리히와 브레진스키의 전체주의 이론을 비판적으로 검토하면서 독재자 개인의 비중을 중요하게 다룬 샤피로(Leonard Schapiro)의 전체주의 이론이 특히 스탈린식 사회주의국가 체제를 설명하는 데는 더 유용한 분석틀을 제공해주는 것으로 본다. 샤피로가 주장하는 전체주의 모델의 특징은 다음과 같다: ① 지도자 ② 법적 질서의 종속 ③ 사적 도덕성의 통제 ④ 지속적 동원 ⑤ 대중적 지지에 기반을 둔 정당성.[18]

샤피로의 전체주의 모델이 프리드리히와 브레진스키의 전체주의 모델과 다른 점은 우선 샤피로는 지배 수단보다 지도자 '개인'에게 더 큰 비중을 두고 있다는 사실이다. 그리고 프리드리히와 브레진스키가 '무장 전투 수단에 대한 독점'을 전체주의의 주요 특징으로 삼고 있는 것과 달리 샤피로는 무기의 독점 현상이 전체주의 체제에만 국한된 것이 아니기 때문에 전체주의의 특징적 면모로 볼 수 없다고 주장한다. 따라서 당 · 국가 체제를 기본으로 하는 일반적 사회주의 체제, 즉 당이 국가기구보다 우위에 있는 체제가 아닌, 스탈린식 사회주의국가 체제와 같이 제도로서의 당이나 국가기구의 지배 위에 절대적인 '개인독재체제'가 구축한 사회주의를 분석하는 데 있어서는 샤피로의 전체주의 모델이 더 유용하고 적합하다는 것이다.[19] 북한은 건국 초기에 이와 같은 스탈린식 사회주의 체제를 그대로 모방했으며 스탈린 사후에도 전체주의 국

---

18 Leonard Schapiro, *Totalitarianism* (New York: Praeger, 1972), pp. 18-71.

19 "스탈린은 권력을 장악한 이후 레닌적 공산당을 독재자 개인의 정당으로 만드는 데 주력했는데 이는 사실상 당 지배의 제도적 성격을 상실하게 만들었다," 최완규, "북한 국가성격의 이론과 쟁점: 비교사회주의적 관점," 최완규 엮음, 『북한의 국가성격 변용에 관한 연구: 예외국가의 공고화』, (서울: 한울, 2001), p. 20.

가의 특징적 면모인 지도자 국가(수령국가)를 공고화시키는 작업에 착수했기 때문에 스탈린식 전체주의적 접근법이 북한을 설명할 수 있는 가장 유용한 모델이라고 주장한다.[20]

최완규는 또 북한을 루마니아의 차우셰스쿠식 술탄체제에 비교하면서 북한과 루마니아 모두를 스탈린식 전체주의 체제와 술탄체제의 조합이라고 본다. 술탄체제는 세습국가에서 나타나는 것으로, 통치자 개인 또는 그의 가족에게 권력이 고도로 집중된 체제를 뜻한다. 특히 세습국가의 통치자는 행정기구를 지배하고 자신의 의지를 개인과 사회에게 부과하기 때문에 정치 엘리트들은 자신의 정치적 힘과 위치를 지도자와의 관계에서 파악한다.[21]

최완규는 북한을 스탈린식 전체주의 체제의 1인 독재적 성격과 챠우셰스쿠식 술탄체제의 친족 세습적 성격이 합쳐진 지도자 1인 중심의 세습적 전체주의 국가로 설명한다. 최완규는 특수성 연구에 대해서는 북한에 대한 과학적 설명과 예측을 할 수 없다는 것을 자인하는 것이라고 강조한다. 특수성의 이면에 있는 범사회주의적 현상의 의미를 고려할 때, 즉 보편성에 주목할 때 북한에 대한 '과학적' 연구가 가능하다는 것이다.[22]

3. 기든스 모델: 완화된 전체주의체제

맥코맥(Gavan McCormack)은 복잡한 북한체제를 특정 모델로 설명하는 것이 무척 까다롭다고 하면서도 북한의 국가성격을 분석하는 데 가장 유용한 모델

---

20 최완규(2001), pp. 18~22.

21 최완규(2001), p. 23.

22 최완규(2001), p. 13.

은 고전적 전체주의 모델을 수정한 기든스(A. Giddens)의 전체주의 모델이라고 주장한다.[23] 하지만 전체주의 모델을 북한에 바로 적용하기에 앞서 맥코맥은 기타 모델이 왜 북한을 규정하는 데 적절하지 않은가를 다음과 같이 설명한다.

1) 사회주의국가인가?

1948년부터 1972년까지 북한은 분명 공식적으로는 인민민주주의를 내세우면서 당이 독재하는 사회주의 체제를 표방했다. 하지만 북한에서 나타나는 주체사상, 가족세습 등은 다른 사회주의국가에는 없는 특징이므로 기존 사회주의 이론 하나로는 설명할 수 없다.

2) 유교적 봉건 세습국가인가?

북한은 유교의 모습을 지니고 있기는 하나 여전히 법이 존재하는 사회이다. 따라서 유교는 북한의 일부만을 설명할 뿐이다. 봉건제에 있어서도 북한은 지

---

23 Gavan McCormack, "Kim Country: Hard Times in North Korea," *New Left Review*, No. 198 (March-April, 1993), pp. 21~48. 전체주의의 분류에 있어서 고전적 전체주의 모델로 분류되는 것은 프리드리히와 브레진스키의 전체주의 모델이다. 한마디로 설명하면 기든스의 전체주의 모델은 고전적 전체주의 모델에 비해 그 개념이 완화됐다고 볼 수 있다. 기든스에 의하면 프리드리히와 브레진스키의 전체주의 모델은 소련의 발전 초기 단계나 스탈린 사후에는 적용할 수가 없고 스탈린 지배기에만 적용이 가능하다. 적어도 마르크스-레닌주의 체제에서는 다양한 분파와 조직을 인정하고 있었는데 프리드리히와 브레진스키의 전체주의 개념 규정에 의하면 이는 용인될 수 없기 때문이다. 특히 소련 초기에는 광활한 영토에 대한 중앙정부의 통제나 경제의 집중 또한 이뤄지지 못했다. 스탈린 사후 후루시초프 시대에도 스탈린 시대에 버금가는 '완전한 통제'란 없었다. 기든스에 의하면 결국 프리드리히와 브레진스키의 모델은 소련이나 동구의 사회형태 전체가 아니라 스탈린 체제만을 설명하는 것에 불과하다는 것이다. 기든스는 전체주의의 지배형태는 전통국가에서는 존재할 수 없고 자원에 대한 집중적이고 필연적인 동원이 가능한 근대국가에서만 가능하며 전체주의 지배는 대다수 국민의 활동을 국가가 어느 정도 성공적으로 감시할 수 있느냐에 따라 그 성격이 달라진다고 주장한다. A. Giddens, 진덕규 역, 『민족국가와 폭력』, (서울: 삼지원, 1991), pp. 339~354.

도자의 세습이 이뤄지고 있기는 하나 중앙집권적 공업국가이기 때문에 적용할 수 없을뿐더러 북한은 일본이나 유럽의 그것과는 많이 다른 '특수한 봉건제'의 모습을 띠고 있는데 이런 특수 분류는 북한을 설명하는 데 있어 의미가 없다.

3) 유격대/자폐적 국가인가?

유격대 국가론은 1930년대에 걸쳐 일본을 상대로 싸웠던 항일 빨치산 부대의 성격이 북한 국가 전체로 확대됐다고 보는 모델이다. 즉 둘러싸인 외부의 적으로부터 자신들을 보호하기 위해 지도자를 중심으로 강력하게 뭉쳐야 했던 유격대의 성격이 북한의 국가성격을 설명하는 데도 유용하다는 것이다. 하지만 외부적 요인만을 독립변인, 즉 결정적 요인으로 상정하여 그 영향을 지나치게 확대하는 것은 설득력이 없다.

4) 조합주의(corporatist) 국가인가?

조합주의 국가론은 유기체적 관계를 중시하는 것으로 지도자, 당 그리고 대중이 하나처럼 움직이는 국가를 뜻한다. 하지만 유기체적 움직임은 공식화(formulation)할 수 없다는 단점이 있고 북한이 주장하는 이데올로기 자체를 분석모델로 삼고 있기 때문에 이는 북한을 분석하는 올바른 방법이 아니다.

5) 전체주의 국가인가?

맥코맥은 프리드리히와 브레진스키의 고전적 전체주의 모델을 수정한 기든스의 전체주의 모델이 북한을 설명하는 데 가장 적합하다고 주장한다. 맥코맥은 기든스의 모델을 통해 북한이 ① 철저한 감시, ② 테러(경찰력의 극대화), 그리고 ③ 국가의식을 통한 대중동원이라는 세 가지 요소가 혼합된 전형적인 전체주의 국가라고 규정하면서 이런 전체주의 국가의 붕괴는 필연적이라고 설명한다.[24]

4. 린쯔-스테판 모델: 탈전체주의적 술탄주의 폭정 체제

박형중은 린쯔(Juan J. Linz)와 스테판(Alfred Stepan)이 정치체제의 유형분류[25]에서 설정한 '탈전체주의(Post Totalitarianism)' 개념에, 윈트로브(Ronald Wintrobe)가 독재정권 유형분류[26]와 관련하여 설정한 '폭정(tyranny)'이라는 개념을 더하여 1990년대 이후의 북한을 탈전체주의적 술탄주의 폭정 체제로 규정하고 있다.[27] 그에 따르면 1980년 말까지 북한의 정치체제는 전체주의 그리고 극단의 개인독재를 의미하는 술탄주의의 결합이라고 할 수 있다. 하지만 1990년대 이후 전체주의의 핵심적 특징이라 할 수 있는 '개인에 대한 항시적인 총체적 통제'가 불가능해지면서 북한을 더 이상 전체주의 통치체제라 규정할 수 없게 되었다는 것이다. 더불어 전체주의적 제약이 약화됨에 따라 술탄주의적 측면은 더욱 강하게 나타났으며 지배력 약화에 대응하는 과정에서 폭정이라는 것이 등장했다고 주장하고 있다.

---

24 McCormack(1993), pp. 41~47.

25 Juan J. Linz and Alfred Stepan, *Problems of Democratic Transition and Consolidation* (Baltimore: The Johns Hopkins University Press, 1996). pp. 44~45.

26 Ronald Wintrobe, *The Political Economy of Dictatorship* (Cambridge: Cambridge University Press, 1998).

27 박형중, "북한에서 1990년대 정치체제 변화: 전체주의 겸 술탄주의로부터 탈전체주의적 술탄주의 폭정으로," 『경제정책연구』 통권 168호(2011), pp. 103~130.

<표 7-2> 린쯔-스테판의 비민주주의 통치 유형 분류의 내용과 기준

	다원주의	이데올로기	동원화	리더십
권위주의	정치적 다원성 제한	특정 이념 없음	특별한 경우 제외하고 광범위한/강제적 동원화 없음	법과 제도의 틀 안에서 권력을 행사하며 국가우위와 군부의 자율성 확보
전체주의	정치적 다원성이 존재하지 않음	특정 이념 존재, 정권 정당성으로 활용	국가목표 달성을 위한 광범위하고 강제적인 동원화와 집단적 행사 강요	지도자 권력이 제한 없음, 1인 지도자에 대한 카리스마적 권위에 의존
탈 전체주의	정치적 다원성이 없으나 시민사회로 발전 가능한 저항세력 형성	특정 이념 존재하나 약하게 작용	국가가 후원하는 조직 내에서 최소한의 순종을 얻어내기 위해 국민 정기적 동원	탈카리스마적 권위를 지향, 엘리트 충원 방식도 비공식적 네트워크에서 테크노크라트로 전환
술탄주의	다원성이 존재하지 않으며 법의 인격화, 낮은 제도화	지배자 우상화 위해 이념 활용	낮은 제도화로 인해 동원화의 수준이 낮음	지배자와 국가의 결합, 혈연관계 및 지배자에 대한 순종의 관계에서 엘리트 충원

출처:Linz and Stepan(1996), pp. 44~45.

북한이 1980년대 전체주의 체제에서 1990년대 들어 탈전체주의 체제로 이행하게 된 배경에 대해서는 ① 전체주의적 통치기제의 붕괴와 잔존, ② 이데올로기의 위상 약화, ③ 지도부의 구성에서 기술전문관료의 중요성 증가, ④ 동원 능력의 밀도 및 빈도 감소를 그 이유로 들고 있다.[28]

이러한 변화는 술탄주의적 측면의 강화와 함께 지배력 공백을 메우기 위한 '폭정'의 등장을 수반했다. 전체주의와 폭정의 가장 큰 차이점은 바로 충성도

28 박형중은 과거와 비교할 때 북한에서 개인에게 사회경제적 측면과 정보의 측면에서 자유의 공간이 넓어진 것은 사실이나 여전히 계획경제의 당·조직 하의 여러 기능도 공식적으로 폐기되지 않았음을 주장하

에 있다. 전체주의는 억압과 충성을 동시에 보장하는 국가 통치적 기제를 갖고 있지만, 폭정은 그렇지 못하다.[29]

<그림 7-1> 윈트로브의 독재정권 유형분류[30]

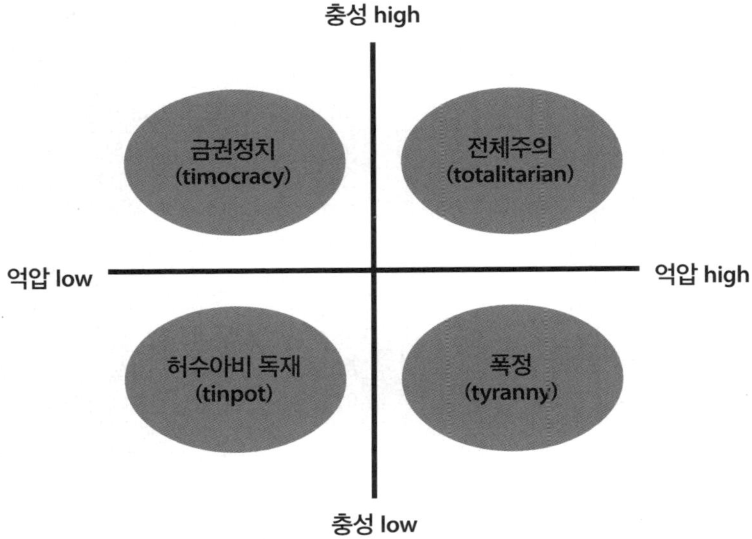

요컨대 박형중의 주장은 1980년대 북한은 전체주의와 술탄주의의 성격을 동시에 지니고 있었으나 1990년대 북한 내에서 전체주의 기제의 약화로 술탄주의가 강화됐으며 이로 인한 지배력의 공백은 폭정이 채웠다는 것이다. 결국 전체주의는 탈전체주의로 이행하게 되었고 폭정을 동반하는 술탄주의가 강화됐다는 것이다.

고 있다. 박형중(2011), pp. 107~108.

29 박형중(2011), pp. 117~118.

30 Ronald Wintrobe, *The Political Economy of Dictatorship* (Cambridge University Press, 1998)

Ⅲ. 북한의 특수성에 주목한 국가성격 연구

1. 신정체제

이상우는 북한을 제대로 이해하기 위해서는 어느 한 시점에 대한 단면적 분석이 아니라 시대 흐름 속에서 체제가 변해 온 모습을 보아야 한다고 주장한다. 북한은 소비에트형 인민민주주의 체제에서 출발, 국가주석 통치의 1인 지배형 전체주의 체제로 진화했다가 군 지배의 군사정부 체제를 거쳐 결국 건국 지도자를 신격화하고 그 가계에서 권력을 세습화하는 신정체제로 진화했다고 한다.[31]

다른 전체주의 국가들은 독재의 타당성을 인민을 대표하는 당의 지배 권위에서 찾고 있으나 북한의 경우는 모든 권위의 원천을 김일성의 위대성에서 찾고 있다. 통치권위를 조직이나 직위 또는 인민의지 등과 연계시키지 않고 자연인의 초인간적 위대성, 즉 신성에서 도출하게 되면 그런 정치체제는 신정체제이며 이것이 북한과 다른 전체주의 국가들의 차이점이라는 것이다.[32] 북한은 건국 당시 공산정권으로 시작했으나 점차 1당 지배체제에서 1인 지배체제로, 다시 통치자의 통치권 근거가 인민의 위임에서 통치자 개인의 초월적 권위로 바뀌면서 이제는 그 어떤 공산국가에서도 볼 수 없는 특이한 1인 지배 독재정권으로 변질됐다는 것이 이상우의 주장이다.[33]

전현준은 북한을 주체종교 국가로 규정하면서 북한을 신정체제로 본 이상

---

31 이상우, 『북한정치 변천: 신정체제의 진화과정』 (서울: 오름, 2014), p. 34.

32 이상우(2014), pp. 108~112.

33 이상우(2014), pp. 49~115.

우의 분석에 동의하고 있다. 주체사상은 ‘성서’, 김일성과 김정일을 위한 노래는 ‘찬송가’, 권력엘리트들은 ‘사제’, 그리고 주민들은 ‘신도’라는 것이다.[34] 김일성은 신격화됐고 그 아들인 김정일은 신의 아들이라고 주장하면서 북한은 유교적 특징, 민족 종교적 특징, 그리고 군국주의적 요소 등이 혼재된 종교국가라고 설명한다. 특히 종교국가는 아주 강력한 통합력을 보유하면서 공고한 체제를 유지하기 때문에 개혁 · 개방의 범위도 경제난 해결에만 초점이 맞춰질 것이라고 전망하고 있다.[35]

2. 유일체제: 혁명적 수령관 + 사회정치적 생명체론

이종석은 북한 체제의 성격을 제대로 규명하기 위해서는 기든스의 전체주의론이 주장하는 억압적 측면을 수용하면서도 다른 한편 사회주의적 조합주의론이나 유격대국가론이 말하는 국가 · 사회 간 내재적 순응성을 부분적으로 인정할 필요가 있다고 지적하면서 그 대안으로 유일체제론을 제시한다. 유일체제는 기본적으로 사회주의라는 기초 위에 북한적 현상을 특징적으로 나타내기 위한 개념이다. 이종석은 본 개념을 이해하기 위해서 조선노동당을 비롯한 전체 북한 사회를 관통하는 지도체계로서 오늘날 북한 사회조직 운용의 기본구조를 이루고 있는 유일지도체계에 대한 이해가 필요하다고 주장한다. 유일지도체계라 함은 최고지도자(수령) 1인에게 권력이 집중된 사회를 뜻하며 전체 사회가 전일적인 하나의 틀로 짜여져 있고 그것을 뒷받침하는 이론적 체

---

34 전현준 외, “북한의 정치: 정치체제의 특성에 관한 일 고찰,” 『북한체계의 현주소』 (서울: 통일연구원, 2002). p. 79~80.

35 전현준 외(2002), pp. 47~49.

계까지 갖추고 있는 지도체계이다.[36] 이런 유일지도체계가 관통하는 사회를 유일체제라 명명하고 있다. 유일체제의 특징은 <표 7-3>과 같다.[37]

<표 7-3> 유일체제의 특징

구분	특징
권력 구조적 차원	권력의 1인 집중(절대권력)이 아주 강력하게 나타남. - 수령의 사상을 지도적 지침으로 하여 혁명과 건설을 수행하며 수령의 사상과 명령, 지시에 따라 전당, 전국, 전민이 하나와 같이 움직이는 체계
사회적 차원	동원화, 군사화된 사회체계를 자신의 강력한 재생산 기반으로 삼고 있음.
사상적 차원	김일성의 혁명사상을 당과 전체 사회의 유일사상으로 확립한 유일사상체계를 기반으로 함.
문화 정서적 차원	전면적이고 광범한 개인숭배 현상을 동반함.

유일체제는 혁명적 수령관과 사회정치적 생명체론에 이론적 바탕을 두고 있다. 혁명적 수령관은 수령을 혁명과 건설에서 결정적 역할을 하는 절대적인 존재로 설정한다. 이러한 수령의 완전함과 무오류성은 인민과 당의 수령에 대한 충실성을 일방적으로 강조할 수 있는 논리를 제공하고 있다. 사회정치적 생명체론은 혁명적 수령관에 기초해서 형성된 당 · 국가 · 사회를 포괄하는 총체적 의미의 사회체계이다.[38] 바로 이종석이 명명하고 있는 유일체제가 북한

---

36 "1인의 절대 권력자에 의해 물리력을 기초로 해서 운용되는 지도체계 일반을 가리키는 뜻으로서의 단일 지도 체계와는 달리 이 체계는 힘뿐만 아니라 자신을 합리화시켜주는 이데올로기와 사회문화적 정서까지도 스스로 재생산한다," 이종석, "북한체제의 성격규명: '유일체제론'의 관점에서," 『한국정치외교사논총』 제13집 (1995), pp. 790~791.

37 이종석(1995), pp. 791~793.

38 "인간은 육체적 생명과 사회정치적 생명을 지니고 있는데, 전자는 친부모로부터 받게 되고 후자는 수령으로부터 부여안게 된다. … 사회정치적 생명체란 정치적 생명을 매개로 어버이 수령. 어머니 당, 대중이 혈연적 관계에 기초해서 혁명의 주체로서 유기적으로 통일되어 '혁명적 대가정'을 이루고 있는 사회체

식 표현으로는 사회정치적 생명체인 것이다.

3. 군사국가 체제

1) 군사국가

서대숙은 김정일 시대의 북한체제를 군인들의 정치개입을 제도화한 정치체제로 규정했다. 특히 1998년 개정 헌법에서 북한 정부를 대표하는 최고 권력자가 국가주석이 아니라 국방위원장으로 변경되는 구조적 변화가 있었음을 강조하고 있다. 결국 당의 지배가 아닌 군의 지배로 통치 구조가 전환되어 과거의 당 · 국가 체제에서 기형적인 군 · 당 · 정 체제로 바뀌었다는 것이다. 이것은 군국주의 국가들에서 흔히 볼 수 있는 현역군인들의 정치개입 또는 그들이 과도한 정치적 영향력을 행사하는 정치체제와는 다르다고 주장한다.[39] 북한은 외형적으로는 당에 대한 인민의 위임을 기초로 하는 사회주의 체제의 모습을 갖추고 있으나 내부적 모순으로 인하여 1인 독재정권을 무조건 지지하도록 하는 상황이며 이를 가능하게 한 것이 조선노동당의 무력 부대인 조선인민군이라고 보고 있다.[40] 이들은 북한의 독재정권을 떠받치는 기둥이기 때문에 '군사적 임무보다는 정치적 역할에 치중'하고 있으며 실제로 김일성이나 김정일도 주민들의 지지보다는 북한군을 기반으로 정권을 유지하고 있다는 것이 서대숙의 주장이다.[41]

계를 가리키게 된다," 이종석(1995), p. 795.

39 서대숙, 『현대 북한의 지도자: 김일성과 김정일』 (서울: 을유문화사, 2000), pp. 222~231.

40 서대석(2000), pp. 149~155.

41 서대석(2000), pp. 156~157.

실제로 김정일 시대에도 당·정 관계에 있어서는 조선노동당이 최고인민회의보다 우위에 있다고 보는 것이 타당하지만 서대숙에 의하면 당과 정부 그리고 군부 관계에서 제일 중요한 역할을 하는 것은 군부다.[42] 1980년 제6차 전당대회가 있은 후부터 김정일이 사망할 때까지 당대회는 개최되지 않았으며 김정일 집권 시기인 1998년부터 2011년 사이 당대표자회도 2010년에 한 차례 열렸을 뿐이다. 조선인민군의 임무에 있어서도 서대숙은 가장 중요한 군의 임무는 김일성·김정일 정권을 정치적으로 뒷받침하는 정치적 임무, 그 다음이 북한의 경제건설 작업에 투입되는 경제적 임무, 마지막이 본래 군의 임무인 군사적 임무로 보고 있다. 서대숙은 이런 현상이 나타난 배경에는 국가 안보문제를 제일 중요하게 생각하고 군을 강화하려는 김정일의 의도가 있었다고 본다. 국방과 안보에 대한 김정일의 각별한 관심이 군인 지상주의 사회 그리고 국방위원장이 정부의 최고 지위를 차지하는 정치체제를 만들어 냈다는 것이다.[43]

2) 유격대 국가→정규군 국가

와다 하루키(Wada Haruki)는 북한을 유격대국가로 규정하면서 김일성이 유일한 최고사령관이고 북한 인민 전체가 유격대원화한 것으로 본다. 북한체제가 두 단계에 걸쳐 역사적으로, 단계적으로 형성됐다고 보는 하루키는 1967년까지는 북한이 다른 사회주의국가와 동일한 형태였다가 그 이후에 북한만

42 서대석(2000), p. 231.
43 서대석(2000), p. 227.

의 독자적 구조가 겹쳐졌다고 주장한다. 이 새로운 2차적 구조가 바로 유격대 국가다. 하루키는 이런 구조가 성립하게 된 결정적 배경을 1967년 당중앙위원회에서 제안된 유일사상체계에서 찾고 있다.[44] 당시 김일성은 당의 유일사상체계 확립을 요구하면서 이미 인민군에는 당과 수령의 명령 과업을 무조건 실행하는 혁명적 기풍이 확립돼 있는데 당에는 그것이 없음을 문제 삼았다고 한다. 따라서 당에 대한 유일사상체계 확립 요구는 이제 당도 군도 모두 수령인 자신의 지시를 따를 것을 천명한 것이다.

북한은 1968년 몇 차례 유격대를 남파했고 이는 남조선 혁명을 위해서라면 군사행동도 불사한다는 유격대 국가의 자세였다. 또한 만주에서 항일유격전쟁을 전개했던 김일성의 업적은 부단히 수정되고 순화되어 국가 신화가 되면서 점차 유격대의 사령관인 수령 김일성에 대한 무조건적 믿음과 충성이 국가 전체로 확대되어 갔다.[45] 1974년 3월에는 "생산도 학습도 생활도 항일유격대 식으로"라는 새로운 구호가 김정일에 의해 만들어졌는데 1년 뒤 김일성이 이를 지지하면서 유격대 국가의 영속적인 구호로 인정받기에 이르렀다.[46] 와다 하루키는 유격대 국가라는 개념이 인민들에게 국가 이데올로기이자 국가상으로 제시되었고 이 과정에서 인민들은 물론 지도자들까지도 이런 국가에 살고 있는 것처럼 사고하고 행동하기에 이르렀다고 한다.[47] 이후에도 영도예술론, 가족국가론, 전통적 국가론 등으로 유격대 국가 개념이 보강됐으나 김

44 Wada Haruki, 서동만·남기정 역, 『북조선』 (서울: 돌배개, 2002), pp. 112~123.

45 Wada(2002), p. 297.

46 "이 구호는 인민에게 하루 스물네 시간 공사를 막론하고 자나 깨나 항일유격대원으로 살아갈 것을 요구하고 있다. 수령과 인민의 관계는 사령관과 전사의 관계라는 것이 확인되었다," Wada(2002), p. 142.

47 Wada(2002), p. 298.

일성 사후에는 수령만이 사령관을 할 수 있는 유격대 국가 체제를 더 이상 유지하기가 어려워졌다. 유격대 국가는 철저하게 수령 김일성 사령관을 중심으로 존속해 왔기 때문이다. 김정일이 수령이라는 타이틀을 계승할 수 없다면 유격대 국가도 유지될 수 없었던 것이다. 즉 그동안 김일성은 수령으로, 김정일은 위대한 영도자의 역할을 감당해 왔기 때문에 김정일이 영생불멸의 수령, 김일성의 자리를 온전히 대체할 수는 없었다.[48]

하루키에 의하면 이런 조건으로 인해 김정일은 체제 장악을 위해서 자신이 최고사령관으로 있었던 조선인민군(정규군)을 출발점으로 삼았다고 한다. 조선인민군의 '실질적' 최고사령관이 되는 것만이 체제를 빠르게 장악할 수 있는 길이라고 판단한 것이다. 김정일은 실제로 군인들과 군대를 통제·장악하기 위해서 부지런히 전국의 군부대와 주둔지를 방문하기 시작했다. 경제문제 해결을 위해서도 군을 전면에 내세웠고 "군대가 곧 인민이고 국가이며 당"이라는 독창적인 선군사상을 밝히면서 군대는 '모두'이며 그 우두머리인 최고사령관은 '모두의 사령관'이라는 것을 천명한 셈이다.[49] 하루키는 이 과정을 통해 김정일 정권의 북한은 최고사령관이 정규군의 지원을 받는 정규군 국가로 변모했다고 주장한다.

4. 조합주의적 사회주의 체제

브루스 커밍스(Bruce Cumings)는 북한을 조합주의적 사회주의 체제로 규정

---

48 Wada(2002), pp. 301~306.

49 Wada(2002), pp. 310~311.

하면서 가족중심적인 사회구조를 토대로 하는 혈연적 조합주의가 북한을 구성하고 있다고 본다. 커밍스는 프리드리히와 브레진스키의 파시스트(fascist)와 공산주의적 전체주의 독재는 기본적으로 동일하다는 주장을 비판하면서 두 정권은 목적과 노동계급을 다루는 태도가 다르다고 주장한다.[50] 북한을 전체주의로 가정한다고 해도 프리드리히와 브레진스키의 모델은 적합하지 않다는 것이다. 조합주의적 사회주의 체제 모델은 지배의 억압적 측면을 강조하는 전체주의 모델과 달리 체제와 지도자에 대한 인민의 자발적 지지에 관심을 갖는다.[51] 커밍스는 이 조합주의 모델을 검토하면서 북한을 조합주의적 사회주의로 규정하고 있다. 북한은 기본적으로 마르크스 · 레닌주의의 보편적 진리를 기반으로 하는 사회주의국가로 출발했으나 그것이 정착하는 과정에서 마르크스 · 레닌주의의 진보적 주장과 함께 북한의 정치문화가 더해지면서 독특한 사회주의를 개척해 왔다는 것이다.[52] 북한의 조합주의적 사회주의 모델은 지도자-당-사상-가족-혁명-영도자-집단-세계가 상호 연결되어 있는 유기체를 말한다. 그 내용은 다음과 같다.

1) 지도자: 아버지와 같은 존재, 북한 가족의 우두머리(뇌수)

2) 당: 어머니와 같은 존재, 북한 가족의 중심부

---

50 Bruce Cumings. "북한의 조합주의," 김동춘 엮음, 『한국현대사 연구 1』(서울: 이상과 현실사, 1988), p. 338.

51 최완규(2001), p. 26.

52 Cumings(1988), pp. 341~342, "북한은 소련식 사회주의 모델을 좇는데 처음부터 어려움이 많았고, 1955년 초 김(일성)의 주체사상의 발표로 전후 모스크바와 멀어진 최초의 사회주의국가가 되었다. 그러나 소련과 공통점이 있다면 그것은 중앙집권주의와 행정에서의 위로부터의 하향원칙이다," Cumings(1988), p. 329.

3) 사상: 지도자의 머리에서 나오는 주체사상

4) 가족: 사회의 핵심 단위, 민족을 비유하며 국가를 관통함.

5) 혁명: 지도자의 일대기로서 지도자의 일생을 통해 반세기, 지도자의 가족을 통해 한 세기가 뻗어나감.

6) 영도자: 지도자의 후손을 상징

7) 집단: 당과 가족을 매개하는 사회조직

8) 세계: 태양(지도자)은 국가의 중심으로 빛(주체)을 외부에 퍼뜨리며 세계는 태양을 향함.

커밍스에 의하면 북한의 모델을 통해 조합주의 형태의 모든 현상들을 볼 수 있다. 유기체적 연대, 비유와 모델로서의 가족, 과거 · 현재 · 미래를 연결 짓는 커다란 사슬, 지도자의 아버지 역할, 가족 · 공동체 · 국가 속으로의 개인의 흡수, 정치에서의 자유주의에 대한 적대와 문화에 있어서의 현대성, 위계질서의 원리 등이다.[53] 커밍스는 북한이 조합주의적 사회주의라는 사회주의체제의 독특한 모델이 된 원인은 조선이 '은둔 왕국'이었기 때문이며 과거 유교의 영향이 크다고 주장한다. 더불어 이러한 조합주의는 대가족제도나 혈통에 관심이 있는 사람 그리고 유교적 배경이 있는 사람들에게는 호소력이 있다는 것이다.[54]

---

53 Cumings(1988), p. 343.

54 Cumings(1988), pp. 341~351.

5. 수령제 사회주의체제

스즈끼 마사유끼(Suzuki Masayuki)는 수령제라는 개념을 북한의 국가성격 연구에 적용하고 있다. 스즈키에 따르면 수령제 국가 체제의 핵심은 수령의 영도 아래 하나같이 움직이는 정연한 조직체계와 규율을 제도와 사상적으로 보장하는 시스템, 그리고 수령의 영도를 대를 이어 실현하는 체제이다.[55] 북한에 수령제가 형성되기 시작한 시점은 1956년이며, 1960년대 후반에 유일사상체계와 더불어 확립되었다. 이 시기는 주체사상이 형성되는 시기이기도 하다.[56] 유일사상체계의 핵심은 수령의 유일적 영도다. 수령의 일원적 지배를 보장하는 시스템 자체가 유일사상체계인 것이다. 김일성은 1967년 12월 최고인민회의에 의해 수령으로 승인됐고 이는 북한이 소련형의 당·국가 시스템 위에 수령을 올려놓는 형태를 취했음을 보여준다.[57] 특히 1972년 12월 29일에 제정된 사회주의 헌법에는 주석제를 도입했는데 이는 수령의 위상이 당뿐만 아니라 국가 제도에서도 법적으로 규정됐음을 보여주는 것이다. 1948년 헌법에서는 수상이 내각의 수위(首位)였고 최고인민회의 의장이 국가원수에 해당했지만 1972년 헌법에서는 주석이 국가의 원수가 되었고 모든 권력을 장악하는 구조였다. 즉, 주권의 최고지도기관으로 신설된 중앙인민위원회, 행정집행기관 정무원, 그리고 사법기관인 재판소와 검찰을 모두 지도할 수 있는 권한이 주석에게 부여된 것이다.[58]

---

55 Suzuki Masayuki, 유영구 역, 『김정일과 수령제 사회주의』(서울: 중앙 M&B, 1994), p. 20.

56 Suzuki(1994), pp. 71~80.

57 Suzuki(1994), pp. 78~79.

58 Suzuki(1994), pp. 88~93.

스즈끼 마사유끼에 따르면 사실상 수령제의 확립은 김정일을 후계자로 삼는 데 목적이 있었다고 한다. 중국과 소련에서 최고지도자에 의한 후계자 지명이 성공적이지 못했던 것에서 교훈을 얻고 김일성은 김정일의 권력 확립 기반, 즉 당의 유일적 지도체계를 확립하기 위해 노력했던 것이다. 당의 유일적 지도체계란 수령의 사상과 영도를 철저히 구현하고 수령이 개척한 혁명위업을 대를 이어 끝까지 완성하기 위한 지도체계이다. 여기서 혁명위업의 대를 이을 유일한 사람은 수령의 의사를 가장 잘 아는 김정일이어야 한다는 것을 확립하기 위해 당 조직의 장악부터 시작해서 이데올로기에 대한 독점적 관리에 이르기까지 많은 과제가 김정일에게 주어졌다. 1974년 4월 김정일은 '당의 유일사상체계 확립의 10대원칙'을 발표하면서 김일성에 대한 충성의 절대화를 통해 자신의 권력을 확립하려고 했다.[59]

당의 유일사상체계 확립의 10대원칙[60]

1. 위대한 수령 김일성 동지의 혁명사상으로 온 사회를 일색화하기 위하여 몸 바쳐 투쟁하여야 한다.
2. 위대한 수령 김일성 동지를 충성으로 높이 우러러 모셔야 한다.
3. 위대한 수령 김일성 동지의 권위를 절대화하는 것은 우리 혁명의 지상의 요구이며 우리 당과 인민의 혁명적 의지이다.
4. 위대한 수령 김일성 동지의 혁명사상을 신념으로 삼고 수령의 교시를 신조화

59 Suzuki(1994), pp. 108~124.

60 북한은 1974년 '당의 유일사상체계 확립의 10대원칙'을 제정한 후 39년만 (2013년)에 개정했다. 명칭은 '당의 유일적 령도체계확립의 10대원칙'으로 바뀌었다 (부록 II, III 참조).

하여야 한다.

5. 위대한 수령 김일성 동지의 교시집행에서 무조건성의 원칙을 철저히 지켜야 한다.
6. 위대한 수령 김일성 동지를 중심으로 하는 전당의 사상의지적 통일과 혁명적 단결을 강화하여야 한다.
7. 위대한 수령 김일성 동지를 따라 배워 공산주의적 풍모와 혁명적 사업방법, 인민적 사업작풍을 소유하여야 한다.
8. 위대한 수령 김일성 동지께서 안겨주신 정치적 생명을 귀중히 간직하며, 수령의 크나큰 정치적 신임과 배려에 높은 정치적 자각과 기술로써 충성으로 보답하여야 한다.
9. 위대한 수령 김일성 동지의 유일적 령도 밑에 전당·전국·전군이 한결같이 움직이는 강한 조직규율을 세워야 한다.
10. 위대한 수령 김일성 동지께서 개척하신 혁명위업을 대를 이어 끝까지 계승하며 완성하여 나가야 한다.

스즈끼는 김정일이 발표한 10대 원칙의 핵심이 마지막 10항에 있다고 보면서 10대 원칙 발표는 김일성에 대한 충성의 절대화와 함께 김정일 자신의 권력을 확립하려 했던 것이라고 강조한다.[61] 수령제의 이론적 바탕은 북한의 유일 이데올로기인 주체사상 가운데서도 혁명적 수령관과 사회정치적 생명

61 Suzuki(1994), p. 125.

체론이라고 보고 있다.[62] 수령은 당과 혁명, 인민의 이익 체현자이고 그의 교시는 당과 인민의 조직적 의사로 간주되었기 때문에 수령은 국가, 당, 그리고 인민대중의 모든 것을 결정한다는 논리가 성립되었다.[63] 사회정치적 생명체론은 수령, 당, 대중이 하나의 생명으로 결합되어 운명을 함께하면서 영원히 살아가는 생명체를 강조하며 뇌수로서의 '수령', 수령과 인민을 결합시키는 신경 및 혈관으로서의 '당', 그리고 생명체로서의 '인민대중'을 삼위일체로 하는 사회유기체론이다.[64] 여기서 사회정치적 생명체의 중심은 그 생명을 직접 부여하는 수령이다. 사회정치적 생명체론은 북한 체제의 이상향인 동시에 수령제를 정통화하고 설명하는 이데올로기라는 것이 스즈끼의 주장이다.[65]

IV. 북한 국가성격의 주요 특징

본 연구에서 북한의 국가성격에 대한 탐색은 기존의 연구에서 제시되고 있는 북한의 특징들을 분석하고 그 가운데 공통적으로 주장되는 것들을 선별해서 보다 종합적인 시각으로 북한을 보고자 하는 것이다. 북한을 보편성 또는 특수성에 따라 바라본 학자들의 이론적 바탕과 시각이 각기 다르기 때문에, 이들의 '국가성격 규정' 자체를 동일선상에 놓고 비교할 수는 없다. 그러나 기

62 Suzuki(1994), pp. 148~167.

63 Suzuki(1994), p. 154.

64 Suzuki(1994), pp. 163~166.

65 Suzuki(1994), p. 158.

존의 연구들이 북한의 국가성격을 규정해 나가는 과정 속에 등장하는 북한의 특징들은 서로 일치하는 부분이 존재하기 때문에 공통적으로 인정하는 북한의 특징을 선별하고자 한다. 다만 북한의 국가성격에 관한 기존의 연구들은 시간차를 두고 있기 때문에 모든 연구에서 일관되게 인정되는 북한의 특징과 더불어 일부분의 연구에서만 언급되고 있지만 비교적 최근의 북한의 국가성격을 가장 잘 설명하고 있는 특징을 함께 선별했다.

1. 수령중심체제

북한은 주체사상을 기반으로 하는 수령을 중심으로 운영되어 온 체제이다. 북한의 국가성격에 관한 기존 연구를 보더라도 대부분의 학자들이 수령 또는 수령을 떠받드는 이데올로기인 주체사상을 북한의 주요 특징으로 규정하고 있다. 북한은 1967년부터 당의 유일사상체계를 구축하면서 1972년 사회주의 헌법에서 주체사상을 공식적인 국가지도이념으로 격상시켰고 국가 주석제를 신설하면서 수령을 '당 · 국가 체제'를 초월하는 절대적 존재로 만들었다.[66] 이를 수령이 하나의 제도로서 정착된 수령제 정치체제가 완성된 시점으로 보기도 한다.[67]

북한은 1970년대 초반에서 1980년 중반까지는 '주체사상'을 포함한 김일성의 사상 · 이론 · 방법을 이른바 '김일성주의'로 체계화했고 1990년대 이후에는 '선군사상'을 중심으로 김일성주의를 심화시켰다.[68] 하지만 2012년에 개

---

66 이승열, "북한 '수령체제'의 변화와 '3대 세습'의 구조적 한계," 『북한연구학회보』 13권 1호(2009), p. 114.

67 정우곤, "북한 '수령제' 정치체제의 제도화와 특성," 『통일문제연구』 통권 제27호(1997), pp. 198~201.

68 김진환, "김정은 시대 지배이데올로기의 특징과 전망: '김일성주의'에서 '김일성-김정일주의'로," 『북한

정된 당 규약과 헌법에서는 '김일성 · 김정일주의'라는 용어가 나타난다. 2010년 당 규약 서문에서 "조선노동당은 위대한 수령 김일성동지의 혁명사상, '주체사상'을 유일한 지도사상으로 하는 주체형의 혁명적 당"이라고 명시하고 있지만 2012년 개정 당 규약 서문에서는 "조선노동당은 위대한 '김일성 · 김정일주의'를 유일한 지도사상으로 하는 김일성 · 김정일주의 당, 주체형의 혁명적 당"으로 수정되었다. 통치이념으로서의 주체사상은 '김일성주의'에서 김정일의 사망으로 김정은 시대가 시작되면서 '김일성 · 김정일주의'로 변화한 것이다.[69] 김정은이 통치이념으로 내세우고 있는 김일성 · 김정일주의는 김정일이 주체사상을 정식화 · 체계화하고 선군사상을 통해 심화하고 발전시킨 김일성주의에 현재 김정은이 정식화 · 체계화해 나가고 있는 김정일주의를 합한 것이다.[70] 이는 김정일의 사망으로 인한 권력의 공백을 메우기 위해서 김정일을 수령으로 만들고 김정은 자신은 수령의 후계자라는 인식을 주기 위한 의도라고 볼 수 있다.[71] 김정은은 당 규약 개정을 통해 노동당 제1비서와 국방위원회 제1위원장직을 신설하면서 김정일을 영원한 총비서, 영원한 국방위원장에 추대하고 자신은 그 김정일 수령의 유훈통치를 받는 영도자임을 공식화

연구학회보』 제17권 제2호(2013), p. 32.

69 김일기 · 이수석, "김정은 시대 북한정치의 특징과 전망," 『북한학보』 38집 2호(2013), p. 94.

70 김동엽, "김정은 체제의 통치 패러다임: 북한의 변화와 생존전략," 2014년 북한연구학회 하계학술회의, (서울: 북한연구학회 학술발표대회 자료집), p. 22.

71 "김일성주의와 구분되는 김정일주의를 정식화·체계화해 나갈 경우 이론적으로는 기존 후계자론과 충돌할 수도 있다. …(중략)… 북한의 후계자론은 수령의 첫 번째 사명을 혁명사상의 '창시'로, 후계자의 첫 번째 사명은 수령이 창시한 혁명사상의 '발전풍부화(심화)'로 규정하고 있기 때문이다. …(중략)… 김정일에게 수령이라는 호칭을 공식적으로 부여하면서 혁명에서 차지했던 김정일의 지위를 사후적으로 격상시키는 것이다. 이럴 경우 수령만이 혁명사상의 창시자가 될 수 있다는 기존 후계자론과 충돌하지 않는다," 김진환(2013), p. 43.

했다. 유훈통치의 전개는 1994년 김일성 사망 이후 김정일이 활용했던 통치 방식이며 김정은이 이를 답습하고 있는 것이다.[72] 당 규약의 개정은 김정은이 김일성, 김정일 수령의 혁명사상을 이어받아 계승하는 위대한 영도자임을 나타낸 것인 동시에 당을 통한 수령의 영도를 중요시하고 있다는 것을 알 수 있게 해준다. 북한은 수령의 영도와 당의 영도를 분리해서 생각할 수 없는 국가다. 요컨대 수령은 북한의 중심이며 북한의 특징을 대표하는 핵심적 징표다.

2. 사회주의 당·국가 체제

북한은 기본적으로 사회주의 당·국가 체제의 모습을 띠고 있다. 사회주의 헌법에서도 "조선민주주의인민공화국은 조선로동당의 영도 밑에 활동을 진행한다(11조)"고 명시되어 있는 것처럼 당이 국가의 우위에 있는 당·국가 체제이다. 구체적으로는 당이 정부나 군보다 우위에 있는 당-정-군 체제이다. 일부 학자들은 북한의 군부 강화를 이유로 군사국가 내지 병영국가로 주장하기도 하지만 이는 당이 군에 대한 장악을 강화하기 위한 여러 가지 조치들을 오해한 데서 비롯된 것이다. 특히 군내에는 사회와 마찬가지로 당조직이 거미줄같이 펴져 있으면서 감시와 통제를 행하기 때문에 군이 당의 권위나 권한보다 우위에 있을 수 없다.[73] 정부의 한 기구인 국방위원회의 역할을 지나치게 강조하는 것도 일반 민주주의 사회에서 정부가 가지는 역할이 북한에서도 동일할

---

72 김일기·이수석(2013), pp. 82~83.

73 류길재, "예외국가의 제도화: 군사국가화 경향과 군의 역할 확대" 최완규 엮음, 『북한의 국가성격 변용에 관한 연구: 예외국가의 공고화』(서울: 한울, 2001), p. 112.

것이라는 단선적인 이해에서 비롯된 오류다.[74] 실제로 군부 강화를 군사국가의 주요한 특징이라고 가정하더라도 김정은 정권에는 적용할 여지가 없다. 김정은 정권 이후 북한은 당 중심의 통치체제를 재구축하기 위한 노력에 박차를 가하고 있기 때문이다. 2013년 6월 북한은 '당의 유일사상체계확립의 10대원칙'을 개정하면서 김정은의 권력세습을 정당화했고 노동당의 권능을 강조하는 데 초점이 맞춰졌다.[75] 물론 북한은 사회주의 당 · 국가 체제 위에 수령을 얹은 독특한 체제이다. 그리고 당을 수령과 후계자 모두의 사상과 영도를 실현하기 위한 정치적 무기인 동시에 혁명의 참모부라고 규정, 당의 영도를 수령의 영도와 동일시한 스탈린 체제에서 더 나아가 권력의 왕조적 계승까지 정당화하고 있다. 하지만 여전히 당은 수령의 '정치적 무기'이자 '혁명의 참모부'라는 지위를 갖고 있기 때문에 조선노동당과 다른 사회주의 체제 공산당 사이의 공통점과 차이점 중 후자, 즉 특수성만을 과도하게 강조하는 것은 적절치 않다.[76] 북한 체제에서 수령의 권위가 절대적인 것은 분명한 사실이지만 이런 수령에 대한 일부 연구자들의 지나친 강조는 북한에서 당이 어떤 정치사회조직들보다 중요한 역할을 수행하고 있다는 것을 간과하거나 과소평가하는 문제점을 낳았다.[77]

---

74 정성장, 『현대 북한의 정치: 역사·이념·권력체계』 (파주: 한울, 2011), p. 53.

75 당의 유일사상체계 확립의 10대원칙 제9조 '수령의 영도 및 수령에 대한 충실성'이 '당의 영도와 당에 대한 충실성'으로 수정되었다.

76 정성장(2011), p. 226.

77 정성장, "북한체제와 스탈린체제의 비교," 오일환 외『현대북한체제론』 (서울: 을유문화사, 2000), p. 115.

3. 세습체제

북한은 세습체제를 완성한 국가다. 김정일이 처음 김일성의 후계자로 지명된 것은 1974년이다. 1974년 2월에 개최된 당 중앙의 제5기 제8차 전원회의에서 김정일은 당 정치위원으로 선출됐고, 동시에 김일성 수령의 유일한 후계자로 추대됐다.[78] 그리고 1974년 4월 김정일은 유일사상체계 10대 원칙을 발표했는데 열 번째 원칙에서 "위대한 수령 김일성 동지께서 개척하신 혁명위업을 대를 이어 끝까지 계승하며 완성하여 나가야 한다"고 명시함으로써 김정일 자신의 후계체제 구축을 실질적으로 뒷받침했다.[79] 그러나 이 당시 김정일은 '당중앙'이라는 호칭으로 불리기 시작했을 뿐 김정일이 김일성의 후계자라는 내용이 공개적으로 발표된 것은 아니었다. 김정일이 김일성의 후계자로 공식 지명된 것은 1980년 10월에 개최된 제6차 당대회이다. 이를 기점으로 해서 김정일은 김일성의 전폭적인 지지 가운데 당뿐만 아니라 군대와 국가에 대한 권력을 장악해 나갔다. 1974년부터 김일성이 사망한 1994년까지 김정일은 20년에 걸친 후계자 준비를 거쳤다. 김일성이 생존 당시에도 대부분의 권력을 김정일에게 이양하면서, 확고한 지도체계와 지지기반을 마련해주었기 때문에 김정일은 자연스럽게 권력을 승계했다.[80]

김일성에서 김정일로의 권력승계 과정에 비해 매우 촉박하긴 했지만 이런 권력승계 과정은 또다시 일어난다. 김정일이 사망하기 불과 2년 11개월 전인 2009년 1월 김정은이 후계자로 내정됐고, 2010년 9월 김정은이 후계자로 공

---

78 Hirai Hisasi, 백계문·이용빈 역, 『김정은 체제: 북한의 권력구조와 한계』 (파주: 한울, 2012), p. 131.

79 정성장(2011), pp. 102~105.

80 정성장(2011), p. 123.

식 발표됐는데 이는 김정일이 사망하기 1년여 전에 불과했다. 당시 김정은은 인민군 대장 칭호와 당중앙위원회 위원 그리고 당중앙군사위원회 부위원장 직위를 받으면서 일시에 권력의 중심에 들어섰다. 김정일을 후계자로 공식 발표한 1980년 제6차 당 대회에서 김정일에게 주어졌던 것에 상응할만한 공식적 위상을 보유하게 된 것이다.[81] 그리고 2011년 12월 17일 김정일이 사망한 이후 김정은은 인민군 총사령관, 조선노동당 제1비서, 국방위원회 제1위원장 직위를 차례로 맡으면서 북한의 통치권을 확보했다.

이처럼 김일성에서 김정일, 그리고 김정일에서 김정은으로 이어지는 북한의 권력세습은 혈통을 중심으로 자연스럽게 이뤄지는 왕조시대의 왕위 세습과 닮아 있다.[82] 북한은 2013년 제도적으로도 혈통 중심 세습체제의 면모를 갖춘 국가가 됐다. 김정은은 2013년 6월에 개정된 '당의 유일적 령도체계확립의 10대원칙' 제10조 2항에서 "우리 당과 혁명의 명맥을 백두혈통으로 영원히 이어나가며 … 그 순결성을 철저히 고수하여야 한다"라고 주창함으로써, 김정은 권력세습의 정당성과 함께 향후에도 혈통 기반 권력이 지속될 것임을 밝히고 있다. 특히 이런 백두혈통 리더십을 강조하기 위해서 상징조작이 이뤄지기 시작했는데 이는 '김일성 주석 따라하기'로 나타나고 있다.[83]

---

81 정성장(2011), pp. 156~157.

82 이상우(2014), p. 91.

83 "2010년 9월 3차 당대표자회에 나타난 김정은의 외모는 김일성 주석의 젊은 시절 모습을 그대로 모방한 것이었다. 체중뿐만 아니라 헤어스타일, 그리고 입는 인민복, 파격적인 스킨십 등 모든 부분에서 김일성을 그대로 모방했다. 이런 이미지 모방은 인민들에게 김일성에 대한 향수를 자극할 뿐 아니라 김정은의 어린 나이와 경험 부족의 약점을 보충하려 한 것이다," 김근식, "김정은 시대 북한의 정치: 지속과 변화," 『평화학연구』 제14권 3호(2013), p. 116.

V. 북한의 국가유형

북한의 국가성격을 나타내는 대표적인 체제적 특징은 바로 수령중심체제, 당·국가 체제 그리고 세습체제이다. 이런 북한의 체제적 특징을 설명하기 위해 가장 좋은 모델이 무엇인가를 분석하기 위해서는 기존의 연구들이 북한을 어떤 국가 모델로 분류하고 있는지 살펴볼 필요가 있다. 북한의 국가성격에 관한 기존의 연구에서 나타난 북한의 국가유형은 독재국가, (왜곡·변형된) 사회주의국가, 군사국가, 종교국가 그리고 왕조(술탄)국가로 분류할 수 있다. 물론 각각의 연구에서 북한의 국가유형은 혼합적으로 나타나기도 한다.

1. 독재국가

북한은 독재국가다. 독재국가는 일반적으로 1인 또는 소수 집단에게 국가의 모든 일을 결정할 수 있는 최고의 정치적 권력이 집중된 국가를 말한다. 학문적으로는 민주주의로 정의될 수 없는 다른 모든 형태의 정권을 가진 국가를 독재국가라 한다. 아담 쉐보르스키(Adam Przeworski)는 지도자 선출과정에서 경쟁적 선거의 유무를 통해 민주주의와 독재를 분류하고 있다. 경쟁적 선거를 통해 지도자가 선출되는 체제는 민주주의, 그렇지 않은 나머지는 독재라고 정의한다.[84] 이 정의에 따르면 전체주의, 권위주의, 일당국가(single party state), 과두제국가(oligarchy), 군사국가(junta, military regime), 개인독재(personal

---

84 Adam Przeworski etc., *Democracy and Development: Political Institutions and Material Well-being in the World, 1950-1990* (Cambridge: Cambridge University Press, 2000), p. 15.

dictatorship) 등이 모두 독재국가 개념에 포함된다. 즉 민주정권이 아닌 비민주정권은 모두 독재국가로 분류하는 것이다. 따라서 북한을 전체주의로 규정한 오일환(프리드리히와 브레진스키의 전체주의 모델), 최완규(스탈린식 전체주의 모델과 차우세스쿠식 술탄체제 모델), 맥코맥(기든스의 전체주의 모델) 그리고 박형중(린쯔와 스테판의 탈전체주의적 술탄주의 모델과 윈트로브의 폭정 모델)의 연구는 모두 독재국가 개념에 해당한다. 특수성에 주목하여 북한의 국가성격을 규정한 이상우(신정체제), 이종석(유일체제), 서대숙(군사국가), 와다하루키(유격대/정규군국가), 브루스 커밍스(조합주의적 사회주의), 그리고 스즈키 마사유키(수령제 사회주의)의 연구들도 1인 또는 소수에게 권력이 집중되고 있다는 것을 모두 인정하고 있기 때문에 개념상 독재국가에 포섭된다고 할 수 있다.

북한을 전체주의 국가가 아닌 독재국가라는 상위개념으로 분류한 것은 21세기 들어 전체주의로 분류할 수 있는 국가가 줄어들면서 기존의 정권유형 분류방식이었던 세 가지 유형분류(민주주의, 전체주의, 권위주의)의 이론적 유용성이 감소했기 때문이다.[85] 2000년대 이후 전체주의 국가의 감소로 인해서 오히려 전체주의와 권위주의를 포괄하는 '독재정권'의 제도적 다양성을 이해하고자 하는 접근법이 연구의 주류를 이루고 있다.[86] 이런 분류는 전체주의인지 권위

---

85 박형중 외, 『독재정권의 성격과 정치변동』 (서울: 통일연구원, 2012), p. 21, "사실 20세기 들어 전체주의 정권이 등장하기 이전까지는 정권의 유형분류는 주로 민주주의와 독재 또는 민주주의와 비민주주의로 나누어졌다. 그러나 독일의 나치즘, 이탈리아의 파시즘, 그리고 공산 전체주의 정권의 등장으로 인해서 1960년대 이래 정권 분류에서 가장 영향력을 누렸던 분류는 린쯔의 세 가지 유형분류(민주주의, 권위주의, 전체주의)이다," 박형중 외(2012), pp. 18~19, 로이 매크리디스(Roy C. Macridis) 또한 통치, 동의, 이익, 권리가 조직화되는 상이한 방식을 기초로 해서 정권을 민주주의, 전체주의, 권위주의로 나누었다. Roy C. Macridis, 김강녕 역, 『현대정치체제론』 (고양: 인간사랑, 1990), pp. 19~30.

86 박형중 외(2012), p. 22.

주의인지 구분이 모호한 정권을 독재정권으로 분류하고 독재정권의 제도라는 측면에서 보편성에 주목하여 접근할 수 있다는 점에서 유용하다. 독재정권의 제도적 접근법은 제도적 다양성을 분석함으로써 각 제도적 유형의 생존논리, 행동방식, 존속기간 등을 비교하고자 하는 시도가 가능하다. 가장 일반적인 분류는 군사독재국가, 일당독재국가, 개인독재국가이며 이들 형태가 혼합된 혼합독재국가가 있다. 북한은 개인독재와 일당독재가 혼합된 개인·일당독재정권으로 볼 수 있다.[87]

2. (왜곡·변형된) 사회주의국가

일반적으로 사회주의국가의 정치체제는 당·국가 체제이다. 이는 공산당의 역할이 여타 정치기구, 즉 정부나 군대 그리고 근로단체 등의 역할에 우선하고 있다는 것이다. 공산당은 독점적 지위를 부여받고 인민의 전위대로서, 또 정치적 지혜의 원천으로서 모든 정책결정과정을 지배하고 최종 결정을 내린다.[88] 북한 사회주의 헌법에도 "조선민주주의인민공화국은 조선로동당의 령도 밑에 모든 활동을 진행한다"고 명시하면서 국가기관에 대한 당의 영도를 천명하고 있으므로 당·국가 체제의 기본적인 특징을 가지고 있다고 볼 수 있다. 그러나 북한은 1967년부터 유일사상체계를 건설하는 과정에서 당·정·군 위에 수령이 위치하는 이른바 '수령의 유일적 영도체계'를 구축하면서 여타 사회주의국가의 당·국가 체제와는 다른 '수령 중심의 당·국가 체제'를

---

87 박형중 외(2012), pp. 189~192.

88 Gary K. Bertsch, *Comparing Political Systems: Power and Policy in Three Worlds* (New York: John Wiley & Sons, 1978), pp. 263~265.

수립하였다.[89]

기존 연구들 가운데 보편성에 주목한 연구들은 기본적으로 북한이 사회주의국가임을 인정하고 있다. 일부 변형과 왜곡이 있지만 이는 사회주의국가에서 나타나는 한 현상으로 볼 수 있다는 것이다. 최완규는 북한의 국가성격을 제대로 분석하기 위해서는 북한을 당·국가 체제, 즉 사회주의국가로 개념화할 필요가 있다고 한다. 다만 북한 사회주의 체제가 다른 사회주의 체제와 구별되는 독특함이 있는 것은 사실이라고 주장한다.[90] 오일환 또한 북한이 김일성의 권력 강화 그리고 김정일의 권력세습 과정으로 인해 기존의 소련 사회주의 체제에서 많은 이질화를 겪었지만 기본적으로 전체주의 체제라고 규정한다.[91] 박형중은 북한을 탈전체주의로 규정하고 있는데 이는 사회주의 체제 변화의 한 단계라고 설명한다. 사회주의 체제는 정치권력, 경제 소유권 및 이데올로기 3중의 당·국가 독점체제(전체주의)로부터 출발해서 탈전체주의를 거쳐 이후 붕괴 단계에 도달한다는 것이다.[92] 맥코맥은 1948년부터 1972년까지 북한은 분명 공식적으로는 인민민주주의를 내세우면서 당이 독재하는 사회주의 체제를 표방하였다고 인정하면서도 북한에서 나타나는 주체사상, 가족세습 등은 다른 사회주의국가에는 없는 특징이므로 기존 사회주의 이론 하나로는 설명할 수 없다고 주장한다. 하지만 그런 특수성에도 불구하고 여전히 북한은 사회주의를 기반으로 하는 전체주의 국가임을 인정하고 있다.

---

89 전현준 외, 『북한의 정치부문 정상국가화 지원방안』 (서울: 통일연구원, 2010), pp. 18~19.

90 최완규(2001), pp. 10~11.

91 오일환(2000), pp. 20~21.

92 박형중(2011), pp. 1~2.

특수성에 주목한 연구들은 북한 사회주의에 일어난 왜곡과 변형이 북한만의 특수한 것이라고 주장한다. 이상우는 북한 사회주의가 다른 사회주의국가에 비하여 생산수단의 사유화를 철저히 배제하고 있다는 점, 역사상 가장 강력하게 집단성을 앞세우는 점, 그리고 통치자가 권위를 인민의 지지를 받는 당에 부여하지 않고 오직 스스로를 신격화하여 스스로에게만 권위를 부여하는 변형된 사회주의-전체주의 체제로 보고 있다.[93] 이종석은 북한에서 공산당의 독재가 실현되고 있고 모든 생산수단이 사회화되어 있다는 점에서 기본적으로 사회주의국가의 범주에 있지만 소위 '북한적 현상'이라고 하는 것을 설명하기 위해서 유일체제라는 개념을 만들었다고 주장한다.[94] 스즈키 마사유키는 북한이 소련형의 당·국가 체제 위에 수령을 얹으면서 수령제 사회주의 국가가 됐다고 주장한다. 특히 이런 수령제 사회주의는 수령제를 강화하고 수령 승계론을 내세워 후계를 세습하는 과정에까지 착수하기에 이르렀다고 설명한다. 북한이 일반 사회주의국가에서 변형된 형태, 즉 수령 중심의 당·국가 체제라는 주장 외에도 커밍스는 북한 사회주의의 조합주의적 측면을 지적한다. 북한은 애초에 스탈린식 사회주의국가로 출발했으나 그것이 정착하는 과정에서 마르크스·레닌주의의 진보적 주장과 함께 북한의 정치문화가 더해지면서 독특한 사회주의를 개척해 왔다는 것이다. 지금까지 살펴 본 것처럼 북한의 국가성격을 연구함에 있어 보편성, 특수성에 주목한 양측의 연구 모두 기본적으로 북한이 사회주의 체제의 형태를 띠고 있거나 기본적인 형태에서

93 이상우(2014), pp. 106~112.

94 이종석(1995), pp. 790~791.

일부 변형과 왜곡이 나타난 체제임을 인정하고 있다. 다만 그 특수성을 북한만의 현상으로 해석하느냐 안하느냐의 차이는 있다. 이는 북한 사회주의 체제의 변형과 왜곡이 북한만의 특수한 현상이 아니라 실제로 다른 사회주의 체제에서도 나타나는 것이라는 점이 증명되면 사회주의국가 모델로 북한을 비교적 맥락에서 설명할 수 있다는 것을 뜻한다.

3. 군사국가

북한을 군사국가로 규정한 연구는 서대숙의 군사국가론, 와다 하루키의 유격대/정규군 국가론 등이 있다. 군사국가에 대한 개념 규정은 학자마다 조금씩 상이하지만 기본적으로 북한이 위기에 직면하면서 그것을 타개하고 체제를 유지하기 위한 수단으로 군의 영향력을 강화한 것이라는 데는 대체로 동의하고 있다. 서대숙은 군사국가를 군인들의 정치개입을 제도화한 정치체제로 규정하면서 북한에서 이런 현상이 지속돼 왔다고 주장한다. 와다 하루키는 김일성 정권의 북한을 유격대 국가, 즉 김일성이 유격대의 최고사령관이고 전 인민이 유격대원화한 국가로 분석했지만 김정일 정권의 북한은 정규군 국가로 분류했다. 김정일 정권에서는 '군대가 곧 인민이며 국가이며 당'이라는 구호가 성립하면서 군대는 '모든(군대=인민, 군대=국가, 군대=당) 것'이 되었고 그 모든 것의 최고사령관인 김정일이 북한의 모든 것을 지배하는 정규군 국가가 되었다고 보고 있다.

하지만 북한을 군사국가로 규정하는 데는 무리가 있다. 우선 공산독재 체제에서 군은 그 체제의 생성을 위한 혁명적 무장력이며 독재정권의 강력한 권력 기반으로서의 정치적 위상과 영향력을 갖기 때문에 북한에서의 군부 강화 현상도 이런 현상의 일환으로 볼 수 있다.[95] 북한에서 군 내에는 사회와 마찬가지로 당조직이 거미줄같이 퍼져 있으면서 감시와 통제를 행하기 때문에 군이 당의 권위나 권한보다 우위에 있을 수 없다.[96] 특히 김정은 정권 이후 북한은 당 중심의 통치체제를 재구축하기 위한 노력에 박차를 가하고 있다. 2013년 6월 북한은 '당의 유일사상체계확립을 위한 10대원칙'을 개정하면서 김정은의 권력세습을 정당화했고 노동당의 권능을 강조하는 데 초점이 맞춰졌다.[97] 또한 북한에서 수십 년 동안 전통으로 이어져 온 북한군부 서열 1위인 인민군 총정치국장의 노동당 정치국 상임위원직이 해제되었다.[98]

4. 종교국가

종교정치란 정치가 믿음의 대상으로서 교주와 절대이념을 보유하고 이를 실현하기 위한 의식과 사회관계를 보유함으로써 종교화된 상태라 할 수 있다.[99] 이런 종교정치를 실현하는 국가를 종교국가라 할 수 있다. 이상우의 신정체제론은 북한이 통치권위의 근거를 수령 자신의 위대성, 즉 신성(神性)에서 찾는다는 것을 강조한다. 그리고 헌법상에도 "위대한 수령 김일성 동지를 공화국의 영원한 주석으로, 위대한 영도자 김정일 동지를 공화국의 영원한 국

---

95 김구섭 외, "북한군부의 위상 변화에 따른 대내외 정책 전망," (서울: 한국국방연구원, 1997), p. 23.

96 류길재(2001), p. 112.

97 강동완, "당 중심 통치체제 굳혀가는 김정은," 『월간 북한』 2014년 1월호, pp. 51~53.

98 2017년 10월까지 인민군 핵심 지휘부인 총정치국장(당시 황병서)은 노동당 정치국 상무위원, 총참모장 및 인민무력부장은 정치국원이었으나 현재는 총정치국장(김수길), 총참모장(리영길), 인민무력부장(노광철) 모두 정치국 후보위원이다. 김수길 총정치국장은 노동당 7기 4차 전원회의(2019. 4. 10)에서 정치국원으로 임명되었다.

99 전현준, 『북한체제의 정치적 특성과 변화전망』 (서울: 통일연구원, 2000), p. 6.

방위원장으로 높이 모시고 그들의 사상과 업적을 옹호 · 고수한다"고 규정함으로써 북한의 신정체제는 헌법화됐다고 주장한다. 전현준은 명시적으로 북한이 '주체종교국가'임을 주장하면서 이런 종교국가적 특성으로 인해 북한은 개혁 · 개방보다는 체제 공고화를 위한 경제난 해결에만 집중할 것이라고 전망한다. 이종석의 유일체제와 스즈끼 마사유끼의 수령제 사회주의 또한 유일사상체계를 이론적 바탕으로 두고 있기 때문에 북한의 종교국가 개념에 포함된다고 할 것이다. 교주로서의 수령, 그리고 절대이념으로서의 주체사상은 북한이 종교정치를 실현하고 있는 국가라는 점을 보여준다.

5. 왕조(술탄)국가

북한은 조선민주주의인민공화국으로서 왕정을 표방하는 국가는 아니다. 공화국은 국가의 주권이 다수의 국민에게 있고 국민의 직접 또는 간접 선거에 의해 선출된 대표자가 국가를 지배하는 형태이기 때문이다. 하지만 북한에서 주권을 행사할 수 있는 국민은 없으며 최고인민회의에서 선출되는 상임위원장, 즉 국가대표 또한 형식상 대표일 뿐 실질적인 지배권력은 수령의 영도를 이어가는 김정은 국무위원장이 갖고 있다. 특히 김일성에서 김정일, 김정일에서 김정은으로 이어지는 3대 세습은 공화국 체제에서는 그 유례를 찾아볼 수 없는 것이다. 이러한 북한의 성격을 왕조주의(술탄주의: sultanism)에 빗댄 박형중은 친족 및 족벌 중심의 지도부 구성과 권력의 왕조적 승계시도 및 지도자의 자의적 정책, 그리고 극도의 작위적 상징조작 등을 북한의 왕조적 특징으로 꼽았다.[100] 린쯔와 스테판은 왕조(술탄)주의 유형을 정립하면서 베버(Max Weber)의 술탄제[101] 개념을 차용했다. 린쯔와 스테판에 따르면 왕조(술탄)주의에서 다원주의는 존재하지 않으며 이데올로기의 상징적 조작을 통해 지도자를 찬양하는 동시에 이를 위한 강압적 동원화가 동반되고 어떠한 합리적 · 법적 제약도 없는 개인적이고 독단적인 왕조적 리더십이 나타난다.[102] 최완규는 베버의 술탄체제 모델을 통해 북한이 차우셰스쿠식 술탄체제와 닮아 있다고 규정했으며, 박형중 또한 1990년대 이후 북한이 탈전체주의로 옮겨가면서 술탄주의의 경향이 강화됐다고 본다.[103] <표 7-4>에서 알 수 있듯이 기존 연구에서 공통적으로 북한이 독재국가이며 (왜곡 · 변형된) 사회주의국가임을 인정하고 있다. 독재국가 유형, 일부 변형과 왜곡이 있는 사회주의국가 유형은 북한을 나타내는 대표적인 국가 유형들이라 할 수 있는 것이다.

---

100 박형중은 린쯔와 스테판의 비민주주의 정권의 4가지 유형, 권위주의·전체주의·탈(후기)전체주의·술탄주의에서 술탄주의를 왕조주의라는 용어로 표현하고 있다. 박형중, 『북한의 변화 능력과 방향, 속도와 동태』 (서울: 통일연구원, 2001), pp. 43~48.

101 막스 베버는 가산제(patrimonialism, 통치권자가 국가를 자신의 가문 및 개인의 사유물로 보는 정치형태)가 극단에 다다를 경우를 술탄주의(sultanism)로 규정했다. 그에 따르면 술탄주의는 "행정 및 군사력이 완전히 통치자의 개인적 수단"인 정치형태이다. 즉 술탄주의 하에서는 모든 통치행위 및 결정이 통치자 개인의 재량에 따라 이루어진다. Max Weber, *Economy and Society: An Outline of Interpretive Sociology*, ed. Guenther Roth and Calus Wittich (Berkely: University of California Press, 1978), pp. 231~232.

102 Linz and Stepan(1996), pp. 44~45.

103 박형중은 2001년의 연구에서는 북한을 '왕조적 전체주의'로 규정했다가 2011년의 연구에서는 북한을 '탈전체주의적 술탄주의 폭정'으로 규정했다. 박형중은 북한의 전체주의적 성격은 다소 완화됐지만 왕조(술탄)주의적 성격은 더욱 강화된 것으로 보고 있다.

<표 7-4> 기존 연구에서 나타난 북한의 국가성격 유형

시각	연구자	국가성격	북한의 국가유형				
			독재국가	(왜곡·변형된) 사회주의국가	군사국가	종교국가	왕조(술탄)국가
보편성	오일환	전체주의	O	O			
	최완규	전체주의+술탄주의	O	O			O
	박형중	탈전체주의+술탄주의 폭정	O	O			O
	맥코맥	전체주의	O	O			
특수성	이상우, 전현준	신정체제	O	O		O	
	이종석	유일체제	O	O		O	
	서대숙, 와다 하루키	군사국가	O	O	O		
	브루스 커밍스	조합주의적 사회주의	O	O			
	스즈키 마사유키	수령제 사회주의	O	O		O	O

따라서 독재국가나 사회주의국가 모델로 북한을 설명한다면 각각 보편성과 특수성에 주목하여 북한의 국가성격을 분석한 연구 모두를 포괄할 수 있다는 장점이 있다. 다만 주지하듯이 북한의 사회주의국가 유형의 왜곡과 변형에 있어서는 기존 연구자들의 입장이 같지만 그 내용과 정도에 있어서는 각기 다른 입장이기 때문에 사회주의국가라는 모델로 분석하는 데는 어려움이 있다는 주장이 제기될 수 있다. 일반 사회주의 모델에 따라 북한을 분석할 수 있다는 일단의 학자들과 북한만의 현상으로 인해서 특수한 모델로 분석해야 한

다는 학자들이 대립하고 있기 때문이다. 따라서 기존의 연구들 가운데 북한의 국가성격이 일반 사회주의와는 다르게 특수하다고 주장한 연구들이 정말 특수한 것인가를 검토한 후 북한의 국가성격을 사회주의를 포괄하는 독재국가 모델에 따라 분석하고자 한다. 기존의 연구들이 특수성이라고 주장한 것들이 특수하지 않을 때 비로소 독재국가와 사회주의국가 유형을 통한 북한의 국가성격 분석이 의미를 가질 수 있기 때문이다.

VI. 북한의 국가성격

1. 북한을 어떻게 바라볼 것인가?

북한의 국가성격을 규정함에 있어서 보편성과 특수성의 관점에서 진행돼 온 일련의 연구들은 북한이 독재국가적 성격과 (왜곡·변형된) 사회주의국가적 성격을 갖고 있음을 공통적으로 인정하고 있다. 주요 특징으로는 ① 수령중심체제라는 점, ② 제도적으로 사회주의 당·국가 체제를 유지하고 있다는 점, ③ 세습체제를 갖추었다는 점을 주장하고 있다. 특수성 기반 연구는 북한에서 나타나는 여러 가지 현상들을 북한에서만 나타나는 현상, 소위 '북한적 현상'이라는 것으로 명명해버림으로써 기타 독재정권 또는 사회주의 정권과의 비교 자체를 할 수 없게 만들어 버린다. 만약 북한적 현상들이 정말 특수하고 북한에만 나타나는 예외적인 현상이라면 북한은 전혀 예측할 수 없고 과학적인 접근이 불가능한 국가가 된다. 따라서 학문적으로 비교 가능하고 과학적인 북한 연구를 위해서는 일단의 학자들이 주장하는 북한적 현상이 정말 북한만의 특수한 것인가를 알아볼 필요가 있다.

1) 북한의 특수한 현상은 정말 '특수'한 것인가?

박형중은 특수성론자들이 사회주의 체제에 보편적으로 드러나는 현상을 북한만의 것으로 단정하고 그 원인을 북한의 특수한 상황(지도자의 성격과 개인사적 경험, 북한의 역사적 조건과 배경, 한국의 정치문화 등)과 관련시켜 설명 · 규정한다는 점을 비판한다. 북한 연구에 있어서 사실상 북한의 특수성을 증명하기 위해 다른 사회주의국가와의 유사성과 차이점을 비교하고 이를 통한 북한의 특수성을 규명하는 연구는 없다는 것이다.[104] 조한범 역시 북한연구는 북한이 사회주의 체제의 기본적 특성을 공유하고 있기 때문에 북한이 사회주의 체제임을 인정하는 것에서부터 시작해야 한다고 주장한다. 즉 북한 사회주의 체제의 보편성과 특수성을 이해하려면 먼저 다른 사회주의국가들에 대해 연구하고 사회주의 체제에 대한 개념을 이해하려는 비교사회주의론적 관점에서 출발해야 한다는 것이다.[105] 실제로 북한을 특수하다고 규정한 연구들이 꼽고 있는 북한의 특수한 점들은 이미 보편성 접근 연구에서도 언급되고 있거나 논의 자체가 타당하지 않은 것들이다.

먼저 북한을 김일성의 신격화를 바탕으로 한 유례없는 신정체제 국가로 규정한 이상우의 연구와 수령 1인을 절대시하고 전체 사회가 하나의 틀로 편재되어 있는 유일지도체계가 관통하는 유일체제라고 규정한 이종석의 연구는

---

104 박형중(1997), pp. 184~185.

105 조한범(2003), pp. 154~155.

스탈린 체제에서 이미 나타났던 현상들을 북한만의 특수한 것으로 해석한 것이다. 정성장은 북한 체제와 스탈린 체제를 비교하면서 "지배권력의 무제한적 성격, 정밀과학 · 철학 · 언어학 · 문학 · 예술 등 인간 활동의 전 분야에서의 절대적 권위의 요구, 권력수단의 다양화, 직책으로부터 오는 정통성의 요구로부터 개인적 자질로부터 오는 정통성의 요구에로의 이전 등은 스탈린과 김일성의 권력체계 모두에 공통되는 현상이다"라고 설명한다.[106] 소련에서 스탈린에 대한 개인숭배 현상은 1930년 초부터 시작됐고 스탈린이 사망할 때까지 그는 지구상에서 절대적인 현명함과 선의 유일한 소유자로 선전됐다. 이는 이상우가 북한을 신정체제로 규정한 근거, 즉 통치권위의 근거를 김일성의 위대성에서 찾는다는 점과 일맥상통하는 것이다. 정성장은 통치권위를 최고지도자 개인의 자질에서 찾는 현상은 북한에서 처음으로 나타난 현상은 아니라고 주장한다.[107] 스탈린이 절대권력을 가질 수 있었던 이유에 대해서는 스탈린이 권력유지의 핵심기관들을 장악하고 레닌과 자신을 동일시하면서 당내에서 유일사상체계를 확립할 수 있었기 때문이라고 설명하는데 이 또한 북한에서 '유일사상체계 확립을 위한 10대원칙'이 갖는 역할과 유사한 것이라고 볼 수 있다.[108]

커밍스가 조합주의적 사회주의체제론에서 설명하는 자발적 순응성 즉 조

106 정성장, "북한체제와 스탈린체제의 비교," 『현대북한체제론』 (서울: 을유문화사, 2000), p. 116.

107 정성장(2000), p. 133.

108 "스탈린은 레닌주의의 옹호라는 명분 아래 자신의 사상을 전 당과 전 국가에 강요했고 이는 스탈린의 생존시 그의 권위에 도전할 수 있는 잠재적 세력의 형성을 근본적으로 불가능하게 하였다. 전 당과 전 사회에 최고지도자의 유일사상이 지배하게 됨으로써 국내정치는 혁명 초기의 혼란을 완전히 수습하고 안정되었지만, 소련 국민의 지적 능력과 창조적 발전 능력은 심각하게 손상되었다," 정성장(2000), pp. 99~101.

합주의적 특성 역시 북한만의 특수한 것은 아니다. 정성장은 북한 인민의 주체사상과 체제에 대한 믿음은 오랜 기간의 '사상교양'과 '테러공포'가 공동으로 만들어낸 것이고 이런 현상은 스탈린 체제에서도 확인될 수 있었다고 주장한다.

> "가장 모순적인 사실은 인민들은 볼셰비키 권력이 그들에게 주입한 모든 것을 믿었다는 점이다. 인민들은 커다란 손실도 참았고, 미증유의 고통도 견디어 냈으며, 덧없는 미래를 위해 터무니없는 희생과도 화해하였다. 그들은 그를 믿었다. 어떠한 경우에도 대단히 많은 것을 믿었다. … (중략) … 지적인 의식으로서의 믿음은 총체적인 선동, 공포, 압력, 그리고 인위적으로 창조된 사이비 정치문화의 잠재적인 영향에 의해 수백만의 사람들을 비이성적인 성격으로 변화시켰다. 인민들은 당을 신뢰하였다. 레닌주의를 신뢰하였고 스탈린을 믿었다."[109]

물론 정성장이 주장하는 자발적 복종의 근거는 바로 북한 주민들에 대한 '사상교양'이라는 점에서 커밍스가 내세우는 근거인 북한의 유교식 문화와 가족적 혈통주의와는 다른 것으로 볼 수 있다. 하지만 조합주의라는 표피, 즉 외면적으로 나타나는 현상인 '자발적 복종'은 동일하기 때문에 그 근거가 무엇이든 간에 조합주의 자체는 북한만의 특수한 현상으로 볼 수 없다.

---

109 Dmitry Antonovich Volkogonov, 김일환 역, 『크렘린의 수령들(상)』 (서울: 한송, 1996), pp. 197~198, 정성장(2000), p. 132에서 재인용.

2) 보편성(독재정권의 제도)에 주목한 북한의 국가성격 연구

결국 북한의 성격을 규정한 기존의 특수성 기반 연구들은 특수한 것처럼 보이는 것의 특수성을 지나치게 강조하거나 또는 특수하지 않은 것을 특수한 것으로 주장한 경우가 적지 않다.[110] 최완규도 특수성 연구에 대해서 북한에 대한 과학적 설명과 예측을 할 수 없다는 것을 자인하는 것이라고 강조하며 특수성의 이면에 있는 범사회주의적 현상의 의미를 고려할 때 북한에 대한 과학적 연구가 가능하다고 주장한다.[111] 북한의 현상들은 보편성에 기초한 접근을 통해서도 얼마든지 설명이 가능한 것들이다. 지금까지 북한의 국가성격을 특수성의 관점에서 분석한 일단의 연구들이 지적하고 있는 소위 '북한적 현상'들은 사실 보편적인 현상 가운데 하나로 볼 수 있기 때문이다. 보편성 접근을 통해서도 설명이 되지 않는 것이 있다면 그것이야말로 진정한 북한의 특수성이 되겠지만 현재까지 그런 연구 시도는 많지 않았다.[112] 그러므로 비교정치학적 방법론에 입각하여 북한을 다른 사회주의 체제와 비교연구하고 그 내용을 교류하는, 보편성의 관점에서 북한의 국가성격을 분석한다면 무엇이 같고 무엇이 다른지를 더 명확하게 알 수 있게 된다. 향후 북한의 정치변동 또는

---

110 "권력투쟁과 개인권력 확립, 개인숭배, 과두제 또는 족벌체제, 사상교육의 강조와 강력한 장치, 상대적 정치안정, 국가의 가부장적 역할과 유기체적 또는 가족적 은유를 통한 정치체제의 상징적 표현 또는 '사회주의적 조합주의', 민족주의, '자급자족 경제', 사회주의 체제의 '봉건성' 또는 '전통성', 체제의 군사화 또는 '유격대국가' 등은 그것이 어느 지역에 건설되었건 사회주의 체제에 다소간 공통적 현상이다," 박형중(1997), p. 184.

111 최완규(2001), p. 13.

112 박형중(1997), p. 185. 북한체제와 다른 사회주의체제의 비교연구를 통하 북한의 특수성을 밝힌 연구는 많지 않지만 대표적으로 정성장(2000)의 연구가 있다. 정성장은 북한체제와 스탈린체제에 대한 비교연구를 통해서 북한의 특수성이 '후계자의 영도'를 가능케 한 체제, 즉 권력의 왕조적 계승을 이데올로기적으로 이뤘다는 점에 있다고 주장한다. 정성장(2000), pp. 119~121.

경로 변화도 예측 가능하게 한다는 점에서 보편성에 주목한 비교연구는 매우 유용하다. 그러나 기존에 보편성에 주목하여 북한을 규정한 전체주의적 접근법이나 비교 사회주의적 접근법은 현존하는 비교대상 국가가 없다는 점에서 그 유용성이 다소 떨어진다. 따라서 보편성에 주목하면서도 현존하는 국가들과 비교가 가능한 독재정권의 제도적 접근법에 기초해서 북한의 국가성격을 규정하는 것이 이론적인 차원과 정책적인 차원 모두에 있어서 더 유용할 것이다.

2. 김정은의 북한: 세습적 개인 · 일당 독재국가[113]

수령중심체제와 당 · 국가 체제 그리고 세습체제를 근간으로 하고 있는 북한 체제를 가장 잘 설명하는 국가성격은 '세습적 개인 · 일당 독재국가'이다. 바바라 게디스(Barbara Geddes)의 독재정권 유형 분류에 따르면 독재정권은 군사독재, 일당독재, 개인독재로 나뉘는데 북한은 이 가운데 개인독재와 일당독

---

113 북한은 분명 보편성에 기초한 전체주의 모델, 특히 스탈린 전체주의 모델로 설명이 가능한 국가다. 하지만 전체주의 모델로 북한을 설명하는 것보다 독재정권의 제도적 접근법에 의한 북한의 국가성격 규정이 북한을 더 명확하게 보여준다는 이점이 있다. 우선 북한을 전체주의로 규정한 연구들이 많이 있지만 북한을 전체주의로 규정할 때 사용하는 모델은 연구자마다 각각 다르다. 북한을 전체주의로 규정한다는 점에서는 동일하지만 무엇이 북한을 전체주의로 만드는가에 있어서는 조금씩 다른 주장을 하고 있으며 전체주의 여부를 판단할 때 강조하는 기준도 서로 상이하다고 볼 수 있다. 그러므로 북한을 전체주의로 규정할 때 어떤 모델에 따라 그렇게 규정했는지를 적시하지 않는다면 북한의 어떤 특징을 바탕으로 전체주의라 규정했는지 명확하지 않다. 사실 북한의 국가성격을 간략하게 언급하는 논문들은 대부분 북한을 전체주의라고 규정하지만 누구의 모델에 따른 전체주의 국가인지는 말하고 있지 않다. 따라서 북한을 전체주의라고 규정할 때 무엇이 북한을 전체주의로 만드는지가 명확하지 않다는 점, 그리고 2000년대 이후 전체주의 국가가 현저하게 줄어들었기 때문에 북한을 전체주의 모델로 분석해도 비교대상이 과거의 국가들에 한정될 수밖에 없다는 연구의 한계성은 독재정권의 제도적 접근법에 의한 북한의 국가성격 규정이 과학적인 연구와 비교정치학적 연구를 위해 더 유용하다는 것을 보여준다.

재가 혼합된 개인 · 일당 독재국가이며 여기에 제도화된 수령 세습이 더해진 '세습적 개인 · 일당 독재국가'라고 볼 수 있다.

게디스의 독재정권의 제도적 접근법에 의해 정권 유형을 분류하면 각 정권의 정치적 생존논리와 정치 지도자의 목표 그리고 정치게임을 분석할 수 있다.[114] 즉 군사독재정권, 일당 독재정권, 개인 독재정권 각각에서 정치지도자와 엘리트 그리고 그들 간의 정치게임이 어떻게 이뤄지는가를 분석할 수 있으며 정권의 존속 가능성을 예측할 수 있다는 장점이 있다. 또한 기존 그리고 현존하는 독재정권과의 비교가 가능하다는 점도 특징이다. 독재정권들이 공통적으로 보이는 속성을 통해 북한의 속성 역시 분석할 수 있는 것이다. 게디스의 분류에 따른 군사독재, 일당독재 그리고 개인독재의 특징은 <표 7-5>와 같다.[115]

북한 정권은 순수한 개인독재나 일당독재가 아니라 이 둘이 혼합된 형태다.[116] 북한의 개인 독재적 성격으로는 유일사상체계의 확립을 통한 수령중심체제를 들 수 있다. 북한에서 수령은 당, 군 그리고 국가기구를 실질적으로 통치하는 권한을 행사하며 절대적인 권력을 소유하고 있다. 수령 중심의 개인독재정권 아래서는 군이나 당이 독립적인 의사결정권을 행사한다는 것은 있을 수 없는 일이며 오직 수령의 영도를 통한 통치만 있을 뿐이다. 일당 독재적 성격은 북한이 기본적으로 당이 우선하는 당 · 국가 체제라는 점을 통해 이해될

---

114 Barbara Geddes, *Paradigms and Sand Castles: Theory Building and Research Design in Comparative Politics* (Ann Arbor: University of Michigan Press, 2003), p. 51.

115 박형중 외(2012), pp. 26~39의 내용을 필자가 재구성함.

116 박형중 외(2012). p. 189.

<표 7-5> 독재정권의 유형별 특징

정권유형	특징
군사독재	① 권력이 최고지도자의 손에 집중되지 않고 장교집단이 인사와 정책 주도 ② 군을 모방하여 위계적인 구조를 갖추고 무력사용권은 군이 독점하며 효율적인 커뮤니케이션망을 갖춘 훈련된 통치단위 존재 ③ 모든 정부기구에 걸쳐 군이 정책을 집행 ④ 집단 통치는 짧게 끝나고 보통 장기적으로는 특정 개인장교에게 권력이 집중됨.
일당독재	① 정치적 지위에 대한 접근과 정책에 대한 통제를 당이 지배 ② 당이 모든 국가기구를 통제하며 지방정부, 시민사회, 미디어 등 대부분의 정치적 영역을 지배 ③ 지도자는 당의 일정한 통제 내에서 활동 ④ 다른 정당으로의 권력교체가 일어나지 않음.
개인독재	① 개인이 군과 국가기구와 집권당을 지배 ② 직위와 직위의 과실에 대한 접근이 지도자 개인의 재량에 의존 ③ 군이나 당이 독립적인 의사결정권을 행사하지 않음. ④ 개인은 자신의 통치 보좌집단(친구, 가족)을 조직 ⑤ 개인이 견제나 감시를 받지 않으며 극단적인 자유를 가지고 통치하지만 후계자 선정에서 차지하는 역할이 없음.

수 있다. 북한에서는 군이나 국가기관도 당의 영도를 받도록 되어 있다. 사회주의 헌법에도 조선민주주의인민공화국은 조선노동당의 영도 밑에 모든 활동을 진행한다고 명시하고 있으며 실제로 조선노동당은 모든 사람들의 조직생활을 장악하고 통제하며, 국가의 모든 대내외정책의 작성과 결정, 그리고 집행을 감독한다. 북한을 개인독재와 일당독재의 혼합정권으로 보는 이유가 바로 여기에 있다. 물론 북한에서 수령은 당 위에 군림하고 있는 1인 독재적 성격이 강하다. 하지만 기본적으로 북한에서 조선노동당은 다른 어떤 정치사회조직보다 강력하다는 점, 그리고 수령의 영도는 반드시 당의 영도를 통해서 이루어진다는 점 등으로 미루어 볼 때 당의 역할 또한 무시될 수 없는 것이다.

하지만 게디스의 이론만으로는 북한 정권을 다 설명할 수 없다. 북한은 김일성에서 김정일, 다시 김정일에서 김정은으로의 후계자 계승을 완성한 세습국가이기 때문이다. 이런 3대 세습은 공산국가에서는 그 유례를 찾아볼 수 없는 것이다. 스탈린 체제 당시에 구축된 유일사상체계와 북한의 유일사상체계가 가장 큰 차이를 보였던 부분은 바로 열 번째 원칙에서 김일성 수령의 영도를 대를 이어 계승한다는 것이었다.[117] 그리고 북한은 2013년 6월 다시 한번 이 열 번째 원칙을 "우리 당과 혁명의 명맥을 백두혈통으로 영원히 이어나가며"라고 수정함으로써 제도적으로도 혈통 중심 세습체제의 면모를 갖춘 국가가 됐다. 이는 김정은의 권력세습을 정당화하는 것인 동시에 향후에도 혈통 기반 권력이 지속될 것임을 밝히고 있는 것이다.

VII. 맺는말

북한은 향후 한반도 나아가 동북아시아의 평화와 안정에 지대한 영향을 미칠 수 있는 주요 변수 가운데 하나이다. 따라서 북한의 국가성격에 대한 명징(明澄)한 분석을 통해서 체제 경로를 예측하고 파악하는 것은 대한민국의 안보를 담보하는 것인 동시에 통일시대를 준비할 수 있는 중요한 열쇠가 될 수 있다. 그동안 북한의 국가성격 연구는 두 가지의 접근법에 따라 진행돼 왔다. 한 갈래는 보편성에 주목하는 것으로 북한 사회가 설정 · 추구하지 않은 외부의

---

117 정성장(2000), pp. 119~121.

논리나 이념 등을 잣대로 분석한 일단의 연구이다. 다른 한 갈래는 특수성에 주목하는 연구로 북한 사회가 설정 · 추구하는 이념, 목표 또는 논리에 따라 북한 사회를 분석하는 것이다. 하지만 지금까지 특수성에 주목한 북한의 국가성격 연구들은 보편성으로도 설명이 가능한 북한의 특징이나 현상들을 지나치게 특수한 것으로 과장하거나 특수하지 않은 것을 특수한 것으로 주장한 경우가 적지 않았다. 따라서 비교정치학적 접근을 통해 북한을 설명하고 향후 변화 경로를 예측하는 것이 보다 과학적인 북한 연구를 담보할 수 있다. 본 연구에서는 보다 종합적이고 객관적으로 북한의 국가성격을 연구하기 위해 기존의 연구에서 공통적으로 인정되는 북한의 주요 특징을 선별했고 이를 적실하게 설명할 수 있는 보편적 국가성격을 도출했다.

기존의 연구에서 도출한 북한의 주요 특징은 수령중심체제, 당 · 국가 체제 그리고 세습체제로 요약될 수 있다. 북한은 줄곧 수령 1인독재를 중심으로 한 통치 구조를 계승 · 발전시켜왔고 이는 사회주의 당 · 국가 체제라는 기초 위에 형성됐다. 수령중심체제, 당 · 국가 체제 그리고 세습체제를 주요 특징으로 하는 북한을 독재정권의 제도적 접근법에 따라 분석하면 북한은 개인 · 일당 독재체제로 분류할 수 있으며 여기에 세습제가 더해진 '세습적 개인 · 일당 독재체제'로 규정할 수 있다.

사실 북한의 국가성격에 대한 연구가 중요하고 의미를 가질 수 있는 이유는 북한 문제를 접근하는 데에 있어서 큰 틀을 제공할 수 있다는 점에 있다. 현재 대한민국은 북한과 관련된 여러 가지 문제를 다루는 데 있어서 거시적인 접근보다는 미시적인 접근을 하는 경향이 있다. 하지만 북한은 본질적으로 어떤 성격의 국가인지, 그리고 무엇을 추구하는 국가인지에 대한 인식이 불명확하다면 그 어떤 해결책도 근본적인 처방이 되지 못한다. 북한의 행동에 따라 매번 북한에 대한 인식이 바뀐다면 통일되고 일관된 정책이 나올 수 없다. 따라서 향후 북한이 세습적 개인 · 일당독재의 성격을 가진 국가라는 인식의 토대 위에서 북한문제를 하나의 큰 덩어리로 묶어서 접근하는 것이 보다 안정적이고 효율적인 우리의 대북정책을 만들어가고 성공적인 통일시대를 준비하는 데 기여할 것으로 생각된다.

참고문헌

강정인. "북한연구 방법론: 재론," 『현대북한연구』 창간호(1998).

김갑식. "김정은 정권의 수령제와 당 · 정 · 군 관계," 『한국과 국제정치』 제30권 제1호(2014).

김근식. "김정은 시대 북한의 정치: 지속과 변화," 『평화학연구』 제14권 3호(2013).

김동엽. "김정은 체제의 통치 패러다임: 북한의 변화와 생존전략," 2014년 북한연구학회 하계학술회의 (서울: 북한연구학회 학술발표대회 자료집).

김익성. "북한 사회주의에 대한 연구동향 분석: 북한 사회주의의 보편-특수적 이해," 『사회과학연구』 제27집 1호(2011).

김일기 · 이수석. "김정은 시대 북한정치의 특징과 전망," 『북한학보』 38집 2호(2013).

김진환. "김정은 시대 지배이데올로기의 특징과 전망: '김일성주의'에서 '김일성-김정일주의'로," 『북한연구학회보』 제17권 제2호(2013).

류길재. "예외국가의 제도화: 군사국가화 경향과 군의 역할 확대," 최완규 엮음, 『북한의 국가성격 변용에 관한 연구: 예외국가의 공고화』 서울: 한울, 2001.

박형중. "북한정치 연구에서 '북한 특수성론'," 『통일문제연구』 통권 제27호(1997),

____. "북한에서 1990년대 정치체제 변화: 전체주의 겸 술탄주의로부터 탈전체주의적 술탄주의 폭정으로," 『경제정책연구』 통권 168호(2011).

박형중 · 임강택 · 조한범 · 황병덕 · 김태환 · 송영훈 · 장용석. 『독재정권의 성격과 정치변동』 서울: 통일연구원, 2012.

서대숙. 『현대 북한의 지도자: 김일성과 김정일』 서울: 을유문화사, 2000.

양현수. "북한군의 정치적 위상과 역할: 북한 군사국가화 논의 비평," 1999년 한국정치학회 추계학술회의, (서울: 한국정치학회 학술발표대회 자료집).

오일환. "김정일 시대의 북한체제 현황," 『현대북한체제론』 서울: 을유문화사, 2000.

우승지. “북한은 현상유지 국가인가?: 김정일 시기 북한의 국가성향 고찰,” 『국제정치논총』 제53집 4호(2013).
이상우. 『북한정치 변천: 신정체제의 진화과정』 서울: 오름, 2014.
이승열. “북한 ‘수령체제’의 변화와 ‘3대 세습’의 구조적 한계,” 『북한연구학회보』 제13권 1호(2009).
이종석. “북한체제의 성격규명: ‘유일체제론’의 관점에서,” 『한국정치외교사논총』 제13집(1995).
전현준 외. “북한의 정치: 정치체제의 특성에 관한 일 고찰,” 『북한체제의 현주소』 서울: 통일연구원, 2002.
____. 『북한의 정치부문 정상국가화 지원방안』 서울: 통일연구원, 2010.
정성장. 『현대 북한의 정치: 역사 · 이념 · 권력체계』 파주: 한울, 2011.
____. “북한체제와 스탈린체제의 비교,” 『현대북한체제론』 서울: 을유문화사, 2000.
정우곤. “북한 ‘수령제’ 정치체제의 제도화와 특성,” 『통일문제연구』 통권 제27호(1997).
조한범. “북한 사회주의 체제의 성격연구: 비교사회주의론적 접근,” 『통일정책연구』 제11권 2호(2002).
최완규. “북한 국가성격의 이론과 쟁점: 비교사회주의적 관점,” 최완규 엮음, 『북한의 국가성격 변용에 관한 연구: 예외국가의 공고화』 서울: 한울, 2001.
Cumings, Bruce. “북한의 조합주의,” 김동춘 엮음, 『한국현대사 연구 1』 서울: 이상과 현실사, 1988.
Giddens, A. 진덕규 역, 『민족국가와 폭력』 서울: 삼지원, 1991.
Hirai Hisasi. 백계문 · 이용빈 역, 『김정은 체제: 북한의 권력구조와 한계』 파주: 한울, 2012.
Macridis, Roy C. 김강녕 역, 『현대정치체제론』 고양: 인간사랑, 1990.
Suzuki Masayuki. 유영구 역, 『김정일과 수령제 사회주의』 서울: 중앙 M&B, 1994.
Wada Haruki. 서동만 · 남기정 역, 『북조선』 서울: 돌배개, 2002.
Bertsch, Gary K. *Comparing Political Systems: Power and Policy in Three Worlds.* New York: John Wiley & Sons, 1978.
Friedrich, Carl J. and Zbigniew K. Brzezinski. *Totalitarian Dictatorship and*

Autocracy. 2nd edition. Cambridge: Harvard University Press, 1965.

Geddes, Barbara. *Paradigms and Sand Castles: Theory Building and Research Design in Comparative Politics.* Ann Arbor: University of Michigan Press, 2003.

Linz, Juan J. and Alfred Stepan. *Problems of Democratic Transition and Consolidation.* Baltimore: The Johns Hopkins University Press, 1996.

McCormack, Gavan. "Kim Country: Hard Times in North Korea," *New Left Review* No. 198 (March/April 1993).

Przeworski, Adam etc. *Democracy and Development: Political Institutions and Material Well-being in the World, 1950-1990.* Cambridge: Cambridge University Press, 2000.

Schapiro, Leonardo. *Totalitarianism*. New York: Praeger, 1972.

Wintrobe, Ronald. *The Political Economy of Dictatorship.* Cambridge: Cambridge University Press, 1998.

Weber, Max. *Economy and Society: An Outline of Interpretive Sociology,* ed. Guenther Roth and Calus Wittich. Berkely: University of California Press, 1978.

[부록 I] 조선로동당규약(2021)

조선로동당은 위대한 김일성-김정일주의당이다.

김일성-김정일주의는 주체사상에 기초하여 전일적으로 체계화된 혁명과 건설의 백과전서이며 인민대중의 자주성을 실현하기 위한 실천투쟁속에서 그 진리성과 생활력이 검증된 혁명적이며 과학적인 사상이다.

조선로동당은 위대한 수령들을 영원히 높이 모시고 수반을 중심으로 하여 조직사상적으로 공고하게 결합된 로동계급과 근로인민대중의 핵심부대, 전위부대이다.

조선로동당은 위대한 김일성-김정일주의를 유일한 지도사상으로 하는 주체형의 혁명적당이다.

조선로동당은 위대한 김일성-김정일주의를 당건설과 당활동의 출발점으로, 당의 조직사상적공고화의 기초로 하며 혁명과 건설의 영원한 기치로 높이 들고 나간다.

조선로동당은 항일혁명투쟁시기에 창조되고 발전풍부화된 주체의 혁명전통을 고수하고 끊임없이 계승발전시킨다.

조선로동당은 로동자, 농민, 지식인을 비롯한 근로인민대중속에 깊이 뿌리박고 그들 가운데서 사회주의위업의 승리를 위하여 투쟁하는 선진투사들로 조직한 로동계급의 혁명적당, 근로인민대중의 대중적당이다.

조선로동당은 조선민족과 조선인민의 리익을 대표한다.

조선로동당은 근로인민대중의 모든 정치조직들 가운데서 가장 높은 형태의 정치조직이며 정치, 경제, 군사, 문화를 비롯한 모든 분야를 통일적으로 이끌어나가는 령도적정치조직, 혁명의 참모부이며 조선인민의 모든 승리의조직자, 향도자이다.

조선로동당은 온 사회의 김일성-김정일주의화를 당의 최고강령으로 한다.

조선로동당의 당면목적은 공화국북반부에서 부강하고 문명한 사회주의사회를 건설하며 전국적범위에서 사회의 자주적이며 민주주의적인 발전을 실현하는데 있으며 최종목적은 인민의 리상이 완전히 실현된 공산주의사회를 건설하는데 있다.

조선로동당은 당 안에 사상과 령도의 유일성을 보장하고 인민대중과 혈연적뉴대를 강화하며 당건설에서 계승성을 보장하는 것을 당건설의 기본원칙으로 한다.

조선로동당은 수령의 혁명사상과 령도방식을 당건설과 당활동전반에 철저히 구현하며 수령이 이룩한 불멸의 혁명업적을 견결히 옹호고수하고 끝없이 빛내여나간다.

조선로동당은 당중앙의 유일적 령도체계 확립을 중핵으로 내세우고 전당을 김일성-김정일주의로 일색화하며 수반을 중심으로 하는 전당의 통일단결을 백방으로 강화하고 당중앙의 령도 밑에 조직규률에 따라 하나와 같이 움직이는 엄격한 혁명적제도와 질서를 세운다.

조선로동당은 당의 사상과 배치되는 자본주의사상, 봉건유교사상, 수정주의, 교조주의, 사대주의를 비롯한 온갖 반동적, 기회주의적사상조류들을 반대배격하며 맑스-레닌주의의 혁명적원칙을 견지한다.

조선로동당은 계급로선과 군중로선을 철저히 관철하여 혁명진지, 계급진지를 굳건히 다지며 당과 인민대중의 일심단결을 백방으로 강화해나간다.

조선로동당은 조선인민의 물질문화생활을 끊임없이 높이는 것을 당활동의 최고원칙으로 한다.

조선로동당은 사람과의 사업을 당사업의 기본으로 하며 항일유격대식 사업방법을 철저히 구현한다.

조선로동당은 혁명과 건설에 대한 령도에서 로동계급적원칙, 사회주의적 원칙을 일관하게 견지하며 주체성과 민족성을 고수한다.

조선로동당은 인민대중제일주의정치를 사회주의기본정치방식으로 한다.

조선로동당은 인민의 존엄과 권익을 절대적으로 옹호하고 모든 문제를 인민대중의 무궁무진한 힘에 의거하여 풀어나가며 인민을 위하여 복무하는 정치를 실현한다.

조선로동당은 인민정권을 강화하고 사상, 기술, 문화의 3대혁명을 힘있게 다그치는 것을 사회주의건설의 총로선으로 틀어쥐고나간다.

조선로동당은 자력갱생의 기치 밑에 경제건설을 다그치고 사회주의의 물질기술적토대를 튼튼히 다지며 사회주의 문화를 전면적으로 발전시키고 사회주의제도적우월성을 더욱 공고히 하고 발양시키면서 사회주의완전승리를 앞당기기 위하여 투쟁한다.

조선로동당은 공화국무력을 정치사상적으로, 군사기술적으로 부단히 강화하고 자립적국방공업을 발전시켜 나라의 방위력을 끊임없이 다져나간다.

조선로동당은 청년운동을 강화하는 것을 당과 국가의 최대의 중대사, 혁명의 전략적요구로 내세우고 청년들을 당의 후비대, 척후대로 튼튼히 키우며 근로단체들의 역할을 높여 광범한 군중을 당의 두리에 묶어세우고 사회주의건설을 위한 투쟁에로 조직동원한다.

조선로동당은 전조선의 애국적 민주력량과의 통일전선을 강화하며 해외동포들의 민주주의적민족권리와 리익을 옹호보장하고 그들을 애국애족의 기치아래 굳게 묶어세우며 민족적자존심과 애국적열의를 불러일으켜 조국의 통일발전과 륭성번영을 위한 길에 적극 나서도록 한다.

조선로동당은 남조선에서 미제의 침략무력을 철거시키고 남조선에 대한 미국의 정치군사적지배를 종국적으로 청산하며 온갖 외세의 간섭을 철저히 배격하고 강력한 국방력으로 근원적인 군사적위협들을 제압하여 조선반도의 안전과 평화적환경을 수호하며 민족자주의 기치, 민족대단결의 기치를높이 들고 조국의 평화통일을 앞당기고 민족의 공동번영을 이룩하기 위하여 투쟁한다.

조선로동당은 자주, 평화, 친선을 대외정책의 기본리념으로 하여 반제자주력량과의 련대성을 강화하고 다른 나라들과의 선린우호관계를 발전시키며 제국주의의 침략과 전쟁책동을 반대하고 세계의 자주화와 평화를 위하여, 세계사회주의운동의 발전을 위하여 투쟁한다.

제1장 당 원

제1조

조선로동당원은 수령의 혁명사상으로 철저히 무장하고 당조직규률에 충직하며 당중앙의 령도따라 우리 식 사회주의 위업의 서로운 승리, 주체혁명위업의 종국적승리를 위하여 한몸 다 바쳐 투쟁하는 주체형의 혁명가이다.

제2조

조선로동당원으로는 조선공민으로서 당과 혁명, 조국과 인민에게 무한히 충실하며 당의 강령을 신념으로 접수하고 당규약을 준스하려는 사람들이 될 수 있다.

조선로동당에는 열여덟살부터 입당할 수 있다.

제3조

조선로동당원은 후보기간을 마친 후보당원가운데서 받아들인다.

1) 입당하려는 사람은 입당청원서와 당원 두 사람의 입당보증서를 당세포에 내야 한다.

   사회주의애국청년동맹원이 입당할 때에는 시, 군청년동맹위원회의 입당보증서를 내야 하며 그것은 당원 한사람의 입당보증서를 대신한다.

   후보당원이 당원으로 입당할 때에는 입당청원서와 입당보증서를 내지 않는다. 그러나 당세포가 요구할 때에는 다른 입당보증서를 내야 한다.

2) 입당보증인은 3년이상의 당생활년한을 가져야 한다.

입당보증인은 입당청원자의 사회정치생활을 잘 알아야 하며 보증 내용에 대하여 당앞에 책임져야 한다.

3) 입당문제는 개별적으로 심의하여야 한다.

당세포는 총회에서 입당청원자를 참가시키고 입당문제를 심의하며 채택된 결정은 시, 군당위원회의 비준을 받아야 한다.

입당보증인은 입당문제를 토의하는 회의에 참가하지 않아도 된다.

시 , 군당위원회는 입당문제에 대한 당세포의 결정을 한달안에 심의하고 처리하여야 한다.

4) 후보당원의 후보기간은 2년이다.

당세포는 후보당원의 후보기간이 끝나면 총회에서 그의 입당문제를 심의하고 결정하여야 한다.

특수한 경우에는 후보기간이 끝나지 않은 후보당원을 당원으로 받아들일수 있다.

후보당원이 당원으로 입당할 준비가 잘 안되였을 때에는 후보기간을 1년까지의 범위안에서 한번 미룰수 있으며 그 기간에도 입당할 자격을 갖추지 못하면 그를 제명하여야 한다.

후보기간을 미루거나 후보당원을 제명할데 대한 당세포의 결정은 시, 군당위원회의 비준을 받아야 한다.

5) 입당날자는 당세포총회에서 입당을 결정한 날이다.

6) 당원으로 입당한 사람은 당원증을 수여받을 때 입당선서를 한다.

7) 특수한 환경에서 사업하는 사람과 다른 당에서 탈당한 사람의 입당 문제는 당중앙위원회가 따로 규정한 절차와 방법에 따라 취급한다.

제 4조

당원의 의무는 다음과 같다.

1) 당원은 당중앙의 령도에 끝없이 충실하여야 한다.

당원은 수령에 대한 충실성을 혁명적신념과 의리로 간직하고 당중앙을 견결히 옹위하며 당의 로선과 정책을 무조건 접수하고 철저히 관철하며 당앞에 무한히 성실하고 말과 행동이 일치되여야 한다.

2) 당원은 위대한 김일성-김정일주의로 튼튼히 무장하여야 한다.

당원은 수령의 혁명사상과 리론, 주체의 혁명전통을 깊이 연구체득하며 모든 사고와 행동의 유일한 기준으로 삼고 사업과 생활에 철저히 구현해나가야 한다.

3) 당원은 당생활에 자각적으로 참가하여 당성을 끊임없이 단련하여야 한다.

당원은 당조직관념을 바로가지고 당회의와 당생활총화, 당학습에 성실히 참가하며 당조직의 결정과 분공을 책임적으로 집행하고 비판과 사상투쟁을 강화하며 당조직규률을 자각적으로 지키고 사업과 생활에서 제기되는 문제들을 당조직에 보고하여야 한다.

4) 당원은 혁명과업수행에서 선봉적역할을 하여야 한다.

당원은 자기 부문, 자기 단위 앞에 제시된 당정책을 깊이 학습하고 현대과학기술과 전문지식을 꾸준히 습득하여 혁명임무를 책임적으로 수행하며 실력과 능력으로 대중을 이끌고 군중속에서 핵심적이며 모범적인 역할을 하여야 한다.

5) 당원은 사회주의조국을 목숨바쳐 보위하여야 한다.

당원은 군사중시를 제일국사로 여기고 나라의 방위력을 강화하기 위한 사업에 적극 이바지하며 주체의 전쟁관점을 가지고 군사지식을 성실히 배우고 전쟁에 대처할수 있는 기술적 준비를 튼튼히 갖추며 조국수호정신을 체질화하여 일단 유사시에는 사회주의조국과 혁명의 전취물을 보위하여 목숨바쳐 싸울 각오를 가져야 한다.

6) 당원은 당적, 계급적원칙을 철저히 지켜야 한다,

당원은 당과 혁명의 리익을 첫 자리에 놓고 모든 문제를 예리하게 보고 대하며 어떤 역경 속에서도 혁명적 신념과 지조를 지키고 계급적 원쑤들과 온갖 이색적인 사상요소들, 세도와 관료주의, 부정부패를 비롯한 비사회주의적현상들을 반대하여 견결히 투쟁하여야 한다.

7) 당원은 군중과 늘 사업하며 인민을 위하여 헌신하여야 한다.

당원은 군중속에 당정책을 해설선전하고 그 관철에로 불러일으키며 군중의 목소리에 귀를 기울이고 그들의 의견과 요구를 당조직에 제때에 반영하며 군중의 리익을 옹호하고 실현하기 위하여 적극 노력하여야 한다.

8) 당원은 혁명적 사업기풍과 생활기풍을 세워야 한다.

당원은 소극적이고 보수적이며 안일해이한 현상을 반대하고 혁명적으로, 전투적으로 일하고 생활하며 국가사회재산을 주인답게 관리하고 국가의 법과 규정을 자각적으로 준수하며 당, 국가, 군사비밀을 엄격히 지켜야 한다.

9) 당원은 고상한 도덕품성을 지녀야 한다.

당원은 언제나 겸손하고 소박하며 진실하고 례절이 바르며 사리와 공명을 탐내지 말고 청렴결백하며 사회공중도덕과 질서를 모범적으로 지키고 서로 돕고 이끄는 사회주의적 미풍을 높이 발휘하여야 한다.

10) 당원은 매달 당비를 바쳐야 한다.

당비는 월수입의 2%이다.

제 5조

당원의 권리는 다음과 같다.

1) 당원은 당회의와 당출판물을 통하여 당의 로선과 정책을 관철하며 당 사업을 발전시키는데 도움이 되는 의견을 발표할수 있다.

2) 당원은 당회의에서 결의권을 가지며 각급 당지도기관 선거에서 선거할 권리와 선거받을 권리를 가진다.

3) 당원은 정당한 리유와 근거가 있을 때에는 어떤 당원에 대하여서나 비판할수 있으며 상급이 주는 어떤 과업이라도 그것이 당의 로선과 방침, 당중앙의 사상과 어긋날 때에는 그 집행을 거부할 수 있다.

4) 당원은 자기의 사업과 생활에 대한 문제를 토의결정하는 당회의에 참가할것을 요구할수 있다.

5) 당원은 당중앙위원회에 이르기까지의 각급 당위원회에 신소와 청원을 할수 있으며 탈당을 요구할수 있다.

당원이 탈당을 요구하는 경우 당세포는 총회에서 토의결정하고 시, 군 당위원회의 비준을 받아 당대렬에서 내보낸다.

제6조

후보당원의 의무는 당원의 의무와 같으며 후보당원의 권리는 결의권과 선거할 권리, 선거받을 권리가 없는 이외에는 당원의 권리와 같다.

제7조

당조직규률을 어긴 당원에게는 당책벌을 준다.

1) 당중앙의 유일적령도를 거부하거나 당의 로선과 정책을 반대하고 종파행위를 하거나 적들과 타협하는것을 비롯하여 당과 혁명에 엄중한 손실을 끼친 당원은 출당시킨다.

2) 출당시키지 않을 정도의 과오를 범한 당원에게는 그 과오의 엄중성 정도에 따라 경고, 엄중경고, 권리정지, 후보당원으로 내려놓는 책벌을 준다.

   경고책벌은 6개월, 엄중경고, 권리정지책벌은 1년, 후보당원으로 내려놓는 책벌은 2년을 적용한다.

   당책벌은 당원이 과오를 범하게 된 동기와 원인, 과오의 후과와 함께 그의 사업과 생활을 전면적으로 깊이있게 료해하고 신중하게 주어야 한다.

3) 당세포는 총회에서 과오를 범한 당원을 참가시키고 당책벌을 줄데 대하여 심의결정한다. 특수한 경우에는 본인의 참가없이 심의결정 할 수 있다.

   당원에게 당책벌을 줄데 대한 당세포의 결정은 시, 군당위원회의 비준을 받아야 하며 당원을 출당시킬데 대한 당세포의 결정은 도당위원회의 비준을 받아야 한다.

4) 당세포는 당책벌을 받은 당원이 자기의 과오를 깊이 뉘우치고 고치기 위하여 노력하며 사업에서 개선이 있을 때에는 총회에서 책벌을 벗겨줄데 대하여 심의결정하여야 하며 그 결정은 시, 군당위원회의 비준을 받아야 한다.

5) 당중앙위원회와 도, 시, 군당위원회 위원, 후보위원에 대한 당책벌 문제는 당중앙위원회가 정한 절차와 방법에 따라 취급한다.

6) 당중앙위원회와 도, 시, 군당위원회는 당규률 문제와 관련한 당원의 신소를 제때에 책임적으로 심의하고 처리하여야 한다.

제 8조

정당한 리유없이 여섯달이상 당생활에 참가하지 않거나 3년이상 당원으로서의 의무를 리행하지 않는 당원에 대하여서는 당세포총회에서 그를 제명할 것을 결정하여야 하며 그 결정은 시, 군당위원회의 비준을 받아야 한다.

제 9조

당원의 등록과 이동은 당중앙위원회가 정한 절차와 방법에 따라 한다.

제 10조

조선로동당원으로서 당과 혁명, 조국과 인민을 위하여 투쟁하다가 년로보장 또는 사회보장을 받고있는 당원을 비롯하여 당원으로서의 활동을 제대로 할수 없는 당원은 명예당원으로 한다.

명예당원에게는 명예당원증을 수여 한다.

당원을 명예당원으로 넘기는 문제는 시, 군당위원회에서 비준한다.

제 2 장 당의 조직원칙과 조직구조

제11조

당은 민주주의중앙집권제원칙에 따라 조직하며 활동한다.

1) 각급 당지도기관은 민주주의적으로 선거하며 선거된 지도기관은 선거받은 당조직앞에 자기의 사업을 정기적으로 총화보고한다.

2) 당원은 당조직에, 소수는 다수에, 하급당조직은 상급당조직에 복종하며 모든 당조직은 당중앙위원회에 절대복종한다.

   어느 한 지역을 맡은 당조직은 그 지역의 일부를 맡은 모든 당조직의 상급당조직으로 되며 어느 한 부문이나 단위의 사업을 맡은 당조직은 그 부문이나 단위의 일부 사업을 맡은 모든 당조직의 상급당조직으로 된다.

3) 모든 당조직은 당의 로선과 정책을 무조건 옹호관철하며 하급당조직은 상급당조직의 결정을 의무적으로 집행한다.

4) 상급당조직은 하급당조직의 사업을 계통적으로 지도검열하며 하급당조직은 자기의 사업정형을 상급당조직에 정상적으로 보고한다.

제 12조

각급 당조직은 지역단위와 생산 및 사업단위에 따라 조직한다.

제 13조

각급 당위원회는 해당 단위의 최고지도기관이며 정치적참모부이다.

당위원회의 활동에서 기본은 집체적지도이다.

각급 당위원회는 새롭고 중요한 문제들을 반드시 집체적으로 토의결정하고 집행하며 여기에 당지도기관 성원들과 당원들의 책임성과 창발성을 밀접히 결합시켜야 한다.

제 14조

각급 당조직의 최고지도기관은 다음과 같이 조직한다.

1) 당의 최고지도기관은 당대회이며 당대회와 당대회사이에는 당대회가 선거한 당중앙위원회이다.

   도, 시, 군당조직의 최고지도기관은 해당 당대표회이며 당대표회와 당대표회 사이에는 당대표회가 선거한 해당 당위원회이다.

   기층당조직의 최고지도기관은 당총회(당대표회)이며 당총회(당대표회)와 당총회(당대표회) 사이에는 당총회(당대표회)가 선거한 해당 당위원회이다.

2) 당대회, 당대표회 대표자는 한급 낮은 당조직의 당대표회 또는 당총회에서 선거한다.

   당대회 대표자선출비률은 당중앙위원회가 규정하며, 도, 시, 군당대표회 대표자선출비률은 당중앙위원회가 정한 기준에 따라 해당 당위원회가 규정한다.

3) 당중앙위원회 위원, 후보위원수는 당대회에서 결정한다.

도, 시, 군당위원회 위원, 후보위원수와 기층당조직의 위원수는 당중앙위원회가 정한 기준에 따라 해당 당대표회 또는 당총회에서 결정한다.

당위원회 위원, 후보위원수를 변경시킬 필요가 있을 때에는 당중앙위원회 전원회의와 도, 시, 군당위원회 전원회의, 기층당 조직들의 총회에서 다시 결정할수 있다.

4) 각급 당지도기관의 선거는 당중앙위원회가 만든 선거세칙에 따라 한다.

각급 당지도기관의 임기는 새로운 당지도기관을 선거하기 전까지이다.

제 15조

각급 당조직의 지도기관 성원의 소환(제명)과 보선은 다음과 같이 한다.

1) 당중앙위원회와 도, 시, 군당위원회 위원, 후보위원의 소환(제명)과 보선은 해당 당위원회 전원회의에서 한다.

당중앙위원회와 도, 시, 군당위원회 위원이 결원되였을 때에는 해당 당위원회 후보위원 가운데서 보선한다.

필요에 따라 후보위원이 아닌 당원을 위원으로 보선할 수 있다.

2) 기층당조직의 지도기관 성원의 소환과 보선은 해당 당총회(당대표회)에서 한다.

규모가 크거나 아래당조직들이 멀리 널려져있거나 사업상 특성으로 당총회(당대표회)를 제때에 소집할 수 없는 초급당, 분초급당에서는 당위원회에서 위원을 소환(제명), 보선할 수 있다.

3) 상급당위원회는 결원된 하급당위원회 책임비서, 비서, 부비서를 파견할 수 있다.

제 16조

당회의는 해당 당조직에 소속된 당원(위원, 대표자)총수의 3분의 2이상이 참가하여야 성립되며 제기된 문제의 가결은 결의권을 가진 당회의참가자의 절반을 넘는 찬성을 받아야 확정된다.

각급 당위원회 후보위원은 해당 당위원회 전원회의에서 발언권만 가진다.

제 17조

도, 시, 군당위원회의 조직과 해체문제는 당중앙위원회에서, 초급당과 분초급당의 조직과 해체문제는 도당위원회에서, 부문당과 당세포의 조직과 해체문제는 시, 군당위원회에서 비준한다.

제 18조

각급 당위원회는 자기 사업의 성과적 보장을 위하여 필요한 부서를 둔다.

부서를 내오거나 없애는 권한은 당중앙위원회에 있다.

제19조

당중앙위원회는 정치, 군사, 경제적으로 중요한 부문에 정치기관을 조직한다.

1) 정치기관들은 해당 부문에서 당원들과 군인들과 근로자들에 대한 정치사상교양사업을 조직진행하며 해당 단위에 조직된 당위원회의 집행부서로서 사업한다.

   정치기관들은 당의 로선과 정책을 관철하기 위한 투쟁에 당원들과 군중을 조직동원하기 위하여 당열성자회의를 소집할 수 있다.

2) 중앙기관에 조직된 정치국(정치부)들은 당중앙위원회에 직속되여 그 지도밑에 사업하며 자기 사업정형을 당중앙위원회에 정상적으로 보고한다.

   정치국(정치부)들은 아래정치기관들에 대한 지도에서 해당 지역당 위원회들과 긴밀한 련계를 가진다.

3) 정치기관들은 조선로동당규약과 당중앙위원회가 비준한 지도서와 규정에 따라 조직되며 사업한다.

제20조

당중앙위원회는 어떤 당조직이든지 당의 로선과 정책, 당규약을 엄중하게 어기거나 집행하지 않을 때에는 해산하고 거기에 소속되였던 당원들을 개별적으로 심사하여 다시 등록하고 당조직을 새로 조직할 수 있다.

당중앙위원회는 맡은 사업을 무책임하게 하여 엄중한 후과를 초래한 당조직과 당기관안의 부서들에 경고, 엄중경고, 사업정지책벌을 준다.

제21조

당중앙위원회는 정치, 군사, 경제적으로 중요한 지역과 부문, 특수한 환경에 맞는 당조직의 형식과 활동방법, 그밖의 당건설에서 나서는 문제들을 따로 결정한다.

제 3 장 당의 중앙조직

제22조

당대회는 당의 최고지도기관이다.

당대회는 5년에 한번씩 당중앙위원회가 소집하며 소집에 관한 발표는 수개월전에 한다.

제23조

당대회의 사업은 다음과 같다.

1) 당중앙위원회의 사업을 총화한다.

2) 당의 강령과 규약을 수정보충한다.

3) 당의 로선과 정책, 전략전술의 기본문제를 토의결정한다.

4) 당중앙위원회를 선거한다.

5) 조선로동당 총비서를 선거한다.

제 24조

조선로동당의 수반은 조선로동당 총비서이다.

조선로동당 총비서는 당을 대표하며 전당을 조직령도한다.

제 25조

당중앙위원회는 당대회와 당대회사이에 당의 모든 사업을 조직지도한다.

당중앙위원회는 전당과 온 사회의 김일성-김정일주의화를 자기 투쟁의 총적임무로 틀어쥐고 당의 유일적 령도체계를 철저히 세우며 당과 혁명대오를 튼튼히 꾸리고 그 위력을 높이며 혁명발전의 요구에 맞게 로선과 정책을 세우고 혁명투쟁과 건설사업을 정치적으로 지도하며 국내외의 각 정당, 단체들과 사업하며 당의 재정을 관리한다.

제 26조

당중앙위원회는 전원회의를 1년에 한번이상 소집한다.

당중앙위원회 전원회의는 해당 시기 당앞에 나서는 중요한 문제들을 토의결정하고 당중앙위원회 정치국과 정치국 상무위원회를 선거하며 당중앙위원회 제1비서, 비서들을 선거하고 비서국을 조직하며 당중앙군사위원회와 당중앙검사위원회를 선거한다.

당중앙위원회에 부서(비상설기구 포함)를 내오며 필요한 경우 당규약을 수정하고 집행하며 당대회에 제기하여 승인을 받는다.

당중앙위원회 제1비서는 조선로동당 총비서의 대리인이다.

제27조

당중앙위원회 정치국은 전원회의와 전원회의사이에 당중앙위원회의 이름으로 당의 모든 사업을 조직지도한다.

당중앙위원회 전원회의를 소집한다.

제28조

당중앙위원회 정치국 상무위원회는 정치, 경제, 군사적으로 시급히 제기되는 중대한 문제들을 토의결정하며 당과 국가의 중요간부들을 임면할데 대한 문제를 토의한다.

조선로동당 총비서의 위임에 따라 당중앙위원회 정치국 상무위원회 위원들은 정치국회의를 사회할 수 있다.

제29조

당중앙위원회 비서국은 당내부사업에서 나서는 문제와 그밖의 실무적 문제들을 수시로 토의결정하고 그 집행을 조직지도한다.

제30조

당중앙군사위원회 는 당대회 와 당대회 사이의 당의 최고군사지도기관이다.

조선로동당 총비서는 당중앙군사위원회 위원장으로 된다.

당중앙군사위원회는 당의 군사로선과 정책을 관철하기 위한 대책을 토의결정하며 공화국무력을 지휘하고 군수공업을 발전시키기 위한 사업을 비롯하여 국방사업전반을 당적으로 지도한다.

당중앙군사위원회는 토의문제의 성격에 따라 회의성립비률에 관계없이 필요한 성원들만 참가시키고 소집할 수 있다.

제 31조

당중앙검사위원회는 당중앙의 유일적 령도실현에 저해를 주는 당규률위반행위들을 감독조사하고 당규률문제를 심의하며 신소청원을 처리하고 당의 재정관리사업을 검사한다.

제 32조

당중앙위원회는 당대회와 당대회 사이에 당대표자회를 소집할 수 있다.

당대표자회 대표자선출비률과 대표자선거절차는 당중앙위원회가 규정한다.

당대표자회는 당의 로선과 정책, 전략전술의 중요한 문제들을 토의결정하며 당중앙지도기관 성원들을 소환하고 보선한다.

당대표자회는 당중앙지도기관을 선거하거나 당규약을 수정보충할 수 있다.

제 4 장 당의 도, 시, 군조직

제 33조

도, 시, 군당대표회는 당의 도, 시, 군조직의 최고지도기관이다.

도, 시, 군당대표회는 5년에 한번씩 당중앙위원회의 지시에 따라 도, 시, 군당위원회가 소집한다.

제 34조

도, 시, 군당대표회의 사업은 다음과 같다.

1) 도, 시, 군당위원회의 사업을 총화한다.

2) 도, 시, 군당위원회를 선거한다.

3) 당대회, 당대표자회와 상급당대표회에 보낼 대표자를 선거한다.

제 35조

도, 시, 군당위원회는 다음과 같은 사업을 한다.

당의 유일적 령도체계를 세우는 사업을 중핵으로 내세우고 당원들과 근로자들이 당중앙을 견결히 옹위하며 당과 혁명대오의 일심단결을 강화하고 당의 로선과 정책을 철저히 관철하며 당중앙의 령도밑에 하나와 같이 움직이도록 지도한다.

간부대렬을 튼튼히 꾸리고 그 순결성을 보장하며 당장성사업과 당원등록사업을 진행하고 당원들에 대한 당생활지도를 강화하며 인민대중제일주의정치를 구현하여 광범한 군중을 당의 두리에 묶어세우며 당조직들의 전투적

기능과 역할을 높이도록 지도한다.

혁명전통교양, 충실성교양, 애국주의교양, 반제계급교양, 도덕교양을 기본으로 틀어쥐고 사상사업을 공세적으로 벌려 당원들과 근로자들을 당의 혁명사상으로 튼튼히 무장시키고 대중의 정신력을 높이 발양시키며 제국주의자들의 사상문화적 침투책동을 짓부시고 온갖 이색적인 사상요소들과 비사회주의적현상을 비롯한 부정적인 현상들을 반대하여 투쟁한다.

행정경제사업에 대한 당적지도를 강화하여 해당 지역의 모든 사업이 당의 정책적 요구에 맞게 진행되도록 하며 경제사업에서 전환을 일으키고 인민생활을 향상시키며 정권기관과 청년동맹을 비롯한 근로단체조직들을 튼튼히 꾸리고 그 역할을 높이도록 지도한다.

민간무력의 전투력을 높이며 전투동원준비를 완성하고 인민군대를 적극 원호하도록 지도한다.

도, 시, 군당위원회의 재정을 관리한다.

상급당위원회와 당중앙위원회에 자기의 사업정형을 정상적으로 보고한다.

제 36조

도당위원회는 전원회의를 넉 달에 한번이상, 시, 군당위원회는 전원회의를 석 달에 한번이상 소집한다.

도, 시, 군당위원회 전원회의는 당의 로선과 정책을 관철하기 위한 대책을 토의결정하며 도, 시, 군당위원회 집행위원회와 책임비서, 비서들을 선거하고 비서처를 조직하며 도, 시, 군당군사위원회와 검사위원회를 선거한다.

제 37조

도, 시, 군당위원회 집행위원회는 전원회의와 전원회의사이에 도, 시, 군당위원회의 이름으로 행정경제사업과 관련한 당정책관철에서 나서는 중요한 문제들을 토의결정하고 그 집행을 위한 사업을 조직지도한다.

도, 시, 군당위원회 집행위원회는 한 달에 두번 이상 한다.

제 38조

도, 시, 군당위원회 비서처는 간부사업을 비롯한 당내부사업에서 나서는 문제들을 수시로 토의결정하고 조직집행한다.

제 39조

도, 시, 군당군사위원회는 당의 군사로선과 정책을 관철하기 위한 대책을 토의결정하고 그 집행을 위한 사업을 조직지도한다.

도, 시, 군당군사위원회는 당중앙위원회의 승인 밑에 토의문제의 성격에따라 회의성립비률에 관계없이 필요한 일군들만 참가시키고 소집할 수 있다.

제 40조

도, 시, 군당검사위원회는 당중앙의 유일적 령도실현에 저해를 주는 당규률위반행위들을 감독조사하고 당규률문제를 심의하며 신소청원을 처리하고 도, 시, 군당재정관리사업을 검사한다.

제 5 장 당의 기층조직

제 41조

당의 기층조직에서는 초급당, 분초급당, 부문당, 당세포가 있다.

당의 말단기층조직은 당세포이다.

당세포는 당원들의 당생활의 거점이며 당과 대중의 혈맥을 하나로 이어주는 기본단위이며 당원들과 근로자들을 조직동원하여 당의 로선과 정책을 관철해나가는 직접적 전투단위이다.

초급당은 당원들이 망라되어 정치조직생활을 하는 당의 기층조직이며 당의 로선과 정책을 집행해나가는 기본전투단위이다.

당중앙위원회는 당세포 비서대회와 초급당 비서대회를 5년에 한번 씩 소집한다.

제 42조

당의 기층조직은 다음과 같이 조직 한다.

1) 당원이 5명부터 30명까지 있는 단위에는 당세포를 조직한다.

   특수한 경우에는 당원이 3~4명 있거나 30명이 넘어도 당세포를 조직할 수 있다.

2) 당원이 31명부터 60명까지 있는 독립적인 단위에는 분초급당을 조직한다.

3) 당원이 61명이상 있는 단위에는 초급당을 조직한다.

4) 초급당(분초급당)과 당세포 사이에 당원이 31명이상 있는 생산 및 사업 단위에는 부문당을 조직한다.

5) 초급당, 부문당, 당세포의 조직형식만으로 기층당 조직을 합리적으로 조직할 수 없을 때에는 초급당과 부문당사이의 생산 및 사업단위에 당원이 60명 넘어도 분초급당을 조직한다.

이상의 당조직 형식들이 실정에 맞지 않을 때에는 당중앙위원회의 비준을 받아 다른 형식의 당조직을 내올 수 있다.

제 43조

당총회(당대표회)는 당의 기층조직의 최고지도기관이다.

1) 당세포총회는 한 달에 한번이상 한다.

2) 초급당 , 분초급당 , 부문당 총회는 석 달에 한번이상 한다. 당원과 후보당원이 500명이 넘거나 아래당조직이 멀리 널려져있을 때에는 초급당총회(대표회)를 1년에 한번이상 할 수 있다.

제 44조

기층당 조직에서는 1년에 한번씩 지도기관 사업을 총화하고 새로운 지도기관을 선거한다.

1) 당세포에서는 총회에서 당세포사업을 총화하고 티서와 부비서를 선거한다.

시, 군당위원회에 직속된 당세포에 당원이 20명이상 되면 당세포위원회를 선거하고 그 위원회에서 비서와 부비서를 선거한다.

2) 초급당, 분초급당, 부문당에서는 당총회(당대표회)에서 해당 당위원회사업을 총화하고 새로운 당위원회를 선거하며 그 위원회에서 비서와 부비서들을 선거한다.

초급당, 분초급당위원회에서는 상급당의 승인 밑에 집행위원회를 선거할 수 있다.

제45조

기층당조직들은 다음과 같은 사업을 한다

1) 당중앙의 령도를 충성으로 받들어 나가기 위한 사업을 제일차적인 사업으로 틀어쥐고나간다.

당원들과 근로자들이 당중앙을 견결히 옹위하고 당의 로선과 정책을 철저히 관철하며 당중앙의 유일적령도 밑에 하나와 같이 움직이는 혁명적 규률을 세우도록 한다.

2) 당원들에 대한 당생활조직과 지도를 강화한다.

당원, 후보당원들을 당조직에 빠짐없이 소속시키고 당회의와 당생활총화, 당학습을 높은 정치사상적수준에서 조직진행하며 당원들에게 당적분공을 정상적으로 주고 총화하며 당원들이 당규약상규범의 요구대로 사업하고 생활하며 혁명과업수행에서 선봉적 역할을 하도록 한다.

3) 초급일군대렬을 튼튼히 꾸리며 검열되고 준비된 사람들을 당에 받아들인다.

초급일군들을 당에 충실하고 실력이 있으며 사업작풍이 좋은 사람들로 선발배치하고 그들이 맡은 일을 잘하도록 지도하며 입당대상자들을 료해장악하고 체계적으로 키우며 당원의 자격을 갖춘 사람들을 엄선하여 당에 받아들인다.

4) 당원들과 근로자들에 대한 사상교양사업을 힘있게 벌린다.

당원들과 근로자들 속에서 혁명전통교양, 충실성교양, 애국주의교양, 반제계급교양, 도덕교양을 기본으로 하여 사상교양을 부단히 강화하며 부르죠아사상문화의 침습을 막고 비사회주의적현상을 비롯한 온갖 부정적인 현상들을 반대하여 견결히 투쟁하도록 한다.

5) 군중과의 사업을 실속있게 진행한다.

군중과의 사업체계를 정연하게 세우고 군중을 혁명적으로 교양개조하며 민심을 틀어쥐고 군중을 당의 두리에 묶어세우며 인민을 위하여 멸사복무하도록 한다.

6) 행정경제사업에 대한 당적지도를 강화한다.

당의 로선과 정책을 관철하기 위한 대책을 집체적으로 토의결정하고 그 집행을 위한 조직정치사업을 실속있게 진행하며 대중의 정신력을 총발동하여 당의 사상관철전, 당정책옹위전을 힘있게 벌리며 과학기술발전을 앞세우고 자강력을 높이 발휘하여 생산과 건설에서 끊임없는 혁신을 일으키며 생산문화, 생활문화를 확립하고 국가사회재산을 주인답게 관리하며 근로자들의 후방사업을 개선하도록 한다.

7) 근로단체사업에 대한 당적지도를 실속있게 진행한다.

청년동맹을 비롯한 근로단체 초급일군들을 잘 꾸리고 그들의 역할을 높이며 근로단체조직들의 사업정형을 료해하고 개선대책을 세우며 근로단체조직들에 사업방향을 정상적으로 주고 근로단체조직들이 자립

성과 창발성을 높여 본신임무를 원만히 수행하도록 한다.

8) 민방위사업을 강화하며 인민군대를 적극 원호한다.

로농적위군와 붉은청년근위대대렬을 튼튼히 꾸리고 정치군사훈련을 강화하도록 하며 자기 단위의 전투동원준비를 완성하며 원군기풍을 세우고 인민군대를 성심성의로 원호한다.

9) 3대혁명붉은기쟁취운동과 군자리로동계급칭호쟁취운동을 비롯한 대중운동을 힘있게 벌린다.

10) 상급당위원회에 자기의 사업정형을 정상적으로 보고한다.

제46조

당세포위원회는 한 달에 한 번 이상, 초급당, 분초급당, 부문당위원회는 한 달에 두 번 이상 하며 집행위원회가 조직된 초급당, 분초급당에서는 한 달에 위원회는 한 번 이상, 집행위원회는 두 번 이상 한다.

제 6 장 조선인민군안의 당조직

제47조

조선인민군은 국가방위의 기본력량, 혁명의 주력군으로서 사회주의조국과 당과 혁명을 무장으로 옹호보위하고 당의 령도를 앞장에서 받들어나가는 조선로동당의 혁명적 무장력이다.

조선인민군은 모든 군사정치활동을 당의 령도 밑에 진행한다.

제48조

조선인민군 각급 단위에는 당조직을 두며 그를 망라하는 조선인민군 당위원회를 조직한다.

조선인민군 당위원회는 도당위원회기능을 수행하며 당중앙위원회의 지도밑에 사업한다.

제49조

조선인민군안의 각급 당조직들은 다음과 같은 사업을 한다.

전군의 김일성-김정일주의화를 군건설의 총적과업으로 틀어쥐고 인민군대를 정치사상적으로, 군사기술적으로 철저히 준비시키기 위하여 투쟁한다.

당중앙의 유일적 령군체계를 철저히 세우고 당의 명령지시하에 하나와같이 움직이는 혁명적 군풍을 확립하며 모든 사업을 당의 군사로선과 정책에 립각하여 조직진행한다.

군사지휘관들과 정치일군들을 튼튼히 꾸리고 그 역할을 높이며 당장성사업을 당적원칙에서 진행하고 당원들에 대한 당생활조직과 지도를 강화하여 인민군대안의 간부대렬과 당대렬을 질적으로 공고히 한다.

정치사상교양사업을 강화하여 모든 군인들을 당의 혁명사상으로 튼튼히 무장하고 불굴의 혁명정신과 주체전법을 체질화한 사상과 신념의 강자, 일당백용사로 키운다.

인민군대안의 청년동맹조직들을 튼튼히 꾸리고 그 기능과 역할을 높이도록 지도한다.

당위원회의 집체적 지도를 강화하고 군사사업을 당적으로, 정치적으로 힘있게 밀어주어 당의 군사로선과 정책을 철저히 관철하며 전투준비를 끊임없이 완성하도록 한다.

《일당백》 구호를 높이 추켜들고 오중흡7련대칭호쟁취운동과 근위부대운동, 명사수, 명포수운동을 힘있게 벌려 부대의 정치군사적 위력을 백방으로 강화한다.

군인들속에서 집단주의정신, 대중적 영웅주의정신을 배양하고 혁명적 동지애와 관병일치, 군민일치의 전통적 미풍을 높이 발양시킨다.

제50조

조선인민군 각급 단위에는 정치기관을 조직한다.

조선인민군 총정치국과 그 아래 각급 정치부들은 해당 당위원회의 집행부서로서 당정치사업을 조직집행한다.

제51조

조선인민군 각급 부대들에는 정치위원을 둔다.

정치위원은 해당 부대에 파견된 당의 대표로서 당정치사업과 군사사업을 비롯한 부대안의 전반사업에 대하여 당적으로, 정치적으로 책임지며 부대의 모든 사업이 당의 로선과 정책에 맞게 진행되도록 장악지도한다.

제52조

조선인민군안의 각급 당조직들과 정치기관들은 조선로동당규약과 조선인민군 당정치사업지도서에 따라 사업한다.

제 7 장 당과 인민정권

제 53조

인민정권은 사회주의위업, 주체혁명위업수행의 강력한 정치적 무기이며 당과 인민대중을 련결시키는 가장 포괄적인 인전대이며 당의 로선과 정책의 집행자이다.

인민정권은 당의 령도 밑에 활동한다.

제 54조

당은 인민정권 안에 당중앙의 유일적 령도체계를 튼튼히 세우고 당의 로선과 정책을 철저히 관철하도록 지도한다.

당은 인민정권이 인민대중의 자주적 권리의 대표자, 창조적 능력과 활동의 조직자, 인민생활을 책임진 호주, 인민의 리익의 보호자로서의 사명을 훌륭히 수행하며 사회에 대한 통일적 지도기능과 인민민주주의 독재기능을 강화하여 사회주의제도를 옹호고수하고 공고발전시키며 사회주의건설을 다그치도록 지도한다.

제 55조

각급 당조직들은 인민정권기관 일군대렬을 튼튼히 꾸리고 일군들의 역할을 높이며 인민정권기관들이 본신임무를 책임적으로 수행하도록 지도한다.

제 8 장 당과 근로단체

제 56조

근로단체들은 당의 외곽단체이고 당과 대중을 련결시키는 인전대이며 당의 믿음직한 방조자이다.

사회주의애국청년동맹은 조선로동당의 전투적후비대이며 당의 령도 밑에 주체혁명위업의 완성을 위하여 투쟁하는 청년들의 대중적 정치조직이다.

근로단체들은 당의 령도 밑에 활동한다.

제 57조

당은 근로단체조직들안에 당중앙의 유일적 령도체계를 튼튼히 세워 근로단체들을 당에 충실한 정치조직으로 만들며 근로단체들이 당의 사상과 로선을 철저히 관철하도록 정치적으로 지도한다.

당은 근로단체들이 동맹원들 속에서 사상교양사업과 동맹조직생활을 강화하고 대중운동을 힘있게 벌려 그들을 당의 두리에 튼튼히 묶어세우며 사회주의건설에 적극 조직동원하도록 지도한다.

당은 청년중시로선을 일관하게 틀어쥐고 사회주의애국청년동맹이 당에 끝없이 충실한 청년전위의 대오, 조국보위와 사회주의건설에 앞장서는 돌격대가 되도록 지도한다.

제 58조

각급 당조직들은 청년동맹을 비롯한 근로단체 일군대렬을 튼튼히 꾸리고 근로단체들의 특성에 맞게 사업방향을 정확히 주며 근로단체조직들이 본신 임무를 자립적으로, 창발적으로 수행하도록 지도한다.

제 9 장 당마크, 당기

제 59조

당마크는 마치와 낫, 붓이 한곳에서 교차되게 그려진 조선로동당의 상징적 표식이다.

당마크는 조선로동당이 수령을 중심으로 하여 조직사상적으로 굳게 뭉친 로동자, 농민, 지식인을 비롯한 근로인민대중의 전위부대이며 인민대중 속에 깊이 뿌리박고 인민대중의 요구와 리익을 위하여 투쟁하는 혁명적이며 대중적인 당이라는 것을 상징한다.

제 60조

당기는 붉은색 기폭의 중심에 노란색 당마크가 새겨져 있는 조선로동당의 상징적 기발이다.

당기는 위대한 김일성-김정일주의를 지도사상으로 하고 주체의 혁명전통을 순결하게 이어나가며 전체 인민을 당과 수령의 두리에 굳게 묶어세워 주체혁명위업을 끝까지 완성해나가는 조선로동당의 혁명적이며 대중적인 성격과 불굴의 의지, 투쟁정신을 상징한다.

[부록 II] 당의 유일사상체계확립의 10대원칙(1974)

우리는 위대한 수령 김일성동지께서 령도하시는 영광스러운 시대, 김일성 시대에 살며 투쟁하고 있다.

인류가 낳은 혁명의 영재이신 위대한 김일성동지를 수령으로 모시고 있는 것은 우리 당과 인민의 가장 높은 영예이며 가장 큰 행복이다.

경애하는 수령 김일성동지는 우리 인민이 수천년 력사에서 처음으로 맞이하고 높이 모신 위대한 수령이시다.

수령님께서는 일찌기 혁명의 진두에 나서시여 조선혁명의 밝은 앞길을 개척하시였으며 영웅적인 항일혁명투쟁을 조직령도 하시여 우리 혁명이 억년 드놀지 않고 승승장구해나갈 수 있는 깊고 억센 력사적뿌리인 불멸의 위대한 혁명전통을 창시하시였다.

수령님께서는 우리나라에서 사회주의, 공산주의의 새기원을 열어놓으시고 겹쌓인 난관과 시련을 타개하시면서 우리 인민을 세기적인 변혁과 끝없는 행복에로 이끌어오시였다.

위대한 수령님을 모시게 됨으로써 우리 인민은 오랜 수난의 력사를 끝장내고 보람찬 혁명의 새시대를 맞이할 수 있었으며 영광스러운 투쟁과 승리의 길을 걸어올 수 있었다.

경애하는 수령 김일성동지는 인류사상사에서 가장 높고 빛나는 자리를 차지하는 영생불멸의 주체사상을 창시하신 위대한 사상리론가이시다.

위대한 수령 김일성동지의 혁명사상은 그이께서 독창적으로 창시하신 주체의 사상, 리론, 방법의 전일적인 체계이며 완성된 공산주의 혁명리론이다.

수령님의 혁명사상은 주체시대의 위대한 혁명사상이다.

주체시대는 인민대중이 세계를 지배하는 주인으로 등장한 위대한 시대, 인민대중이 자기 운명을 자주적으로, 창조적으로 개척해나가는 력사의 새시대이다.

주체시대의 위대한 혁명적기치인 김일성동지의 혁명사상은 현시대와 공산주의 미래의 전력사적시대를 대표하는 혁명의 위대한 지도사상, 지도리론, 지도방법이다.

위대한 수령 김일성동지의 혁명사상은 민족해방과 계급해방을 위한 투쟁, 사회주의, 공산주의 건설, 세계혁명이 새롭게 제기하는 모든 문제들에 전면적인 해답을 준 백과전서적인 사상이다.

수령님의 혁명사상은 우리나라에서 전면적으로 승리하고 빛나게 구현되고 있으며 전세계 로동계급과 인민들을 독립과 진보의 길, 사회주의, 공산주의의 승리의 길로 확신성 있게 이끌어주고 있다.

위대한 수령님을 모시고 주체사상의 기치따라 나아감으로써 우리 당은 우리시대의 가장 권위있는 당으로 되였으며 우리 조국과 인민은 가장 존엄있는 나라로, 가장 행복한 인민으로 되었다.

경애하는 수령 김일성 동지는 우리 당, 조선로동당의 창건자이시며 령도자이시다.

수령님께서 우리 당을 창건하심으로써 우리 인민은 공산주의운동력사에서 처음으로 위대한 주체사상에 의하여 지도되는 새형의 가장 혁명적인 당을 가지게 되었다.

수령님께서 이끄심으로써 우리 당은 어떠한 풍파와 시련도 뚫고 승리적으로 전진하는 불패의 당으로, 로쇠와 침체를 모르며 언제나 생기발랄하고 혁명적기백에 넘쳐 투쟁하는 전투적인 당으로 되었다.

경애하는 수령 김일성동지는 우리 조국 조선민주주의인민공화국의 창건자이시며 령도자이시다.

수령님께서 우리 공화국을 세우심으로써 식민지동방에 첫 로동자, 농민의 나라, 위대한 주체사상의 빛발을 온 누리에 뿌리는 사회주의 새 조선이 찬란히 솟아올랐다.

수령님께서 이끄심으로써 우리 공화국은 독립되고 존엄있는 자주, 자립, 자위의 사회주의강국으로, 세계의 혁명하는 인민들에게 희망과 신심과 용기를 북돋아주는《사회주의모범의 나라》로 되었다.

경애하는 수령 김일성동지는 우리의 혁명무력의 창건자이시며 최고사령관이시다.

수령님께서 항일의 기치밑에 조선인민혁명군을 창건하시였으며 그 직접적계승자인 조선인민군을 세우시고 이끌어주심으로써 우리 인민은 조국과 혁명을 믿음직하게 보위하는 일당백의 혁명무력을 가지게 되였고 제국주의의 어떠한 침략도 물리치고 조국의 독립과 영예를 굳건히 지켜낼수 있게 되었다.

경애하는 수령 김일성 동지는 우리 인민을 가장 행복하고 긍지 높은 인민으로 되게 하여주신 혁명의 위대한 수령이시다.

수령님께서는 우리의 로동자, 농민, 근로인테리들에게 가장 고귀한 정치적 생명을 안겨주시고 영광스러운 김일성동지의 당과 근로단체들에서 정치적 생명을 빛내여나가도록 이끌어주고 계신다.

지난날 남에게 눌리우고 천대받던 우리 인민이 수령님의 은덕에 의하여 오늘은 자기 운명을 자기 손에 틀어쥐고나가는 힘 있고 존엄 있는 인민으로, 공산주의에로의 길을 앞장서 나아가는 용감하고 자랑스러운 혁명적 인민으로 되었다.

우리 인민에게 있어서 영광스러운 김일성동지의 당을 가지고 위대한 주체의 조국에서 수령님의 혁명전사로 살며 싸우는 것보다 더 높은 영예, 더 큰 자랑과 행복은 없다.

경애하는 수령 김일성동지는 혁명과 건설의 세계적모범을 창조하시여 로동계급의 혁명투쟁력사, 인류해방투쟁력사에 영원히 빛날 고귀한 업적을 쌓아올리신 혁명의 위대한 전략가이시며 백전백승의 강철의 령장이시며 창조와 건설의 영재이시다.

수령님께서는 일제와 미제를 반대하는 두 차례의 혁명전쟁을 위대한 승리에로 이끄시여 조국의 광복을 이룩하시고 민족의 영예를 떨치시였으며 식민지민족해방혁명의 새시대, 반제반미투쟁의 새로운 앙양의 시대를 열어 놓으시였다.

수령님께서는 세기적으로 뒤떨어지고 모든 것이 파괴되였던 우리나라에서 자본주의나라들이 수백 년 동안 걸려서 한 공업화의 위업을 10여년의 짧은 기간에 빛나게 수행하는 전례없는 기적을 창조하시여 천리마조선의 혁명적기개와 우리인민의 무궁무진한 창조적위력을 온 세계에 떨치게 하시였다.

수령님께서는 확고한 주체적립장에서 사회주의혁명과 사회주의건설을 독창적으로 빛나게 수행해나감으로써 식민지, 반식민지 나라들이 사회주의에로 나가는 새로운 길, 인류의 리상인 공산주의를 건설하는 곧바른 길을 펼쳐주시였으며 사회와 자연과 인간을 개조하여 정치와 경제, 사상과 도덕, 교육과 예술을 비롯한 모든 분야에서 인류문명의 새로운 개화기를 열어 놓으시였다.

경애하는 수령 김일성 동지는 인류해방의 구성이시며 세계혁명과 국제공산주의 운동의 위대한 령도자이시다.

수령님께서는 위대한 주체의 기치 밑에 우리 인민을 력사상 처음으로 자주의 길로 이끄심으로써 압박받던 세계의 모든 나라, 모든 민족들이 예속과 불평등을 반대하고 독립과 자주, 평등을 위하여 용감히 떨쳐나서게 하시였으며 제국주의를 반대하고 사회주의, 공산주의를 지향하는 인민들에게 투쟁의 앞길을 환히 밝혀주시고 세계혁명과 국제공산주의운동을 승리에로 이끌어 주고 계신다.

경애하는 수령 김일성동지는 한평생 혁명과 인민을 위한 성스러운 위업에 모든 것을 다 바쳐 싸우시는 위대한 혁명가, 위대한 공산주의자의 귀감이시다.

수령님께서는 일찌기 혁명의 길에 오르신 때로부터 오늘에 이르는 기나긴 세월 오로지 조국과 혁명을 위하여, 로동계급과 인민을 위하여 온갖 간난신고를 겪으시며 준엄한 혁명의 폭풍우를 뚫고 오시였다.

수령님께서는 이 땅에 인민의 지상락원을 일떠세우시고 우리 인민에게 오늘의 크나큰 행복을 마련해주시기 위하여 모든 정력과 심혈을 다 바쳐 오시였으며 우리 인민이 가장 우월한 사회주의제도에서 세상에 부럼없는 유족하고 문명한 생활을 누리도록 육친의 정으로 따뜻이 보살펴주고계신다.

진정 우리의 수령님은 일찌기 그 누구도 지닌적이 없는 비범한 예지와 탁월한 령도력, 고매한 공산주의적덕성을 한몸에 체현하시고 심오한 혁명리론과 위대한 혁명실천으로 현대력사를 새롭게 개척하시고 빛내이신 로동계급의 가장 위대한 수령이시며 혁명위업에 대한 끝없는 헌신성과 인민에 대한 뜨

거운 사랑으로 장구한 혁명투쟁의 전로정을 찬란히 수놓아오신 인민의 자애로운 어버이시다.

우리 당이 오늘 그처럼 온 누리에 떳떳이 자랑떨치는 영광을 지닐수 있는 것은 전적으로 위대한 수령님을 모시고있으며 그이의 현명한 령도를 받고있기 때문이다.

오늘 우리 당이 지닌 권위와 영예, 그것은 곧 세계인민들이 한결같이 존경하고 흠모하는 위대한 수령 김일성동지의 높으신 권위이며 영예이다. 수령님을 떠나서는 우리 인민의 모든 영예와 행복, 자랑과 긍지에 대하여 생각할수 없다.

위대한 수령 김일성동지께서 계심으로 하여 우리 당과 조선혁명의 영광에 찬 과거와 오늘이 있는것처럼 오직 수령님께서 가리키시는 한길로 나아갈 때에만 우리 인민의 보다 휘황한 앞날이 있고 조선혁명의 종국적승리가 있다.

위대한 수령님을 높이 모시고 수령님께 끝까지 충성 다하기 위하여 우리는 전당과 온 사회에 유일사상체계를 더욱 튼튼히 세워야 한다.

당의 유일사상체계를 세운다는 것은 전당과 전체 인민이 위대한 김일성동지의 혁명사상으로 무장하고 수령님의 두리에 굳게 뭉치며 수령님의 유일적 령도 밑에 혁명과 건설을 수행해나가도록 하는 것이다.

전체 당원들과 근로자들이 당의 유일사상체계를 철저히 세워 수령님의 위대한 혁명사상으로 튼튼히 무장하고 수령님의 두리에 철석같이 뭉쳐 수령님의 령도를 높이 받들고 나가는 바로 여기에 우리 혁명과 우리 인민이 영원히 승리하며 우리 조국이 무궁토록 번영하는 결정적담보가 있다.

모든 당원들과 근로자들은 경애하는 수령님을 영원히 높이 모시고 수령님께 끝까지 충성다하며 전당과 온 사회를 위대한 김일성동지의 혁명사상으로 일색화하는 력사적위업을 빛나게 수행해나가기 위하여 다음과 같은 당의 유일사상체계확립의 10대원칙을 철저히 지켜야 한다.

1. 위대한 수령 김일성동지의 혁명사상으로 온 사회를 일색화하기 위하여 몸바쳐 투쟁하여야 한다.

수령님의 혁명사상으로 온 사회를 일색화하는 것은 우리 당의 최고 강령이며 당의 유일사상체계를 세우는 사업의 새로운 높은 단계이다.

1) 당의 유일사상체계를 세우는 사업을 끊임없이 심화시키며 대를 이어 계속해나가야 한다.

2) 위대한 수령 김일성동지께서 창건하신 우리 당을 영원히 영광스러운 김일성 동지의 당으로 강화발전 시켜나가야 한다.

3) 위대한 수령 김일성동지께서 세우신 프롤레타리아독재정권과 사회주의제도를 튼튼히 보위하고 공고 발전시키기 위하여 헌신적으로 투쟁하여야 한다.

4) 주체사상의 위대한 혁명적 기치를 높이 들고 조국통일과 혁명의 전국적 승리를 위하여, 우리나라에서의 사회주의, 공산주의 위업의 완성을 위하여 모든 것을 다 바쳐 투쟁하여야 한다.

5) 전세계에서의 주체사상의 승리를 위하여 끝까지 싸워나가야 한다.

2. 위대한 수령 김일성동지를 충성으로 높이 우러러모셔야 한다.

위대한 수령 김일성동지를 높이 우러러모시는것은 수령님께 끝없이 충직한 혁명전사들의 가장 숭고한 의무이며 수령님을 높이 우러러모시는 여기에 우리 조국의 끝없는 영예와 우리 인민의 영원한 행복이 있다.

1) 혁명의 영재이시며 민족의 태양이시며 전설적 영웅이신 위대한 김일성동지를 수령으로 모시고 있는 것을 최대의 행복, 최고의 영예로 여기고 수령님을 끝없이 존경하고 흠모하며 영원히 높이 우러러 모셔야 한다.

2) 한순간을 살아도 오직 수령님을 위하여 살고 수령님을 위하여서는 청춘도 생명도 기꺼이 바치며 어떤 역경속에서도 수령님에 대한 충성의 한마음을 변함없이 간직하여야 한다.

3) 위대한 수령 김일성동지께서 가리키시는 길은 곧 승리와 영광의 길이라는 것을 굳게 믿고 수령님께 모든 운명을 전적으로 의탁하며 수령님의 령도 따라 나아가는 길에서는 못해낼 일이 없다는 철석같은 신념을 가지고 수령님께서 이끄시는 혁명위업에 몸과 마음을 다 바쳐야 한다.

3. 위대한 수령 김일성동지의 권위를 절대화하여야 한다.

위대한 수령 김일성동지의 권위를 절대화하는것은 우리 혁명의 지상의 요구이며 우리 당과 인민의 혁명적의지이다.

1) 위대한 수령 김일성동지밖에는 그 누구도 모른다는 확고한 립장과 관점을 가져야 한다.

2) 위대한 수령 김일성동지를 정치사상적으로 옹호하며 목숨으로 사수하여야 한다.

3) 경애하는 수령 김일성동지의 위대성을 내외에 널리 선전하여야 한다.

4) 위대한 수령 김일성동지의 절대적인 권위와 위신을 백방으로 옹호하

며 현대수정주의와 온갖 원쑤들의 공격과 비난으로부터 수령님을 견결히 보위하여야 한다.

5) 위대한 수령 김일성동지의 권위와 위신을 훼손시키려는 자그마한 요소도 비상사건화하여 그와 비타협적인 투쟁을 벌려야 한다.

6) 경애하는 수령 김일성동지의 초상화, 석고상, 동상, 초상휘장, 수령님의 초상화를 모신 출판물, 수령님을 형상한 미술작품, 수령님의 현지교시판, 당의 기본구호들을 정중히 모시고 다루며 철저히 보위하여야 한다.

7) 경애하는 수령 김일성동지의 위대한 혁명력사와 투쟁업적이 깃들어있는 혁명전적지와 혁명사적지, 당의 유일사상교양의 거점인《김일성동지혁명사적관》과《김일성동지혁명사상연구실》을 정중히 꾸리고 잘 관리하며 철저히 보위하여야 한다.

4. 위대한 수령 김일성동지의 혁명사상을 신념으로 삼고 수령님의 교시를 신조화하여야 한다.

위대한 수령 김일성동지의 혁명사상을 확고한 신념으로 삼고 수령님의 교시를 신조화하는 것은 수령님께 끝없이 충직한 주체형의 공산주의혁명가가 되기 위한 가장 중요한 요구이며 혁명투쟁과 건설사업의 승리를 위한 선결조건이다.

1) 위대한 수령 김일성동지의 혁명사상, 주체사상을 자기의 뼈와 살로, 유일한 신념으로 만들어야 한다.

2) 위대한 수령 김일성동지의 교시를 모든 사업과 생활의 확고한 지침으로, 철석같은 신조로 삼아야 한다.

3) 위대한 수령 김일성동지의 교시를 무조건 접수하고 그것을 자로 하여 모든 것을 재여보며 수령님의 사상의지대로만 사고하고 행동하여야 한다.

4) 위대한 수령 김일성동지의 로작들과 교시들, 수령님의 영광 찬란한 혁명력사를 체계적으로 전면적으로 깊이 연구 체득하여야 한다.

5) 위대한 수령 김일성동지의 혁명사상을 배우는 학습회, 강연회, 강습을 비롯한 집체학습에 빠짐없이 성실히 참가하며 매일 2시간이상 학습하는 규률을 철저히 세우고 학습을 생활화, 습성화하며 학습을 게을리하거나 방해하는 현상을 반대하여 적극 투쟁하여야 한다.

6) 위대한 수령 김일성동지의 교시 침투체계를 철저히 세우고 수령님의 교시와 당의 의도를 제때에 정확히 전달침투하여야 하며 왜곡전달하거나 자기말로 전달하는 일이 없어야 한다.

7) 보고, 토론, 강연을 하거나 출판물에 실릴 글을 쓸 때에는 언제나 수령님의 교시를 정중히 인용하고 그에 기초하여 내용을 전개하며 그와 어긋나게 말하거나 글을 쓰는 일이 없어야 한다.

8) 위대한 수령 김일성동지의 교시와 개별적간부들의 지시를 엄격히 구별하며 개별적간부들의 지시에 대하여서는 수령님의 교시에 맞는가 맞지 않는가를 따져보고 조금이라도 어긋날 때에는 즉시 문제를 세우고 투쟁하여야하며 개별적간부들의 발언내용을《결론》이요,《지시》요 하면서 조직적으로 전달하거나 집체적으로 토의하는 일이 없어야 한다.

9) 위대한 수령 김일성동지의 교시와 당정책에 대하여 시비중상하거나 반대하는 반당적인 행동에 대하여서는 추호도 융화묵과하지 말고 견

결히 투쟁하여야 한다.

10) 위대한 수령 김일성동지의 혁명사상과 어긋나는 자본주의사상, 봉건유교사상, 수정주의, 교조주의, 사대주의를 비롯한 온갖 반당적, 반혁명적 사상조류를 반대하여 날카롭게 투쟁하며 수령님의 혁명사상, 주체사상의 순결성을 철저히 고수하여야 한다.

5. 위대한 수령 김일성동지의 교시 집행에서 무조건성의 원칙을 철저히 지켜야 한다.

위대한 수령 김일성동지의 교시를 무조건 집행하는 것은 수령님에 대한 충실성의 기본요구이며 혁명투쟁과 건설사업의 승리를 위한 결정적 조건이다.

1) 위대한 수령 김일성동지의 교시를 곧 법으로, 지상의 명령으로 여기고 사소한 리유와 구실도 없이 무한한 헌신성과 희생성을 발휘하여 무조건 철저히 관철하여야 한다.

2) 경애하는 수령 김일성동지의 심려를 덜어드리는 것을 최상의 영예로, 신성한 의무로 간주하고 모든 것을 다 바쳐 투쟁하여야 한다.

3) 위대한 수령 김일성동지의 교시를 관철하기 위한 창발적의견들을 충분히 제기하며 일단 수령님께서 결론하신 문제에 대해서는 중앙집권제원칙에 따라 자그마한 드팀도 없이 정확히 집행하여야 한다.

4) 위대한 수령 김일성동지의 교시와 당정책을 접수하면 곧 집체적으로 토의하여 옳은 집행대책과 구체적인 계획을 세우고 조직정치사업을 짜고 들며 속도전을 벌려 제때에 철저히 집행하여야 한다.

5) 위대한 수령 김일성동지의 교시 집행대장을 만들어놓고 교시집행정형

을 정상적으로 총화하고 재포치하는 사업을 끊임없이 심화시켜 교시를 중도반단함이 없이 끝까지 관철하여야 한다.

6) 경애하는 수령 김일성동지의 교시를 말로만 접수하고 집행을 태공하는 현상, 무책임하고 주인답지 못한 태도, 요령주의, 형식주의, 보신주의를 비롯한 불건전한 현상을 반대하여 적극 투쟁하여야 한다.

6. 위대한 수령 김일성동지를 중심으로 하는 전당의 사상의지적통일과 혁명적단결을 강화하여야 한다.

전당의 강철같은 통일단결은 당의 불패의 힘의 원천이며 혁명승리의 확고한 담보이다.

1) 위대한 수령 김일성동지를 중심으로 하는 전당의 사상의지적통일을 눈동자와 같이 지키고 더욱 튼튼히 다져나가야 한다.

2) 모든 단위, 모든 초소에서 수령님에 대한 충실성에 기초하여 혁명적동지애를 높이 발양하며 대렬의 사상의지적단결을 강화하여야 한다.

3) 위대한 수령 김일성동지에 대한 충실성을 척도로 하여 모든 사람들을 평가하고 원칙적으로 대하며 수령님께 불충실하고 당의 유일사상체계와 어긋나게 행동하는 사람에 대해서는 직우와 공로에 관계없이 날카로운 투쟁을 벌려야 한다.

4) 개별적간부들에 대하여 환상을 가지거나 아부아첨하며 개별적간부들을 우상화하거나 무원칙하게 내세우는 현상을 철저치 반대하여야 하며 간부들이 선물을 주고받는 현상을 없애야 한다.

5) 당의 통일단결을 파괴하고 좀먹는 종파주의, 지방주의, 가족주의를 비

롯한 온갖 반당적사상요소를 반대하여 견결히 투쟁하며 그 사소한 표현도 절대로 묵과하지 말고 철저히 극복하여야 한다.

7. 위대한 수령 김일성동지를 따라배워 공산주의적풍모와 혁명사업방법, 인민사업작풍을 소유하여야 한다.

위대한 수령 김일성동지께서 지니신 고매한 공산주의적풍모와 혁명적사업방법, 인민적사업작풍을 따라배우는 것은 모든 당원들과 근로자들의 신성한 의무이며 수령님의 혁명전사로서의 영예로운 사명을 다하기 위한 필수적 요구이다.

1) 당과 로동계급과 인민의 리익을 첫자리에 놓고 그것을 위하여 모든것을 다바쳐 투쟁하는 높은 당성, 로동계급성, 인민성을 소유하여야 한다.

2) 계급적 원쑤들에 대한 비타협적 투쟁정신과 확고한 혁명적 원칙성, 불요불굴의 혁명정신과 필승의 신념을 가지고 혁명의 한길로 억세게 싸워나가야 한다.

3) 혁명의 주인다운 태도를 가지고 자력갱생의 혁명정신을 높이 발휘하여 모든 일을 책임적으로 알들하고 깐지게 하며 부닥치는 난관을 자체의 힘으로 뚫고나가야 한다.

4) 로쇠와 침체, 안일과 해이를 반대하고 왕성한 투지와 패기와 정열에 넘쳐 언제나 긴장하게 전투적으로 일하며 소극과 보수를 배격하고 모든 사업을 대담하고 통이 크게 벌려나가야 한다.

5) 혁명적군중관점을 튼튼히 세우고 청산리정신, 청산리방법을 철저히 관철하며 대중속에 깊이 들어가 대중을 가르치고 대중에게서 배우며 대중과 생사고락을 같이하여야 한다.

6) 이신작칙의 혁명적기풍을 높이 발휘하며 어렵고 힘든 일에서 언제나 앞장서야 한다.

7) 사업과 생활에서 항상 검박하고 겸손하며 소탈한 품성을 소유하여야 한다.

8) 관료주의, 주관주의, 형식주의, 본위주의를 비롯한 낡은 사업 방법과 작풍을 철저히 배격하여야 한다.

8. 위대한 수령 김일성동지께서 안겨주신 정치적 생명을 귀중히 간직하며 수령님의 크나큰 정치적신임과 배려에 높은 정치적자각과 기술로써 충성으로 보답하여야 한다.

위대한 수령 김일성동지께서 안겨주신 정치적 생명을 지닌 것은 우리의 가장 높은 영예이며 수령님의 정치적신임에 충성으로 보답하는 여기에 정치적 생명을 빛내여나가는 참된 길이 있다.

1) 정치적 생명을 제일생명으로 여기고 생명의 마지막순간까지 자기의 정치적 신념과 혁명적 지조를 굽히지 말며 정치적 생명을 위해서는 육체적 생명을 초개와 같이 바칠 줄 알아야 한다.

2) 혁명조직을 귀중히 여기고 개인의 리익을 조직의 리익에 복종시키며 집단주의정신을 높이 발휘하여야 한다.

3) 조직생활에 자각적으로 참가하며 사업과 생활을 정규화, 규범화하여야 한다.

4) 조직의 결정과 위임분공을 제때에 성실히 수행하여야 한다.

5) 2일 및 주 조직생활총화에 적극 참가하여 수령님의 교시와 당 정책을

자로하여 자기의 사업과 생활을 높은 정치사상적수준에서 검토총화하며 비판의 방법으로 사상투쟁을 벌리고 사상투쟁을 통하여 혁명적으로 단련하고 끊임없이 개조해나가야 한다.

6) 혁명과업수행에 투신하고 로동에 성실히 참가하며 혁명적 실천과정을 통하여 혁명화를 다그쳐야 한다.

7) 가장 고귀한 정치적 생명을 안겨주신 수령님의 크나큰 정치적 신임과 배려에 충성으로 보답하기 위하여 높은 정치적 열성을 발휘하며 정치리론수준과 기술실무수준을 높여 언제나 수령님께서 맡겨주신 혁명임무를 훌륭히 수행하여야 한다.

9. 위대한 수령 김일성동지의 유일적 령도밑에 전당, 전국, 전군이 한결같이 움직이는 강한 조직규률을 세워야 한다.

위대한 수령 김일성동지의 유일적령도체계를 튼튼히 세우는 것은 당을 조직사상적으로 강화하고 당의 령도적 역할과 전투적기능을 높이기 위한 근본요구이며 혁명과 건설의 승리를 위한 확고한 담보이다.

1) 위대한 수령 김일성동지의 혁명사상을 유일한 지도적지침으로 하여 혁명과 건설을 수행하며 수령님의 교시와 명령, 지시에 따라 전당, 전국, 전군이 하나와 같이 움직이는 수령님의 유일적령도체계를 철저히 세워야 한다.

2) 모든 사업을 수령님의 유일적령도체계에 의거하여 조직 진행하며 정책적 문제들은 수령님의 교시와 당중앙의 결론에 의해서만 처리하는 강한 혁명적 질서와 규률을 세워야 한다.

3) 모든 부문, 모든 단위에서 혁명투쟁과 건설사업에 대한 당의 령도를 확

고히 보장하며 국가, 경제기관 및 근로단체 일군들은 당에 철저히 의거하고 당의 지도밑에 모든 사업을 조직 집행해나가야 한다.

4) 위대한 수령 김일성동지의 교시를 관철하기 위한 당과 국가의 결정, 지시를 정확히 집행하여야 하며 그것을 그릇되게 해석하고 변경시키거나 그 집행을 어기는 현상과는 강하게 투쟁하며 국가의 법규범과 규정들을 자각적으로 엄격히 지켜야 한다.

5) 개별적간부들이 아래 단위의 당, 정권기관 및 근로단체의 조직적인 회의를 자의대로 소집하거나 회의에서 자의대로《결론》하며 조직적인 승인 없이 당의 구호를 마음대로 떼거나 만들어 붙이며 당중앙의 승인 없이 사회적 운동을 위한 조직을 내오는 것과 같은 일체 비조직적인 현상들을 허용하지 말아야 한다.

6) 개별적간부들이 월권행위를 하거나 직권을 람용하는 것과 같은 온갖 비원칙적인 현상들을 반대하여 적극 투쟁하여야 한다.

7) 위대한 수령 김일성동지에 대한 충실성을 기본척도로하여 간부들을 평가하고 선발 배치하여야 하며 친척, 친우, 동향, 동창, 사제 관계와 같은 정실, 안면 관계에 의하여 간부 문제를 처리하거나 개별적간부들이 제멋대로 간부들을 떼고 등용하는 행동에 대하여서는 묵과하지 말고 강하게 투쟁하며 간부사업에서 제정된 질서와 당적규률을 철저히 지켜야 한다.

8) 당, 국가 및 군사 기밀을 엄격히 지키며 비밀을 루설하는 현상들을 반대하여 날카롭게 투쟁하여야 한다.

9) 당의 유일사상체계와 당의 유일적 지도체제에 어긋나는 비조직적이며 무규률적인 현상에 대하여서는 큰 문제이건 작은 문제이건 제때에 당

중앙위원회에 이르기까지 당 조직에 보고하여야 한다.

10. 위대한 수령 김일성동지께서 개척하신 혁명위업을 대를 이어 끝까지 계승하며 완성하여나가야 한다.

당의 유일적 지도체제를 확고히 세우는 것은 위대한 수령님의 혁명위업을 고수하고 빛나게 계승 발전시키며 우리 혁명위업의 종국적 승리를 이룩하기 위한 결정적담보이다.

1) 전당과 온 사회에 유일사상체계를 철저히 세우며 수령님께서 개척하신 혁명위업을 대를 이어 빛나게 완수하기 위하여 수령님의 령도밑에 당중앙의 유일적 지도체제를 확고히 세워야 한다.

2) 위대한 수령 김일성동지께서 항일혁명투쟁시기에 이룩하신 영광스러운 혁명전통을 고수하고 영원히 계승발전시키며 혁명전통을 헐뜯거나 말살하려는 반당적행동에 대해서는 그 자그마한 표현도 반대하여 견결히 투쟁하여야 한다.

3) 당중앙의 유일적 지도체제와 어긋나는 사소한 현상과 요소에 대해서도 묵과하지 말고 비타협적으로 투쟁하여야 한다.

4) 자신뿐 아니라 온 가족과 후대들도 위대한 수령님을 우러러 모시고 수령님께 충성 다하며 당중앙의 유일적 지도에 끝없이 충실하도록 하여야 한다.

5) 당중앙의 권위를 백방으로 보장하며 당중앙을 목숨으로 사수하여야 한다.

모든 당원들과 근로자들은 당의 유일사상체계를 확고히 세움으로써 누구나 다 위대한 수령 김일성동지께 끝없이 충직한 근위대, 결사대가 되여야 하며 수령님께서 가리키시는 길을 따라 혁명위업을 끝까지 완성해 나가야 한다.

[부록 III] 당의 유일적 령도체계확립의 10대원칙(2013)

우리는 위대한 김일성동지와 김정일동지를 변함없이 높이 받들어 모시고 김일성-김정일주의 기치따라 주체혁명위업, 선군혁명위업을 빛나게 계승완성해나가는 력사적시대에 살며 투쟁하고 있다.

우리 인민이 수천년력사에서 처음으로 맞이하고 높이 모신 위대한 김일성동지와 김정일동지는 천재적사상리론과 탁월한 령도로 자주의 새시대를 개척하시고 혁명과 건설을 승리의 한길로 전진시키여 주체혁명위업완성을 위한 만년초석을 쌓으신 우리 당과 인민의 영원한 수령이시며 주체의 태양이시다.

위대한 김일성동지와 김정일동지는 자주시대의 지도사상을 마련하시고 빛내이신 탁월한 사상리론가이시다.

김일성동지께서는 인류사상사에서 가장 높고 빛나는 자리를 차지하는 영생불멸의 주체사상을 창시하시여 인민대중이 자기 운명의 주인으로서 자기 운명을 자주적으로, 창조적으로 개척해나가는 혁명의 새로운 길을 열어놓으시었다.

김정일동지께서는 정력적인 사상리론활동으로 주체사상을 전면적으로 체계화하시고 주체사상과 선군사상을 발전풍부화하시여 자주시대의 완성된 지도사상으로 빛을 뿌리게 하시였다.

위대한 김일성동지와 김정일동지는 거창한 혁명실천으로 조국과 혁명, 시대와 력사앞에 불멸의 업적을 쌓아올리신 걸출한 정치가, 창조와 건설의 영재이시다.

김일성동지께서는 영광스러운 조선로동당, 조선민주주의인민공화국, 불패의 조선인민군을 창건함으로써 주체혁명의 승리적전진과 완성을 위한 가장 위력한 정치적무기를 마련하시였다.

위대한 김일성동지와 김정일동지께서는 우리 당과 국가, 군대를 현명하게 이끄시여 자주시대 당건설과 국가건설, 혁명무력건설의 빛나는 모범을 창조하시고 우리 인민을 자주적인민으로 키우시여 혁명의 주체를 비상히 강화하시였다.

위대한 김일성동지와 김정일동지는 인민대중중심의 주체의 사회주의를 건설하시여 사회주의발전의 가장 올바른 길을 개척하시고 우리 조국의 존엄과 위력을 만방에 떨치시었다.

김일성동지와 김정일동지께서는 두단계의 사회혁명을 빛나게 수행하시고 사회주의건설을 다그쳐 이 땅우에 착취와 압박이 없고 인민이 모든 것의 주인이 되고 모든 것이 인민을 위하여 복무하는 가장 우월한 우리 식 사회주의를 일떠세우시였으며 세계적인 정치적동란속에서 주체의 사회주의를 믿음직하게 수호하고 더욱 강화발전시키시였다.

위대한 수령님과 장군님의 현명한 령도에 의하여 우리 나라는 수령, 당, 대중이 일심단결되고 핵무력을 중추로 하는 무적의 군사력과 튼튼한 자립경제를 가진 사회주의강국으로 위력을 떨치게 되었다.

위대한 김일성동지와 김정일 동지는 총대로 우리 혁명을 개척하시고 백승의 한길로 이끌어오신 탁월한 군사전력가이시며 강철의 령장이시다.

김일성 동지께서는 주체적인 군사사상과 뛰어난 지략으로 강대한 두 제국주의를 때려부시고 우리 조국과 인민의 존엄과 영예를 빛내이시였으며 혁명무력으로 강화발전시키시고 치렬한 반미대결전에서 련전련승을 이룩하시였다.

위대한 김일성동지와 김정일동지는 조국통일과 인류의 자주위업에 한평생을 바치신 조국통일의 구성이시며 세계혁명의 탁월한 령도자이시다.

위대한 수령님과 장군님께서는 정력적인 활동으로 조국통일의 앞길에 밝은 전망을 열어놓으시였으며 세계자주화위업실현에 불멸의 공헌을 하시였다.

위대한 김일성동지와 김정일동지는 오로지 조국과 혁명, 인민을 위하여 자신의 모든 것을 다 바치신 절세의 애국자, 위대한 혁명가, 인민의 자애로운 어버이이시다.

위대한 김일성동지와 김정일동지는 주체조선의 영상으로 영원히 우리 인민과 함께 계시며 수령님과 장군님께서 쌓아올리신 크나큰 혁명업적은 력사와 더불어 영원불멸할 것이다.

위대한 김일성동지와 김정일동지를 변함없이 높이 모시고 받들어나갈 때 우리 나라는 영원한 태양의 나라로 온 세계에 찬연한 빛을 뿌릴 것이며 우리 조국의 앞날은 끝없이 밝고 창창할 것이다.

우리는 위대한 김일성동지와 김정일동지를 영원히 높이 모시고 충정을 다 바치며 당의 령도밑에 김일성-김정일주의 위업을 끝까지 계승완성하기 위하여 다음과 같은 당의 유일적 령도체계확립의 10대원칙을 철저히 지켜야 한다.

1. 온사회를 김일성-김정일주의화하기 위하여 몸바쳐 투쟁하여야 한다.

온 사회를 김일성-김정일주의화하는 것은 우리 당의 최고강령이며 당의 유일적 령도체계를 세우는 사업의 총적목표이다.

1) 위대한 김일성-김정일주의를 우리 당과 혁명의 영원한 지도사상으로 확고히 틀어쥐고나가야 한다.

2) 위대한 김일성동지께서 창건하시고 김일성동지와 김정일동지께서 령도하여오신 우리 당과 국가, 군대를 영원히 김일성, 김정일동지의 당과 국가, 군대로 강화발전시켜나가야 한다.

3) 위대한 김일성동지께서 세우시고 수령님과 장군님께서 빛내여주신 가장 우월한 우리의 사회주의제도를 튼튼히 보위하고 공고발전시키기 위하여 헌신적으로 투쟁하여야 한다.

4) 주체사상의 기치, 자주의 기치를 높이 들고 조국통일과 혁명의 전국적 승리를 위하여, 주체혁명위업의 완성을 위하여 적극 투쟁하여야 한다.

5) 전세계에서의 주체사상의 승리를 위하여 끝까지 싸워나가야 한다.

2. 위대한 김일성동지와 김정일동지를 우리 당과 인민의 영원한 수령으로, 주체의 태양으로 높이 받들어 모셔야 한다.

위대한 김일성동지와 김정일동지를 우리 당과 인민의 영원한 수령으로, 주체의 태양으로 높이 받들어모시는 것은 수령님의 후손, 장군님의 전사, 제자들의 가장 숭고한 의무이며 위대한 수령님과 장군님을 영원히 높이 받들어모시는 여기에 김일성민족, 김정일조선의 무궁한 번영이 있다.

1) 위대한 김일성동지를 우리 혁명의 영원한 수령으로, 공화국의 영원한 주석으로 높이 받들어모셔야 한다.

2) 위대한 김정일동지를 조선로동당의 영원한 총비서로, 우리 공화국의 영원한 국방위원회 위원장으로 높이 받들어모셔야 한다.

3) 위대한 김일성동지와 김정일동지께서 영생의 모습으로 계시는 금수산 태양궁전을 영원한 태양의 성지로 훌륭히 꾸리고 결사보위하여야 한다.

4) "위대한 김일성동지와 김정일동지는 영원히 우리와 함께 계신다."는 신념의 구호를 높이 들고 언제나 수령님과 장군님의 태양의 모습을 심장속에 간직하고 살며 투쟁하여야 한다.

5) 위대한 김일성동지와 김정일동지께서 쌓아올리신 불멸의 혁명업적을 견결히 옹호고수하고 길이 빛내여나가야 한다.

3. 위대한 김일성동지와 김정일동지의 권위, 당의 권위를 절대화하며 결사옹위하여야 한다.

위대한 김일성동지와 김정일 동지의 권위, 당의 권위를 절대화하며 결사옹위하는 것은 우리 혁명의 지상의 요구이며 우리 군대와 인민의 혁명적의지이다.

1) 위대한 김일성동지, 김정일동지와 우리 당밖에는 그 누구도 모른다는 확고한 관점과 립장을 가져야 한다.

2) 위대한 김일성동지와 김정일동지의 권위, 당의 권위와 위대성을 견결히 옹호하며 내외에 널리 선전하여야 한다.

3) 위대한 김일성동지와 김정일동지의 권위, 당의 권위를 훼손시키려는 자그마한 요소도 절대로 융화묵과하지 말고 비상사건화하여 비타협적인 투쟁을 벌리며 온갖 계급적원쑤들의 공격과 비난으로부터 수령님과 장군님의 권위, 당의 권위를 백방으로 옹호하여야 한다.

4) 백두산절세위인들의 초상화, 석고상, 동상, 초상휘장, 영상을 모신 작품과 출판선전물, 현지교시판과 말씀판, 영생탑, 당의 기본구호들을 정중히 모시고 철저히 보위하여야 한다.

5) 백두산절세위인들의 위대한 혁명력사와 투쟁업적이 깃들어있는 혁명전적지와 혁명사적지, 혁명사적비와 표식비, 혁명박물관과 혁명사적관, 김일성-김정일주의 연구실을 정중히 꾸리고 잘 관리하며 철저히 보위하여야 한다.

6) 위대한 김일성동지, 김정일동지와 당의 령도업적이 깃들어있는 단위들을 잘 꾸리고 령도 업적을 빛내이기 위한 사업을 잘해나가야 한다.

4. 위대한 김일성동지와 김정일동지의 혁명사상과 그 구현인 당의 로선과 정책으로 철저히 무장하여야 한다.

위대한 김일성동지와 김정일동지의 혁명사상과 그 구현인 당의 로선과 정책으로 철저히 무장하는 것은 참다운 김일성-김정일주의자가 되기 위한 가장 중요한 요구이며 주체혁명위업, 선군혁명위업의 승리를 위한 선결조건이다.

1) 위대한 김일성-김정일주의를 자기의 뼈와 살로, 확고부동한 신념으로 만들어야 한다.

2) 위대한 김일성동지의 교시와 김정일동지의 말씀, 당의 로선과 정책을 사업과 생활의 지침으로, 신조로 삼으며 그것을 자로하여 모든 것을 재여보고 언제 어디서나 그 요구대로 사고하고 행동하여야 한다.

3) 위대한 김일성동지와 김정일동지의 로작과 당문헌, 백두산절세위인들의 혁명력사를 체계적으로, 전면적으로 깊이 연구체득하여야 한다.

4) 위대한 김일성-김정일주의로 무장하기 위한 학습회, 강연회를 비롯한 집체학습에 빠짐없이 성실히 참가하고 학습을 생활화, 습성화하며 학습을 게을리하거나 방해하는 현상을 반대하여 적극 투쟁하여야 한다.

5) 당문헌전달침투체계를 철저히 세우고 당의 사상과 로선, 방침들을 제때에 정확히 전달침투하여야 하며 외곡전달하거나 자기 말로 전달하는 일이 없어야 한다.

6) 보고, 토론, 강연을 하거나 출판물에 실릴 글을 쓸때에는 언제나 수령님의 교시와 장군님의 말씀, 당문헌을 정중히 인용하고 그에 기초하여 내용을 전개하며 그와 어긋나게 말하거나 글을 쓰는 일이 없어야 한다.

7) 당의 방침과 지시를 개별적간부들의 지시와 엄격히 구별하며 개별적간부들의 지시에 대하여서는 당의 방침과 지시에 맞는가 맞지 않는가를 따져보고 원칙적으로 대하며 개별적간부들의 발언내용을 "결론"이요, "지시"요 하면서 조직적으로 전달하거나 집체적으로 토의하는 일이 없어야 한다.

8) 우리 당의 혁명사상, 당의 로선과 정책에 대하여 시비중상하거나 반대하는 반당적인 행위에 대하여서는 추호도 융화묵과하지 말아야 하며 부르죠아사상, 사대주의사상을 비롯한 온갖 반당적, 반혁명적 사상조류를 반대하여 날카롭게 투쟁하며 김일성-김정일주의의 진리성과 순결성을 철저히 고수하여야 한다.

5. 위대한 김일성동지와 김정일동지의 유훈, 당의 로선과 방침관철에서 무조건성의 원칙을 철저히 지켜야 한다.

위대한 수령님과 장군님의 유훈, 당의 로선과 방침을 무조건 철저히 관철하는 것은 당과 수령에 대한 충실성의 기본요구이며 사회주의강성국가건설의 승리를 위한 결정적조건이다.

1) 위대한 수령님과 장군님의 유훈, 당의 로선과 방침, 지시를 곧 법으로, 지상의 명령으로 여기고 사소한 리유와 구실도없이 무한한 헌신성과 희생성을 발휘하여 무조건 철저히 관철하여야 한다.

2) 위대한 수령님과 장군님의 유훈, 당의 로선과 방침, 지시를 관철하기 위한 창발적의견들을 충분히 제기하며 일단 당에서 결론한 문제에 대해서는 한치의 드팀도 없이 제때에 정확히 집행하여야 한다.

3) 당의 로선과 방침, 지시를 즉시에 접수하고 집행대책을 세우며 조직정치사업을 짜고들어 집행하고 보고하는 결사관철의 기풍을 세워야 한다.

4) 당의 로선과 방침, 지시집행정형을 정상적으로 총화하고 재포치하는 사업을 끊임없이 심화시켜 당의 로선과 방침, 지시를 중도반단함이 없이 끝까지 관철하여야 한다.

5) 당문헌과 방침, 지시를 말로만 접수하고 그 집행을 태공하는 현상, 당정책집행에서 무책임하고 주인답지 못한 태도, 요령주의, 보신주의, 패배주의를 비롯한 온갖 불건전한 현상을 반대하여 적극 투쟁하여야 한다.

6. 령도자를 중심으로 하는 전당의 사상의지적통일과 혁명적단결을 백방으로 강화하여야 한다.

령도자를 중심으로 하는 강철같은 통일단결은 당의 생명이고 불패의 힘의 원천이며 혁명승리의 확고한 담보이다.

1) 령도자를 중심으로 하는 전당의 사상의지적통일과 혁명적단결을 눈동자와 같이 지키고 더욱 튼튼히 다져나가야 한다.

2) 당과 수령에 대한 충실성에 기초하여 혁명적동지애를 높이 발양하며 온사회를 령도자와 사상과 뜻과 정을 같이하는 하나의 대가정으로 만들어야 한다.

3) 당과 수령에 대한 충실성을 척도로 하여 모든 사람들을 평가하고 원칙적으로 대하여 당에 불충실하고 당의 유일적 령도체계와 어긋나게 행동하는 사람에 대해서는 직위와 공로에 관계없이 날카롭게 투쟁을 벌려야 한다.

4) 개별적간부들에 대한 환상, 아부아첨, 우상화를 배격하며 개별적간부들의 직권에 눌리워 맹종맹동하거나 비원칙적으로 행동하는 현상을 철저히 없애야 한다.

5) 당의 통일단결을 파괴하고 좀먹는 종파주의, 지방주의, 가족주의를 비롯한 온갖 반당적 요소와 동상이몽, 양봉음위하는 현상을 반대하여 견결히 투쟁하여야 한다.

7. 위대한 김일성동지와 김정일동지를 따라배워 고상한 정신도덕적풍모와 혁명적사업방법, 인민적사업작풍을 지녀야 한다.

위대한 김일성동지와 김정일동지께서 지니신 숭고한 사상정신적풍모와 혁명적사업방법, 인민적사업작풍을 따라배우는 것은 모든 일군들과 당원들과 근로자들의 신성한 의무이며 수령님식, 장군님식으로 사업하고 생활하기 위한 필수적요구이다.

1) 당과 혁명, 조국과 인민의 리익을 첫자리에 놓고 그것을 위하여 모든 것을 다 바쳐 투쟁하는 높은 당성, 혁명성, 인민성을 지녀야 한다.

2) 당적, 계급적, 사회주의적원칙을 철저히 지키며 필승의 신념과 락관을 가지고 주체혁명의 한길로 억세게 싸워나가야 한다.

3) 혁명의 주인다운 태도를 가지고 자력갱생, 간고분투의 혁명정신을 높이 발휘하며 로쇠와 침체, 안일과 해이, 소극과 보수를 배격하고 왕성한 투지와 정열에 넘쳐 전투적으로 살며 모든 사업을 대담하고 통이 크게 벌려나가야 한다.

4) 창조적이고 진취적인 사업태도를 가지고 사업에서 높은 창발성을 발휘하며 이신작칙의 혁명적기풍을 발휘하며 어렵고 힘든 일의 앞장에서 돌파구를 열어나가야 한다.

5) 수령님식, 장군님식 인민관을 지니고 언제나 인민대중과 생사고락을 같이하며 무슨 일에서나 인민들의 편의를 최우선, 절대시하는 원칙을 견지하여야 한다.

6) 사업과 생활에서 언제나 겸손하고 청렴결백하며 고상한 도덕품성을 소유하여야 한다.

7) 세도와 관료주의, 주관주의, 형식주의, 본위주의를 비롯한 낡은 사업방

법과 작풍을 철저히 없애야 한다.

8. 당과 수령이 안겨준 정치적생명을 귀중히 간직하며 당의 신임과 배려에 높은 정치적자각과 사업실적으로 보답하여야 한다.

당과 수령이 안겨준 정치적생명을 지닌 것은 혁명전사의 가장큰 영예이며 당과 수령의 신임과 배려에 높은 정치적자각과 사업실적으로 보답하는 여기에 고귀한 정치적생명을 빛내여나가는 참된길이 있다.

1) 정치적생명을 제일생명으로 여기고 생의 마지막순간까지 정치적신념과 혁명적지조를 굽히지 말며 정치적생명을 끝없이 빛내이기 위하여 몸과 마음을 다 바쳐야 한다.

2) 높은 조직관념을 가지고 조직생활에 자각적으로 참가하며 조직의 결정과 위임분공을 제때에 수행하며 집단주의정신을 높이 발휘하여야 한다.

3) 정치조직생활총화에 성실히 참가하여 자기의 사업과 생활을 높은 정치사상적수준에서 검토총화하며 비판의 방법으로 사상투쟁을 벌리고 사상투쟁을 통하여 혁명적으로 단련하고 끊임없이 개조해나가야 한다.

4) 김정일애국주의를 소중히 간직하고 혁명과업수행에 투신하며 혁명적실천과정을 통하여 혁명화를 다그쳐야 한다.

5) 가장 고귀한 정치적생명을 안겨준 당의 정치적신임에 사업실적으로 보답하기 위하여 혁명적열의를 높이 발휘하며 정치리론수준과 기술실무수준을 끊임없이 높여 당에서 맡겨준 혁명임무를 언제나 훌륭히 수행하여야 한다.

9. 당의 유일적 령도밑에 전당, 전국, 전군이 하나와 같이 움직이는 강한 조직규률을 세워야 한다.

당의 유일적 령도밑에 전당, 전국, 전군이 하나와 같이 움직이는 강한 조직규률을 세우는 것은 당의 유일적 령도체계확립의 중요한 요구이며 주체혁명위업, 선군혁명위업의 승리를 위한 결정적담보이다.

1) 위대한 김일성-김정일주의를 유일한 지도적지침으로 하여 혁명과 건설을 수행하며 당의 유일적 령도밑에 전당, 전국, 전군이 하나와 같이 움직이는 엄격한 체계를 세워야 한다.

2) 모든 사업을 당의 유일적 령도밑에 조직진행하며 정책적문제들은 당중앙의 결론에 의해서만 처리하는 강한 혁명적질서와 규률을 세워야 한다.

3) 모든 부문, 모든 단위에서 혁명투쟁과 건설사업에 대한 당의 령도를 확고히 보장하며 모든 기관들과 일군들은 당에 철저히 의거하고 당의 지도밑에 모든 사업을 조직집행해나가야 한다.

4) 당중앙의 구상과 의도를 실현하기 위한 당과 국가의 결정, 지시를 정확히 집행하여야 하며 그것을 그릇되게 해석하고 변경시키거나 그 집행을 태공하는 현상과 강하게 투쟁하며 국가의 법규범과 규정들을 엄격히 지켜야 한다.

5) 개별적간부들이 당, 정권기관 및 근로단체들의 조직적인 회의를 자의대로 소집하거나 회의에서 당의 의도에 맞지 않게 "결론"하며 조직적인 승인없이 당의 구호를 마음대로 떼거나 만들어 붙이며 사회적운동을 위한 조직을 내오는것과 같은 비조직적인 현상들을 허용하지 말아야 한다.

6) 개별적간부들이 월권행위를 하거나 직권을 람용하는것과 같은 온갖 비원칙적인 현상을 반대하여 적극 투쟁하여야 한다.

7) 당에 대한 충실성과 실력을 기본척도로 하여 간부들을 평가하고 선발배치하여야 하며 친척, 친우, 동향, 동창, 사제관계와 같은 정실, 안면관계, 돈과 물건에 따라 간부문제를 처리하거나 개별적간부들이 제멋대로 간부들을 등용, 해임, 처벌하는 행위에 대하여서는 묵과하지 말고 강하게 투쟁하며 간부사업에서 당적원칙과 제정된 질서를 철저히 지켜야 한다.

8) 당, 국가, 군사비밀을 엄격히 지키며 비밀을 루설하는 현상들을 반대하여 날카롭게 투쟁하여야 한다.

9) 당의 유일적 령도체계에 어긋나는 비조직적이며 무규률적인 현상에 대하여서는 큰 문제이건 작은 문제이건 제때에 당중앙위원회에 이르기까지 각급 당조직에 보고하여야 한다.

10. 위대한 김일성동지께서 개척하시고 김일성동지와 김정일동지께서 이끌어오신 주체혁명위업, 선군혁명위업을 대를 이어 끝까지 계승 완성하여야 한다.

위대한 김일성동지께서 개척하시고 수령님과 장군님께서 이끌어오신 주체혁명위업, 선군혁명위업을 대를 이어 끝까지 계승완성하는 것은 우리 당의 드팀없는 의지이며 모든 일군들과 당원들과 근로자들의 숭고한 의무이다.

1) 당의 유일적 령도체계를 세우는 사업을 끊임없이 심화시키며 대를 이어 계속해나가야 한다.

2) 우리 당과 혁명의 명맥을 백두의 혈통으로 영원히 이어나가며 주체의 혁명전통을 끊임없이 계승발전시키고 그 순결성을 철저히 고수하여야

한다.

3) 당의 유일적 령도체계를 세우는데 저해를 주는 사소한 현상과 요소에 대해서도 묵과하지 말고 견결히 투쟁하여야 한다.

4) 자신뿐 아니라 온 가족과 후대들도 위대한 수령님과 장군님을 영원한 주체의 태양으로 높이 받들어모시고 당의 유일적 령도에 끝없이 충실하도록 하여야 한다.

5) 당중앙을 목숨으로 사수하며 영원히 우리 당과 생사운명을 같이 하여야 한다.

모든 일군들과 당원들과 근로자들은 당의 유일적 령도체계를 철저히 세워 위대한 김일성동지와 김정일동지를 우리 당과 인민의 영원한 수령으로 높이 모시고 당의 령도따라 자주의 길, 선군의 길, 사회주의의 길로 힘차게 나아감으로써 백두에서 개척된 주체혁명위업, 선군혁명위업을 끝까지 완성하여야 한다.

동아시아 국제정치와 북한

초판 인쇄	2023년 1월 25일
초판 발행	2023년 1월 30일
지은이	남궁 영
발행인	고윤성
기획	신선호 박경민
편집장	장혜정
도서편집	노재은 변다은
디자인	정정은 최선아 김대욱
인사행정	이근영
재무회계	김문규 정예찬
사전·앱북	변다은
발행처	한국외국어대학교 지식출판콘텐츠원 02450 서울특별시 동대문구 이문로 107 전화 02)2173-2493-7 FAX 02)2173-3363 홈페이지 http://press.hufs.ac.kr 전자우편 press@hufs.ac.kr 출판등록 제6-6호(1969. 4. 30)
인쇄·제본	(주)케이랩 053)583-6885

ISBN 979-11-5901-918-0 [93340] 정가 25,000원

* 잘못된 책은 교환하여 드립니다.

HU:iNE 은 한국외국어대학교출판부의 어학도서, 사회과학도서, 지역학도서 Sub Brand이다. 한국외대의 영문명인 HUFS, 현명한 국제전문가 양성(International+Intelligent)의 의미를 담고 있으며, 휴인(携引)의 뜻인 '이끌다, 끌고 나가다'라는 의미처럼 출판계를 이끄는 리더로서, 혁신의 이미지를 담고 있다.